華學誠 主編

文獻語言學

第十七輯

中華書局

圖書在版編目(CIP)數據

文獻語言學. 第十七輯/華學誠主編. —北京:中華書局,
2024.3
　ISBN 978-7-101-16595-1

　Ⅰ. 文…　Ⅱ. 華…　Ⅲ. 文獻學–語言學　Ⅳ. ①G256②H0

中國國家版本館 CIP 數據核字(2024)第 071452 號

書　　名	文獻語言學(第十七輯)	
主　　編	華學誠	
責任編輯	劉歲晗	
責任印製	陳麗娜	
出版發行	中華書局	
	(北京市豐臺區太平橋西里 38 號　100073)	
	http://www.zhbc.com.cn	
	E-mail:zhbc@ zhbc.com.cn	
印　　刷	北京盛通印刷股份有限公司	
版　　次	2024 年 3 月第 1 版	
	2024 年 3 月第 1 次印刷	
規　　格	開本/787×1092 毫米　1/16	
	印張 18½　插頁 2　字數 370 千字	
印　　數	1-1200 冊	
國際書號	ISBN 978-7-101-16595-1	
定　　價	68.00 元	

立足事實　分析語文現象，

依據文獻　研究漢語歷史，

貫通古今　探索演變規律，

融會中外　借鑒前沿理論，

繼踵前賢　實現自主創新。

——北京師範大學王寧教授題

目　録

文獻語言學（17）:1～27,2024

江藍生師姊八十壽辰獻辭

周流溪

（北京師範大學外國語言文學院，北京，100875）

　　江藍生研究員是我的師姊。1978 年秋天中國社會科學院復招研究生時，我們考上了語言研究所呂叔湘先生的碩士生（社科院那年是首次普遍在各研究所招收碩士生，其事有重要的歷史意義，故後來人們戲稱我們屬於“黄埔一期”）。呂先生當時招收了三個專業的弟子：現代漢語專業楊成凱、黄國營；近代漢語專業江藍生、李崇興；英漢語法對比專業王菊泉、周焕常（周流溪）、陳平。這三組弟子通常分開上課。但第三組的課往往也讓第一組參加（我們第三組的副導師廖秋忠先生剛從美國回國，就給第三組和第一組同時講授普通語言學和對比語法［後一内容實爲語義學，他對英漢對比並無具體輔導］；因爲他擔任機器翻譯研究室副主任，他也讓機器翻譯專業的學生來聽課）。而第一組的副導師范繼淹先生和第二組的副導師劉堅先生則分別負責對本組學生的輔導。第二組的學習重點是近代漢語研究的文獻；劉堅當時已受呂先生囑托在編寫《近代漢語讀本》（1985 年出版），那是爲研究者打基本功服務的著作。由此不難看出：呂先生對三個方向的弟子們都有妥善安排，而且一視同仁、嚴格要求。

　　1980 年 12 月，我填了《滿庭芳·本意呈呂先生》一詞：

　　　　海北芝蘭、江南桃李，七色交映庭除。經年雪解，百卉勃然蘇。久抑壯心猶烈，早培植、新秀苗株。青陽麗，春風送暖，苞蕾正初舒。

　　　　猗歟，何盛也！幾回企望，幸侍程廬。聽談言侃侃、論道徐徐。學術功高澤廣，當無問、筆式規模。從三昧，焚膏繼晷，誰不願靈珠？

此詞從標題到正文都充滿了我對導師呂先生的敬仰，而且可以説也代表了各位同門的心情。“本意”，是我特地選用詞牌《滿庭芳》的字面原義作副標題。當年呂師一下招了七名學生，創造了招生的一個空前紀録。“七色交映庭除”正寫出了師門的繁榮景象：我們七人有從北方來的“芝蘭”、也有從南方來的“桃李”，滿庭芳香、何其盛也！呂先生收了這麽多弟子，他自己豈非太辛苦了？辛苦，自不待言。但那是他“久抑壯心猶烈”廣博胸懷之表現；因爲“經年雪解”（多年“文革”恰似冰雪僵凍的局面已化解），他想“早培植新秀苗株"的願望終於能擺脱束縛壓抑、放開手腳大幹而實現了(然而吕先生也很謙虛務實:他都 74 歲了才招收這七名弟子,我們畢業時領導、學生和慕名者都期待他招收博士生;但他認爲自己年齡越來越大了,若 77 歲再招收博士生他擔心指導工作做不到家會誤人子弟,就辭謝了這個請求)。我們自己曾有"幾回企望"(幾次站在師門之外盼望)的經歷,但終於幸運地成爲吕師的弟子(姑沿襲古人的謙辭"侍候")。這裏用了"程門立雪"的感人典故來自勵。

一、從革命者後代到學部委員

會不會有讀者從"蘭"字聯想到江藍生呢? 在今天許多人偷懶成風濫用簡化字以"兰"代"藍"(以"肖"代"蕭"、以"代"爲"戴")的情況下,那是可能的。而我自幼操粤方言(此六字各不同音),"藍"讀 lām、"蘭"讀 lān(俱爲低平調),絶不會混同而出錯。記得師姊告訴過我,其名初爲"籃生"(生下來就放在籃子裏養着);近日她又説本是"難生"而混讀成"藍生"。原來,她父母都是新四軍幹部(父親祖籍湖北仙桃),她在父母奉命到安徽含山縣開闢敵後戰場時生於彼地(江淮方言會混淆 n-/l-);父母爲她找了一個農婦奶媽,是她把江藍生養大的。在一次撤退中父母把她留在奶媽家。國民黨還鄉團到處搜尋新四軍的子女想把他們斬盡殺絶,奶媽夫婦遂把她藏到山上的佛庵裏托付給一位老尼姑;敵人抓住老尼姑吊打折磨,而那老尼姑矢口不供出實情。同情革命的群衆捨命保護了江藍生,她對此終生難忘! 她政治立場堅定,無愧是革命者的後代。不管怎樣,其童稚時受過磨難但終於涅槃而新生了。解放後她先到上海、繼至南京(在那裏始讀小學),後隨父母自滬來京,在此地讀中學。高考她一步跨入北京大學中文系(1962～1968),是北大的才女。畢業後分配到山西省孝義縣兑鎮中學,講授高中語文課和化學課,經受了艱苦環境的鍛煉。1971 年調回北京,在北大附中當語文教師。

(一)讀大學和讀研的臨時擇路而走上通途

據師姊自己的回憶:她自小喜歡學習,愛逛北京的小人書店、演藝場所,成年後也讀了不少中外文學名著;按那種趨向她應該成爲一個文學青年,從事文學創作、文學研究或搞新聞報導之類工作。但當時考進北大而想學語言專業的人很少,中文系乃專門派朱德熙老師來動員;聽了鮮活誘人的學科介紹,江藍生就選學毫無思想準備的語言專業了。後來她考研以古漢語總分第一名進入社科院才知道有個近代漢語專業,於是好奇地向吕先生寫信要求學習近代漢語而得到批准。這兩次都是臨時改路而走通了(關於師姊的不少經歷我參考了她的回憶和自述以及楊永龍和張宜對她的采訪錄,文中不一一注明)。

讀研使江藍生走上了科研道路。她選的專業近代漢語,是黎錦熙 1928 年提出的研究領域,而吕先生則是從 20 世紀 40 年代起爲之投入畢生精力的墾荒者和奠基人。吕、劉兩位導師給江藍生的學習任務首先是熟悉歷史文獻,那意味着要通讀自唐至清各朝浩繁的白話文材料,包括敦煌俗文學作品。後來劉堅先生爲她選定了碩士論文題目《敦煌寫本〈燕子賦〉兩種校注》,這種全面詳細的校注當時還是一種新的科研工作,江藍生努力完成論文並通過了答辯(外來答辯委員有名家王利器和周定一兩位先生)。

畢業後,她留在近代漢語研究室工作。她的第一項任務,是幫助吕先生完成《近代漢語指代詞》的補充和校注(那可是先生在高校任教的親兒女也不能做的事啊)。她每兩週到先生家一次,持續三年多。在此期間,她聽取了吕先生對書中具體問題的指點,還聆聽了老師許多重要的語言學見解和人生體驗。"聽談言侃侃、論道徐徐",師姊比我們任何一個同學受益都多得多! 記得畢業不久,師姊曾對我說過:"我就吊死在敦煌這棵樹上了。"我向來以繼承前輩通人自任,對此話大不以爲然。豈知吕師不止一次對她耳提面命,要她開闊眼界。1982 年曾約她到家談話,説:你在碩士階段主要學習詞彙是可以的,但以後應該搞一些語法、語音問題,瞭解漢語整個歷史演變過程,對縱橫兩方面都要有較全面的認識(按:即要有歷史性眼光和全領域視野),不能把自己劃在一個圈子裏。他還説:我給你出一個題目——研究歷史語法的方法(一萬字左右),借寫這篇文章做一番整理工作,找出一些規律來;你可以重點從王力《漢語史稿》中册、太田辰夫《中國語歷史文法》、吾書《漢語語法論文集》以及丁聲樹幾篇古漢語論文、梅祖麟幾篇語法史論文中體會研究的方法。江藍生都一一照辦了,結果學問和見識大有進展。

(二)社科院裏雙肩挑的女强人

1985 年,吕師就提拔她爲近代漢語研究室副主任、主任(原主任劉堅已升任語言所所長)。1986 ～ 1987 年,吕師還促成她訪問日本京都大學人文科學研究所直接就學於太田辰夫。1988 年起,江藍生歷任中國社科院語言所副所長、所長,社科院研究生院語言學系主任(1993 年晉升研究員)。1998 ～ 2006 年任社科院副院長,2006 年當選爲學部委員。她又當過政協委員和常委、還有其他社會兼職(比如任國家社科基金語言學科評審組組長十幾年)。總之,她在學術上和政治上都是達人。這是我這個日未暮而途已窮者望塵莫及的。人之窮達多半可謂命中注定;我雖癡想以孔夫子和柏拉圖爲最高榜樣,但理想遠未成功而總遭人擠兑,雖然還未到柏拉圖被賣爲奴隸和孔子在陳絶糧的地步。唯一可自慰者,我也曾努力完成吕叔湘先生未竟的事業:我們英漢對比專業三個同學曾按吕師的安排與李榮先生合譯了英國學者帕爾默的舊著《語言學概論》,吕先生做了最後的校訂;此後該書由商務印書館反復印行並列入《漢譯世界學術名著叢書》,而多次補校則由於唯有我在北京只能全歸我來做——通過徹底改訂譯文、大量增加注釋、補編詳細索引,客觀上把此書提高到當代學術的水準了。

我不是强調江師姊天生是做官的料,更不是説她一心想做官。其實她很看重普通的實際工作——早年她在孝義縣曾固辭縣婦聯主任一職、連夜順着鐵路獨行四五十里逃歸兑鎮中學,那是冒着生命危險的選擇。1998 年她被作爲社科院副院長人選時心情很糾結,並不情願。院長找她談話,她認爲自己的興趣、能力、性格以及學科背景都不是社科院副院長的合適人選。但在領導多方勸説下,她終於同意了;她想到自己作爲學者代表進入領導崗位,就更應該把學問做好,力爭學術、行政兩不誤。她是個責任感很强的人,答應了的事就努力去做,不會因爲做學問而敷衍工作;她又是個鍾情於學術的人,不願放棄學業和學者的身份。故她把雙肩挑的壓力當成動力,在兩者之間求得平衡。她説過:繁重的行政工作提升了自己的全局觀念、辯證思維和解決問題的能力,也得以通盤瞭解科研工作、增加很多學科知識,反過來都有益於自己的專業研究。

（三）在語言學多個領域中的出色建樹

江藍生最近十幾年雖忙於修訂和編纂多種漢語辭書,但還堅持進行語言學探索並迭出成果。她的學術研究涉及漢語歷史詞彙和語法、語法化理論、語言接觸理論等領域。至 2021 年底她已在國内外發表論文 100 餘篇,出版專著、工具書 15 部,譯著 4 部(含合著合譯)。1988 年江藍生就編成《魏晉南北朝小説詞語匯釋》。她曾與白維國和曹廣順在劉堅先生帶領下寫了《近代漢語虚詞研究》(1992 年)這部開創性著作,該書運用語言類型學、語用學、認知語言學、語法化學説來做研究。她的論文集《近代漢語探源》(2000 年)曾獲中國圖書獎。内有《語法化程度的語音表現》和《演繹法與近代漢語詞語考釋》等論文;而《禁止詞"别"考源》(曾單發於 1991 年)用多處方言的事實論證了兩個去聲字"不要"連讀變調成爲陽平聲的"别"(這支持了吕師的觀點)。隨後又出版了《近代漢語新論》(2008/2013 年),其中有從構式語法角度做語法化新探索的論文。

搞現代漢語研究的人,一般不會接觸歷史語言學。但只要你一隻腳踏進近代漢語,那就不免要搞歷史語言學了,儘管這對現代漢語學者恐是索然無味的。江藍生就因爲搞了近代漢語而在歷史語言學方面充分表現出其學術功力。

她在《漢語史學報》發表了《説"勾、夠、觳"——〈華音撮要〉連–介詞"勾"考源》(2017 年 a)。文章針對朝鮮李朝的漢語課本《華音撮要》中相當於現代漢語連–介詞"和、同、跟"的怪字"勾",從詞義引申理據方面入手,第一步考證出"勾"當爲"夠"的同音借字,後者是個動詞(《現代漢語詞典》義爲［用手等］伸向不易達到之處去接觸或拿取,簡言之是以手探物)。它在適當語境中可以演變爲表示動作方向或引進動作對象的介詞,例如"夠奔"。先看"奔":

（1）直奔家裏,直奔家裏去。

首句的 "奔" 是完全的動詞,次句的 "奔" 就可看成半個動詞(案:可比照外語的分詞)。而清朝迄今有不少用 "夠奔" 之例,有時(尤其在連動句) "夠奔" 也發揮着半個動詞的作用:

　　(2)你二人各帶兵刃,跟我夠奔大同府前去探聽你大哥下落。(清朝小説《彭公案》)

　　(3)拉馬夠奔他鄉而去。(北京相聲《歪批三國》)

　　(4)小燕青打擂勾奔泰安①。(東北二人轉《藍橋》片段《八出戲》)

這暗示了 "夠" 有虛化爲介詞的可能(後一例還顯示了 "勾" 與 "夠" 的聯繫)。江藍生的同事曹廣順告訴她,其父母是河北灤縣人,口語中就用連–介詞 "夠"。而李行健《河北方言詞彙編》(實於 1959 ～ 1962 年調查定稿)記載:唐山、承德、天津、張家口、邯鄲五地區17 縣市都用虛詞 "夠",如:

　　(5)夠(跟)他打聽一下。

　　但當江藍生 2015 年向 17 個點的中學語文教師發放調查問卷時,只收到兩份回信:承德的回信説那裏不用 "夠" 只用 "跟";唐山的回信説那裏還使用該詞(使用者直覺認爲自己是把 "跟" 字讀白了),如:

　　(6)你夠他結婚了? 〔介詞〕

　　(7)和你説話怎麽夠没聽見似的。〔介詞,用 "和" 引進對象而用 "夠" 表示比擬〕

　　(8)我媽夠我都等得不耐煩了。〔連詞〕

　　次年江藍生再次諮詢時得到回信説當地 "夠" 有 "奔、朝" 義但只用在固定的句子,如:

　　(9)我昨天夠着他去了,他還不理我。

江藍生認爲此句的 "夠着" ("着" 爲助詞)仍是方向動詞。但若比照外語分詞短語把 "够着他" 作 "去" 的狀語理解,"夠着" 也不妨視爲已虛化的介詞。

　　江藍生看到《漢語大詞典》以手探物義的 "夠" 只有現代用例,就進一步考證下去。她發現此義的 "夠" 字至遲在明代就已使用,但寫成 "彀"。如:

---

① 案:不妨讀作 "勾奔泰安打擂"。

（10）你量我無兵器,我兩隻手彀着天邊月哩! 你不要怕,且吃老孫一拳! (《西遊記》2 回)。

她認定"彀"是本字,"夠"只是其俗寫借字而已。經窮索其源頭,她發現:"彀",《説文》云"張弩也"。《孟子·告子上》:"羿之教人射,必志於彀。"趙岐注:"彀,張弩向的者。"按:即向着目標拉滿弓。"彀"的所有引申義和隱喻義([箭]所及的範圍、圈套、達到、極限、足夠、夠着、朝向),都由此生發出來! 這也是實詞虛化的路線。她提請我們注意:由於"彀"字冷僻,故在更古時候就有用"彀"字代之者,如《詩·大雅·行葦》的"敦弓既句",孔穎達疏:"彀與句,字雖異,音義同。"朱熹集傳:"句、彀通,謂引滿也。"這個習慣一路沿用到元明時代,不僅元朝古本《老乞大》,連明朝諺解本《老乞大》《朴通事》都一律用"句"。當然,關漢卿劇這兩朝的版本裏已有"句、彀"互見的例子。明清時代《金瓶梅》和《紅樓夢》,二字互見更多。但直到清朝嘉慶本《儒林外史》才在此二字之外始見"夠"字。"夠、能夠"可能在民國甚至新中國時期才成爲流行的通用新詞。

此文是江藍生考證的力作。她認爲:考證古籍的字詞要利用可靠的版本,而河北方言連-介詞"夠"的存亡狀況也提醒我們要加緊搶救方言遺産(實爲珍貴的文化遺産)。

江藍生的另一項重要考證成果是名詞複數表達法。這個老問題很多學者都已探討過。例如吕叔湘《漢語語法論文集》(增訂本 1984 年,後收入《吕叔湘文集》第二卷,1990 年)及其《續集》(《文集》第三卷[内含曾於 1985 年單行的《近代漢語指代詞》],1992 年)。《論文集》首篇《釋您,俺,咱,喒,附論們字》於 1940 年發表,《續集》裏《指代詞》第二篇《們和家》也談複數問題,時隔 45 載。1995 年江藍生在《中國語文》發表了論文《説"麽"與"們"同源》,綜述了複數詞尾來源的三種觀點,解釋了現代漢語名詞複數詞尾"們"的語源是"麽",而"麽"來自"物"(甚麽←何物)。二十多年後她還思考着這個問題,又發表《再論"們"的語源是"物"》(《中國語文》2018 年第 3 期),直奔主題。這時候她不但根據更多的古今語言史料按語言演變的一般規律和特殊規律認真論證了"物"字虛化過程中的各種音變(異讀、順同化和疊置音變),還利用了 1995 年以來尤其是21 世紀十餘年來學人們在活語言中發現的實際用例,如江西省安福話和西北地方多個小方言裏的 vu/mu 之類形式(即"物"字)。這樣,其結論就大大消除了學界尚存的好些疑慮,增加了(們←物)論證的力度。

不過,竊以爲漢語的複數形式有多種,不是單一來源,而且是在與北方阿爾泰諸語言的接觸中受其催化而形成的(仿照這些語言普遍使用複數形態,但不直接采用它們的形素)。首先,複數來源於"輩"之説仍有理由。幫滂並明、非敷奉微這一大組重輕唇音聲母的内部通轉很容易。江藍生説複數詞綴"彌、偉、每"源於"物",其實不如説它們源於

"輩"。她説上古明母物部字包括開口的"寐"字等和合口的"物"字等,到了中古失去了合口介音不讀 mu 了,而簡化爲 mi(但詞綴"物"字選擇開口音是爲了與名詞"物"相區別)。案:其實漢字的讀音裏包含着複雜的方與國、文與白、新與舊、變與守的因素。比如:中古微母的"物"字上古讀 /*myuət/;今北方話通讀 wu,但粵語讀 /mʌt/(聲母 m- 來自微母)。微母的"未"北方今讀 wei,粵語則讀 mei。而"秘(祕)"粵語讀 bei,從聲旁"必"獲得的幫母讀音不變;但北方話改讀爲明母的 mi。再看與"輩"同音的"背"字:它作動詞時(常寫成"揹",如"揹書包")普通話讀陰平聲 bei;而在粵語的通俗説法是陰平聲 /mɛ/(把幫母改成了明母,"/mɛ/ 書包"),那就像北方的"秘"從幫母改讀爲明母一樣自然! 更值得注意者:粵語裏"背詩 / 書"的"背"讀陽去聲(古音 /*bœi/);連"背風的地方""他背着父母去賭錢"這種表述裏的"背"也是如此。若北方某地把"輩" /*pœi/ 改讀爲 /*bœi/,它演變爲明母的 /*mœi/ 或微母的 /*vœi/,當輕而易舉。唐人《因話録》的"我弭"實即複數"我輩"。"弭"字在紙韻(音近 /*mei/),與或已弱化變讀爲明母的"輩" /*mœi/ 音近。宋人《唐語林》裏有"我彌",這"彌"字讀支韻平聲明母(顯係直承"弭"字而來)、音亦近 mei。宋代佚名話本《張協狀元》裏已有"你每"和"它每"(即他們)的用例,更暗示"每"應直接與"弭"同時而主元音稍有差異而已(因爲"每、輩"同屬灰韻一部,在賄、隊韻,由"輩"轉"每"很容易)。當我向黃樹先説起"背"字作動詞粵語改讀陽去聲的時候,承他惠告:其家鄉湖北黃陂縣的江淮方言裏陰去和陽去因聲別義之用例很常見(如"撐"tshen,陰去聲表示支起器物的木條,陽去聲表示支撐;"悶"men,陰去聲表沉悶不做聲,陽去聲表密閉不透氣);我再想到《廣韻》《集韻》中同字異讀的情況也頗多(已有學者論及此事),那麼"輩"字在表示複數的頻繁使用中發生弱化而輕讀爲 /*bœi/ 的可能就不能排除。若"輩"有此讀,它與陽上聲的"每"、"弭(陽平聲"彌")"、"偉"之關係就更近而通轉也更易了。"每"早先或藏身於"弭"中,我們期待能看到唐代用"每"之例。若"輩"已變讀成 /*bœi/,那它要轉化爲奉母的 /*vœi/ 或喻(云)母的 /*ɣʰœi/"偉"(屬微韻上聲尾韻),都不難也不怪,而再音轉就會衍化爲像今讀 wei 之音。"兒郎輩"讀成"兒郎偉"簡直太簡單,不必像專家設想的要拐個大彎。但不管怎樣,減掉"輩"類的詞綴,江藍生只須集中力量論證"物"怎樣演化爲"們"就行了(其後一文較前一文已大進了一步)。

　　至此我尚要補充兩點説明。一是我在談及漢語的複數詞素形式時使用了"詞綴"(suffixes)而非詞尾(endings)的概念。此乃有意爲之,因我認爲漢語是離合語(ionizing language),畢竟不像黏合語和屈折語那樣使用高度抽象的詞素來表示複數(如英語的 -s,除極少數專家外衆人根本不知道它是哪兒來的,但這樣的詞尾卻最好)。而漢語一些詞素及其地位則不時會引發爭議,比如"輩"字是嚴格意義的複數詞綴嗎? 顯然不像,它還像一個實詞。但它也有一些變體如"每"、"弭(彌)"、"偉"等。問題來了:你怎麼能説死這些詞綴是"輩"衍生出來的? 可是你若要説"瞞"等爲"物"所衍生也得大費工夫啊。"偉"雖然用得不多卻可以被承認是一個複數詞綴,而同樣用得雖不算多但意義明顯的"輩"卻被排斥在複數詞綴之外,這不算公平吧? (江藍生在這兩篇討論複數的文章裏都提到,她文革時在廣州曾聽到有人喊口號把"偉大"的"偉"説成 mei;這是試圖爲其考證添一實例。但我敢斷言,廣州人絶不可能那樣發音,她一定是偶然聽錯了)問題是人們默認:只有詞素義不明確但功能已顯著者才有資格成爲複數詞綴甚至詞尾。不過在這件事上大家似應寬容些,漢語的離合語特點(漢字所示的詞素可隨宜分離和組合,但未必完全喪失其字義)會導致詞綴半實半虛,比如動詞的體(aspect)詞綴"着、了、過"就是如此,我們總不能因爲它們的詞素實義似尚未蜕變淨盡就否認其爲詞綴甚至詞尾的地位。

　　第二點説明是要重視方國及不同民族間的互動。江藍生(2018 年)提到:梅祖麟曾正確指出元代漢語複數詞尾可用於任何名詞後是受了阿爾泰語影響。她文中引用的多家著作中也有涉及此類事情的,尤其是楊永龍(2014 年)的敘述。楊文所記録的青海省甘溝話古怪而有趣。甘溝鄉在民和回族土族自治縣,是回、土、藏、漢四族雜居之地,漢語長期在民族語言影響下帶有很濃的混合語色彩:基本語序不是 SVO 而是 SOV,語法詞綴(如複數詞尾 -mu "們")的使用像在民族語言中那樣普遍而没甚麽限制,口語又頻用奇怪字眼;許多句子若無翻譯很難明白! 這提醒我們:漢語詞綴的語法化曾在外族語言促進下發展起來(儘管基本上没有套用它們的詞素)。若不考慮這點,許多語法問題就不易弄清楚。再者,張衛東(2013 年)早就指出:漢語語法不同時代、地域自有特點;近代漢語是新質産生的重要階段,指代詞演化一般都經歷了有音無字、再用假借字的過程,最後在北方、南方和西南三大"準通語"碰撞下經自然選擇而定形(或造出新字)。但很多學者(包括吕叔湘和梅祖麟,尤其梅氏)都有多重傳承、少看新質的傾向,因而會對一些現象硬作解釋(尤慣用"合音"説法,如推測"我們"合音爲"俺")而産生失誤,還冤枉地説這些詞的音變少合規律。把各地用借字表示的意思當"真"並强爲作出統一解釋而致誤之例亦不鮮見。故解釋語法化問題一定要考定方言的實際例子和正確運用語音規律(語音演變是有規律的)。張文的這點提醒很重要。

(四)在語言類型和語言演變研究中的理論創新

　　改革開放以來、特別是新世紀開始以來,國際上語言學多個流派的各種新學説廣泛地介紹到中國,大大促進了中國語言學與國際接軌。江藍生不失時機學習和消化外國的理論,並逐漸形成自己在語言研究上的理論特色。

　　2002 年, Heine 和 Kuteva 合著的 *World Lexicon of Grammaticalization* 在劍橋大學出版;吳福祥很關注其學,此書在中國印行(名《語法化的世界詞庫》,2007 年)時他又寫了中文導讀。該書的世界諸語言語料很難得,其中(120 ～ 121、302 ～ 304)竟有多個語言都用虛化的數詞"兩,雙數"作連詞"與"的例子,如"mangha(男人)kisi([第三人稱]雙數)bingha(女人[單數])"義爲"那個男人和女人"(共二人);"sá([那個]兩)dàhmà(妻子[單數])"義爲"他和他老婆"。江藍生從吳福祥處獲知此消息後取便諮詢了其在湖北仙桃的堂妹,萬幸得到罕見的漢語回應物:當地方言"我兩(個)大姐一路去的"(義爲"我和大姐一起去的"),"屋裏冒得別個,只有我兩(個)婆婆"(家裏没別人,只有我和奶奶);還有介詞用例"這件事要兩兒子商量下"(這件事要跟兒子商量一下)、"她兩(個)我差不多高"(她差不多和我一樣高)。儲澤祥等人2006年在湖南和湖北的西南官話調查中也發現了這種用法(案:張衛東在北方和南方兩種準通語之外又增加西南準通語,由此例看來再次顯得他不爲無見)。

　　江藍生(2012年)解釋數量詞"兩個"如何語法化變成並列連詞:同位短語"我兩個"的語義是"我和另外一個人",在"我兩個(主語)一路去的"和"屋裏只有我兩個(賓語)"兩句中只有"我"顯露於句子表層,但在通常口語交際時另一人是誰不言而喻;而當對方不明詳情、或説話人臨時想明示另一人時就會生成變異句"我兩個大姐一路去的"和"屋裏只有我兩個婆婆"。語法化的動因是説話人感到需要明確指出共同行動的另一個主體,從而把短語隱含的另一個主體顯性化;而一旦在句子層面實現了這點,就引起句子結構的變異——第一句裏"我兩個"本已指"我"和"大姐",故主語"我兩個大姐"成了一個語義有部分重疊的羨餘組合(那有違於漢語語法規範);恰好在此結構中"兩個"位於"我"和"大姐"兩項之間(是並列連詞的典型位置),這種組合經過習慣使用而固定之後兩項間蘊含的連接關係就被"兩個"吸收,並在類推心理作用下使本來不合規範的句子被類推爲並列主語句、而"兩個"被重新分析爲並列連詞。這樣,在變異的結構式裏就取得了新的平衡(江藍生,2016年)。

　　語法化可分爲兩頭:一頭是虛化(實詞演變爲語法詞綴和詞尾);另一頭是詞彙化(詞組或短語逐漸變得緊湊或凝固而演變爲助詞)。後一頭的演化在漢語有個突出表現,即跨層非短語結構的演變和重釋;江藍生正式提出"跨層非短語結構"的概念並在論"的話"之詞彙化(2004年)一文集中進行闡釋,旨在彰顯漢語這一特別話語現象的語法化過程來豐富一般語法化理論。至今已有多人發文另談"嘅樣、的些、怎麽也"等結構的形成。

　　從某種意義言,數詞"兩"虛化作連-介詞同跨層非短語結構詞彙化可謂也是語言類型學問題。它們強化了世界諸語言裏的某種結構類型及其演化機制。江藍生(2004年)指出:"'説話'是一個黏合性和離散性都很強的離合動詞,其粘合性,使人們一看到'説'就會聯想到'話',反之亦然;其離散性,使'説'與'話'之間可以插入短語或小句,甚至'……的話'可以出現在'説'之前,乃至完全擺脱'説'的控制。這種離散性也對'的話'

之語法化起了推動作用。”我主張漢語是離合語,師姊對“離合動詞”之論正是其一個活例。

在語法化問題上,江藍生明顯繼承和拓展了劉堅先生的研究。劉先生是在漢語語法研究中較早注意語法化問題並做出重要貢獻的一位學者,有《論漢語的語法化問題》(1993 年在國外發表)、《論誘發漢語詞彙語法化的若干因素》(與曹廣順、吳福祥合作,1995 年載《中國語文》)等論文;後一文被學界認爲是具有指導意義的綱領性文獻。吳福祥(2005 年)又參照國際上學科發展情況説明漢語語法化研究當前應重視的幾個課題。江藍生(2012 年)提出“連 – 介詞”的概念來指可兼做並列連詞的介詞,其語法化很有特點。此文分頭詳細敘述了漢語連 – 介詞的四個來源,描寫了其語法化的動因和理據,歸納出其語法化的三種類型。江藍生(2016 年)基於漢語實際進一步從理論上探討語法化的誘因,文章創獲頗多,得到學界很高評價。她指出:在采用西方學者語義相宜性和句法環境是誘發語法化的兩個必要條件之説時,還須結合漢語包括其方言的實際找出語法化的充分條件,往往表現於常規結構式的組合關係變異和語義羨餘(語義複指、語義部分重合和語義同指)。語法化的真正誘因是常規結構式的組合成分生變(非典型化了),打破了原結構式的句法和語義平衡;語法化的完成則使變異句建立起新的平衡,或使一種常規結構式變爲另一種常規結構式,或産生出新的結構式(如漢語罕有形態特徵,動詞可直接名詞化,它遂可自由出現在常規結構式中名詞之位,引發原結構式的句法結構和語義關係變化)。從語義相宜性看,語法化與源頭實詞之義密切相關,故判定某虛詞是否用其本字十分重要。語法化常伴隨着音變(甚至跨方言的疊置式音變),用合規律的歷史音變無法解釋;因詞義虛化,有些虛詞用了同音或近音借字,考其源流須靠傳統訓詁學、音韻學之助,挖掘歷史文獻和方言裏藴藏的資源。

江藍生重視和語法化有關的語義研究,她(2022 年 a)專門闡釋中性詞語義正向偏移的類型和動因,把吕師的短文《中性詞與褒貶義》擴展了幾十倍。她指出:中性詞無論名詞、動詞,其語義發生正向偏移都由它跟肯定性評價類動詞(如“合乎”、“有”)的聯繫促成;只不過這種聯繫有的呈現於構式而帶明顯的動詞標記,有的則存在於説話人内心而無外在的詞彙形式標記。某些中性名詞就無須依賴動詞構式也能産生正向偏移義,如“標準”産生“合乎標準”偏移義、“規則”産生“遵守規則”偏移義(但或會借助“很”而謂詞化,如“很規則”)。故從更深層次看,反映人們主觀意願的如意原則是達成語義偏移之推力,亦即如意原則是中性詞語義正向偏移的根本動因。中性詞語義正向偏移是漢語詞義演變主觀化的典型反映。

所謂主觀化,是語言爲表現其“主觀性”而采用的結構形式或其演變過程;而語言的主觀性(説話人的視角、感情和認識,或曰立場、感情和態度)是隨着功能語言學、語用學和認知語言學所帶來的人文主義復蘇才得以彰顯的。從視角和感情的觀點看移情,湯廷池和張洪明認爲漢語的 "被" 字句是移情這一主觀化的產物;而英語 "He must be married" 可有兩解:"他必須結婚了"(表行動或道義)、"他必定結婚了"(表認識或判斷),後一解的主觀性或語法化程度比前一解高。語用推理(會話隱涵義)的反復運用形成主觀化的表達(説話人從自我出發的、未用語言形式表達之意義),主觀化程度越高、相應的表達形式越少即語法化程度越深(以上內容參見沈家煊《語言的主觀性與主觀化》)。又,從功能語言學的觀點看,名詞的典型性特徵依次爲:(離散、有形的)占據三維空間的實體 > 非空間領域的實體 > 集體實體 > 抽象實體。抽象名詞是遠離典型名詞的邊緣成員,不具空間性特徵而最易發生功能遊移(functional shifting,指語義偏移、臨時跨詞類活用、直至詞類轉化。參見張伯江《詞類活用的功能解釋》)。"標準、規則" 類中性抽象名詞屬於最易發生語義偏移的一類詞。它們由名詞 N 直接遊移而轉爲 "合乎 N" 的(名詞活用爲形容詞)。標準、規則的制定有明確之目的性:約束人們的行爲使之參照遵守而不得違反。人們的主觀意識也希望人或事物都能合乎標準、規則的要求,於是在人的心理因素促動下,"標準、規則" 直接轉生出 "合乎標準、規則" 的正向偏移義。

江藍生受惠於功能語言學和認知語言學而在語法化和語義研究中多有創獲。與一般外語學人述作多只生搬西方理論不同,江師姊深研漢語語法(尤其是語法化)和語義,她的多篇文章有較强的理論性而又帶本土化的創意,很值得漢語界、民語界和外語界同人取法。

二、勇擔辭書編纂的歷史巨任

辭書是文化發展的産物,也是推動文化發展的動力。中外歷代都有人獻身辭書編纂。20 世紀 70 年代中國和世界各國的關係陸續改善。1972 年歐洲的袖珍國聖馬力諾派政要訪華時,向我國贈送了一部多卷本百科全書;而我國只回贈人家一本《新華字典》(那被外國傳爲 "大國家、小字典"),真是太尷尬了,簡直是奇恥大辱! 清末民初主編初版《辭源》的陸爾奎已認識到:"國無辭書,無文化之可言也。" 1972 年文化大革命還未結束,一切現存文化都被掃空了,哪裏還能有國之辭書和國之文化? 事後周恩來總理批示了他生前最末一個出版工作文件,要求做好包括《辭源》在內的大型辭書和百科全書的修訂和編纂。1975 年 5 月,"中外語文詞典編寫出版規劃座談會" 在廣州召開,會上確定了 160 種辭書的編纂規劃。文革結束後,這些項目迅速落地了。第一次立下扭轉 "國家、小字典" 局面之功的是《漢語大字典》(徐中舒主編,李格非、趙振鐸常務副主編,8 卷本,1986 ～ 1990 年)。

（一）從漢語史學者到辭書編纂專家

從 20 世紀晚期起，江藍生就約請劉堅先生與她一起主編 "近代漢語斷代語言詞典系列"（上海教育出版社），包括《唐五代語言詞典》（江藍生、曹廣順編著，1997 年）、《宋語言詞典》（袁賓、段曉華、徐時儀、曹澂明編著，1997 年）和《元語言詞典》（李崇興、黃樹先、邵則遂編著，1998 年）。在斷代詞典的基礎上她又隨即組織和參與編寫《近代漢語詞典》（白維國主編，江藍生、汪維輝副主編），十多位專家爲編成首部 "具有漢語詞彙史性質" 的詞典奮鬥了 18 年（2015 年上海教育出版社出版，共四大卷）。但白維國研究員卻在詞典出版之前數月去世了，痛哉！他和陸尊梧研究員都是 "黃埔一期" 的同學；陸兄在詞典編輯室工作，曾是該室副主任並主持工作多年；他參與過《新華字典》和《現代漢語詞典》《現代漢語小詞典》的修訂，也編寫（或合編）了《古今漢語實用詞典》《歷代典故辭典》《古代詩詞典故辭典》《簡化字繁體字對照字典》《新華典故詞典》等。香港回歸前夕應時勢之需江藍生與他合編過《繁簡體字用法字典》。2011 年 7 月二師兄李崇興教授應邀從武漢來京在北大暑期語言學高級研修班講學，與在京同學們曾聚會一次。大師兄楊成凱、師姊江藍生、師弟黃國營、我和白維國及另外三位同學都參加了聚會；唯獨陸君因爲聯繫不上而缺席，甚爲可惜（2020 年他去世了）！我曾有詩記此事：

> 園曲迷離李樹幽 ①，低吟聽和且優悠 ②。
>
> 京華談韻八人集 ③，陸子津遥不露頭。
>
> 盛夏衰秋能幾度？癡心欲復少年遊。

席間白君説：同學們聚一次少一次了。不幸四年後那竟成讖語！姑借便以此段心上絮言懷念同學尤其是白君和陸君。從 2005 年下半年起，江藍生應語言所科研之需已把主要精力轉到辭書編纂工作上。她主持修訂了《新華字典》第 11 版和《現代漢語詞典》（下文或簡稱《現漢》）第 6 版，而最重要的是開始主編社科院重大項目《現代漢語大詞典》（下文或簡稱《大現漢》）。編寫辭書的艱辛局外人難以想象，我們不知她怎樣熬過來又擺脫了壓在頭上的 "三座大山"。她回憶説：長期超負荷腦力勞動使她經常失眠，有幾次因用腦過度而暈厥；她常在家裏一邊做飯一邊還看稿想問題，有兩次鍋燒壞了還不覺察。針對《現漢》以往修訂中尚未解決的若干問題，她擬定了十多個研究專題，由課題組和所內研究人員（包括她自己）分頭逐一進行調查研究，整個修訂過程始終貫徹 "植根學術，跟進時代，貫徹規範，系統穩妥" 的方針，着力提高詞典的科學性、時代性、規範性和實用

---

① 表面説各人居境優雅，實以諧音暗示李師兄在元曲等近代漢語研究領域有優秀建樹。

② 悠音 yóu，"優悠" 又作 "優遊"。

③ 援用隋朝陸法言參與八位學者在長安聚會暢談音韻的軼事。

性。花了 7 年才把《現漢》第六版修訂完。而《大現漢》，"在我國進入中國特色社會主義的新時代，在建立中華民族文化自信、以更加昂揚的姿態屹立於世界民族之林、走向中華民族偉大復興的新征程上，這樣一部大型現代語文詞典是不可或缺的"。但其編纂費時費力就更多了，從 2006 年起經 16 年奮鬥至今已編成一個五卷本，但仍未出版。她爲此書制定的目標很高：要做到共時性與歷時性相結合、規範性與描寫性相結合、學術性與實用性相結合；要把五四運動以來近百年的現代漢語看作一個動態的歷史過程，全面地反映這一時期漢語詞彙系統發展變化的真實面貌（包括要參考上百部著作勾稽曾被忽略的民國時期資料使之成爲全書的學術增長點），爲研究這一時期的語言提供有價值的參考（江藍生，2022 年 b）。

江藍生（2022 年 a）在闡釋中性詞語義偏移時大量引用了《現漢》（第 7 版）的例句來佐證自己的觀點（偶亦涉及《大現漢》）。這是詞典編纂和論文寫作交互爲用之例；然而恐怕有人會説這是自己證明自己，故也還需要別的旁證。下面姑且先看看書裏處理得好的例子。如：【比美】《現漢》釋爲：動 美好的程度不相上下，足以相比：鄉鎮企業的產品有的可以跟大工廠的～。此條釋義"足以相比"爲"可以相比、能夠相比"（正向偏移義），例句中又出現"可以"，義例不符；問題出在釋義。《大現漢》進行了修訂，使釋義中性化：

> 【比美】動 美好的程度比起來不相上下，相當：這裏的園林十分精美，可以跟蘇州園林～。| 雖然是業餘愛好，但她的演唱水準完全可以和專業演員～。

這樣分清了中性義與正向偏移義，就使釋義更加準確了。

《現漢》【趕趟兒】只有"時間趕得上"的如意詞義，《大現漢》編纂時經檢索民國時期語料發現它原有中性義，遂把中性義增入列爲第一義項：

> 【趕趟兒】〈口〉動 ①追趕人流（見於民國時期）：春天來了，桃樹、杏樹、梨樹，你不讓我，我不讓你，都開滿了花～。| 天氣暖和了，人們都～似的從屋裏出來了。②時間趕得上；來得及：離戲開場還有一會兒，現在去還～。| 銀行都快下班了，現在去還～嗎？| 快點兒走，要不就趕不上趟兒了。

評價一部辭書時還要看它如何掌握收詞數量和確定詞類的寬嚴標準等，分析起來並不容易。《大現漢》既然篇幅夠大，就可以放手地幹。此前語言所本有過編大詞典的計劃，三次想上馬都失敗了。但呂先生針對大詞典曾説過：我們需要的是大詞典，而非"胖詞典"（指濫增臃餘成分的詞典）。

《大現漢》可以多收民國時期的語詞和當代的活語詞；但我覺得還是應避免胖詞典的傾向。一些"胡腔"味過濃的北方口語詞並不值得收録（收了是默認，無形中是提倡），比如口語疊合詞(傢伙什_兒、立時刻、一塊堆_兒)、表情態的詞(搞不好、該不是、橫不能)及某些嘆詞(那傢伙)、虛詞和固定短語以及別的土語詞(不説、你像,得過、的過、的好,愛誰誰、愛咋咋、哪_兒跟哪_兒、誰跟誰、難不成,老幾位、老俤、老摳_兒、老賴、老泡_兒、老呔_兒、老小孩_兒)。此中很多語詞,若不從小生活在北方尤其是北京,就很難理解。普通話的語詞基礎是北方方言,但並非其任何用詞都必須全國遵用。《大現漢》收詞似過寬了。有些例句就不值得摹仿,如"受閱儀仗隊出現時,那傢伙,走得那叫一個整齊",嘆詞後的"那、叫、一個"都是多餘的難合語法的成分。又如"我們家是多民族的,你像我是滿族,我愛人是蒙古族,兒媳婦是漢族"。連詞"你像"也全無道理、不合語法,不宜立條;改爲插入語"你看,像……"才對。若一定要收録某些詞和例句,至少應注明〈土俗〉甚至〈不宜摹仿〉。我不是説北方俗話和新詞全要不得。北方話也有些新詞是合語法的創造;比如廣東人仿照英語 taxi 稱出租車爲"的士",而北方人不但説"的哥"(開的士的男人),還創造了"的姐、的嫂"(開的士的婦女)、"麵的"(出租的麵包車)、"貨的"(運貨的出租車)。在接受"的士"後,這種派生詞是可以理解、接受的。

至於給新詞標注詞類,也還有可商之處。如《現漢》六、七版把"環保"標爲形容詞裏的屬性詞(符合環保要求的、具有環保性質的);但《大現漢》進而直接標爲形容詞(因該詞可單獨作謂語,如"這種材料很環保"),就不一定有必要。"環保"這樣的詞屬於新的縮略合成詞,也可看成短語,其語法作用是靈活的(由漢語的離合式本性決定)。試善意地對照英語觀察一下兩種謂語的情形:

(1)這種材料很能保護環境。　　This material protects the environment very well.
(2)這種材料很環保。　　　　　　This material is very environment-protecting.

第二句的英語對應表述有點生硬但仍合語法(形容詞"環保的"有形態 -ing 保證);漢語的"環保"起初也生硬,但旋被接受了:國人寧説"環保"、不説"保護環境"(而兩個詞素能臨時組成一詞以傳達需要的意義,即便硬要當謂語也無妨)。至於"環保材料"("environment-protecting material")之類表述的"環保"也能作定語而被看成合法的形容詞!但人們可將"環保材料"和"軍用材料"等量齊觀(大概没人會視"軍用"爲形容詞)。若"很環保"裏的"環保"能成爲形容詞,則能取得這種身份的語詞可就太多了。不論是出於"向好心理"還是類推技巧,國人語言表述中的"創造性"瘋長起來,隨時會冒出一些説法:

(3)他的態度很阿 Q。
(4)他的吃相真是八戒得很。

（5）華山本來就險,通過景點經營者的費心打造、還加進武俠小説的成分,它被弄得太奇門詭穴了。

愚意這一類的詞或短語,頂多説它們是屬性詞(半個形容詞)已足夠了;若都隨便封之爲正式的形容詞,只怕此門一開,湧入者就没完了。詞難定類是漢語的離合語本性使然,急於定類不見得有大好處。

（二）對歷史原則的正確運用問題之回顧

《現漢》對"是的"和"似的"之處理存在不夠妥當之處。江藍生(1999 年)指出:"《現代漢語詞典》把'似的'與'是的'立爲兩個詞目的做法是對的,但把'似的'也注作'shi·de'似可商量。我們主張依其字標作'si·de'。因爲歷史上畢竟有從'似'到'似的'的比擬助詞存在,而且它現在仍在書面上和相當廣泛的方言區裏使用。"經查閲,《現漢》第五版有條目"似的"及"是的":

　　【似的】shi·de 勛 用在名詞、代詞或動詞後面,表示跟某種事物或情況相似:……也作是的。

　　【是的】shi·de,同"似的"(shi·de)。

這就是她所謂兩個詞目了吧。但【似的】雖然正式立條了,讀者卻很難找到它! 因爲它並不在"似(sì)"字之下的衆詞條間,卻被置於 shì 類詞條間(在"勢"字前)。第六版(2012 年)和第 7 版對此隻字未動! 江藍生主持了第六版的修訂,爲何不趁勢落實其正確而公平的主張? 這是她自己的疏失,還是她拗不過那些説京腔(實帶胡腔)的編寫組同僚? 至於第七版,江藍生已不負責修訂,其主張自然更被擱置了。但堂堂的規範詞典竟將北人胡讀"似的"之 shì 作爲"似"的正音,就偏離了通語的宗旨;若欲爲胡腔北方話混淆"似的"和"是的"辯護是徒勞的,而要强制推行它也不妥當。

《近代漢語詞典》出版後,江藍生發文(2017 年 b)贊揚該詞典的新境界,但也冷靜而客觀地指出詞典還有某些不足,例如個别字音的處理欠妥:

　　在"蝦"há 字頭下出"蝦腰"條,注音 háyāo,釋爲"哈腰;彎腰。也作爲一種敬禮",引有明清兩代用例。此處釋義正確而定音不妥。"哈腰"即"蝦腰",應讀陰平xiā。第四卷"蝦"(xiā)字頭義項①釋爲"像蝦一樣彎曲",書證有"蝦着脊背"(元)、"蝦着腰"(明)、"蝦腰拾起"(清),書證豐富,釋義正確;故應將前面注音爲陽平的"蝦腰"移到"蝦"(xiā)下。

溪案:這裏的問題在於對 há 的來源未解釋清楚。照現在的普通讀音, há 只宜用於"蛤蟆"（háma）一詞。但因爲"蛤蟆"舊也曾作"蝦蟆"，卻使今人弄不清"蝦腰"該怎麼讀了。我很懷疑應將"蝦腰"讀成 xiāyāo 之論。固然，把"蝦腰"讀成"哈腰"háyāo 是不對的。但改讀 xiāyāo 也未必正確。上面列舉的明清時期"蝦腰"之例，誰能證明當時的人讀爲 xiāyāo？而今該詞通例都讀成 hāyāo 而寫成"哈腰"。但若説"哈腰"其實應作"蝦腰"，那卻没錯。關鍵是北方話現在已不能維持"蝦"字的中古聲母（曉母 *h-）！而粵方言不管你寫的是"哈腰"還是"蝦腰"，第一字都讀 hā 音！原來，中古音"蝦"字讀 *hiā，後來在北方才演變爲 xiā。但粵人卻偷懶把 *hiā 讀成 hā 了。爲何現在北方人會寫成"哈腰"而讀成 hāyāo？那只能讓我們設想：或許北方人也曾有偷懶把 *hiā 讀成 hā 的時候！ "哈腰"的寫法諒非自今日始。從"蛤蟆"可以寫成"蝦蟆"但仍讀爲 háma，就大體能猜測至少明清時代的北方人也已把"蝦腰"寫成"哈腰"並都讀成 hāyāo 了。故我頗認爲，《近代漢語詞典》第四卷"蝦"字條應先標注中古擬音 *hiā，然後説明它接着就分化爲 xiā 和 hā 兩種讀音，而"蝦腰"則以讀 hāyāo 並寫成"哈腰"爲常式。《現漢》就只立條目"哈²（蝦）→哈腰 hā//yāo"。這並無什麼問題。

　　江藍生主持各部大中辭書的修訂和編寫，時經常考慮應兼顧歷時和共時的協調。那麼，在《近代漢語詞典》中我們是否應該（和可以）作出類似上述交代"蝦"字中古音到近現代音的演變這件事，使讀者明白"蝦腰（哈腰）hā//yāo"的由來？這是我們很關注的一個事例。

（三）如何辨析字詞的本義和衍生義及轉義

　　辨析字詞的各種意義，並在辭書中合適地安排其次序，本來是個基本要求。但很多中小型辭書爲照顧當前讀者的實際需要，往往善意地按編者的理解把最常用的義項放在第一位。這原無可厚非。但大型辭書就不能這樣隨意了；即便中小型辭書，若有條件也應該嚴格把關。看到各種大小辭書如何收録和闡釋"暝"字，我感觸很深。這是古漢語中並不罕見的字，在近代漢語甚至現代漢語中還沿用；但其真面目在各部辭書裏卻撲朔迷離。

　　《現漢》六、七版立了條目"暝"：

　　　　暝 míng〈書〉①日落；天黑：日將～。｜天已～。②黄昏。

這樣一個條目是不合適的。雖然編者説明此乃書面語的表述，但這個條目不能準確反映暝字的讀音和詞義。《現代漢語大詞典》（漢語大辭典出版社，2000 年；上海辭書出版社，2009 年）：

　　　　暝 míng①日暮，夜晚。如日將暝；暝色。②昏暗。如晦暝。

這裏的昏暗義比《現漢》的黄昏義好一點。但作爲大書,它這條的内容比中型辭書《現漢》也好不到哪裏去。比觀各種辭書就會痛切地想到:若一個條目不能充分發揮作用,中小型辭書不如不立它。至於大型辭書,也不能因爲有足夠篇幅可用就隨便浪費版面。由於多數辭書於此常有問題,爲免治絲益棼,我們不去列完各書的釋義再來比較,而首先扼要强調兩個原則:一、關注字詞的本義和衍生義;二、關注例詩句中的格律以確定聲調。

《中華大字典》(中華書局 1915 年出版,1978 年重印):

> 暝　㊀忙經切。①幽也。見《集韻》。②廣也……㊁莫定切。夜也。見《玉篇》。

此書以平聲表幽暗義、去聲表夜義的處置是頗爲中肯的。其實,《説文》給"冥"字的定義就是"幽也"。而暝字來源於冥字。王力(1984 年)提出詞的本義應是第一義項。我認爲暝字本義幽暗,而且是由冥字之義發展而來。王力身後由弟子們編定的《王力古漢語字典》(中華書局,2000 年)給暝字定的兩個義項"昏暗"和"天黑",符合我們設想的字義發展過程;但它把前一義固定在平聲、後一義固定在去聲,則失之簡單化。又,它説去聲是舊讀,這不妥當。去聲一讀是後出的,不能因爲現在很多人只懂得平聲的讀音(那是普通人從大流的簡單化結果)就把去聲一讀判定爲舊讀。其實,連本字"冥"也早有平聲和去聲兩讀。不過我們得承認"冥"很像英語的 evening,既可指傍晚、亦可指夜裏。自然,"暝"字更是如此。該字讀音或有從平聲經上聲直至去聲的演變,而其詞義也有從昏暗到夜晚的發展。有時很難確定程度,從昏暗到天黑日光畢竟有個轉化過程(也存在一種中間狀態,不易決定是晦暗、黄昏還是天黑),而在不能確知時寧可從簡認作寬泛義的晦暗。

此外,我們若能按格律來理解詩句,在大量詩歌例證裏亦可獲得不少有用的信息。可惜這個基本原則一般的辭書編者根本就没注意,更别説重視它並善於運用它。

現在試擬編出"冥"和"暝"的一批詞條,供大家討論。

【冥¹】míng,《廣韻》莫經切(平聲,青韻)。㊀〈名,形〉陰暗(狀態)。①(本義)幽暗。《老子》21 章:"窈兮冥兮,其中有精。"【晦冥】昏暗。春秋尹喜《關尹子》云:"昔之論道者,或曰凝寂,或曰邃深,或曰澄澈,或曰空同,或曰晦冥。"《楚辭》屈原《天問》:"何闔而晦、何開而明?"王逸注:"言天何所闔閉而晦冥。"東方朔《七諫》:"專精爽以自明兮,晦冥冥而壅蔽。"戰國《公羊傳》(東漢何休解詁、唐陸德明音義):"己卯晦。震夷伯之廟。晦者何?冥也。"音義:"晝日而冥。冥,亡丁反,又亡定反。"①【冥蒙(濛)】幽暗不明。左思《吴都賦》:"島嶼綿邈,洲渚馮隆;曠瞻迢遞,迥眺冥蒙。"王泠然《夜

---

① 注意:《關尹子》的"晦冥"是廣義詞,用於論道的本質和天下萬物;而《公羊傳》和《楚辭》及其注的"晦冥"是個狹義詞("冥"讀平聲),專指天象而已(後來專用"晦暝"而"暝"多讀去聲)。

光篇》：“遊人夜到汝陽間，夜色冥濛不解顏。”杜牧用“冥迷”，見《阿房宮賦》：“長橋臥波，未雲何龍？複道行空，不霽何虹？高低冥迷，不知西東。”②幽深，深入的（探搜）。傅咸《鸚鵡賦》：“言無往而不復，似探幽而測冥。”孫綽《遊天台山賦》：“非乎遠寄冥搜、篤信通神者，何肯遥想而存之？”高適《陪竇侍御靈雲南亭宴》：“連唱波瀾動，冥搜物象開。”③（擴展義）深〔思〕，苦〔想〕。支遁《詠懷詩》之二：“道會貴冥想，罔象掇玄珠。”王建《武陵春日》：“不似冥心叩塵寂，玉編金軸有仙方。”㈡〈名〉夜晚。①（本義）《詩·小雅·斯干》：“噲噲其正，噦噦其冥。”左丘明《國語·魯語下》：“自庶人以下，明而動、晦而休。”韋昭注：“晦，冥也。”【冥火】夜晚的火光。枚乘《七發》：“冥火薄天，兵車雷運。”②（隱喻義）【冥寂】靜默。郭璞《遊仙詩》之三：“中有冥寂士，靜嘯撫清弦。”㈢〈動〉（轉義）無形中相通。①（客觀義）柳宗元《始得西山宴遊記》：“蒼然暮色，自遠而至；至無所見，而猶不欲歸，心凝形釋，與萬化冥合。”②（主觀義）默契。【冥契】自然投合。《晉書·慕容垂載記》：“寵踰宗舊，任齊懿藩；自古君臣冥契之重，豈甚此邪？”㈣〈名〉（空間引申義）①迷信觀念裏的陰曹地府。【冥福】死後之福，如建造寺齋以奉冥福。【冥報】死後的報答。陶潛《乞食》詩：“銜戢知何謝？冥報以相貽。”②大海。《莊子·逍遥遊》：“北冥有魚，其名爲鯤。”東方朔《十洲記》云“水黑色謂之冥海”；嵇康云“取其溟漠無涯也”，梁簡文帝云“窅冥無極，故謂之冥”（見《莊子集釋》）。後世用“溟”。③高遠的天空。王令《聞太學議》：“籠禽不天飛，詎識雲漢冥？”【蒼冥】【青冥】藍色的天空。文天祥《正氣歌》：“於人曰浩然，沛乎塞蒼冥。”屈原《九章·悲回風》：“據青冥而攄虹兮，遂儵忽而捫天。”張九齡《將至岳陽》：“湘岸多深林，青冥晝結陰。”【冥翳】渺茫的天頂。張衡《思玄賦》：“遊塵外而瞥天兮，據冥翳而哀鳴。”④（比喻義）遠大的志向。《後漢書·蔡邕傳》：“沈精重淵，抗志高冥，包括無外，綜析無形。”㈤〈動〉遠離。陶潛《辛丑歲七月還江陵夜行途中》：“閒居三十載，遂與塵事冥；詩書敦宿好，林園無俗情。”

【冥鴻】mínghóng〈名〉高飛的鴻雁。比喻高才之士。李賀《高軒過》詩：“我今垂翅附冥鴻，他日不羞蛇作龍。”（轉義）隱退的高士。陸龜蒙《奉和襲美寄題羅浮軒轅先生所居》：“暫應青詞爲穴鳳，卻思丹徼伴冥鴻。”

【冥會】mínghuì〈動〉自然相合。《荀子·大略》：“善爲《詩》者不説，善爲《易》者不占，善爲《禮》者不相；其心同也。”楊倞注：“皆言與‘理’冥會者。”郭璞《山海經圖贊·磁石》：“磁石吸鐵，瑇瑁取芥，氣有潛感，數亦冥會。物之相投，出乎意外。”

【冥冥】míngmíng〈形、名、動〉①幽暗，甚至嚇人。《詩·小雅·無將大車》：“無將大車，維塵冥冥。”屈原《九歌·山鬼》：“雷填填兮雨冥冥……杳冥冥兮羌晝晦。”《九章·涉江》：“深林杳以冥冥兮，乃猿狖之所居。”高適《苦雪四首》之一：“二月猶北風，天陰雪冥冥。寥落一室中，悵然慚百齡。苦愁正如此，門柳複青青。”張籍《猛虎行》：“南山北山樹冥冥，猛虎白日繞林行。向晚一身當道食，山中麇鹿盡無聲。”韓愈《答張徹》：“緣雲竹竦竦，失路麻冥冥。”②幽玄而邈遠。《淮南子·精神訓》：“古未有天地之時，惟像無形，窈窈冥冥……”《素問》：“窈窈冥冥，孰知其道？”揚雄《法言·問明》：“鴻飛冥冥，弋人何篡焉？”③專誠深思。《荀子·勸學》：“無冥冥之志者，無昭昭之明。”④（轉義）糊塗。《史記·蘇秦列傳》：“是故明主……勝敗存亡之機固已形於胸中矣，豈掩於衆人之言而以冥冥決事哉！”⑤壯闊迷茫。杜甫《題鄭十八著作丈故居》：“台州地闊海冥冥，雲水長和島嶼青。”用此迷離生動的疊音詞寫景，不煩盡舉。

【冥器】míngqì〈名〉古代的殉葬器物（亦作“明器”，神明之也）；後世稱給死者使用而燒的紙製器物。而紙錢稱爲冥財。

【冥行】míngxíng〈動〉夜中摸索行走。揚雄《法言·修身》：“擿埴索塗，冥行而已矣。”後以此喻做學問不得門徑。

【冥頑】míngwán〈形、名〉（比喻義）不明事理，愚笨。韓愈《祭鱷魚文》：“不然，則是鱷魚冥頑不靈；刺史雖有言，不聞不知也。”劉宰《和李果州道傳同遊茅山贈》：“朅來絜齊俟，一語開冥頑。”

【冥²】mìng，《集韻》莫定切（去聲，徑韻）。〈動、形〉①日落，入夜。《春秋經傳集解》魯昭公六年：“日入，匽作。弗可知也。”杜預注：“匽，奸惡也。日冥，奸人將起叛君助季氏，不可知。”陸德明音義：“冥，亡定反。”②（隱喻義）末日將至。古詩《孔雀東南飛》：“兒今日冥冥，令母在後單。”③（比喻義）遠離［而不顧不知］。【冥躬】隱退。《荀子·正名》：“説行則天下正，説不行則白道而冥躬。”（按：躬字原作窮，誤。）

【暝¹】míng，《廣韻》莫經切（平聲，青韻）。㈠〈名、形〉昏暗。《漢書·五行志下之上》：“劉向以爲晦，暝也；震，雷也。夷伯，世大夫，正晝雷，其廟獨冥。天戒若曰：勿使大夫世官，將專事暝晦。明年……果世官，政在季氏。至成公十六年六月甲午晦，正晝皆暝……季氏殺公子偃。季氏萌於釐公、大於成公，此其應也。董仲舒以爲：夷伯，季氏之孚也，陪臣不當有廟……晦暝，雷擊其廟，明當絶去僭差之類也。”《新五代史·唐莊宗紀下》：“會天大霧晝暝。兵行霧中，攻其夾城，破之。”謝靈運《石壁精舍還湖中作》：“林壑斂暝色（平仄仄平仄），雲霞收夕霏。”㈡〈動〉入夜。宋玉《神女賦》：“闇然而暝，忽不知處。情獨私懷，誰者可語？”①

【暝曚】míngméng〈形〉幽暗模糊。明《清平山堂話本·西湖三塔記》：“薄暮憑欄，

---

① 暝同冥，晦暝同晦冥；加日旁只爲明確表示天象。在早期，加不加日旁，字詞的意義和讀音都不變。暝還讀平聲，後來就主要讀去聲了。

渺渺暝矇,數重山色。”此詞由“冥蒙”（見前文）類推而來。該類推詞有個異體:【暝濛】,沈立詠海棠百韻詩（題過長不録,見陳思編《海棠譜》卷上）:“羞隱暝濛霧（仄仄平平仄）,輕如淡蕩煙。”但另有人用【暝茫】,楊慎《雨夕夢安公石張習之覺而有述因寄》:“歡愉漸迢遞,晤語落暝茫（平平仄平仄,仄仄仄平平）。”其實淺顯好用的語詞當係“溟濛”（勝於前文的“冥濛”）,它意象寬泛(勿見水旁就料它只摹狀小雨),如高適《李雲南征蠻詩》:“將星獨照耀,邊色何溟濛!瀘水夜可涉,交州今始通。”

【暝²】mìng,《廣韻》莫定切（去聲,徑韻）。㊀〈名,形〉昏暗。《穀梁傳·莊公七年》:“夏四月辛卯……夜中星隕如雨。其隕也如雨,是夜中歟?”范甯集解:“星既隕而雨,必晦暝;安知夜中乎?”陸德明音義:“暝,亡定反。”杜甫《行次昭陵》:“松柏瞻虚殿,塵沙立暝途（仄仄平平仄,平平仄仄平）。”仇兆鰲注:“暝,樊［本］作暗。”宋祁《擬杜子美峽中意》:“驚風借壑爲寒籟,落日容雲作暝陰（仄仄平平仄仄平）。”李群玉《漢陽太白樓》:“江上層樓翠靄間,滿簾春水滿窗山。青楓緑草將愁去,遠入吴雲暝不還（後三字宜讀仄仄平）。”史達祖《雙雙燕·詠燕》詞:“愛貼地爭飛,競誇輕俊。紅樓歸晚,看足柳昏花暝。”㊁〈名,形〉夜晚。《世説新語·賞譽》:“謝太傅爲桓公司馬。桓詣謝……因下共語,至暝。”王維《藍田山石門精舍》:“暝宿長林下（仄仄平平仄）,焚香卧瑶席。”方干《滁上懷周賀》:“暝雪細聲積,晨鐘寒韻疏（平仄對句相救）。”㊂〈動,形〉入夜,在夜晚。宋玉《神女賦》:“闇然而暝,忽不知處。情獨思懷,誰者可語?惆悵垂涕,求之至曙。”古詩《孔雀東南飛》:“晻晻日欲暝,愁思出門啼。”盧照鄰《葭川獨泛》:“山暝行人斷（仄仄平平仄）,迢迢獨泛仙。”儲光羲《題虯上人房》:“江寒池水緑,山暝竹園深（仄仄平平仄）。”孟浩然《宿桐廬江寄廣陵舊遊》:“山暝聽猿愁（仄仄仄平平）,滄江急夜流。”李白《夢遊天姥吟留别》:“千巖萬壑路不定,迷花倚石忽已暝。”歐陽修《醉翁亭記》:“若夫日出而林霏開,雲歸而巖穴暝;晦明變化者,山間之朝暮也。”

【暝靄】mìng·ǎi〈名〉晚上的煙靄。周邦彦《風流子·秋怨》:“望一川暝靄,雁聲哀怨,半規涼月,人影參差。”（詞曲諒不必靠字形美而動人。可比較一下王實甫《西廂記》四本三折:“青山隔送行,疏林不做美,淡煙霧靄相遮蔽。”但又參看【暝煙】條）

【暝暝】mìngmìng〈形、副〉由夜晚轉義指寂寞。劉孝綽《春宵》:“誰能對雙燕,暝暝守空床?”

【暝色】mìngsè〈名〉夜色。杜甫《光禄阪行》:“樹枝有鳥亂鳴時,暝色無人獨歸客。”佚名《菩薩蠻》:“暝色入高樓,有人樓上愁（孤平拗救句）。”

【暝涬】mìngxìng〈名、形〉元氣混沌狀態。《莊子·在宥》:“倫與物忘,大同乎涬溟。”郭象疏:“溟涬,自然之氣也。”此疏的“溟涬”實見於同書的《天地》篇。按:書中二詞同義,郭象應是混而用之。但後來嚴遵《道德指歸論》、王充《論衡·談天篇》等書就都使用“溟涬”。杜甫《夜聽許十誦詩愛而有作》亦云：“精微穿溟涬，飛動摧霹靂。”及至朱熹《朱子五經語類》又改爲“暝涬”，不但幾乎把該新詞形固定下來，還衍生出“昏昧無知”這個隱喻義：“心無私主，不是暝涬没理會也；只是公：善則好之，惡則惡之。”

【暝煙】mìngyān〈名〉晚上的煙靄。戴叔倫《過龍灣五王閣訪友人不遇》：“野橋秋水落，江閣暝煙微。”韓元吉《水龍吟·題三峰閣詠英華女子》：“回首暝煙千里，但紛紛，落紅如淚。”孔尚任《桃花扇·沉江》：“仰天讀罷《招魂》賦，揚子江頭亂暝煙。”

【暝鐘】mìngzhōng〈名〉晚上（報時的）鐘聲。賈島《朱可久歸越中》：“石頭城下泊，北固暝鐘初（仄仄仄平平）。”韋莊《題袁州謝秀才所居》：“若有前山好煙雨，與君吟到暝鐘歸。”

我們對廣泛收集來的材料（多采自現有的辭書，加上自己找到的例子）經過認真的比觀、鑒別和全盤整理，編成以上的詞條（這是按大辭書目標編寫的，然仍屬示範性質而並未窮盡字詞的全部釋義和附加的單列詞目）。其内容的排列基本遵從傳統做法，但也有變通：如在詞條内隨宜插入某些詞目（辭書有先例）而且不避逆序詞目，以便及時參照比較。此外爲顯示某些字詞的準確含義和正確讀法，有時夾注字詞短句的釋義、旁注中文拼音或詩律平仄，而且不時特意把引例的詞句加長（比一些辭書的苟簡引例更可信）。這樣做都幫助了讀者，也充分發揮了辭書的功用。擬編這些詞條，其工作雖未及江師姊主編多部辭書之勞的億萬分之一，但也幾乎把我累死了。辭書編纂對當事者而言是無情的重壓。若未經辛勞，勢不能産生好的結果。請江師姊審查一下，愚弟的這種嘗試性做法是否還有些正當。

回頭看《漢語大詞典》（2011 年）第五卷下册 820 頁：

暝，《廣韻》莫經切，昏暗；暝，《廣韻》莫定切，日暮，夜晚。

詞典給出了“暝”字的兩個讀音和意義，是客觀的處置。其去聲那裏引詩例尚無閃失；然而平聲處引孟浩然《宿業師山房期丁大不至》的仄韻詩卻搞錯了。書中釋義後附列的詞條裏也有多處讀音錯誤。而觀《古代漢語字典》（2012 年），也引用了古詩，但是“暝”字卻仍只有 míng 一個讀音，那就不對了。其所舉唐人詩詞例證的“暝”全都該讀去聲。《簡明古漢語字典》（1986 年）：

暝 míng（又 mìng）①黄昏，日暮；②幽暗，昏暗。

釋義順序不對，而且並未説明哪個例證裏的字該讀哪個音。《實用漢字字典》（1985 年）：

暝(míng，又讀 mìng)日暮;夜晚。古樂府《孔雀東南飛》:"暗暗日欲暝。"……

　　《古漢語字典》(2009 年)完全保留上引內容爲①,另外增加了"②昏暗。《新五代史·唐莊宗紀下》'今〔會〕天大霧晝暝'"。不但釋義不符合歷史原則,注音模糊不定,兩條例證裏還有錯字。《王力古漢語字典》説去聲的"暝"是舊讀。從我們提供的詳細材料可見,此斷言不合事實。"暝"分讀平聲與去聲,而在絶大部分情況下該讀去聲。這種準確讀音並不陳舊(還比較順口,符合王力漢語詩律學著作的精神),也不能棄之不用!

(四)如何兼顧百科知識合理安排古今方國雅俗的内容

　　再以植物類字詞爲中心看一組複雜的詞條。各種大小辭書,在這個問題上取捨和闡釋差異頗大。有的書無"萍"字條,結果文天祥詩讀不懂了;有的書無"蘋"字條,以致蘋果也沒有依靠(《辭源》雖有蘋字條還是不見蘋果)。簡化字把"蘋果"簡化爲"苹果"(讀音和字形都變了,占用了本來獨立的"苹"字而留下後患)。近年進行調整而恢復了"蘋"(草)的獨立地位。但舊賬怎麽處理得完呢? 拿《辭海》(音序本)打開至 pín 那兒,愣找不着蘋字;誰知道它被放到 píng 那裏了!《漢語大字典》恢復了"蘋果"的地位,而《漢語大詞典》卻把它説成是"蘋婆"(bimba)的譯名。《現漢》立了"蘋"(蕨類植物)、"萍"(荓,浮萍)、"苹"(蘋,苹果)三個基本詞目,還算比較穩妥;但仍須細化和系統化。這裏主要涉及百科知識和中國人對事物的傳統分類問題。今試把頭緒紛繁的詞條整理重排如下。

　　【苹¹】píng,《廣韻》符兵切(平聲,庚韻)。〈名〉野草(菊科蒿屬 Artemisia),通指白蒿。《詩·小雅·鹿鳴》:"呦呦鹿鳴,食野之苹。"鄭玄箋:"苹,藾蕭。"此抄自《爾雅》:"苹,藾蕭。"陸璣《毛詩草木鳥獸蟲魚疏》云即"藾蒿";郭璞注《爾雅》:"今藾蒿也。初生亦可食。"戴德《大戴禮記·夏小正》:"湟潦生苹。湟,下處也;有湟然後有潦(lǎo),有潦而後有苹草也。"韓愈《答張徹》:"苹甘謝鳴鹿,罍滿慚馨瓶。"①

　　【苹²】píng,由【蘋²】簡化成的規範字。〈名〉苹果(Malus pumila)。薔薇科落葉喬木。也指其果實。

　　【萍(荓)】píng,《廣韻》薄經切(平聲,青韻)。㊀〈名〉(嚴格意義的)浮萍,又稱水萍;常見者爲紫背浮萍或青萍,是浮萍科(Lemnaceae)水草。古本字作"荓",見《爾

---

① 注意:據《夏小正》,苹應是長在濕地的野草(不過按苹是藾蕭即白蒿的認定,苹草也生長在旱地甚至山坡上)。《説文》云:"苹,荓也。"但荓是浮萍,而鹿不可能吃水草!《説文》所據的是《爾雅》的某個文本"苹,荓〔也〕";而該文本的字句其實不足信。見下文"萍"條。謝靈運《擬魏太子鄴中集詩》:"自從食荓來,唯見今日美。"《文選》李善注引《毛詩》"食野之苹"爲謝詩作解,但謝氏以"荓"通"苹"的用法仍不足爲訓。《辭海》簡單定義"苹"字"通'萍'",不妥。

雅·釋草》：“萍：蓱。”郭璞注：“水中浮蓱，江東謂之藻。”《經典釋文》：“蓱，本又作萍，薄丁反（青韻）。”（音瓶，與庚韻“苹”不同音）江淹《古體》：“君行在天涯（/*ŋi/），妾心久別離……菟絲及水萍，所寄終不移。”王勃《滕王閣序》：“萍水相逢，盡是他鄉之客。”庾肩吾《賦得池萍》：“風翻乍青紫，浪起時疏密。本欲歎無根，還驚能有實。”劉長卿《過裴舍人故居》：“孤墳何處依山木？百口無家學水萍。”韓愈《答張徹》：“肝膽一古劍，波濤兩浮萍。”地名：中古有萍縣，見盧綸《送陳明府赴萍縣》詩。近世有萍鄉縣市，在江西省。㈡〈名〉（寬泛意義的）水草。在日常的實際使用中，古人有時會不加分別地使用“萍”和“蘋”①。李嶠《萍》詩即云：“二月虹初見，三春蟻正浮。青蘋含吹（去聲）轉，紫蒂帶波流。屢逐明神薦，常隨旅客遊。既能甜似蜜，還繞楚王舟。”【蓱沙王】古印度著名的國王，即頻毘娑羅（Bimbisāra）王。見玄奘《大唐西域記·摩揭陁國下》。

【蘋¹】pín，《廣韻》符真切（平聲，真韻）。〈名〉蕨類水草（蘋科的四葉菜或田字草 *Marsilea quadrifolia*）。《爾雅·釋草》：“蓱，其大者蘋。”《詩·召南·采蘋》：“于以采蘋，南澗之濱。于以采藻，于彼行潦（lǎo）。”《左傳·隱公三年》：“澗溪沼沚之毛，蘋蘩蘊藻之菜……可薦於鬼神，可羞（饈）於王公。”杜注：“蘋，大蓱也；蘩，皤蒿（白蒿）；蘊藻，聚藻（水草）也。”②宋玉《風賦》：“夫風，生於地，起於青蘋之末。”庾肩吾《團扇銘》：“清逾蘋末，瑩等寒泉。”李嶠《風》：“落日生蘋末，搖揚遍遠林。”于武陵《南遊有感》：“東風千嶺樹，西日一洲蘋。”程俱《江仲嘉見寄絶句次韻》：“漾漾扁舟拂水飛，飄飄蘋末細吹衣。”【白蘋】即常見的蘋，開白花，寓意純潔。柳惲《江南曲》：“汀洲采白蘋，日落江南春。洞庭有歸客，瀟湘逢故人。故人何不返？春華復應晚。不道新知樂，只言行路遠。”王安石《送王介學士赴湖州》：“東湖太守美如何？柳渾詩才未足多。遥想郡人迎下擔（禮迎新貴客而爲之卸下重擔子），白蘋洲渚正滄波。”胡應麟《大參維揚張公過訪

---

① 這在辭書和注疏家的著述裏都可以看出來。《爾雅·釋草》：“萍：蓱。其大者蘋。”《玉篇·草部》：“蘋，大萍也。”《説文》：“蘋，大蓱也。”（這裏用了兩個古字，實即“蘋，大萍也”）古代就有人爲《爾雅》某本的“苹，蓱也”辯護，有人説“萍”字的水旁是後來加到“苹”上造成的，還提出《説文》水部的萍字是後人所增。但《周禮·秋官司寇》就有個官職“萍人”（專管水禁）；此字不可能很晚才造出來。而我們更關注的問題是：由於所謂水草是很籠統的概念，説“萍之大者爲蘋”就常會混淆不同科屬的植物，但這在古代是難免的。若出現這種情況我們不好一概斥之爲錯誤。

② 按：《漢語大字典》云蘩是款冬。王建莉（2004 年）否之，認爲蘩應指蔏蔞（蔞蒿），認可劉操南的考定（但蒙她近告，她不同意劉氏混淆蔏蔞與茭白）。《左傳》所言可作祭品的植物似應只屬於“蘋、萍”兩類而不涉及“蘩”（白蒿，亦見《豳風·七月》毛傳，那卻是苹！）。《召南·采蘩》：“于以采蘩，于沼于沚。”孔疏既云蘩非水菜，又説貴婦只采之於水邊。這豈非强解嗎！今按楚辭《九歌·湘夫人》有“白蘋兮騁望”句，蘋是水草。《説文》云，青蘋似莎者（莎草科，常見者香附子 *Cyperus rotundus*）。若《左傳》文句的蘩是蘋，則蘋蘩蘊藻皆爲水草，貴婦到水邊采之也很自然了。楚辭時代接近《詩經》《左傳》，蘋蘩在中南通用。漢司馬相如、淮南小山賦中亦有之。

武林旅邸中賦贈十六韻》：“五馬追風電，雙龍射斗牛。新裁玄草社，舊咏白蘋洲。”

　　【蘋²】pín，《廣韻》符真切（平聲，真韻）。〈名〉蘋果（今讀爲 píngguǒ，字作苹果）。

　　【蘋³】pín，譯音字。㊀〈名〉蘋婆（頻婆）。初見唐佚名撰《玉皇經》，偈曰：“設使驢顏唇，色如蘋婆果；復能作歌舞，如經故難遇。”而義淨所譯《金光明最勝王經》卷一文句爲：“若使驢唇色，赤如頻婆果；善作於歌舞，方求佛舍利。”兩個名稱同義並行；但佛典翻譯一般使用“頻婆”，而文人的日常著述則常見“蘋婆”。按荻原雲來《漢譯對照梵和大辭典》和慈怡法師《佛光大辭典》，“頻婆”來自梵語 bimba 或 bimbajā，巴利語 bimba 或 bimbajāla，意譯相思樹，學名當爲 Momordica monadelpha。其果實熟時爲鮮紅色，稱爲頻婆果、頻婆羅果（漢譯相思果），以之爲赤色之譬喻。在佛教中該詞常用於讚頌佛的姿容（唇色赤好）、佛座甚至天堂的神聖光彩（此譯詞入華後便傳承不斷，在普通文學作品也有用例，如晚至關漢卿《雙赴夢》劇在唱及關羽的《石榴花》曲裏説“絳雲也似丹臉若頻婆”。而清朝粵人的口語竟把它用到耻笑人的話裏：吳震方《嶺南雜記》云“彼人訾顏厚者曰頻婆臉”）[1]。㊁〈名〉蘋果（頻果）。《漢語大詞典》認爲蘋果是梵語 bimba 的音譯名。這無充分根據。張凡（2004 年）對中國蘋果栽培史作了詳細考證，指出把蘋婆説成蘋果是中印交流中的誤讀。蘋果原産於西域、西亞直到歐洲南部和中部。新疆産綿蘋果。它有個改良品種曾貢於元大都宫廷，隨之流播華北。元文宗朝的忽思慧《飲膳正要》、順帝朝的張昱《輦下曲》、周伯琦《扈从詩》、熊夢祥《析津志》，及明人朱有燉的《元宫詞百章》都提到“平波、平坡、頻婆”等名，全是指蘋果。可見元朝後期蘋果在華北已漸常見。到明朝後期，王世貞《弇州山人四部稿》卷 156 言：“今頻果止生北地，淮以南絶無之，廣［府］固有林檎，豈得有頻婆果耶！”陳仁錫《潛確居類書·藝植部五》亦言：“柰與林檎相似，味甘寒；北地之頻果，南土之花紅即此。”而王象晉《群芳譜·果譜》云：“蘋果，出北地，燕趙者尤佳。接用林檎體；樹身聳直，葉青，似林檎而大。果如梨而圓滑；生青，熟則半紅半白，或全紅，光潔可愛玩。香聞數步；味甘松，未熟者食如棉絮，過熟又沙爛不堪食，唯八九分熟者最美。”（按林檎與蘋果是同類植物，日本至今呼蘋果爲林檎）以上三人可説最早使用“頻果（蘋果）”一名（它嫁接於林檎樹而穮改良都説到了）。還要加上詩僧智舷，清朝改編的《廣群芳譜》收了其《黄山黄蓮》詩：“黄山有黄蓮，甘美類蘋果。不是性味移，頭陀能忘苦。”經過歷代培育改良（包括清朝時美國傳教士倪維思早在山東引進彼方的品種），中國蘋果（苹果）借了蘋

――――――――――――――――

[1] 據説唐三藏從印度把蘋婆子帶回中國令人栽種於韶關的佛寺内（元《大德南海志》殘本卷七即言及之。清屈大均《廣東新語》還説它被種到廣州光孝寺了）。但此説尚待考證，因爲今在嶺南所見名蘋婆果者係鳳眼果（Sterculia nobilis，亦名羅望子、羅晃子，是梧桐科常綠喬木），産於中國南部和印度尼西亞。它並不如上述蘋婆那麼神奇。

婆之稱改字正名、最終脫胎換骨以歐美良種爲主了。

再看另一組植物名"荷、蓮、芙蓉"的糾葛。依《爾雅·釋草》:(荷、芙蕖)其莖茄,其葉蕸,其華菡萏,其實蓮,其根藕。疏云:芙蕖其總名也;江東呼荷,別名芙蓉。《詩·鄭風·山有扶蘇》"隰有荷華"句注:荷華,扶(芙)蕖也;其華未開曰菡萏、已發曰芙蕖。這樣說芙蕖又不像正名了。實際荷華(花)傾向成爲正名。現代植物學的標準用名即荷(學名 *Nelumbo nucifera*),睡蓮科。荷之實,古稱蓮(指集體名詞蓮蓬);隨後"蓮"從北方擴散開來也漸成正名,周敦頤《愛蓮說》是强證;故今荷亦稱蓮。該植物異名豐富,利於文學的多樣性靈活表達。但別名"芙蓉"非僅指荷(即水芙蓉),更可能指錦葵科木芙蓉(*Hibiscus mutabilis*)。屈原《離騷》"製芰荷以爲衣兮,集芙蓉以爲裳",王逸注"芙蓉,蓮華也"。但白居易有《木芙蓉花下招客飲》:"晚涼思飲兩三杯,召得江頭酒客來。莫怕秋無伴醉物,水蓮花盡木蓮開。"這裏的木蓮是木芙蓉。其《長恨歌》:"歸來池苑皆依舊,太液芙蓉未央柳;芙蓉如面柳如眉……"貴妃臉若芙蓉! 上文又説"芙蓉帳暖度春宵":那帳非僅掛着或繡着芙蓉;它是用芙蓉花染繪製成的帳子(泛指華麗的帳子,見《辭源》)。芙蓉也是木芙蓉。譚用之的"秋風萬里芙蓉國"句裏的芙蓉各指何物卻引起爭論。《漢語大詞典》説嶺南有木芙蓉三日內花色由白、淺紅變深紅。《辭源》説温州更有一日內從早到晚三變色的芙蓉;但該花之樹高若梧桐,應是木蘭科的木蓮(*Manglietia fordiana*)。而桑科藤本植物薛荔(*Ficus pumila*),亦別稱"木蓮"。

辭書編纂任務繁細而艱難,面對海樣的百科知識稍不小心就會出錯。漢語很有包容性而其結構又能靈活運用,同物異名、一詞多義頻見,利弊兼在。這都挑戰辭書編纂者要善於正名辨義釋理導用。在與上述植物名的周旋中我深有感觸,曾賦二詩興歎:"苹萍三辨目朦朧,欲解頻婆技屢窮。千代交流名已正,香甜蘋果譽西東。""荷與扶蕖古義纏,芙蓉迷你魅嬌天。雅彌(指《爾雅》編者們)分賞焉閒及? 糾結水蓮藤木蓮!"

三、爲實現崇高的理想而奮鬥不息

現在來回顧一下中國改革開放至今辭書和百科全書的發展歷程。被稱爲中國"百科全書之父"的姜椿芳,早歲曾爲民主革命冒死戰鬥於敵後多年而立下了很大功勞,在文化大革命中卻被關進監獄。他想起法國啟蒙運動的學者狄德羅在非常艱苦的條件下編寫出一套空前的百科全書而對歐洲現代化進程作出了巨大貢獻,就暗地裏對自己説:如果我能活着出獄,我一定要編出中國的百科全書! 文革結束後他恢復了自由,就立刻借錢建立了一個百科全書編輯室,而且開始虔誠地親自登門拜訪各領域的學術帶頭人而組織起一個編輯隊伍。他要趁一大批學術骨幹還健在的機會搶時間趕編出書來,決定分學科先出版單科本。隨着 1980 年天文學卷的率先面世,一大批單科本陸續出版了。當語言文字卷組織編寫之時,鄙人有幸進入許國璋教授爲主編、王宗炎教授爲副主編的“語言學與世界諸語言”分支學科編寫組;經過幾年的艱苦努力該卷於 1988 年順利出版。我勤於學習、認真工作,撰寫了若干困難的條目,事後與各位領導一同獲得了國家新聞出版署頒發的榮譽證書。在進入第二版編寫時許老已經謝世,我繼任了分支主編,並再次獲得了榮譽證書。我與參加過語言學編寫組的同志後來又自行組織編纂了《語言文字百科全書》(1994 年,在大百科第二版撤銷了分科本後該書能繼續便利於語言學方向研究的需要)。1995 年我主編的《中國中學英語教育百科全書》出版,有次我探望因病住院的吕師時曾攜此書向他彙報,他拿着厚厚的書摩挲再三,還關切地垂問我的很多情況。我深知自己還需要拿出一流的語言學著作向老師交代。我要鞭策自己,不能放棄努力。在這方面我必須向江師姊學習看齊。

　　我國的百科全書事業已經取得了很大的成就,有一批批翻譯或編纂的書問世,包括具備完整宏大體系大百科全書的和分學科照顧專業的書,也有各種插圖版和兒童版。一般辭書的出版更是你追我趕、迭次登場。回頭看那本小書《新華字典》,它經過不斷修訂完善(現收 13000 字),是全國小學生必備的工具書,也是外國人學習漢語的良師益友。據 2015 年 7 月的統計,其在全球的發行量已達 5.67 億册,這個天文數字穩居天下第一;2016 年 4 月吉尼斯世界紀録機構在倫敦宣布《新華字典》獲得“最受歡迎的字典”和“最暢銷的書(定期修訂)”兩項吉尼斯世界紀録。江師姊曾主持過這部字典的修訂,在創造這個紀録的征程中功不可没! 辭書必須具有文化擔當(如全國辭書學會會長李宇明 2019 年在上海圖書館書展會上的發言所論),它作爲語言的載體要幫助我們發現世界、描述世界和適應世界。所以,編纂辭書(包括類書即百科全書)的責任不僅是全國性的,而且必須是全球性的。此乃無比光榮的歷史責任! 那等待着有志之士來爲之奉獻和創造!

　　語言研究,包括辭書的研究和編纂,是一批文化精英和仁人志士的歷史擔當,同時也是其高雅精神生活的一項核心内容。它要求從業者具備崇高的理想、實幹的勁頭、理論的眼光和創新的能力。江藍生師姊是在這條道路上的一個典範角色。我們祝願她華年永駐、業績長豐。我們也要激勵自己,在征途上不停頓、不落伍,永遠勇往直前。

參考文獻
江藍生 《禁止詞“别”考源》,《語文研究》1991 年第 1 期

——— 《從語言滲透看漢語比擬式的發展》,《中國社會科學》1999 年第 4 期

——— 《跨層非短語結構 "的話" 的詞彙化》,《中國語文》2004 第 5 期

——— 《漢語連–介詞的來源及其語法化的路徑和類型》,《中國語文》2012 年第 4 期

——— 《超常組合與語義羨餘——漢語語法化誘因新探》,《中國語文》2016 年第 5 期

——— 《説 "勾、夠、彀"——〈華音撮要〉連–介詞 "勾" 考源》,《漢語史學報》第 17 輯,2017 年 a

——— 《〈近代漢語詞典〉的新境界》,《辭書研究》2017 年第 1 期 b

——— 《再論 "們" 的語源是 "物"》,《中國語文》2018 年第 3 期

——— 《中性詞語義正向偏移的類型和動因》,《中國語文》2022 年第 4 期 a

——— 《〈現代漢語大詞典〉的編纂理念與學術特色》,《語言戰略研究》2022 年第 1 期 b

劉堅、曹廣順、吳福祥 《論誘發漢語詞彙語法化的若干因素》,《中國語文》1995 年第 3 期

羅竹風 《漢語大詞典》,上海辭書出版社 2011 年

沈家煊 《語言的主觀性與主觀化》,《外語教學與研究》2001 年第 4 期

王建莉 《〈爾雅〉"菟奚,顆涷" "蘩,菟葵" 辨》,《語文學刊》2004 年第 4 期

王　力 《詞的本義應是第一義項》,《辭書研究》1984 年第 2 期

——— 《王力古漢語字典》,中華書局 2000 年

吳福祥 《漢語語法化研究的當前課題》,《語言科學》2005 年第 2 期

楊永龍 《青海甘溝話複數標記 "們 [mu]" 的類型特徵及歷史比較》,《歷史語言學研究》第 8 輯,2014 年

張伯江 《詞類活用的功能解釋》,《中國語文》1994 年第 5 期

張　凡 《頻婆果考——中國蘋果栽培史之一斑》,《國學研究》第 13 卷,2004 年

張衛東 《"漢語指代詞的音變都不怎麽合乎規律" 嗎》,《深圳大學學報》2013 年第 1 期

周流溪 《從〈辭海〉看中國辭書編纂業的競爭》,《外國語言文學研究》,重慶大學出版社 1999 年

Bernd, Heine & Tania, Kuteva 《語法化的世界詞庫》,世界圖書出版公司、劍橋大學出版社 2007 年

文獻語言學(17):28～53,2024

從語義特徵差異看"返回"動詞的語義演變①

李小軍

(江西師範大學文學院,南昌,330022)

提 要:"歸、還、回、返(反)"都可表"返回",但是後續的句法語義功能差異很大,這源於它們語義特徵的差異,大致來說,"歸"具有依附性和聚集性,"還"具有回復性,"回"具有迂曲性和逆向性,"反(返)"具有逆向性,這種差異又會作用於句法層面,進而導致後續語義演變路徑的不同。語義特徵也有可能發生變化,如"回"在表"返回"時迂曲性特徵有所弱化,不凸顯位移軌跡而只凸顯位移結果。

關鍵詞:返回;語義演變;語義特徵

一、引 言

本文討論"返回"動詞的語義演變,且主要集中於實詞功能。在具體討論過程中,側重從語義特徵的角度進行論述,並嘗試構建基於語義特徵的語義演變研究框架。典型的"返回"動詞主要有"返、回、歸、還",這幾個詞的理性意義非常接近,但是後續的語義功能及演變路徑差異很大。現代漢語中"返、回、歸"以實詞用法爲主,"還"則以虛詞用法爲主,以往的研究也主要集中於"還"的虛詞功能。

沈家煊(2001年)認爲"還"的基本功能是表元語增量,説話人用它表明自己對一個已知命題的態度,即認爲這個命題提供的信息量不足,同時增補一個信息量充足的命題;高增霞(2002年)的觀點較爲接近,認爲副詞"還"的基本義是表延續,其功能是在句中激活一個序列,包括時間序列、等級序列、預期序列;而更早的蔣琪、金立鑫(1997年)則發現,表重複時"再"修飾有界動作,"還"修飾無界動作。黑維強和高怡喆(2017年)、郭利霞(2018年)則分別探討了綏德方言與山陰方言中語氣副詞"還"與語氣詞"還"的功能異同,認爲語氣詞"還"是其副詞用法進一步語法化的結果。

在歷時演變方面,袁賓(1989年)、梅祖麟(2000年)、江藍生(2000年)、葉建軍(2008

---

① 本文爲國家社科基金項目"漢語位移、空間範疇的語義演變及語義圖構建研究(20BYY154)"階段性成果,編輯部及審稿專家亦給出寶貴建議,在此並致謝忱,文責自負。

年）等分別考察了疑問副詞及選擇連詞"還（是）"的功能及來源，徐朝紅（2016 年）、董秀芳（2017 年）、文桂芳和李小軍（2021 年）等探討了"還"動詞向副詞、副詞向連詞的演變。此外，陳祺生（2001 年）探討了"還"之"huan"與"hai"兩個讀音之間的關係及方言分布，認爲古代典籍中只有"huan"一個讀音，"hai"則是後起的，分化軌跡難以詳察。

語義演變路徑方面，童小娥（2004 年）認爲"還"先是發展出重複義和轉折義，從重複義再分別發展出增益、讓步、程度、反詰、強調用法，從轉折義進一步發展出驚訝語氣。吳長安、喬立清（2008 年）基於語源義對"還"的語義網絡進行了構擬，認爲以"返"和"回"爲起點構成兩大語義引申系列，各系列内部又有分支而呈現出鏈狀的多層級網絡結構。王華、高建英（2014 年）依據組合關係對"返回"動詞語義演變路徑進行了構擬，認爲"回、還、歸、還"的區別性語義特徵分別爲［＋過程性］［＋動因性］［＋依附性］［＋逆向性］。

歷時演變研究方面最值得一提的是 Yeh（1998 年），基於大量歷史文獻材料的考察，系統探討了"還"的語義演變路徑，其路徑可歸納爲：返回→情狀（動作或狀態）重複→情狀持續→還是／反預期／程度淺／比較；重複→添加、遞進。

其他幾個詞以往也有一些研究。金桂桃（2007 年）考察了"回"短時量用法發展演變過程及動因；王彤偉（2014 年）認爲"回"的動量詞用法是在其"回轉、轉動、環繞"義基礎上虚化出來，其他量詞用法又是動量詞用法的進一步發展。"歸"的探討則主要集中於構式"A 歸 A"的語義、語用功能，如鄭貴友（1999 年）、董淑慧（2006 年）、周明强（2007 年）等；史文磊（2014 年）系統考察了漢語位移動詞的詞化類型，其中涉及"返回"動詞的語義特點。其中最需要提及的是張麗麗（2010 年），借鑒 Fillmore 的框架語義（frame semantics）概念，考察了"返回"動詞做狀語進而發展爲副詞的情況，具體包括方式副詞、語氣副詞、時間副詞等，認爲"還、回、反、複"源義有差異，在表"返回"時，"還"和"回"大多凸顯轉身概念，而"反"和"複"則大多表達完整的返回流程。

綜觀以往研究，呈現出明顯的重虚輕實傾向，語法學界注重虚詞研究，多功能副詞"還"成爲研究熱點不難理解，不過我們認爲，實詞用法亦有研究之必要。語義功能的發展變化有其内在的規律性，這種規律性常常顯性化爲演變共性，與此同時每一個詞又有自己獨特的演變歷程和獨有的語義功能，因此，如何把握、怎麼探索共性與個性，是語義演變研究最核心的工作。句法差異源於語義差異，語義差異又是在後續演變中形成的，而導致語義演變路徑差異的，又是原有的句法語義特徵。

以往的詞彙研究，甚至訓詁研究，對這一問題也有一定探討。如蔣紹愚（第 52～53 頁）説到："隱含義素一般是不出現的……如果經常使用，就會形成一個新的義位，這時，原來的隱含義素就變成構成新義位的理性意義的義素了……不但隱性義素有時隱時現的情況,就是構成一個義位的理性意義的義素,有時也不一定全都出現。"王寧(第55～58頁)也説到:"本義的特點是具體的、經驗性的,詞義延伸的内部依據正是這種經驗性的具體特點,而不是它所標示的概念的本質屬性……引申的依據是詞義的特點,詞義被捕捉到的特點往往不止一個,被捕捉的特點越多,引申的方向就越多。"

　　基於以上認識,本文嘗試探討這幾個"返回"動詞的語義特徵,進而在此基礎上考察它們的各種實義用法及句法語義關係,闡釋語義演變過程中核心語義特徵所起作用。本文采用"語義特徵"而非"隱性義素"這一術語,乃是基於以下考慮:一、語義特徵會直接作用於句法層面,並進而影響到後續的語義演變;二、語義特徵可以是顯性的,也可以是隱性的,如果已經作用於句法結構並在句法層面顯示出來,則爲顯性的語義特徵。本文在具體操作過程中還借鑒了 Fillmore 的框架語義學。Fillmore(1982/2003 年)的框架語義屬於認知語義學範疇,認爲語義框架是指跟一些激活性語境相關的結構化的範疇系統,比如動詞"買"隱含了買方、賣方、錢財、物品四個要素,"我買了一本書"中雖然没有出現賣方和錢財,但仍隱含在這一行爲事件中。我們發現,在後續的語義演變中動詞往往凸顯事件框架(動作),比如"買",更多凸顯的是"花錢買東西"這一行爲事件,而很少凸顯客體框架(事物),故而還可以説"花錢買快樂"或"買命"等。名詞則主要凸顯客體框架,如"面"或凸顯平面(如"海面"),或凸顯空間方位(如"上面")。

　　需要説明的是,"還"的虛詞用法不是本文關注的重點。這一方面是因爲已有大量研究,虛詞用法之間的語義關係已經很清楚;另一方面是因爲它們都源於重複副詞或轉折副詞的進一步演變,只要弄清楚重複義和轉折義從何而來,就不影響本文對語義特徵的討論。當然,決定虛詞語義演變路徑的其實也是内在的語義特徵,但這不是本文要解決的問題。

　　"返回"動詞在 Talmy(第50～57頁)概括的位移動詞詞化類型中,屬於路徑動詞(motion+path),這類詞詞義裏面綜合了位移動作及位移路徑或方向,比如"返"詞義裏面就綜合了位移路徑(從當前所在地返回到原所在地),但不包含位移方式(通過什麽方式返回不清楚),這有别於方式動詞(motion+manner)。方式動詞綜合了位移動作及位移方式,如"爬"詞義裏面就綜合了位移方式(怎樣進行位移),但不包含位移路徑,故而爬到哪裏去、向哪個方向爬都不清楚。我們發現,在語義演變過程中,這幾個"返回"動詞的路徑特徵凸顯情況並不完全相同,有些(有時)是凸顯位移軌跡、位移方向,有些(有時)是凸顯處所(位移結果),甚至還可以是位移之外的其他特徵凸顯,語義凸顯情況的不同,會直接影響到語義演變的結果。

　　在具體討論之前,還有必要説明一下本文對詞彙義項的確定原則。從 A 演變爲 B往往是一個漸變的過程,因此有些句子中該詞理解爲 A 或 B 皆可通。本文對義項的確定不借助目前所見辭書,而是嚴格采用句法標準,具體操作如下:只有出現典型的 B,才確定 B 這一義項,也即當理解爲 A 時句子仍可通則一律理解爲 A,只有當不能理解爲 A 只能理解爲 B 時,才説 B 已經確立。這種操作是基於我們的一個認識——語義功能的發展一定會在句法層面表現出來。我們認爲,嚴格的句法標準原則可以避免隨文釋義導致的主觀性、隨意性,可以避免把一些臨時的、特殊語境下的用法看作是這個詞的義項。

二、"歸"

"歸"在《今文尚書》中即有多例。如:

（1）父義和! 其歸視爾師,寧爾邦。(《文侯之命》)
（2）汝勿佚,盡執拘以歸於周,予其殺。(《酒誥》)

"歸"是不及物動詞,常不帶處所賓語,原因在於"歸"表"返回"時,詞義裏面綜合了"位移＋路徑/結果",即使沒有出現處所名詞,所歸之地在語義框架裏面仍隱性存在。也可以通過介詞"於"引入處所賓語,如例(2)"歸於周"。

"歸"在表"返回"時具有兩個典型的語義特徵,一個是[＋依附性],另一個是[＋聚集性]。所謂依附性,是指返回的處所並不是一個單純的空間場所,當事人的衣食住行及相關活動需要依附於這個場所,如個人依附國、家。所謂聚集性,是指這個場所不僅屬於當事人,場所內部還聚集了很多同類的人或事物,他們合爲一個整體,如國、家裏面就有很多人,他們共同構成一個國家或家庭。由此可見,"歸"之依附性、聚集性兩個語義特徵是緊密相關的,或者説是"歸"語義功能的兩個表徵。不過在後續的語義演變中,這兩個語義特徵所起作用並不完全同步,或者説在一步具體的語義演變中二者的顯著性並不完全相同,有時依附性凸顯,有時聚集性凸顯,有時二者同時凸顯,其直接結果就是"歸"後續衍生出來的語義功能豐富多樣,且彼此差異較大。

（一）依附性凸顯及相關的語義功能

先來看《今文尚書》中的兩個例子。

（3）嗚呼! 無墜天之降寶命,我先王亦永有依歸。(《金縢》)
（4）會其有極,歸其有極。(《洪範》)

例(3)"依"與"歸"連用,句子强調的不是"返回",而是歸順上天;例(4)指君王聚合諸侯臣民有其準則,諸侯臣民歸順君王亦有其準則。"歸"何以可表"歸順"? 這正是依附性凸顯的結果,歸往的事物一旦擴展到人(或其他有生主體),且依附於這個主體,就是

“歸順”。“歸”之依附性還體現在與其他詞或語素的組合上。《詩經》中如：

　　（5）心之憂矣,於我歸處……心之憂矣,於我歸息。(《曹風·蜉蝣》)
　　（6）豈弟君子,民之攸歸。(《大雅·泂酌》)

“歸處、歸息、攸歸”都表所歸之處,“歸”這種用法不見於其他“返回”動詞,原因在於它們不具有依附性這一語義特徵。不過兩例内部還有差異,前例爲具體的所歸之處,後例“豈弟君子”爲有生名詞,“民之攸歸”意即“百姓歸順的對象”。從歸往的處所到歸順的對象,顯然是從具體的空間到抽象的空間,故而“歸順”源於“歸往”且比“歸往”要虚。“歸”的依附性特徵是如此明顯,有時語境中不出現處所類詞,也不妨礙這樣理解。如：

　　（7）載馳載驅,歸唁衛侯。(《墉風·載馳》)
　　（8）予發曲局,薄言歸沐。(《小雅·采緑》)

上兩例“歸”後都没有出現處所詞語,但句子仍然很容易理解,例（7）“歸唁衛侯”即“歸國弔唁衛侯”,例（8）“歸沐”即“歸家沐浴”。“國”和“家”都是個人依附的事物,個人依附這個場所開展相關活動,换言之,“歸”指返回到一個具有依附性的場所,而不僅僅指返回始發點。有時還可以直接轉指所居之處。如：

　　（9）管氏有三歸,官事不攝,焉得儉? (《論語·八佾》)

　　王華、高建英(2014 年)基於現代漢語中“歸”與其他語素的組合,得出“歸”具有依附性這一語義特徵,這種分析是對的。指所歸往之地,也即“住宿地、歸宿”,如果是指一件事情,則可理解爲“結局”。如：

　　（10）天下何思何慮? 天下同歸而殊塗,一致而百慮。《周易·繫辭下》
　　（11）好利之民莫不願以齊爲歸。(《荀子·强國》)
　　（12）見末而知本,觀指而睹歸。(《史記·李斯列傳》)

前兩例“歸”指“歸宿”,例（12）“觀指而睹歸”意即“看(他的)旨趣就知道結局”。“歸宿”其實有虚實之用,既可指具體空間,也可指抽象的命運。《孟子·萬章上》:“聖人之行不同也,或遠,或近;或去,或不去;歸潔其身而已矣。”《漢語大詞典》認爲“歸”爲“終、最後”,其實仍是“結局”。《左傳》中還有多例“歸死”。如：

　　（13）夫三子者曰:“若絶君好,寧歸死焉。”爲是犯難而來。(《宣公十七年》)

（14）不敏於君之行前，不敢逃刑，敢歸死。（《定公十四年》）

例（13）沈玉成（第199頁）翻譯爲："如果（因爲我們）斷絶了國君的友好，寧可回國被處死。"而將例（14）翻譯爲："不敢逃避刑罰，謹自首而死。"（第545頁）兩種完全不同的理解，凸顯出對"歸"理解的矛盾。究其實，在於行爲主體所處位置不同。如在外地或外國，"歸死於……"沈玉成則譯爲"回國死於……"；例（14）當事人説出"敢歸死"後即自刎而死，則無法譯爲"回國死於……"。我們認爲，《左傳》中多例"歸死"其實都相同，即"回歸死（這一結局）"，就是從具體的空間位移，到抽象的位移（歸宿、結局）。如果是思想、技藝的所歸，還可理解爲"宗旨"。如：

（15）斯知六藝之歸，不務明政，以補主上之缺。（《史記·李斯列傳》）
（16）韓生推詩之意而爲内外傳數萬言，其語頗與齊魯閒殊，然其歸一也。（《史記·儒林列傳》）

《左傳》中"歸"的及物性明顯提高，出現了很多帶賓語的例子，大致可以分爲兩類。一類是帶與事賓語。如：

（17）懷子好施，士多歸之。宣子畏其多士也，信之。（《襄公二十一年》）
（18）叔向謂趙孟曰："諸侯歸晉之德也，非歸其屍盟也。"（《襄公二十七年》）

這類"歸"都可理解爲"歸順、歸服"，不過例（18）與例（17）稍有不同，"晉之德"及"屍盟"都爲抽象名詞，可以看作是抽象空間。另一類是帶受事賓語。如：

（19）冬，齊人來歸衛寶，文姜請之也。（《莊公六年》）
（20）宋人請猛獲於衛……衛人歸之。亦請南宮萬於陳，以賂。（《莊公十二年》）
（21）齊侯與蔡姬乘舟於囿，蕩公。公懼，變色；禁之，不可。公怒，歸之，未絶之也。（《僖公三年》）

前例"歸"的賓語爲無生之物"寶"，相當於"歸還（物品）"；後兩例"歸"的賓語"之"分別指代"猛獲"與"蔡姬"，"歸"相當於"遣返"。不過無論作何理解，上諸例"歸"都可以看作是使動用法，賓語是"歸"的受事，意即"使……歸"。至於何時可直接理解爲"歸還、遣返"而不看作是使動用法，没有一個嚴格的句法標準，大致來説，"歸"的及物化程度越高，越傾向於不理解爲使動用法。

下面討論"嫁娶"的由來。《詩經》中"歸"多見於"之子（於）歸"這一格式。如：

（22）之子於歸，宜其室家。（《周南·桃夭》）

（23）之子於歸,百兩禦之。(《召南·鵲巢》)

《周易·漸》:"女歸,吉,利貞。"孔穎達疏:"女人……以夫爲家,故謂嫁曰歸也。"孔疏是從女子對夫家的依附性這一角度而言。春秋以降,女子回娘家省親亦稱"歸"。如:

（24）言告師氏,言告言歸……害浣害否? 歸寧父母。(《詩經·周南·葛覃》)
（25）冬,杞伯姬來,歸寧也。(《左傳·莊公二十七年》)

女子未嫁前依附於原生家庭,出嫁後回娘家看望父母稱爲"歸",凸顯的仍是女子對家庭的依附性。《詩經》中有時男子娶妻亦可稱"歸"。如:

（26）雝雝鳴雁,旭日始旦。士如歸妻,迨冰未泮。(《邶風·匏有苦葉》)

從出嫁到娶妻,看似相反,其實是同一行爲的兩個不同觀察視角。不過從語義演變角度來看,"返回"與"嫁娶"已經差異很大,下例甚至完全看不到"返回"的痕跡:

（27）十二月,鄭人奪堵狗之妻,而歸諸范氏。(《左傳·襄公十五年》)

此例"歸"只能單純地理解爲"嫁",原因在於女子從一個夫家到了另一個夫家,但是依附性仍然凸顯。

（二）聚集性凸顯及相關的語義功能

聚集性指場所内部聚集了很多同類的人或事物,他們合爲一個整體,"歸"的這一語義特徵凸顯,也衍生出多個語義功能。先來看幾個例子:

（28）春,紀季姜歸於京師。(《左傳·桓公九年》)
（29）是以君子惡居下流,天下之惡皆歸焉。(《論語·子張》)
（30）歸馬于華山之陽,放牛于桃林之野,示天下弗服。(《古文尚書·武成》)

例（28）"京師"顯然是一個巨大的場所,帶有明顯的聚集性。例（29）楊伯峻(第203頁)注解道:"所以君子憎恨居於下流,一居下流,天下的什麼壞名聲都會集中在他身上了。"人身上可以容納各種惡,故也可看作是一個容器,進而帶有聚集性這一特徵,此例"歸"當理解爲"聚集"而非"返回"。例（30）的馬顯然非一匹,華山也是聚集性場所,此例"歸"爲使動用法,即"使馬歸於華山之陽",不過理解爲"聚集"亦可通:"把馬聚集在華山南面"。《漢語大詞典》列了"歸"之"會集、合併"義項,所舉例子出自《金瓶梅詞話》第五一回:"那王六兒連忙歸到壺裏,交錦兒炮熱了。"似偏晚。

《左傳》中還有多例"歸罪"和"歸咎"。如:

（31）冬，晉人討邲之敗與清之師，歸罪於先縠而殺之，盡滅其族。（《宣公十三年》）

（32）禮成而不反，無所歸咎，惡於諸侯。請以彭生除之。（《桓公十八年》）

"歸罪於……"即"把罪過歸結到（集中於）……"，如"歸罪於先縠而殺之"即"把罪過歸結／聚集到先縠身上，然後殺掉他"，"無所歸咎"即"沒有地方歸集過錯"，兩例"歸"都爲"歸結、彙集"。抽象的事物亦可歸結、匯總。如：

（33）致明而約，甚順而體，請歸之禮。（《荀子·賦》）

（34）其卒章歸之於節儉，因以風諫。（《史記·司馬相如列傳》）

"歸結、彙集"義的進一步發展就是"整理"。如：

（35）姑娘望着他道："這作甚麼呀？我這裏的東西還嫌**歸**着不清楚呢，你又扛了這麼些東西來了。"褚大娘子道："我想明日來的人必多，你得在靈前還禮，分不開身。張羅張羅人哪，**歸**着**歸**着屋子啊，那不得人呢？……姑娘道："難爲你這等想得到，只是**歸**着屋子可算你誤了。不信你看，我一個人兒一早的工夫都**歸**着完了。"（清文康《兒女英雄傳》第 17 回）

這段對話出現了五個表"整理"的"歸"。從語義演變角度來看，表"歸結、彙集"時仍帶有明顯的路徑動詞特徵，處所名詞（位移結果）無論是具體的還是抽象的，都出現於句法結構中。但是表"整理"時路徑已經明顯弱化，上例各個"歸"都無法補出處所賓語（位移結果）。整理的東西也可以是抽象之物，《兒女英雄傳》中用例極多。如：

（36）但是左歸右歸，總歸不出個道理來。（第 2 回）

（37）只看那掌櫃的是個極善相的半老老頭兒，正在櫃房坐着，面前桌上攤着一本賬，旁邊擱着一面算盤，歸着帳目呢。（第 11 回）

（38）那烏大人就把案歸着了歸着，據情轉奏。（第 13 回）

（39）這個人得這麼個歸着，也算我不委屈他。（第 40 回）

（40）請教這部天理人情《兒女英雄傳》，後手該怎的個歸着？　（第 40 回）

例（36）相當於"歸納、盤算"，例（37）"梳理、計算"，例（38）指將材料匯總，例（39）相當於"安排"，例（40）指故事情節安排。"歸"看起來用法非常複雜，但核心義素都是"整理、彙聚"，只是整理之物抽象化了，"整理"動作也隨之抽象化。

具有聚集性，進而引申出"歸屬、隸屬"，戰國以來多見。如：

（41）雖王公士大夫之子孫也，不能屬於禮義，則歸之庶人。（《荀子·王制》）

（42）動作者歸之於功,爲勇者盡之於軍。(《韓非子·五蠹》)

（43）若有美善則歸之上,是以美善在上而所怨謗在下,寧樂在君,憂戚在臣。(《管子·尚賢》)

例(41)"歸之庶人"即"歸屬到庶人行列",例(42)"動作者歸之於功"即"行動耕作的人都歸屬到耕戰之功",例(43)"若有美善則歸之上"即"如果有美好的的德行就歸屬於統治者"。説此類"歸"源於聚集性,而非依附性,乃是因爲個體雖然隸屬於整體,是整體的一分子,但並不依附於這個整體,如例(41)"王公士大夫之子孫"之於"庶人"。范仲淹《岳陽樓記》的名句:"微斯人,吾誰與歸?"一般翻譯爲:"没有這種人,我與誰一同歸去?"實際上此例范仲淹在抒發胸懷,表達與這種人歸屬同一類。

"歸屬"之"歸"在近現代漢語中還形成了一個構式"A歸A"。如:

（44）老爺們,東邊歸東邊,西邊的歸西邊。(《兒女英雄傳》第34回)

（45）你怎麽那麽傻呀? 吵架歸吵架,跑什麽? (王朔《過把癮就死》)

三、"還"

"還"在《今文尚書》中已見,《詩經》以來用例明顯增多。如:

（1）兹既受命還,出綴衣於庭。(《今文尚書·顧命》)

（2）昔我往矣,日月方除。曷云其還? 歲聿云莫。(《詩經·小雅·小明》)

(一)"還"之回復性特徵及相關的語義功能

吳長安、喬立清(2008年)將"還"的語義特徵概括爲"回轉"(返回的路徑呈圓形),王華、高建英(2014年)則概括爲歸因性,相對來説,吳、喬文的概括更具體,不過"回轉"也很難抓住"還"語義演變的主線。我們將"還"的典型語義特徵概括爲回復性。所謂回復性,乃是指回到源點(始發地),而不藴涵"運動軌跡爲圓形",也即位移軌跡可能是直綫,也可能是曲綫。與回復性相關的是逆向性,指位移都有一個反向過程,不過回復性有別於逆向性,原因在於逆向性雖然指位移有反向過程,但不一定指回到源點(始發地)。

"還"上古漢語中確實可表"環繞、轉動",這可能也是吳、喬文將語義特徵概括爲"回轉"的原因所在。不過《廣韻》中表"轉動"的"還"爲似宣切,表"返回"的"還"爲户關切。作爲路徑動詞,如上兩例"還"的運動軌跡顯然與環形没有關係,但是返回始發地這一特徵非常顯著,整個路徑即"(A→)B→A"。考慮到"返回"動詞"還"的後續語義演變與"環繞、轉動"没有關係,本文不討論那類"還"。"還"的語義裏已經綜合了路徑,故而後面一般不再出現處所賓語,《左傳》近 200 例表 "返回" 的 "還",只有三例通過介詞 "於" 引入目的地。偶爾可通過介詞 "自" 引入起點,如《左傳·襄公二十三年》:"齊侯還自晉。" 不過本文所説起點,乃是指路徑 "(A →)B → A" 中的 B 點。"還" 的路徑是如此明顯,有時即使施事者是多個行爲主體,如:"諸侯之師敗鄭徒兵,取其禾而還。"(《左傳·隱公四年》)都可以推斷出他們是返回各自的始發地(國家)。

　　"還" 有時可以帶有生賓語,起初當爲使動用法。如:

　　(3)許之盟而還師,以敝楚人。(《左傳·襄公九年》)
　　(4)良欲往從之,道還沛公。(《史記·留侯世家》)

"還師" 即 "使軍隊返回","道還沛公" 即 "(張良)半道使劉邦返回"。不過下面這種例子説明使動用法的 "還" 語義有了變化:

　　(5)於是上置酒,封雍齒爲什方侯,而急詔趣丞相御史定功行封,群臣罷酒,皆喜曰:"雍齒且侯,我屬無患矣。" 還倍畔之心,銷邪道之謀。(漢劉向《新序·善謀》)

劉邦聽從張良的建議封自己最憎惡的雍齒爲什方侯,這一行爲使群臣打消了背叛之心。從框架語義學角度來看,"還倍畔之心" 隱含了施事者 "群臣",但是導致群臣 "還倍畔之心" 的是事件 "劉邦封自己最憎惡的雍齒爲什方侯",而不是具體的使令者,故而句子使動特徵弱化,主動特徵明顯,《漢語大詞典》釋爲 "罷歇、止息",有一定道理,但理解爲使動用法句子亦可解。下面這種例子就很典型了:

　　(6)風去雨還,不可談悉。(南朝宋鮑照《舞鶴賦》)
　　(7)是以楚豔漢侈,流弊不還。(南朝梁劉勰《文心雕龍·宗經》)

"風、雨、流弊" 本爲無生名詞,上兩例將它們有生化了,故而可以在没有外力作用下發出 "去" 和 "還" 這些動作,兩例 "還" 只能理解爲 "罷歇、止息"。物品名詞進入使動格式,則引申爲 "歸還(物品)"。如:

　　(8)饗食,還圭,如將幣之儀。(《周禮·秋官司寇》)
　　(9)鄭人買其櫝而還其珠。(《韓非子·外儲説左上》)
　　(10)負羈乃私遺重耳食,置璧其下。重耳受其食,還其璧。(《史記·晉世家》)

"還圭" 起初即 "使圭玉返回",與前面的 "還師" 没有差異,只不過賓語從有生名詞擴展到無生名詞,與此同時 "還" 從 "返回始發地",發展到 "物品返回原主人"。與 "歸" 一樣,何時可直接理解爲 "歸還" 也没有顯性的句法標志,仍與 "還" 的及物化程度有關。《漢語大詞典》列了“還”之“償還、交付”義項。舉例如：

（11）取非其物，借貸不還，奪人頭首，以獲其功，此謂盜軍，盜軍者斬。（三國蜀·諸葛亮《便宜十六策·斬斷》）

這種“還”本質上仍指財物歸還，只是歸還的非同一件物品。如前例（8）“還圭”指同一件圭玉，此例“借貸不還”顯然不是指不還所借貸的原物，而是不還同樣數量的錢物。後世這種“還”用例極多，還形成了一個固定構式“還他/你……”，如：

（12）師父不必掛念，少要心焦，且自放心前進，還你個功到自然成也。（《西遊記》第36回）

（13）今夜若肯從順，還你終身富貴，强似跟那窮官。（《警世通言》卷十一）

（14）你只往九天應元府下，借點雷神，逕自聲雷掣電，還他就有雨下也。（《西遊記》第87回）

其中“還你……”又遠多於“還他……”。《漢語大詞典》將“還”釋爲“包、保證”，不妥，構式中的“還”仍爲“交付、給”，不過交付的不是具體的物品，而是抽象的行爲結果。説話人在向聽話人保證某種結果一定會發生，故而構式含有“保證”義，屬於“以言行事”，而非“還”表“保證”。

空間的返回到物品的歸還，進而可以到行爲的回復，也即“回擊、回報”，這一用法出現於先秦，漢代以來多見。如：

（15）以道佐人主者，不以兵强天下，其事好還。（《老子》第30章）

（16）明年，晉師與繆公戰……食馬者三百餘人，皆曰：“吾君仁而愛人，不可不死。”還擊晉之左格右，免繆公之死。（漢韓嬰《韓詩外傳》卷十）

（17）及漢王之還攻項籍，陵乃以兵屬漢。（《史記·陳丞相世家》）

“回復”與“償還”非常接近，都是就對方的某一行爲采取大致對等的回復性行爲，而不一定是同一物品或行爲，故而與“歸還”有一定差異。但它們也具有共性，即使不是同一物品或行爲，彼此也具有大致的對等性。張麗麗（2010年）認爲這種“還+V”格式的“還”爲方式副詞，表反向行動。“還”還可以指抽象事物、情況的返回，這又可以分爲兩種情況。一種是循環往復的事物的回歸，“還”可替換爲“歸”或“回”。如：

（18）行春令，則其國乃旱，陽氣複還，五穀無實。（《禮記·月令》）

（19）春還應共見，蕩子太無情。（南朝陳徐陵《折楊柳》）

另一種是返回到原來的情況或狀態,相當於"恢復"。如:

（20）於是還疾耕,疾耕則家富。（《呂氏春秋·不苟論·貴當》）

（21）吾病寖加,恐不能自還。善輔道太子,毋違我意！（《漢書·史丹傳》）

"還疾耕"即恢復原有努力耕作的情況,"恐不能自還"即"(身體)很可能不能恢復(原來健康的狀態)"。前面説到回復性與逆向性的聯繫與差異,相同點在於二者都有一個反向過程。故"還"可以表"後退",其實就是一種反方向位移。如:

（22）若主人拜,則客還辟,辟拜。（《禮記·曲禮上》）

（23）大夫、士見於國君,君若勞之,則還辟,再拜稽首;君若迎拜,則還辟,不敢答拜。（《禮記·曲禮下》）

如果位移動作弱化乃至消失,則只表反方向,先秦以來多見。如:

（24）孔子窮於陳蔡之間……顔回端拱還目而窺之。（《莊子·山木》）

（25）還顧世俗兮,壞敗罔羅,卷佩將逝兮,涕流滂沱。（漢王褒《九懷·株昭》）

例（24）"還目而窺之"即"回頭偷窺他";例（25）表抽象的反向,"還顧"相當於"回想"。進而可以表情況相反或行爲動作的反轉(反向行爲)。如:

（26）而失君則不然,法立而還廢之,令出而後反之。（《管子·任法》）

（27）吳之親越也,從而伐齊,既勝齊人於艾陵,還爲越人所禽於三渚之浦。（《新序》卷九）

（28）憂夫肉自生蟲,而還自食也;木自生蠹,而還自刻也;人自興妖,而還自賊也。（《説苑·辨物》）

例（26）"法立而還廢之"意即"法令制定了而後反過來廢止它",與後面的"令出而後反之"等都屬於前後情況相反。後兩例不是動作行爲的反轉、改變,而是情況的改變。如例（27）前面説吳王親近越國,跟隨越國攻打齊國,後面説反而爲越國擒拿,句子凸顯的不是空間的返回,而是情況的相反,這種"還"進一步發展,就是表轉折的關聯副詞。如:

（29）不進與孔、墨合務,而還與黃、老同操,非賢也。（東漢王充《論衡·定賢》）

（30）(秦)窮武極詐,士民不附,卒隸之徒,還爲敵仇。（《漢書·刑法志》）

例（29）前一小句有"進",故"還"還可以理解爲"退",不過即使理解爲"後退",也是抽象的邏輯關係,而非具體的空間位移。例（30）前面的"窮武極詐,士民不附"與後面"卒隸之徒,還爲敵仇"是兩種相反的情況,"還"表邏輯關係的相反,當理解爲轉折副詞。換言之,從行爲、情況的相反,到前後語句邏輯關係的相反,這是"還"篇章功能凸顯的結果。張麗麗(2011年)認爲"還"先是發展爲方式副詞,再進一步語法化爲轉折副詞,一類相當於現代漢語的"反而",一類相當於現代漢語的"反過來",可以參看。

(二)重複副詞"還"的形成及其後續演變

重複副詞"還"也源自其回復性這一語義特徵。先來看西漢時期的幾個例子:

(31)沛公、項羽乃攻定陶。定陶未下,去,西略地至雝丘,大破秦軍,斬李由。還攻外黄,外黄未下。(《史記·項羽本紀》)

(32)四年政治内定,則舉兵而伐衛,執曹伯,還敗强楚,威震天下。(《説苑·敬慎》)

上兩例"還"都可以理解爲"返回",原因在於一個行爲事件後,當事人經過一個空間位移,再發生另一個行爲事件。但兩例"還"不是簡單的返回始發地,而是直接去下一個目的地,換言之,不是"A→B→A",而是"A→B→C"。比如例(31)劉邦、項羽先攻打定陶,未成功轉而去攻打雝丘,大破秦軍之後再去攻打外黄,那麼運動軌跡就是"定陶→雝丘→外黄",這就導致"還"的"返回"義無法凸顯。正因爲這種篇章特點,兩例"還"理解爲"再"句子也可通。西漢時期有些"還"已經很接近重複副詞。如:

(33)射傷郤克,流血至履。克欲還入壁,其禦曰:"我始入,再傷,不敢言疾,恐懼士卒,願子忍之。"(《史記·齊太公世家》)

(34)於是楚王發使一駟,副使二乘,追公子晳濮水之上。子晳還重於楚,蘧伯玉之力也。(《説苑·善説》)

例(33)"克欲還入壁"可理解爲"郤克想返回進入牆壁(躲藏)",亦可理解爲"郤克想再次進入牆壁(躲藏)",因爲後面有"我始入"。例(34)句子凸顯的是公子晳再次被楚王重用,而不是公子晳返回來被楚王重用,故而此例更應該理解爲"再"。Heine & Kuteva(第354~356頁)列了路徑"返回>反復體(return/go back>iterative)",並提供了很多語言的材料,不過對這一路徑未作描述。李小軍(2021年,第114~115頁)也列了路徑"'反轉(反轉、返回、顛倒)'→反復體",同時認爲:"動作、情況的反轉意味着動作的再一次進行或再一次出現同一種情況。"東漢至六朝,出現了不少典型的表動作重複或狀態持續的副詞"還"。如:

(35)(陳)立怒,叱戲下令格之。都尉複還戰,立引兵救之。(《漢書·西南夷兩粤朝鮮傳》)

（36）涕零心斷絶,將去複還訣。（南朝宋鮑照《東門行》）

（37）既耕亦已種,且還讀我書。（東晉陶淵明《讀〈山海經〉》）

前兩例"戰、訣"爲動作動詞,"還"相當於"再一次";後例"讀書"爲狀態動詞,"還"相當於"仍然"。"還"或表重複,或表持續,用法的差異源於動詞的不同。出現於有界的動作動詞前,指動作的再一次發生;出現於無界的狀態動詞前,指行爲動作或狀態的延續。很多副詞都具有這種特性。

重複(持續)用法後續的語義演變,Yeh（1998 年）通過歷史考察構建了具體路徑,具體爲:重複→添加、遞進;重複→情狀持續→還是 / 反預期 / 程度淺 / 比較。董秀芳（2017 年）也簡單探討了"還"從重複到程度增量、元語增量的用法。徐朝紅（2016 年）認爲"還"的假設連詞用法源於其持續義,並認爲下面這種情況構成了重新分析:

（38）紅袖垂寂寞,眉黛斂衣稀。還向長陵去,今宵歸不歸? （杜牧《閨情》）

文桂芳、李小軍（2021 年）也討論了"還"連詞功能的形成及發展,構建的路徑爲:1. 情狀延續→推度→選擇; 2. 情狀延續→假設條件(關聯)。

重複副詞後續的語義演變,已有研究的觀點都比較接近,本文不擬再次具體探討。本文重心是關注語義特徵對語義演變的影響,"重複"義源於"返回"義,並進而衍生出其他多種副詞、連詞功能,所以仍是回復性這一語義特徵凸顯的結果。

四、"回"

《詩經》中共 10 例"回",1 例表"旋轉",其他 9 例皆表"邪僻"。如:

（1）倬彼雲漢,昭回於天。（《大雅·雲漢》）

（2）厥德不回,以受方國。（《大雅·大明》）

表"邪僻"時多單用,《大雅·常武》:"徐方不回,王曰還歸。"鄭玄箋:"回猶違也。"《漢語大詞典》亦釋爲"違背"。實則此例仍當釋爲"邪僻",征伐徐方是因爲周朝認爲徐方乃邪僻之國,後面說"徐方不回,王曰還歸",是認爲徐方已經改邪歸正,故率師歸來。

"回"最典型的語義特徵有兩個,一是迂曲性,二是逆向性。這與"回"造字形體有關,《説文》:"轉也。從口,中象回轉形。"段玉裁注:"淵,回水也。故顏回字子淵,《毛詩》傳曰:'回,邪也。'""回"的這兩個語義特徵緊密相關,回轉則爲曲綫型,故有迂曲性,方向則體現爲逆向。需要注意的是,"回"表"回轉"仍帶有迂回、彎曲的特徵,而不是像"旋、轉”那樣指環形轉動,故有如下例:“神轉不回,回則不轉,乃失其機。”(《素問·玉版論要》)“回”後續的語義演變,或是迂回性凸顯,或是逆向性凸顯,或二者同時凸顯,“返回”義的形成正源於其逆向性特徵。王華、高建英(2014年)將“回”的語義特徵概括爲“過程性”,過於抽象且不準確。

(一)迂曲性凸顯及相關的語義功能

《左傳》中“回”用例不多,仍主要爲“邪僻”義。如《昭公三十一年》:“不爲利回,不爲義疚。”《漢語大詞典》認爲下例“回”爲“偏向、回護”:

（3）且秦楚匹也,若之何其回於富也。(《國語·晉語八》)

實則此例“回”亦可理解爲“邪僻、不正直”,因爲趨炎附勢,別人富就自己不正直,故而衍生出“庇護”。韋昭注曰:“回,曲也。”很有道理。再如:

（4）回吾以利,而倍其君,非義也。(《晏子春秋·内篇雜上》)

此例“回”帶了賓語“吾”,當理解爲“庇護”而非“不正直”。同期的“曲”只有“曲法”這種表達,而不能帶有生賓語,這與“回”具有位移性而“曲”不具有位移性有關。表“庇護”的“回”兩漢魏晉以來多見,不過多爲複合形式“回避、回容”等。如:

（5）(寬饒)擢爲司隸校尉,刺舉無所回避,小大輒舉,所劾奏衆多。(《漢書·蓋寬饒傳》)

（6）獨與司徒袁安同心畢力,持重處正,鯁言直議,無所回隱,語在《袁安傳》。(《後漢書·任光傳》)

（7）帝雖制御功臣,而每能回容,宥其小失。(《後漢書·馬武傳》)

“回避”即“庇護、避讓”,“回”與“避”語義功能各有側重,這種“回避”與後世的動作動詞“回避”語義不完全相同;“回隱”即“庇護、隱瞞”,“回容”即“庇護、寬容”。

迂曲之形,多描述水,亦可描述其他有形或無形之物。如:

（8）回聲衍,侈聲筰,弇聲郁,薄聲甄,厚聲石。(《周禮·地官司徒》)

（9）水深而回,樹落則糞本,弟子通利則思師。(《荀子·致士》)

北魏時期《水經注》中“回”用例極多,不僅僅有形容水的“回湍、回溪”等,還有“回屋、回城、回岫、回道、回閣、回峙”等其他迂曲或圓形之物。漢代以降,“回”還可指抽象動作的迂回。如:

（10）入戶奉扃,視瞻毋回;戶開亦開,戶闔亦闔。（《禮記·曲禮上》）

（11）乃遷思回慮,總公卿之議,詢封禪之事。（《史記·司馬相如列傳》）

（12）謎也者,回互其辭,使昏迷也。（南朝梁劉勰《文心雕龍·諧隱》）

"視瞻毋回"指視綫不要迂回,即不要左顧右盼;"遷思回慮"指思維迂回,即左思右想;"回互其辭"指言辭迂曲、晦澀。心意迂回、難以決斷,"回"進而衍生出"迷惑、惑亂"。如:

（13）衆邪合黨,以回人君。（西漢陸賈《新語·輔政》）

（14）紂乃回惑,使諸國滅其烽燧。（東晉王嘉《拾遺記》卷二）

（15）縱複回疑於兩端,固宜緣恩而從戚矣。（《宋書·志·禮三》）

從句法上看,例（13）"以回人君"當爲使動用法,即"使君主思路迂回";例（14）～（15）"回惑、回疑"爲主動用法,"回惑"意即"迷惑","回疑"意即"遲疑",兩例是同義連用還是並列式複合詞難以判別。

動作迂回還引申出"包圍"。如:

（16）齊宋攻魏,楚回雍氏,秦敗屈丐。（《戰國縱橫家書》第22篇）

（17）行遊介山,回安邑,顧龍門,覽鹽池,登歷觀。（《漢書·揚雄傳》）

前例爲"包圍",後例爲"環遊","環遊"當是"包圍"產生的臨時用法,這種用法後來寫作"圍"。從意象圖式來看,由於位移動詞"回"所具有的迂回性特徵,"楚回雍氏"也即楚軍以"雍氏"爲中心位置形成迂回、彎曲形狀,這就是"包圍"的語義來源。

（二）逆向性凸顯及相關的語義功能

逆向性這一語義特徵凸顯,則爲"改變方向、回避"。如:

（18）回朕車以複路兮,及行迷之未遠。（戰國屈原《離騷》）

（19）昆蟲凱澤,回首面内。（《史記·司馬相如列傳》）

（20）今將軍方吞一國之權,提鼓擁旗,被堅執銳,旋回十萬之師。（《説苑·尊賢》）

"回朕車"即"我調轉行車方向","回首面内"即"掉頭朝向裏面";"旋回十萬之師"爲使動用法,指軍隊改變行進方向。"改變方向"雖然可能朝向源點（始發點）,但並不一定就返回源點。原因在於原來的路綫與改變方向之後的路綫並不一定完全重合,這正是"回"運動軌跡具有迂曲性決定的。故而起初要表返回源點,往往需要"還"或"歸"之類的詞輔助表達。如:

（21）道盡塗殫，回車而還。（《漢書·司馬相如傳》）

（22）於是事畢功弘，回車而歸，度三巒兮偈棠梨。（《漢書·揚雄傳》）

有時還可以連用。如：

（23）玄氣之精，回復此都，蔓蔓日茂，芝成靈華。（《漢書·禮樂志》）

（24）唯一主簿泣在尊旁，立不動，而水波稍卻回還。（《漢書·王尊傳》）

前例爲"回復"，後例爲"回還"，都可理解爲"返回"。汪維輝（第 274 ～ 275 頁）推測
"回"表"返回"是在"回還"格式中受到了"還"的影響，可爲一説。單用表"返回"的
"回"大致出現於魏晉時期，六朝以降多見。如：

（25）後將弟子回豫章，江水大急，人不得渡。（東晉幹寶《搜神記》卷一）

（26）旆問云："今去何時可到，幾年可回？"（北魏酈道元《水經注》卷一）

（27）非直奸人慚笑而返，狐狼亦自息望而回。（《齊民要術》卷四）

前兩例主語爲人，後一例主語爲狐狼。"回"發展出"返回"其實就是從位移軌跡凸顯發
展到位移結果凸顯。唐代以來"回"與"夢"可組合成"夢回"，表"夢醒"。如：

（28）長樂夢回春寂寂，武陵人去水迢迢。（唐胡宿《殘花》）

（29）夢回深夜不成寐，起立閒庭花月高。（唐李中《所思代人》）

從過程來看，清醒→入睡→做夢→清醒，換言之，所謂"夢回"意即"從做夢狀態返回到清
醒狀態"，"回"仍爲"返回"，不過返回的不是具體空間，而是抽象的狀態（清醒）。與"返
回"義相關的一個義項是"（言語、行爲等）回復"，始見於六朝。如：

（30）靈太后臨朝，召百官問得失，群臣莫敢言。回對曰："昔孔丘爲司寇……"
（《魏書·封懿傳》）

（31）萬全必歸，非惟速歸，兼恐厚得回禮。（宋張齊賢《洛陽縉紳舊聞記》）

（32）巡守，只是去回禮一番。（《朱子語類》卷七八）

例（30）爲言語上的回復，例（31）爲財物上的回饋，例（32）爲禮節上的回復。"回"何以
有這種用法？我們認爲與其迂曲性、逆向性兩個語義特徵都有關係。"回"從"回轉、改
變方向"發展到"返回"，這是從位移軌跡凸顯發展到位移結果凸顯，但位移軌跡迂曲性
特徵並沒有完全消失，引申到言語、行爲上的"回"往往也就不是同一個事物、行爲、言語
的返回。換言之，A 説話，B 回話，二者只是内容緊密相關，語句卻並不一定相同；"回禮"

也是如此，A 給 B 某種禮遇或禮物，B 不是簡單地把禮遇或禮物還回去，而是不同的禮節或禮物。這種 "回禮" 可以替換爲 "還禮"，因爲二者都指財物或行爲動作的回復，不過二者有差異。前面討論 "還" 時説到，"還" 是從相同事物的歸還到不同事物的償還、不同行爲的回復，即使是不同事物或行爲，彼此也具有大致的對等性，故而既可以説 "還書"，也可以説 "還錢、還禮"。但是 "回" 是從空間返回直接到言語、行爲等回復，具有迂曲性特徵，前後是否對等不凸顯，故而既不可以指同一事物的歸還（如 "*回書"），也不可以指對等的不同事物的償還（如 "*回錢"）。

《漢語大詞典》列舉了義項 "請示、詢問"，舉例如：

（33）鳳姐兒……想起什麼事來，就叫平兒去回王夫人。（《紅樓夢》第五五回）
（34）進得店去，茶房便來回道："客人，用什麼夜膳？"（《老殘遊記》第二回）

上兩例其實仍表 "（言語）回復"。例（33）單看這一句，似乎可以理解爲 "請示"，但如果放到大語境中，王夫人安排王熙鳳當家時肯定就交代過，凡事兒需要向自己請示，故此處 "（鳳姐兒）就叫平兒去回王夫人"，也即 "回復王夫人"。例（34）客人進店來用餐，進店這一行爲就是非常明顯的要求接待的信息，歸根結底，"回" 表言語、行爲等回復，仍帶有迂曲性特徵，一定是對方的某一行爲引發當事人的回復。《漢語大詞典》還列了 "回" 之 "辭謝、拒絶"。舉例如：

（35）子中笑道："……聞舍人因爲自己已有姻親，（聘物）不好回得，乃爲敝友轉定下了。"（《二刻拍案驚奇》卷十七）

這例 "回" 的核心義其實仍是 "回復"，因爲自己已有姻親，回復同意不合禮法，回復不同意又得罪對方，故説 "不好回得"。如果理解爲 "拒絶" 反而不妥："*聞舍人因爲自己已有姻親，（聘物）不好拒絶，乃爲敝友轉定下了。"

與 "返回" 義相關的另一個義項是量詞 "回"。唐代以來多見。如：

（36）走馬西來欲到天，辭家見月兩回圓。（岑參《磧中作》）
（37）不知憶我因何事，昨夜三回夢見君。（白居易《夢微之》）

上兩例量詞 "回" 前的數詞分別爲 "二" 和 "三"，可知用法已經很成熟。唐代時量詞 "回" 所修飾的都爲動詞短語，且絶大部分都具有過程性，動作可以反復。我們認爲，這與 "回" 之 "返回" 義具有直接的關係，往返一次稱爲 "一回"。唐代有些用例還可看到這種演變的些許痕跡。如：

（38）何處故鄉牽夢想,兩回他國見榮衰。（崔櫓《臨川見新柳》）

（39）醉舞兩回迎勸酒,狂歌一曲會娱身。（鄭據《七老會詩》）

"兩回他國見榮衰"當理解爲"在他鄉見萬物榮衰兩次(即他鄉漂泊兩年)",但即使理解爲"兩次返回他鄉見到萬物榮衰"亦可通;"醉舞兩回"當理解爲"醉舞兩次",但亦可理解爲"醉舞時兩次返回去迎勸酒"。唐代時很多量詞"回"所修飾的動詞雖然具有過程性,但已經不具有往返這一屬性,比如:"高天已下兩回霜。"(鮑溶《暮作秋見菊》)"門前種稻三回熟。"(劉商《題劉偃莊》)霜無法返回,稻子也無法返生,因此"回"純粹爲計數量詞。王彤偉(2014年)一方面説量詞"回"是在其本義"回轉、轉動、環繞"基礎上虛化而來,另一方面又説由引申義"返回"虛化而來的,看到了二者的語義聯繫,卻又體現出矛盾的一面。量詞"回"後來可以計量事情,不過只限於"一/兩回事"。如:

（40）莫言破虜前回事,得雨如今即是奇。（宋項安世《還家即事》）

（41）直至數月之後,才由她的同學傳説出來,是如此那麽一回事情。（清無垢道人《八仙得道傳》第3回）

　　一件事情有開始、結束,因此這種"回"仍是動量詞用法的延伸。章回小説的一章也稱"回",如王彤偉(2014年)所説,乃是因爲長篇故事不能一次講完,"下回分解"本爲"下次講解",進而發展到把一次所講故事内容稱爲"一回"。此外,"一回"在近代漢語還衍生出短時義,相當於"一會兒",如:"西門慶和婆子,一遞一句,説了一回。"(《金瓶梅詞話》第三回)這種"回"核心義仍是表動作的"次"。

　　表"改變方向"時如果方向性特徵淡化或消失,"回"就可能引申爲"改變"。先來看晉代詩歌中的一個例子:

（42）回黃轉緑無定期,世事反復君所知。（無名氏《休洗紅》）

此處"回黃、轉緑"都爲動賓結構,顏色詞"黃、緑"可以看作是抽象空間,但是樹葉由黃轉緑、由緑變黃,其實就是隨着季節的更替而輪回變化,故而不帶明顯的方向性。這種空間變化可以用意象圖式很好地解釋,從A地到B地後,如果要返回A地,必須有一個逆向的改變,但是"回黃轉緑"的意象圖式爲"黃→緑→黃→緑……"這種語境下"回"的逆向性特徵就會淡化,也即方向性不凸顯,但是黃緑轉變這一結果凸顯,"回"可以替換爲"變"。六朝時期表"改變"的"回"主要以"回改、回换、回革、回易"等複合形式出現,其中又以"回改"爲多。如《宋書》:

（43）性之所滯,其欲必行,意所不在,從物回改,此最弊事。（《武三王傳》）

（44）司徒左長史孔覬，前除右衛，尋徙今職，回換之宜，不爲乃少。（《蔡廓傳》）

（45）蓋聞昏明殊位，貞晦異道，雖景度回革，亂多治寡。（《謝靈運傳》）

"從物回改"指依據事物情況而改變，後兩例也皆以理解爲"改變、更改"爲妥。方向性消失，這類"回"也就脫離了路徑動詞範疇，此時還有單用表"改變"的例子。如：

（46）百姓士民，安堵舊業，農不易畝，市不回肆。（《三國志·魏書·鍾會傳》）

（47）御史馳糾，頗回威濫之刑。（《魏書·昭成子孫傳》）

亦可指心意的改變。如：

（48）夫移風易俗，使天下回心而鄉道，類非俗吏之所能爲也。（《漢書·禮樂志》）

（49）或興盛怒，終不回意。（《三國志·魏書·陶謙傳》）

表"心意改變"的"回"起初常常與心意類名詞組合，如"回心、回意"等。需要注意的是，此類"回"與前面表"迷惑、惑亂"的"回其慮"有很大差異，"回其慮"即"使思維迷惑"，而例（48）"回心而鄉道"即"改變心意嚮往大道"。隨着使用的擴展，"回"字單用亦可表"心意改變"，不過多用於否定式。如：

（50）王夷與裴景聲志好不同。景聲惡欲取之，卒不能回。（《世說新語·雅量》）

（51）萬猶苦要，太傅堅不回，萬乃獨往。（《世說新語·簡傲》）

兩例"不回"即"不改變心意"，也即不答應對方的要求。不過總的來説，單用表"心意改變"的"回"中古時期用例不多，後世更是少見。"回"還可表"違背（心意）"。如：

（52）善事爾舅姑，以順爲宮室，無二爾心，無敢回也。（《説苑·修文》）

"無敢回也"意即"不允許違背（舅姑的意願）"，"敢"表許可。"回"的這種用法西漢以前罕見，從語義演變角度來看，"回"起初爲不及物動詞，此例"無敢回"可理解爲使動用法，字面義即"不允許使（舅姑的意願）回轉（改變方向）"。直接理解爲"違背"當與"回"及物化程度緊密相關。再如：

（53）田叔不言梁事，袁絲諫止淮南，以兩國釁禍，尚回帝意，豈非親親之義，寧從敦厚？（《南齊書·江斅傳》）

五、"返（反）"

"返"與"反"一般認爲是古今字,畢秀潔(2010年)認爲二者是通假字,本文采用傳統觀點仍看作是古今字。"反"表"返回"春秋時期多見,《詩經》《左傳》等文獻中有"反"而無"返",戰國時期仍以"反"爲主。如:

(1)信誓旦旦,不思其反。反是不思,亦已焉哉!(《詩經·衛風·氓》)
(2)禮成而不反,無所歸咎,惡於諸侯。(《左傳·莊公十八年》)

不過春秋時期"反"不只表"返回",還可以表"翻轉、反轉"。如:

(3)悠哉悠哉!輾轉反側。(《詩經·周南·關雎》)
(4)秦獲晉侯以歸,晉大夫反首拔舍從之。(《左傳·僖公十五年》)

"輾轉反側"指在床上翻來翻去;"反首"即"掉轉頭"。從語義關聯來看,當是先有"翻轉、反轉",而後引申爲"返回","返"則是後起字。此時還有很多"反"後接動詞性成分的。如:

(5)不我能慉,反以我爲仇。(《詩經·邶風·谷風》)
(6)彼醉不臧,不醉反恥。(《詩經·小雅·賓之初筵》)

上諸例"反"到底是動詞還是語氣副詞,委實不好判別,例(5)"反以我爲仇"《漢語大詞典》釋爲副詞,不過理解爲抽象的動作動詞"反過來"表情狀方式似亦可通。例(6)兩種相反的情況對舉,且"恥"爲心理動詞,故而"反"之"反轉"不明顯,更接近語氣副詞。考慮到春秋時期"反"的整體使用情況,將"反以我爲仇"這種"反"理解爲動詞而非副詞似更好。不過可以肯定的是,語氣副詞"反"源於動詞"反","反"處於前一動詞位置,更多表情狀方式,很容易向語氣副詞演變。張麗麗(2011年)認爲"反"先發展出逆反常理的評價用法,再進一步語法化爲轉折副詞,且與"還"一樣根據用法可以分爲兩類,分別相當於現代漢語的"反而"和"反過來"。我們認爲"反而"是"反過來"的進一步虛化。

再如戰國時期:

(7)若下攝上,與上攝下,周旋不動,以違心目,其反爲物用也,何事能治?(《國語·晉語一》)

（8）民者固服於勢，誠易以服人，故仲尼反爲臣，而哀公顧爲君。（《韓非子·五蠹》）

"反"從動詞到語氣副詞，就是從空間、動作的反轉到語義、語氣的反轉。上兩例仍表"反轉"，但不是動作的反轉，而是情況的相反，故可理解爲語氣副詞。

戰國時期"反"已經可以表物品的返還。如：

（9）僖負羈饋飧，置璧焉。公子受飧反璧。（《國語·晉語四》）

"反"爲不及物動詞，這種帶受事賓語的例子起初當爲使動用法，後來隨着及物化程度的加深，這種"反"可直接理解爲"歸還"。

考察"返"的語義演變，顯然需要聯繫"反"的語義特徵。我們發現，"返"的各項語義功能都沒有超出"反"的語義功能，或者説只具備了"反"的部分語義功能。王華、高建英（2014年）將"返"的語義特徵概括爲逆向性，很有道理。"返"典型的位移動詞用法如：

（10）遂而不返，制乎嗜欲，制乎嗜欲無窮，則必失其天矣。（《吕氏春秋·侈樂》）
（11）强國之民，父遺其子，兄遺其弟，妻遺其夫，皆曰："不得，無返！"（《商君書·畫策》）

亦可表抽象或無生之物的返回，或返回抽象的處所。如：

（12）上古之王，法度不同，非古相返也，時務異也。（《文子·道德》）
（13）三日之時，魂氣不返，終不可奈何。（《白虎通義·崩薨》）
（14）又況官天地，懷萬物，返造化，含至和，而已未嘗死者也。（《文子·精誠》）

"古"爲抽象的時間，"魂氣"爲抽象的物體，在人們的認知心理中都可發出抽象的動作，故可説"返"。"返造化"即"返回自然界"，屬於抽象處所。表"反而"的語氣副詞"返"始見於戰國。如：

（15）三分天下而有其二，敬人無方，服事於商，既有其衆，而返失其身，此之謂仁。（《逸周書·太子晉》）

不過此時文獻中"反"多"返"少，六朝時期《百喻經》中有多例語氣副詞"返"。如：

（16）譬如世間飲酒之夫，耽荒酗酒，作諸放逸，見人呵責，返生尤嫉。（《説人喜瞋喻》）
（17）未見不淨，返爲女色之所惑亂，流轉生死，墮於地獄。（《治鞭瘡喻》）

表“歸還”的“返”亦始見於戰國，後世偶有用例。如：

（18）晏子出，公使梁丘據遺之輅車乘馬，三返不受。（《晏子春秋·內篇雜下》）

（19）神復下教曰：“俟汝至石頭城，返汝簪。”（《搜神記》卷四）

這時期的“返”可直接理解爲“歸還”，像上例“返汝簪”就不好再理解爲“使你的犀簪返回”。表“更換、改變”的“返”極少。如：

（20）孔子烈然返瑟而弦，子路抗然執幹而舞。（《呂氏春秋·孝行覽·慎人》）

這仍源於“返（反）”的逆向性特徵，返回後開始一種新的情況或動作，也即更換了一種情況或動作，這就是二者之間的語義聯繫。

六、小　結

本文從語義特徵角度探討了“返回”義動詞“歸、還、回、返（反）”的語義演變，具體路徑可以歸納如下圖：

通過路徑圖（見下頁）可以看到，“歸、還、回、返（反）”都可表“返回”，但是後續的語義功能差異很大，甚至沒有一種功能是四個詞都具有的，這源於它們語義特徵的不同。起初雖然都可以表“返回”義，但由於內在的語義特徵存在一定差異，這種差異又會作用於句法層面，進而導致後續語義演變的巨大差異。

語義特徵的差異可以很好地解釋以下問題：“歸、還、返（反）”都可表物品的歸還，且都源於“返回”，但是“還”引申出了“償還（財物）”“（言語行爲等）回復”，“歸”與“返（反）”卻沒有；與此同時，“回”可表“（言語行爲等）回復”，卻不表“歸還”。原因在於，從“返回”到“歸還（物品）”，其實就是一個簡單的句法擴展過程——從人到物；而“回”之義項“返回”是在“回轉”基礎上產生的，表“返回”時仍帶有一定的迂曲性特徵，故不指物品的直接返回，但是可以指言語、行爲等的回復，這種回復不一定具有對等性。“還”凸顯位移結果且具有回復性特徵，從“物品的歸還”引申出“財物償還”“言語或行爲回復”，歸還的是同一物品，償還、回復的雖然不是同一物品或行爲，但二者也具有大致的對等性。“歸”具有依附性，表“歸還（物品）”時一般指當事人所屬之物；“返（反）”表“物品歸還”凸顯逆向性過程，一般指同一物品的往返，故而二者都沒有引申出“償還”及“回復”。同樣，“歸”和“還”都可以表使動帶人物賓語，如“（齊侯）歸之（指蔡姬）”“（張良）道還沛公”，但是由於“歸”所具有的依附性，蔡姬一定是返回自己的國家或原生家庭，故而可理解爲“遣返”，“還沛公”則只是返回到始發地。

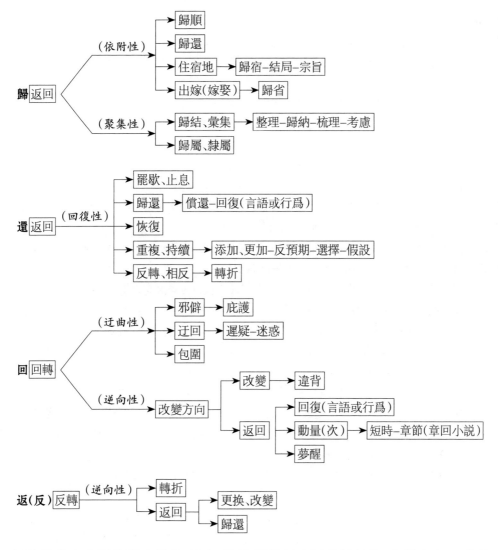

　　語義特徵也有可能發生變化,比如"回"雖然具有迂曲性特徵,但是在表"返回"時,迂曲性特徵就有所弱化,或者説已經不凸顯位移軌跡,而只凸顯位移結果。但是這到底是語義特徵變化了,還是只是語義特徵不凸顯,仍有待進一步探討。李小軍(2022年)在討論漢語伴隨格介詞向工具格介詞的演變時提到,同一功能的虛詞由於語義特徵不同,可能會具有不同的演變路徑。同時,語義特徵只是爲演變提供了可能性及方向,是否一定演變還受制於其他一些因素。本文基於語義特徵對"返回"類詞的實詞義進行了探討,這種探討有助於我們深化對語義演變的認識,但是在理論架構以及具體的操作層面,仍有很長的路要走。

參考文獻

畢秀潔　《對"反、返"古今字的重新考察》,《江南大學學報》2010 年第 3 期

陳祺生　《"還"字的音義》,《無錫教育學院學報》2001 年第 2 期

董淑慧　《"A 歸 A"的語義、語篇功能及偏誤分析》,《漢語學習》2006 年第 4 期

董秀芳　《從動作的重複和持續到程度的增量和強調》,《漢語學習》2017 年第 4 期

高增霞　《副詞"還"的基本義》,《世界漢語教學》2002 年第 2 期

郭利霞　《山西山陰方言的多功能虛詞"還"》,《方言》2018 年第 1 期

黑維強、高怡喆　《陝西綏德方言"還"的兩種用法及其語法化》,《方言》2017 年第 3 期

江藍生　《疑問副詞"頗""可""還"》,《近代漢語探源》,商務印書館 2000 年

蔣琪、金立鑫　《"再"與"還"重複義的比較研究》,《中國語文》1997 年第 3 期

蔣紹愚　《古漢語詞彙綱要》,商務印書館 2005 年

金桂桃　《漢語動量詞"回"的短時量用法分析》,《武漢理工大學學報》2007 年第 3 期

李小軍　《漢語語法化詞庫》,中國社會科學出版社 2021 年

───　《試論漢語伴隨格介詞向工具格介詞的演變》,《當代語言學》2022 年第 1 期

馬貝加　《漢語動詞語法化》,中華書局 2014 年

梅祖麟　《現代漢語選擇問句法的來源》,《梅祖麟語言學論文集》,商務印書館 2000 年

沈家煊　《跟副詞"還"有關的兩個句式》,《中國語文》2001 年第 6 期

沈玉成　《左傳譯文》,中華書局 1981 年

史文磊　《漢語運動事件詞化類型的歷時考察》,商務印書館 2014 年

童小娥　《副詞"還"各義項的發展演變及其語義網路系統》,《西南民族大學學報》2004 年第 8 期

王華、高建英　《返回類位移動詞"回、還、歸、返"的區別性語義特徵分析》,《語文研究》2014 年第 2 期

王　寧　《訓詁學原理》,中國國際廣播出版社 1996 年

王彤偉　《量詞"回"源流淺探》,《漢語史研究集刊》第 18 輯,巴蜀書社 2014 年

汪維輝　《東漢–隋常用詞演變研究》,南京大學出版社 2000 年

文桂芳、李小軍　《也談"還"的連詞功能的發展》,《新疆大學學報》2021 年第 2 期

吳長安、喬立清　《"還"的語源義特點及其虛化路徑》,《古籍整理研究學刊》2008 年第 6 期

武　果　《副詞"還"的主觀性用法》,《世界漢語教學》2009 年第 3 期

徐朝紅　《從時間範疇到假設條件連詞的演變──以"還""向"爲例》,《語言研究》2016 年第 3 期

楊伯峻　《論語譯注》,中華書局 1980 年

葉建軍　《疑問副詞"還"溯源》,《安徽大學學報》2008 年第 1 期

袁　賓　《説疑問副詞"還"》,《語文研究》1989 年第 2 期

張麗麗　《返回義趨向詞作狀語──從語義框架看虛化》,《語言暨語言學》2010 年第 4 期

───　《轉折義副詞"反、卻、倒"的歷史演變與用法分布》,《漢學研究》2011 年第 4 期

張誼生　《現代漢語副詞研究》,學林出版社 2000 年

鄭貴友　《説"X 歸 X, Y 歸 Y"》,《語言教學與研究》1999 年第 2 期

周明強　《"X 是 X"和"X 歸 X"格式的比較探析》,《漢語學習》2007 年第 5 期

Bernd, Heine & Tania, Kuteva《語法化的世界詞庫》,龍海平、谷峰等譯,世界圖書出版公司 2012 年

Charles, Fillmore《框架語義學》,詹衛東譯,《語言學論叢》第 27 輯,商務印書館 2003 年

Leonard, Talmy《認知語義學》(卷 2),李福印等譯,北京大學出版社 2019 年

Meng, Yeh "On Hai in Mandarin" *Journal of Chinese Linguistics* Vol.26, No.2. 1998

文獻語言學（17）:54～68,2024

魏晉南北朝漢語量詞研究中的語料問題①

李建平

（山東師範大學文學院古籍整理研究所,濟南,250014）

提　要:語料的真實性和準確性是漢語史研究的基礎,而其寫成時代和地域等因素的複雜性又是漢語史研究的難點,魏晉南北朝文獻語料尤其如此。魏晉南北朝量詞專書專題研究和斷代史研究中,對文獻版本的選擇和梳理、對輯佚本和類書等轉引文獻的甄別、對疑偽書語料的時代分析和利用、對異文語料的辨別和分析、文意細審及句讀的偏誤、出土文獻的時代與校勘、名物詞考證與結構分析等問題都在一定程度上影響着研究結論的科學性;對相關語料問題的梳理和分析有助於漢語發展史研究的深入。

關鍵詞:魏晉六朝;語料;輯佚;異文;疑偽書;出土文獻

　　量詞豐富是漢語乃至漢藏語系、南亞語系諸多量詞語言的重要特點,因此量詞研究一直是漢語研究的重點和熱點課題。量詞不是先在的,而是由名詞、動詞等其他詞類經過長期的語法化歷程演變而來的;漢語歷史悠久、歷代文獻豐富,量詞早在殷商就已萌芽,因此漢語量詞史研究對於探討量詞語法化的動因與機制等問題都具有重要價值和意義,而釐清每一個量詞産生的時代和語源是進一步語法化研究的基礎。

　　魏晉南北朝是漢語量詞的苗長期,從公元 220 年曹丕篡漢到公元 589 年隋滅南陳,近 400 年間政權更迭頻繁,雖有西晉的短暫統一,但連綿不斷的戰爭導致人民大規模遷徙,促進了不同民族交匯融合,佛教的傳入與興盛、玄學的興起、道教的發展等都對語言發展産生過重大影響。如徐復所言:"縱觀漢語語法發展的歷史,魏晉南北朝堪稱上承秦漢、下啟唐宋的關鍵時期。"（見柳士鎮,第 2 頁）太田辰夫（第 10 頁）説:"中古,即魏晉南北朝,在漢語史的時代劃分中相當於第四期。這個時期是古代漢語的質變期,前已説過,這個質變可能開始於後漢時代。" 20 世紀 50 年代末開始,劉世儒率先對魏晉南北朝

① 本文爲國家社科基金冷門絶學項目"走馬樓三國吴簡匯校集釋、字詞全編與數據庫建設"（20VJXG045）、山東省社科重點項目"現代漢語量詞系統的生成、演化及其當代發展新趨勢研究"（20BYYJ03）、山東省青創科技團隊項目"出土文獻與古文字研究創新團隊"（2020RWC003）、山東省研究生教改項目"語言文獻類研究生課程思政建設研究（SDYJG21102）"階段性成果。編輯部及審稿專家給出寶貴建議,謹致謝忱。

量詞做系統考察,並先後在《中國語文》發表了《論魏晉南北朝的量詞》《魏晉南北朝個體量詞研究》《魏晉南北朝稱量詞研究》《魏晉南北朝動量詞研究》等系列論文,完成了第一部量詞斷代史專著《魏晉南北朝量詞研究》,1965 年由中華書局出版,爲漢語量詞史研究奠定了基礎,如蔣冀騁所言:"研究漢語量詞的,誰也無法繞過劉先生的著作而能另闢蹊徑。劉先生有此一書,可以不朽。謂之大家,當亦無愧。"① 嚴修(第 35 頁)説:"此書材料豐富,邏輯嚴謹,論證有力,是一部學術價值很高的專著。" 此後學界研究多參考該書,並進一步拓寬研究的資料,如柳士鎮的《魏晉南北朝歷史語法》,汪維輝對《齊民要術》量詞的研究、鄭邵琳對魏晉南北朝石刻名量詞的研究等;吳福祥(第 246 頁)則基於語法化理論和數理統計明確了該期量詞語法化的程度。值得注意的是,與其他歷時階段相比魏晉南北朝語料更爲複雜,很多文獻早已散佚,而目前所見之輯佚本或類書所引之文本則多有異文;還有一些疑僞文獻等問題,以及文意理解的問題等。爲便於對魏晉南北朝語料的準確利用、明確該期的量詞的發展狀況,本文對相關量詞研究中的語料問題略陳如下,以就教於方家。

一、文獻版本的選擇和梳理

魏晉南北朝部分文獻版本複雜,不同版本的成書時代往往也不同,其語料所反映的時代差異較大,需要細緻甄別出能夠反映該時代語言狀況的準確版本。東晉干寶《搜神記》語料情況最爲典型,按江藍生(第 302 頁)考證有二十卷本、八卷本、敦煌本三個版本;其中二十卷本爲干寶所著,宋代以後散佚,明胡應麟作輯録本,當爲晉代語料;八卷本和敦煌本則是另一個系統,按江藍生、王鍈(第 70 頁)及汪維輝(第 210 頁)考證,應是晚唐五代或北宋的作品。按劉世儒(第 276 頁)附録《主要引用書》,《搜神記》采自《漢魏叢書》,但明程榮《漢魏叢書》未收該書,當采自清王謨輯《增訂漢魏叢書》,其版本爲成書時代較晚的 "八卷本",從而導致對諸多量詞分析的問題。如:

其一,量詞 "位",劉世儒(第 165 頁)認爲魏晉南北朝已見,首見書證爲《搜神記》卷一:"從者數位,盡爲蒲人。" 按,核檢二十卷本《搜神記》無此文;麻愛民(2010 年)認爲該例 "不僅引文錯了,出處也標錯了","該例並非出自二十卷本《搜神記》卷一,而是出自《洛陽伽藍記》卷四"。其實,劉先生所引爲八卷本《搜神記》,且引文有誤,汪紹楹(第 78頁)校本作:"從者數人,盡爲蒲人。"② 無量詞 "位"。

---

① 見葉桂郴《明代漢語量詞研究》序,岳麓書社 2008 年第 1 頁。
② 八卷本《搜神記》均據東晉陶潛《搜神後記》附録《搜神記異本·稗海本》,汪紹楹校注,中華書局 1981 年。

又，劉世儒（第 165 頁）引《真誥·闡幽微》例：“不知此二位與君復各是異職否耳。”全文當作：“梅頤爲豫章太守，夢被召作太山府君，克日便亡，不知此二位與君復各是異職否耳？又云有太山令。”細審文意，“二位”並非二人，而是“豫章太守”和“太山府君”兩個職位，“位”是名詞。麻愛民（2010 年）則以該例爲《真誥》卷十六“荀顗爲太山君”的注釋語，“爲《四庫全書》整理者所加，劉先生誤將注釋語當作正文”，未知何據。綜上可見，量詞“位”在魏晉南北朝並無確切用例。

其二，量詞“管”，劉世儒（第 169 頁）引《搜神記》卷二：“但將取……筆十管，墨五挺，安我墓裏。”僅此一例，劉先生學術態度嚴謹，雖據此立目，但對此孤證又加以說明：“在南北朝這樣用並不多見，而況又是出自《搜神記》之類的書，因此，這個量詞在南北朝是否已經產生，實在還成問題。姑列此，待續究。”按，八卷本《搜神記》有此文：“但將取紙三百張，筆十管，墨五挺，安我墓裏。”敦煌本也有此文，但成書於魏晉南北朝的二十卷本無此文；《漢語大詞典》等辭書所引最早用例爲《太平廣記》卷一一九引北齊顏之推《還冤記·魏輝俊》：“當辦紙百番，筆二管，墨一錠，以隨吾屍。”但材料亦不甚可靠，按王紹新（第 222 頁）、麻愛民（2010 年）、李建平（第 27 頁）說可能產生於唐代。

其三，量詞“挺”，劉世儒（第 99 頁）認爲可以用於量“墨”，取其挺直之義，引《搜神記》卷二：“但將取……墨五挺，安我墓裏。”僅此一例，亦指出語料經後人竄改，“是否就是當時的量詞，實在還成問題”。按，二十卷本無此文，且魏晉六朝時期量“墨”多用量詞“丸”，如《宋書·百官志》：“而丞、郎月賜赤管大筆一雙，隃糜墨一丸。”後世用於“墨”的量詞衆多，但少見用“挺”者，按，《北户錄》卷二：“且前朝短書雜説即有呼食爲頭……墨爲螺、爲量、爲丸、爲枚。”只有唐蘇頲佚文：“指如十挺墨，耳似兩張匙。”其語義指向“指”，也非量“墨”。疑當通“錠”，唐宋以後常用於量“墨”。

其四，量詞“盆”，劉世儒（第 238 頁）引《搜神記》卷六：“取索水一盆、劍一口。”按，僅此一例，二十卷本亦無此文，其實同時代其他文獻可見，但使用頻率很低，如《高僧傳·神異下》：“須一盆水，加刀其上。”王羲之《雜帖》：“弊宇今歲植得千葉者數盆，亦便發花。”直到唐代才廣泛使用。

其五，動量詞“度”，劉世儒（第 268 頁）最早書證引《搜神記》卷四：“忽一度還家，飲酒醉卧在床。”按，二十卷本亦無此文；李建平、張顯成（2016 年）指出東漢已見，如《傷寒論·辨太陽病脈證並治上》：“（太陽病）一日二三度發，脈微緩者，爲欲愈也。”

部分語料原本見存，他本亦有轉引者，需要覈核原本並多方考證，如量詞“拂”，劉世儒（第 134 頁）引《南齊書·文獻王嶷傳》：“揚州刺史舊有六白領合扇二百拂。”認爲“拂”爲稱量“扇”的量詞，由動詞“拂”引申而來；該文當爲清人嚴可均《全上古三代秦漢三國六朝文》引《南齊書》，核今本《南齊書》“百”當作“白”，又《册府元龜》卷二百七十四引亦作“白”，則該文當句讀作：“揚州刺史舊有六白領合扇、二白拂。”當爲文字形近之誤，其實該時代及量詞史上都不存在量詞“拂”。

二、輯佚本和類書等轉引語料的甄別

魏晉南北朝時期寫成的很多文獻早已散佚，而目前所見類書轉引或後世學者輯佚之本，是否是當時之原本往往很難分辨，特別是其不符合時代普遍特徵的語料中的特殊用法更應慎重分析與使用，不能與流傳有序的文獻等同視之。

其一，量詞“陣”，劉世儒（第164頁）認爲“在南北朝時期也産生了，不是到唐代才漸次産生的”，例證引《神仙傳》卷五：“須臾有大雨三陣，從東北來，火乃止。”按，《神仙傳》爲西晉葛洪撰，但早已散佚；遍檢魏晉南北朝文獻未見其他用例，該文當爲《太平廣記》卷十一引《神仙傳》，胡守爲校注本（第195頁）《神仙傳》卷五《欒巴》作：“時有雨自東北來滅火，雨皆作酒氣也。”並無量詞“陣”。麻愛民（2010年）分析諸版本，指出四庫全書本及《册府元龜》《太平御覽》引文皆無該量詞。其實，《後漢書》中欒巴並非在《方術傳》，而是與諸多諍臣合傳《杜欒劉李劉謝傳》。至於“噀酒救火”事另有其人，《方術傳上·郭憲傳》：“憲在位，忽回向東北，含酒三潠。”又，《方術傳上·樊英傳》：“因含水西向漱之，乃令記其日時。”後因《欒巴傳》載“巴素有道術”，且聲望更好，後逐漸神化，其他術士事蹟均被移植到欒巴故事；《後漢書》原文均無量詞“陣”，也可證今本或爲後人改易。

其二，量詞“指”，劉世儒（第181頁）引《幽明録》：“罰謫者不堪苦痛，男女五六萬指，裸形無服，饑困相扶。”認爲：“一人有十指，‘五六萬指’那就是五六千人。”按，《幽明録》宋以後散佚，核劉先生所用版本爲清胡珽琳琅秘室叢書輯刻本，該本爲黄丕烈據述古堂舊抄本之校本，但《太平廣記》卷一百九引該文無“指”字，今人鄭晚晴（第181頁）據魯迅《古小説鉤沉》本，亦無該字：“罰謫者不堪苦痛。男女五六萬，皆裸形無服，饑困相扶。”兩漢時期“手指”可用作量詞計量僮僕，《史記·貨殖列傳》：“僮手指千。”《漢書·貨殖傳》引作“童手指千”，顏師古注：“手指謂有巧技者，指千則人百。”又，裴駰集解引《漢書音義》曰：“僮，奴婢也。古者無空手遊日，皆有作務，作務須手指，故曰手指，以别馬牛蹄角也。”可見，量詞“手指”用來稱量以手指勞作的僮僕；而《幽明録》中“男女”爲地獄中受罰者，並非量詞“指（手指）”的適用範圍。

其三，量詞“輛”，劉世儒（第183頁）引《水經注》卷十六：“及碑始立，其觀視及筆寫者車乘日千餘輛，填塞街陌矣。”作爲最早傳世文獻用例，學界多有轉引，但該文引自南朝宋范曄《後漢書·蔡邕列傳》：“及碑始立，其觀視及摹寫者，車乘日千餘兩，填塞街陌。”按，《水經注》經歷代輾轉傳抄，到明代已錯漏連篇，清戴震校成之武英殿聚珍本修訂達

7291 字。該文亦難通讀，"筆" 當作 "摹"，"輛" 亦可能爲 "兩" 傳抄改寫之後起字。

其四，量詞 "所"，劉世儒（第 155 頁）認爲魏晉南北朝有同處所義完全脱離關係的用法，例證爲《石虎別傳》："武鄉長城縣民韓强，在長城西山巖石關中得玄璽一所，方四寸，厚二寸。" 王紹新（第 189 頁）贊同此説。按，僅此一例，《石虎別傳》等魏晉別傳早已散佚，此文引自清湯球輯《九家舊晉書輯本·晉諸公別傳》，但《太平御覽》引作："武鄉長城縣民韓强，在長城西山巖石間得玄璽一，方四寸，厚二寸。" 無 "所" 字，且璽印量詞該時代用 "鈕" 或 "紐"，則 "所" 當爲衍文。

三、疑僞書語料的分析與利用

僞書語料的利用是漢語史研究中的一大難點，梁啓超（第 3～4 頁）特別將 "古書真僞及其年代" 作爲一門課程講授一個學期，認爲僞書導致 "研究的基礎，先不穩固，往後的推論、結論，更不用説了"。

《飛燕外傳》舊題漢伶元所著，從宋陳振孫《直齋書録解題》到明姚際恒《古今僞書考》、清紀昀等《四庫全書總目》，皆論定爲 "僞書"；劉世儒（第 111 頁）也認爲 "實則是僞書"，並強調其量詞使用情況受到南北朝時期佛教影響，"暫以南北朝語言對待，不以漢代語言對待"。但該書寫成時代更晚，魯迅推測 "恐是唐宋人所爲"，王建堂、宋海鷹（2002年）據傳播、引用及著録等考證該書問世於中唐，從量詞使用來看也是如此。

其一，量詞 "鋪"，劉世儒（第 133 頁）認爲 "這是比較晚起的量詞，大約是到了南北朝的末期才出現，最常見的用法是用來量 '佛像'"，由動詞 "鋪陳、鋪開" 義語法化而來。按，劉先生所引例證多爲隋唐五代語料；只有用於量 "茵（褥子）" 及 "藉（墊子）" 的用例引《飛燕外傳》："謹奏上……金屑組文茵一鋪，……含香緑毛狸藉一鋪，……獨摇寶蓮一鋪。" 遍檢魏晉六朝文獻未見量詞 "鋪" 確切無疑的用例，如劉先生所言 "南北朝可靠的資料中不見"，則該量詞不當立目。

其二，量詞 "指"，劉世儒（第 181 頁）引《飛燕外傳》："議奏上……精金彄環四指。" 認爲魏晉南北朝量詞 "指" 可用作個體量詞，但又指出："作爲個體量詞，在南北朝可靠的材料中並不經見；現且附列一例備考。" 按，僅此僞書一例，其他文獻未見，不當立目。

其三，量詞 "張" 用於稱量 "屏風"，劉世儒（第 131 頁）引《飛燕外傳》："謹奏上……琉璃屏風一張。" 按，魏晉南北朝 "屏風" 的量詞可以用 "牒"，也可以用 "床"，但未見用量詞 "張" 者，亦可見該語料不甚可靠。

其四，量詞 "座"，劉世儒（第 111 頁）將 "座" 單獨立目，例證首先引《神仙傳》卷六："又別設一座祀文成。" 但指出 "座" 可以説還是名詞，即 "一個座位"；次引《飛燕外傳》：

"謹奏上……通香虎皮檀像一座。"二例均不可靠,其他文獻未見,不當立目。

《蓮社高賢傳》舊題晉無名氏所作,但早期均未見著録,直到北宋熙寧間才見,其寫成時代仍存疑,能否作爲魏晉南北朝語料也當慎重。如量詞"員",劉世儒(第165頁)引《蓮社高賢傳·雷次宗》:"立學館雞籠山,置生徒百員。"作爲最早用例,其餘三例均爲唐五代文獻。《漢語大詞典》等辭書亦引此文作爲量詞"員"最早用例。按,魏晉南北朝其他文獻未見,"員"多用作名詞"官員、生員"。細審文意,如王紹新(2004年)説:"在此生徒是有定額的,與上節名詞'員'的'員額'義是一脈相承的。"則"員"仍是名詞,因此僅語料、語義皆存疑的孤證不能作爲量詞"員"魏晉南北朝已經産生的證據。

四、異文語料的辨別與分析

文獻學上廣義的異文既包括文字的不同,也包括詞、句甚至篇章段落的差異。魏晉南北朝文獻在輾轉傳抄過程中形成了諸多異文,影響了對文意的理解和對語法結構的判斷,真大成以文字、詞語爲中心對中古文獻異文進行了系統語言學考察。對於漢語史的研究來説,對該類材料應當堅持"例不十,論不立"之原則,不能一概視之。

其一,動量詞"次",其産生時代和語源多有爭議,劉世儒(第263頁)例證爲《全陳文》卷十七引沈仲由文:"劉道朔坐犯七次偷,依法測立,首尾二日而款。"按,該文多有異文,《陳書·儒林傳·沈洙》作"七改偷",《册府元龜·刑法部》則作"七叚偷",金桂桃(第15頁)認爲:"不一定就是動量詞'次',它有可能是另外一個詞。"又,《法顯傳·天竺道人誦經》:"彌勒出世,初轉法輪時,先度釋迦遺法弟子、出家人及受三歸、五戒、齋法,供養三寶者,第二、第三次度有緣者。"柳士鎮(第271頁)、王紹新(第682頁)皆據此認爲魏晉南北朝動量詞"次"已經産生,但細審文意,"第二、第三次"與"先"呼應,當爲名詞"次序"義,尚未語法化爲動量詞。我們又發現兩例,但仍無法確定,一是《荆楚歲時記》:"人皆言立秋後不浴十八次,以其漸涼,恐傷血也。"但《太平廣記》卷二十五引此作"十八浴";二是《太平廣記》卷三百十八引《幽明録》:"社公大怒,便令呼三斑兩虎來,張口正赤,號呼裂地,徑跳上,如此者數十次。"作爲轉引資料,且用例罕見,孤例均不宜立論。

其二,量詞"孔",劉世儒(第180頁)引《三國志·魏書·東夷傳》:"貢白珠五千孔。"認爲量詞"孔"用於量有眼兒可穿的珠子,其他文獻未見。按,陳乃乾點校本(第858頁)作:"因詣臺,獻上男女生口三十人,貢白珠五千,孔青大句珠二枚。"其中"孔"屬下句,但"孔青"一詞其他文獻未見。吳金華指出,《册府元龜》卷九六八引該文"孔"作"枚",文從字順;但吳先生説:"我們既不能找到更多的證據(如出土的《魏書》古寫本之類)來確認'孔'當作'枚',當然也不能排除這樣的可能:《册府元龜》因不明'孔'有量詞的用法而臆改史文。"從量詞史來看,該時期是泛指量詞"枚"普遍使用的時代,作"枚"更符合語法習慣,然書證不足,亦當存疑。

其三,量詞"粒"用於粟米等糧食籽粒以外其他小而圓的事物,劉世儒(第118頁)引《高僧傳·興福篇》:"獲佛牙一枚,舍利十五粒。"由此推斷:"擴展開來,就只取其形狀——凡小而圓的東西都可以用它量,這就一般化了。"按,僅此一例,湯用彤(第490頁)校《高僧傳》"齊上定林寺釋法獻"作:"舍利十五身。"注曰:"三本、金陵本'身'作'粒'。"該時代舍利多不用量詞,或"數·名"結構,如《高僧傳·義解》:"詳視髻中,見一舍利。"或"名·數"結構,如梁武帝《以李胤之得牙像赦詔》:"中有真形舍利六焉。"當然,量詞"粒"該時代已見用例,如《高僧傳·義解》:"(釋曇翼)刺史毛璩深重之,爲設中食,躬自瞻奉。見翼於飯中得一粒穀,先取食之,璩密以敬異。"亦可見於《肘後備急方》《賢愚經》等文獻。但類似有異文的用例,當暫存疑爲好。

其四,借用量詞"甄",劉世儒(第237頁)引《搜神後記》卷下:"向夜舉家作粥,食餘一甄,因瀉葛汁著中於瓦上,以盆覆之。"認爲:"'甄'字這樣用,在南北朝並不常見,詞彙史上這還是個值得研究的問題。"按,《説文》瓦部:"甄,匋也。"本義爲製作陶器,亦可指陶器,由此借用爲量詞;但劉先生也注意到《初學記》卷二十六引此文作"甌"。雖然容器"甄"可借用爲量詞,但此前及同時代其他文獻未見,而借用量詞"甌"常見;僅據此孤證不當立目,可暫存疑。

其五,量詞"支",劉世儒(第106頁)引《還冤記》"八支氍毹",認爲:"'氍毹'指'毛毯',似同'支'義無干,待考。"按,劉先生引文過簡,原文作:"(魏支法存)有八支氍毹,作百種形像,光彩曜日。又有沉香八尺板床,居常氛馥。王談爲廣州刺史,大兒劭之屢求二物,法存不與。"《法苑珠林》卷七十七亦有此文,但高麗藏本"支"作"丈",《太平廣記》則作"八九尺";從文意看,下文有"屢求二物",二物即"八支氍毹"和"沉香八尺板床",則"支"並非稱量"氍毹"的個體量詞;結合"作百種形像,光彩曜日"看,"支"當爲"丈",形近而誤;"八丈"與"八尺"對應,皆表所稱量對象之寬大。

其六,量詞"尊",劉世儒(第191頁)認爲其個體量詞用法南北朝時期就産生了,例證爲金陵刻經處本南朝梁慧皎《高僧傳·義解篇》:"苻堅遣使送……金縷繡像,織成像各一尊。"按,僅此一例,麻愛民(2010年)指出湯用彤校大正藏本"尊"作"張",提出"這個例子並不能作爲確證使用",是正確的。但麻先生認爲"六朝時期稱量佛像,無論是立體的還是平面的,一般用'軀'不用'尊'","南北朝時期個體量詞'尊'尚未成熟,除了本例再也找不到其他例證,只是到了隋唐時期才見到少量的用法,但也只限於稱量立體的塑像",李建平(2012年)則據南北朝造像記證明量詞"尊"已見。

其七,量詞"發",劉世儒(第204頁)引《全晉文》卷一零八劉琨《與丞相箋》:"木弓一張，荆矢十發；編草盛糧，不盈十日。”按，僅此一例，劉先生也注意到王隱《晉書》引作：“木弓一張，荆矢十隻。”從量詞史來看，該時代“發”多用作集合量詞“矢四隻”，而“矢”的個體量詞用“隻”或“枚”，《晉書》作“隻”更符合該時代語法習慣。

其八，量詞“兩”，魏晉南北朝往往作“緉”或“量”，文獻多有異文，如劉世儒（第201頁）引曹植《冬至獻襪頌表》：“拜表奉賀，並獻紋履七緉，襪若干副。”按，劉先生當據《太平御覽》引文，丁晏《曹集銓評》作“量”。從量詞史來看，該時代作“量”是主流，但在此後也並非如劉先生所言只用“量”，隋唐五代吐魯番出土文書中三種字形均可見（李建平2016年，第131頁），只是書作“量”者更爲多見而已。

其九，量詞“根”，劉世儒（第96頁）認爲“更虛化一步，連‘木簡’之類也可以用‘根’量了”，例證爲《南齊書·祥瑞志》：“泉中得一根木簡。”按，核今本《南齊書》“根”作“銀”，《全齊文》卷二十六《奏得季子廟沸井》、《酉陽雜俎》前集卷十《物異》等引該文亦作“銀”字。又按，“銀木簡”不辭，丁福林（第100頁）引朱季海説：“銀木正謂檼木，檼字晚出，蕭書止用銀字。”丁先生認爲：“‘銀木簡’，《南史》正作‘木簡’，朱議謂之‘檼木’者，是也。”檼，即銀杏，又名白果。

其十，量詞“口”，劉世儒（第88頁）認爲可用於稱量“牛”，引高昂《征行詩》：“壟種千口牛，家連百壺酒。”按，《太平廣記》卷二百引此作“壟種千口羊”，宋劉敞《南北朝雜記》亦作“千口羊”；田啟濤（2020年）理清其異文，指出該典故源自歷史傳説“壟種羊”或“種羊”，從量詞史來看量詞“口”用於“牛”仍未見確切例證。

其十一，量詞“種”，劉世儒（第142頁）引《漢書·貨殖傳》：“它果采千種。”按，該文引自《史記·貨殖傳》：“佗果菜千鍾。”該文歷代訓釋多有爭議，並非早期確切用例，細審文中所羅列諸多貨財皆爲實指，所用量詞爲個體量詞或度量衡量詞，則此處顯然不是其它果菜的種類，而是具體數量，使用度量衡量詞於文意爲長。

此外，量詞連用是漢語量詞的特殊用法，劉世儒（第30頁）認爲該語法現象是南北朝人的創造，例證爲《世説新語·雅量》注引《續晉陽秋》：“計得⋯⋯牛、馬、驢、騾、駝十萬頭、匹。”按，量詞連用現象魏晉南北朝其他文獻未見，僅此一例，王紹新（第822頁）指出：“此例是該書劉孝標注引《謝車騎傳》之例，劉書引文亦有不確⋯⋯在影印金澤文庫藏宋本及沈寶硯校本中此處無‘匹’⋯⋯故還不能説當時確有量詞連用。”可見，量詞連用現象並非南北朝人的創造。

五、文意細審及句讀的偏誤

魏晉南北朝部分語料文意較難理解，或者有不同的理解方式，特別是部分詞彙去古甚遠以致後世學者以今律古,往往會影響對語言結構及相關問題的判斷。

其一,量詞“番”,劉世儒(第 161 頁)認爲魏晉南北朝可用爲“兵”的個體量詞,例證爲元孝友《上孝靜帝表》:“十五丁出一番兵,計得一萬六千兵。”並强調“這就出現了中心詞,才是量詞的正規用法”;麻愛民(第 95 頁)則認爲“番”是“不定量詞”,“這裏的‘一番’就是‘一撥兒’,表示不確定的模糊的量”。按,“番兵”爲特定名詞,指“服役的士兵”,如《魏書·盧玄傳》:“至番兵年滿不歸,容充後役,終昶一政,然後始還。”按《北齊書·元孝友傳》:“百家爲黨族……計族少十二丁,得十二疋貲絹。略計見管之户應二萬餘族,一歲出貲絹二十四萬疋。十五丁爲一番兵,計得一萬六千兵。此富國安人之道也。”二萬族每族十二丁,每十五丁出一“番兵”,正得一萬六千“番兵”。

又,劉世儒(第 162 頁)引庾信《謝趙王賚乾魚啟》“蒙賚乾魚十番”,認爲:“至於‘魚’也用‘番’量,這似乎很難理解,但既説‘番’就恐怕同‘翻轉’義仍有關係。”按,其實量詞“番”並不能用於普通的“魚”,只能用於“乾魚”,因魚乾需翻曬“番”義得以凸顯;該時期普通的“魚”只能用量詞“頭”。

其二,量詞“張”,劉世儒(第 132 頁)引《魏書·釋老志》:“今運數應出汝宣吾新科,清整道教,除去三張僞法:租米、錢税及男女合氣之術。”認爲“‘僞法’是寫在‘紙’上的,所以也可以這麽量”。按,孟繁傑(2010 年)指出“三張”指的是張陵、張衡、張魯三人,則“張”並非量詞。

其三,量詞“擔”,劉世儒(第 247 頁)引《幽明録》:“明日入市,雇十擔水來。”按,類似用法僅此一例,細審文意,“十擔水”所指並非“十擔之水”,“雇十擔水”可能是指雇傭十人來擔水,與後文“密令奴更借三十餘人”正相呼應,則“擔”爲動詞。

其四,量詞“首”,劉世儒(第 173 頁)引《飛燕外傳》:“謹奏上……龍香握魚二首。”認爲:“這就同‘頭’的用法是一樣。‘魚二首’就等於説‘魚二頭’。”按,一方面《飛燕外傳》是僞書,另一方面文意理解也有問題,“握魚”也不是動物,而是一種魚形的可握的玉器。

其五,量詞“點”,劉世儒(第 118 頁)引南北朝庾信《晚秋》“可憐數行雁,點點遠空排”作爲量詞“點”的最早用例。按,庾信詩“點”仍是實指的名詞“小黑點”,而非量詞;而且量詞“點”也不能用於稱量“雁”。其他兩個用例,一是南朝江淹《惜晚春應劉秘書》:“如獲瓊歌贈,一點重如金。”劉先生認爲:“這‘一點’就很近於泛論‘些少’的用法,但當然還不是。”文意理解有誤,按,俞紹初、張亞新(第 4 頁)注:“一點:一點一劃。猶言一字。”另一例爲隋侯夫人《看梅》;可見量詞“點”南北朝尚未産生。

其六,量詞“身”,劉世儒(第 192 頁)引東晉法顯《佛國記》:“王便夾道兩邊作菩薩五百身。”認爲“身”爲量詞,“來源同‘軀’”。按,該例引文過簡,汪褘(第 4 頁)將其還原作:"如是唱己,王便夾道兩邊作菩薩五百身已來種種變現:或作須大挈,或作睒變,或作象王,或作鹿馬。" 提出助詞 "已來" 語法上與量詞不能搭配使用,則 "身" 仍是名詞,"五百身" 是指 "菩薩在成道以前的輪回轉世中所經歷的種種變化。在佛經中還常用來指六道輪回之中經歷的諸多形變,以狀輪回之苦";又如南朝陳《東陽雙林寺傅大士碑》:"案《停水經》云:觀世音菩薩有五百身,在此閻浮提地,示同凡品,教化衆生。彌勒菩薩亦有五百身。" 遍檢魏晉南北朝文獻,未見典型量詞用例。

其七,量詞 "闔",《大字典・門部》:"量詞。層(用於花)。" 書證爲《齊民要術・芭蕉》引《南方異物志》:"(甘蔗)實隨華長,每華一闔,各有六子。" 按,今本《南方草木狀・卷上・甘蔗》:"甘蔗……實隨華長,每華一闔,各有六子,先後相次。" 但魏晉六朝其他文獻未見。石聲漢(第 1283 頁)譯爲:"每一層花,都有六個果實,先後依次序開放。" 細審文意,"闔" 當爲動詞 "閉合" 義,"每華一闔" 意思是 "每一花閉合後",按,清李調元《南越筆記》卷十四 "芭蕉":"每一花開,必三四月乃闔,一花闔成十餘子,十花則成百餘子。""花開" 與 "花闔" 相對,則 "闔" 爲動詞無疑。

文意理解的問題往往會導致對語料句讀有誤,從而導致整體分析的失誤。如:

其一,量詞 "張" 用於平面事物,劉世儒(第 132 頁)認爲:"凡鋪張開的物類,其作用總是在平面的,因此,凡作用在平面的物類也大都可以用 '張' 量了。" 用例爲《水經注》卷二十五:"男子張伯除堂下草,土中得玉璧七枚,伯懷其一,以六枚白意……璧有七張,伯藏其一。" 但孟繁傑(第 473 頁)指出當句讀作:"璧有七,張伯藏其一。" 此外未見類似用例,用於平面的量詞 "張" 的産生當在魏晉南北朝以後。

其二,量詞 "粒",劉世儒(第 118 頁)引《拾遺記》卷四作:"狀如粟一粒。" 按,該文全句作:"此石出燃山,其土石皆自光澈,扣之則碎,狀如粟,一粒輝映一堂。" 斷句的不同導致了文意理解的偏誤,量詞 "粒" 稱量的不是 "粟",而是 "石"。

其三,量詞 "處",劉世儒(第 155 頁)引《幽明錄》:"其夕户前一處火甚盛而不然。" 按,當句讀作:"其夕,户前一處,火甚盛而不然(燃)。" 則量詞 "處" 並非用於 "數・量・名" 結構。

其四,量詞 "門",劉世儒(第 152 頁)引《高僧傳・譯經篇》作:"宣譯衆經,改梵爲漢,出安般守意、陰持入經,大小十二門。" 僅此一例。按,該文引文、句讀均不甚準確,其中 "十二門" 當爲佛經名,即相傳爲龍樹(Nagarjuna)著、鳩摩羅什譯《十二門論》,按,湯用彤(第 5 ~ 6 頁)校本句讀作:"於是宣譯衆經,改胡爲漢,出《安般守意》《陰持入》《大》《小》《十二門》及《百六十品》。"

其五,量詞 "扇",劉世儒(第 169 頁)引《論語・鄉黨》皇疏:"門中央有闑,闑以硋門兩扇之交處也。" 按,高流水點校本(第 375 頁)作:"闑以硋門,兩扇之交處也。" 則其中

“扇”爲名詞“門扇”，細審文意，高先生點校本爲確。

其六，量詞“物”，劉世儒（第 124 頁）引《魏書·獻文六王傳》：“賜雜物五百段。”認爲：“有説這‘物’就是指‘布帛’説的，但恐有問題，因爲還可以説‘雜物’。”按，南北朝以後可用“物”代指布帛，“雜物”代指雜帛，如《魏書·徐謇傳》：“絹二千匹、雜物一百匹，四十匹出御府。”“雜物”用量詞“匹”稱量，當爲布帛無疑。《周禮·春官·司常》：“日月爲常，交龍爲旂，通帛爲旜，雜帛爲物。”清孫詒讓正義：“雜帛者，繆斿異色，猶《士冠禮》之‘雜裳’，皆取不專屬一色之義。”又，王國維《釋物》：“古者謂雜帛爲物，蓋由物本雜色牛之名，後推之以名雜帛……由雜色牛之名因之以名雜帛，更因以名萬有不齊之庶物，斯文字引申之通例矣。”當時“段”有定制，歷代制度不一，如《唐六典》卷三：“凡賜物十段，則約率而給之：絹三匹，布三端，綿四屯。若雜彩十段，則絲布二匹、紬二匹、綾二匹、縵四匹。若賜蕃客錦彩，率十段則錦一張、綾二匹、縵三匹、綿四屯。”

六、出土文獻語料的時代與校勘

出土文獻語料雖然未經傳抄及後人改易，與傳世文獻相比具有更強的文獻真實性，作爲語言學研究的資料，其寫成時代的下限容易確定，即墓葬時代；但寫成的具體時代或上限及其所反映語言的地域性仍是研究的難點；在利用過程中部分文獻也存在後世增補的問題，而且釋文應當核實圖版，細審文意並明確句讀。

部分石刻文獻的刻寫時代比較複雜，有後世補刻的情況，需要釐清其不同時代。如北齊《都邑師道興造像記並治疾方》，其造像記刻於六朝，但藥方刻於唐高宗時期，不能一概視爲六朝語料；而且部分文字殘缺厲害，其句讀亦當慎重。

其一，量詞“抄”，劉世儒（第 237 頁）引北齊《道興造像記》：“粘鼠草子兩抄。”認爲“大約是直到了南北朝才通行開的”。量詞“滴（渧）”，劉世儒（第 115 頁）引《道興造像記》：“以水三四渧□□。”量詞“錢”，劉世儒（第 231 頁）引《道興造像記》：“芒消一錢，和服。”量詞“頭”稱量大蒜，劉世儒（第 94 頁）亦引《道興造像記》：“獨顆蒜□頭。”按，以上用例均屬唐代藥方，並非南北朝語料。

其二，量詞“方”，劉世儒（第 167 頁）認爲：“其發展過程可能是這樣的：先用於醫方、藥方，再引申一步就可以用爲‘藥’的專用量詞了。”共列兩例，《南齊書·虞悰傳》：“悰乃獻醒酒鯖鮓一方而已。”北齊《道興造像記》：“取鼠尾草花……服三方。”按，《虞悰傳》全文作：“悰善爲滋味，和齊皆有方法……上就悰求諸飲食方，悰秘不肯出，上醉後體不快，悰乃獻醒酒鯖鮓一方而已。”細審文意，虞悰僅獻給皇上“諸飲食方”中的一個方子，其中“方”爲名詞。《道興造像記》原文作：“療赤白利方，取鼠尾草花（下闕）服，三方□□。”殘損不全,且爲唐代藥方語料,可見該時代量詞"方"無此用法。

其三,量詞"匙"及"匕",劉世儒(第240頁)用例皆僅有《道興造像記》藥方部分:"鹽一匙。""每服三匕。"其實同時代《齊民要術》等文獻已多見。其他如量詞"把"和"挺"的論述皆有唐代藥方用例,雖不影響結論,但易造成誤解,亦當更正。

又如,東晉《潘氏衣物疏》,量詞豐富,但其字跡潦草,導致釋讀問題較多。如量詞"邊",何山(第473頁)引:"故雜繒二邊。"以"邊"爲新見量詞。李玉平(2016年,第377頁)指出該字當爲"百匹"二字之誤釋。又,何山(2009年)引:"故布線一互。故絲線二互。"認爲量詞"互"乃魏晉南北朝石刻常見俗寫字形,但該字隸定爭議頗多,原揭作"孖"及"孨",整理者釋爲"子";史樹青(1956年)認爲:"此券作互,六朝唐人氏字均如此寫法,此處是數量詞,布線一氏,就是麻線一紮。"毛遠明(第三冊第8頁)贊同該說,但又提出:"或以爲'互'。"李玉平(2022年)認爲該字當隸定作"斤",但字形仍存疑,筆者疑作"卷"。可見該期量詞"互"是否存在還存疑。

部分簡牘文獻早期整理篳路藍縷,功不可没,但限於圖版不清等諸多技術因素導致釋讀有誤,當細審新出圖版,《居延漢簡》最爲典型,如:其一,量詞"楨",劉世儒(第130頁)引《居延漢簡》卷3頁3:"弓十楨、丸一、矢十二☐。"並提出:"(弓的量詞)有時也稱'楨'。"按,史語所新紅外掃描圖版"楨"當作"櫝","十"當作"一",該簡重新隸定爲:"弓一,櫝丸一,矢十二。"其二,量詞"敝",劉世儒(第188頁)引《居延漢簡》卷3頁15:"弩幩一敝。"認爲用於稱量幩。按,該文當句讀作:"弩幩一,敝。""敝"表示有破損,是形容詞。其三,量詞"完",劉世儒(第70頁)引《居延漢簡》卷3頁1:"八月甲子買赤白繒蓬一完。"頁2:"出橐矢銅鍭二百完。"認爲:"'完'指完整,只要重在完整,適用範圍可以是多方面的。"按,以上二文當句讀作:"八月甲子買赤白繒蓬一,完。""出橐矢銅鍭二百,完。"其中"完"與"敝"相對,都是形容詞。其四,量詞"兩",劉世儒(第202頁)引《居延漢簡》頁19:"皁練複袍一兩。"認爲只有"複袍"才說"兩"。按,遍檢《居延漢簡》未見如此用例,無論單袍還是複袍,其量詞均用"領"。

七、名物詞考證與句法結構分析

名物詞往往有其特定來源或含義,容易導致望文生訓,特別是佛教相關語詞則需要結合梵文及相關制度詳加考釋。

其一,量詞"條",劉世儒(第102頁)對用於衣裙的用法舉了三例。第一例爲繁欽《定情詩》:"何以答歡忻,紈素三條裙。"按,西晉束皙《近遊賦》:"帽引四角之縫,裙有三條之殺。"則"三條裙"是當時一種裙子。第二例爲《高僧傳·興福篇》:"舍其七條袈裟,助費開頂。"按,魏晉南北朝佛教文獻中"條"往往具有特定含義,如姚秦耶舍共竺佛念等譯《四分律》卷四十:"諸比丘不知當作幾條衣? 佛言:應五條,不應六條;應七條,不應八條;應九條,不應十條;乃至十九條,不應二十條。"所謂七條,即郁多羅僧,僧人之上着衣,衣上有橫截七條;可見"條"也不是稱量"袈裟"的量詞。第三例爲梁簡文帝《謝賚納袈裟啟》四首之三:"垂賚鬱泥真納九條,袈裟一緣。"該文句讀有誤,當作:"臣綱啟,宣傳左右俞景茂奉宣敕旨,垂賚鬱泥真納九條袈裟一緣,精同纖縷,巧均結毳,邁彼良疇,成斯妙服,雖復貴比千金,輕逾二兩,無以匹此洪恩,方斯殊賚。""九條袈裟"指衣上有橫截九條,且該袈裟"輕逾二兩",當爲一件無疑,其量詞爲"緣";又,《謝賚納袈裟啟》共四首,其他三首分別爲"垂賚鬱泥細納袈裟一緣""蒙賚鬱泥納袈裟一緣""蒙賚鬱金泥細衲袈裟一緣"。可見,每首所記袈裟均爲一件,其量詞均用"緣"。

其二,量詞"婆羅"見於《南齊書·東南夷傳》:"平蕩之日,上表獻金五婆羅。"劉世儒(第15頁)認爲:"語源待考。"又認爲或説"婆羅"也是譯自梵語,爲"四兩",但又提出:"但這似乎不可能,因爲'五婆羅'照這樣説就只是'二十兩',未免獻得太少了。"按,王雲路(第634頁)認爲:"'婆羅'即笸籮,是一種用篾或柳條等枝幹編成的盛物器具。"細審文意,王先生説是可信的。

其三,特殊名物詞"九枝花、百枝燈"中的"枝"並非量詞。劉世儒(第104頁)引費昶《華光省中夜聞城外擣衣》:"衣熏百和屑,鬢插九枝花。"劉先生認爲:"'枝'量花,'花'就不能是一朵,這就引申發展用成集體量詞了。"柳士鎮(第264頁)亦引該文。按,"九枝花"是古代婦女的一種頭飾。又引《鄴中記》:"石虎正會,殿前設百二十枝燈以鐵爲足。"又,江總《芳樹》:"千葉芙蓉詎相似,百枝燈花復羞然。"按,百枝燈是當時流行的一種燈樹,又稱連枝燈、多枝燈,如《開元天寶遺事》:"韓國夫人置百枝燈樹,高八十尺,豎之高山。"則"枝"仍爲名詞。

以上主要從七個方面分析了魏晉南北朝量詞研究中的語料問題,其實部分問題往往更爲複雜,不同情況交織在一起,如量詞"匹",劉世儒(第185頁)認爲在"一量對多名"格式中可以延及其他獸類,該説無誤,但所引例證皆有可商,用於其他獸類引《宋書·索虜傳》:"今送獵白鹿、馬十二匹。"該文句讀有誤,當作:"更無餘物可以相與,今送獵白鹿馬十二匹並氈藥等物。""獵白鹿馬"爲古代良馬名,清郝懿行《宋瑣語·言詮》:"獵白鹿馬者,蓋良馬之名。《韓非子》云:'馬似鹿者,千金也。'或曰:今蒙古有獵鹿馬,巧捷善走……蓋此是也。"又認爲可以擴展到禽類,同頁書證引《全梁詩》卷一梁昭明太子詩:"班班仁獸集,匹匹翔鳳儀。"劉先生指出"班班"或本作"斑斑",其實"匹匹"亦有異文,或本作"足足";按,漢王充《論衡·講瑞》:"案《禮記·瑞命篇》云:'雄曰鳳,雌曰凰。雄鳴曰即即,雌鳴曰足足。'"又明楊慎《藝林伐山·足足般般》:"薛道衡文:'足足懷仁,般般擾義。’足足，鳳也；殷殷，麟也。”“足足”相傳爲雌鳳鳴聲，與“班班”相對而言；我們推測“足足”形近訛作“疋疋”，又誤改爲“匹匹”。

　　綜上所述，語料使用問題在很大程度上影響了對魏晉南北朝漢語量詞系統的認識，所涉及量詞總計達 50 個之多，其中“位、管、陣、座、員、次、孔、點、身、甄、扇、方”12 個量詞魏晉南北朝時期尚未產生；“拂、闊、邊、互、梘、敝、完”7 個量詞在漢語史上其實並不存在；“挺、所、張、支、口、番、指、兩、匹、婆羅”10 個量詞該期並無學界此前研究所述之功能，如量詞“挺”用於墨、“口”用於牛、“番”用於士兵等；其他 21 個量詞則或在所引文獻中並非該量詞之用法，或文獻時代偏晚而非魏晉南北朝時期確切用例。此外，還涉及對量詞書寫形式的認識，如“兩/輛”及“兩/量”等；對量詞相關功能的判定與研究，如量詞“頭匹”連用魏晉南北朝時期仍未見。總之，在漢語史研究中對於語料的分析和利用，正如劉世儒（第 265 頁）所強調：“任何個別字眼兒的解釋，都不能超越這個時代的整個語法體系，否則‘以今代古’，弄錯時代，就不免是‘乘興作説明’了。”

參考文獻

（晉）陳壽　《三國志》，陳乃乾校點，中華書局 1959 年

丁福林　《南齊書校議》，中華書局 2010 年

（晉）葛洪　《神仙傳》，胡守爲校釋，中華書局 2010 年

何　山　《詞語札記兩題》，《中國語文》2009 年第 5 期

（北魏）賈思勰　《齊民要術》，石聲漢譯注，石定枎、譚光萬補注，中華書局 2015 年

江藍生　《八卷本〈搜神記〉語言的時代》，《中國語文》1987 年第 4 期

金桂桃　《宋元明清動量詞研究》，武漢大學出版社 2007 年

李建平、張顯成　《漢語動量詞產生的時代及其語法化動因》，《漢語史研究集刊》第 1 期，巴蜀書社 2016 年

李建平　《漢語個體量詞研究出土文獻語料二題》，《中國語文》2012 年第 2 期

———　《隋唐五代量詞研究》，山東人民出版社 2016 年

李玉平　《東晉時期有新興量詞“邊”説質疑》，《中國語文》2016 年第 3 期

———　《再談東晉稱量布線、絲線的量詞》，《中國語文》2022 年第 3 期

梁啟超　《古書真偽常識》，周傳儒、姚名達、吳其昌筆記，中華書局 2012 年

（清）劉寶楠　《論語正義》，高流水點校，中華書局 1990 年

劉世儒　《魏晉南北朝量詞研究》，中華書局 1965 年

（南朝宋）劉義慶　《幽明録》，鄭晚晴輯注，文化藝術出版社 1988 年

柳士鎮　《魏晉南北朝歷史語法》（修訂本），商務印書館 2019 年

麻愛民　《漢語個體量詞的產生與發展》，中國社會科學出版社 2015 年

———　《漢語個體量詞研究中的語料使用問題》，《中國語文》2010 年第 2 期

毛遠明　《漢魏六朝碑刻校注》,線裝書局 2008 年

孟繁傑　《量詞“張”的産生及其歷史演變》,《中國語文》2010 年第 5 期

史樹青　《晉周芳命妻潘氏衣物券考釋》,《考古通訊》1956 年第 2 期

(南朝梁)釋慧皎　《高僧傳》,湯用彤校注,中華書局 1992 年

(日)太田辰夫　《漢語史通考》,江藍生、白維國譯,重慶出版社 1991 年

田啟濤　《“千口牛”還是“千口羊”》,《中國語文》2020 年第 2 期

汪維輝　《〈齊民要術〉詞彙語法研究》,上海教育出版社 2007 年

———　《從詞彙史看八卷本〈搜神記〉語言的時代》(上),《漢語史研究集刊》第 3 輯,巴蜀書社 2000
　　年版

汪　禔　《中古佛典量詞研究》,南京師範大學博士學位論文 2008 年

王建堂、宋海鷹　《〈飛燕外傳〉的問世與傳播》,《晉東南師範專科學校學報》2002 年第 4 期

王紹新　《隋唐五代的一組稱人名量詞》,《漢語史學報》第 4 輯,上海教育出版社 2004 年

———　《隋唐五代量詞研究》,商務印書館 2018 年

王　鍈　《八卷本〈搜神記〉語言的時代補證》,《中國語文》2006 年第 1 期

王雲路　《中古漢語詞彙史》,商務印書館 2010 年

吳福祥　《魏晉南北朝時期漢語名量詞範疇的語法化程度》,《語法化與語法研究》(三),商務印書館
　　2007 年

嚴　修　《二十世紀的古漢語研究》,書海出版社 2001 年版

俞紹初、張亞新　《江淹集校注》,中州古籍出版社 1994 年

真大成　《中古文獻異文的語言學考察——以文字、詞語爲中心》,上海教育出版社 2020 年

鄭邵琳　《魏晉南北朝石刻名量詞研究》,上海古籍出版社 2016 年

文獻語言學(17):69～84,2024

上古漢語違實條件句語義論析①

張　歡

(吉林大學文學院,長春,130012)

提　要:上古漢語缺少時體標記,采用複雜多樣的違實因素明晰違實條件語義,促成了違實語義多樣性。第一,違實條件句分類探析,應先從時間語義角度分類,再從語用角度細分。第二,違實條件句的時間語義可劃分過去、現在和任指三個類別;語用角度可再細分爲違背背景知識、常識(理)和一般三個類別,其中任指時間違實條件句較爲特殊,語用層面的"一般類"出現頻率較高。第三,上古漢語違實條件句具有時間語義顯明、語氣特徵突出、豐富主觀情緒等語義特徵。

關鍵詞:上古漢語;違實;條件句;語義;時間

一、引　言

違實條件句指以條件句形式呈現,傳達與事實相反意義的語句(非 p 則非 q)。上古漢語違實條件句是較爲特殊的條件句類別②,具有不同於可能條件句③、其他時期違實條件句的句法語義特徵。因上古漢語缺少時體標記,在違實條件句表達上不得不借用更多的因素來明晰違實語義,如:

（1）**先君**若**從史蘇之占**,吾不及此夫!（《左傳·僖公十五年》）
（2）使**虞卿久用於趙**,趙必霸。(《新序·善謀》)

---

① 本文爲國家社科基金重大項目 "出土兩漢器物銘文整理與研究" (16ZDA201)、吉林省社會科學基金項目 "日韓漢代銅鏡銘文整理研究與圖像集成" (2021C112)、吉林省教育廳科學研究項目 "宋代學術筆記詞彙研究" (JJKH20200151SK)、吉林省教育廳科學研究項目 "東北地區金代有銘銅鏡整理與研究" (JJKH20241231SK)階段性成果。

② 邢福義(1986 年)認爲 "條件句指分句間具有條件和結果關係的複句"。即條件偏句可以使條件主句結果出現(p 則 q)爲條件句。而違實條件句,蔣嚴(2000 年)認爲 "違實條件句指能夠表達與客觀現實或主觀認識相違背意義的條件複句"。即在滿足一般條件句,偏句使主句成立的前提下,條件偏句須爲假,條件主句也須爲假(非 p 則非 q),才爲違實條件句。

③ Comrie (1986 年)根據假設的條件與現實的關係及説話人對其實現可能性的判斷,將假設範疇分爲可能假設和違實假設兩類。

（3）微**君之惠**,楚師其猶在敝邑之城下。(《左傳·襄公二十六年》)

（4）向令**伍子胥從奢俱死**,何異螻蟻。(《史記·伍子胥列傳》)

（5）**吾早從夫子**,不及此。(《左傳·昭公二十年》)

（6）**假之有人而欲南**,無多。(《荀子·正名》)

（7）**子誠能脩其方**,我何愛乎! (《史記·孝武本紀》)

（8）**吳將亡**矣,棄天而背本。(《左傳·哀公七年》)

上例分別使用了單音節連詞"若"、强動詞性連詞"使"、否定詞"微"、雙音節條件連詞"向令"、時間副詞"早"、虚假義動詞"假"、語氣副詞"誠"[①]、語氣助詞"矣"等違實因素來明晰違實條件語義。

對於違實條件句的研究,陳國華(1988年)、蔣嚴(2000年)、徐陽春(2002年)、曾慶福(2008年)、李晉霞(2010、2018年)、王春輝(2010、2016年)、王宇嬰和蔣嚴(2011年)、雍茜(2014、2015、2017年)及周思敏和張紹傑(2019年)等均從漢語事實出發,多層面探析現代漢語違實條件句的類型和特徵,但並未對上古漢語違實條件句語義進行深入探究。上古漢語違實條件句因缺少表達時體的形式,表現出明顯的時間語義及語用特徵,因此,本文在窮盡式統計上古漢語《詩經》《左傳》《孟子》《莊子》《荀子》《史記》(前70卷)《淮南子》《鹽鐵論》《新書》《新序》10部文獻的有標違實條件句的基礎上,從時間語義角度出發,再從語用角度考察,探析上古漢語違實條件句深層的語義構成。

二、違實條件句的類別劃分

學者因不同的研究角度,將違實條件句劃分爲不同的類別。Akatsuka(1986年)根據時間和語用特徵不同,將違實條件句劃分爲直陳式違實條件和虛擬式違實條件兩類;蔣嚴(2000年)根據時間特徵不同,將違實條件句劃分爲過去違實式、當前違實式和違實–開放式3類;雍茜(2015年)根據形態特徵不同,將違實條件句劃分爲否定違實、過去違實、語氣範疇違實、鄰近度違實4類;王春輝(2016年)根據違實條件句的綜合性因素,將違實條件句劃分爲語用違實、常理違實、過去違實和當下違實4類;張歡和徐正考(2022年)根據上古漢語違實因素的不同表現形式,將違實條件句劃分爲8個類別。不同的劃分方法均具一定的合理性,但應着眼於可量化、可明晰分類的標準。上古漢語違實條件句從時間與語用角度同時分析較爲合理,因爲時間和語用特徵在違實條件句的實現

[①] 違實條件句中"誠"的詞性,本文從楊伯峻(第228頁)的觀點,認爲違實語義來源於違實語境,"誠"是增强違實義的語氣副詞。

上具有極爲重要的作用,且從兩個層面分析,可以離析違實條件句深層的語義特徵,如:

(一)語用違實

（9）無神,何告? 若**有**,不可誣也。(《左傳·襄公十四年》)

（10）使**知所爲是者**,事必可行,則天下無不達之途矣。(《淮南子·人間訓》)

（11）借使**秦王論上世之事,並殷周之跡,以制禦其政**,後雖有淫驕之主,猶未有傾危之患也。(《新書·過秦中》)

(二)時間違實

（12）天若**不識不衷**,何以使下國? (《左傳·哀公十一年》)

（13）使**民不安其土**,民必憂,憂將及王,弗能久矣。(《左傳·昭公二十五年》)

（14）**處喪有禮**矣,而哀爲主。(《淮南子·本經訓》)

上例(9)～(11)是語用上的違實條件句,例(9)違背了常識,例(10)違背了常理①,例(11)違背了聽説雙方的背景知識。例(12)～(14)爲時間上的違實條件句,例(12)違背了過去時間,例(13)違背了現在時間,例(14)違背了任指時間。以上均是語用或時間層面的違實,但也需要明確:

第一,違實條件句的成立由命題爲假($\neg p \rightarrow \neg q$)決定,語境也起到了一定的作用。

第二,劃分違實條件句的類別,應着眼於同一層面劃分標準,不能多個平面同時分析。

第三,上古漢語爲意合語法形式,形態在漢語違實條件句中無法厘清違實條件語義類別。

基於以上原因,應將句法形態作爲參考因素,從語義層面分析違實條件句的語義類別。

此外,從時間語義角度出發,再從語用角度劃分類別是較爲合理的。首先,上古漢語違實條件句缺少注記違實的時體形式,而添加其他因素來強化違實,使違實條件句呈現出不同的時間語義特徵。其次,違實條件偏句有明確的時間參照點來明確違實關係,而時間是違實條件句重要的語義特徵。最後,違實條件句體現了説話人主觀的假設視角,呈現出不同的語用特徵。因此,下文依據時間層面第一維度,語用層面第二維度的分析方法,深入探析違實條件句的語義特徵。

---

① 常識違實:指條件偏句中表達的事物不存在、難以想象,與人們認識的常識違背;常理違實:指條件偏句表達的事件與一般的規律或通常的道理相違背。

三、違實條件句的時間語義——語用分類探析

　　上古漢語違實條件句可依據偏句的時間語義指向分爲 3 個類別：過去時間、現在時間和任指時間（指向過去、現在和將來）。在時間維度下，可從語用角度再分類，分爲：違背背景知識類、違背常識（理）類、違背一般類（無明確語用特徵）。需要注意的是，僅"過去時間"包含"違背背景知識"，其餘"現在時間"和"任指時間"下設兩類："違背常識（理）類"及"違背一般類"（無明確語用特徵）。

　　爲了更加全面地認識上古漢語違實條件句，我們統計了 10 部上古漢語文獻中由違實因素"單音節連詞"（若、苟、如）、"語氣助詞"（矣）、"語氣副詞"（誠、果）、"否定詞"（微、非、匪、毋）、"動作性明顯連詞"（使、令）、"雙音節連詞"（"若使、借使、試使、藉使、今使、假使、且使、向使、鄉使、假令、向令、假設" 12 類）、"時間副詞"（早、曾）及"虛假義動詞"（假）等 8 種形式構成的違實條件句，探討上古漢語違實條件句的語義分類。具體統計數據見下表：

表 1：上古漢語違實條件句語義分類數據統計表

序號	時間	類別	單音節連詞			語氣助詞	語氣副詞		否定詞				動詞性		雙音節連詞	時間詞		虛假義	總計	
			若	苟	如	矣	誠	果	微	非	匪	毋	使	令	假若等	早	曾	假	8類	
1	過去	背景	4	0	2	2	4	0	10	3	0	0	12	0	13	0	0	0	50	264
		常識/理	4	0	0	0	4	0	0	0	0	0	4	1	2	0	0	0	15	
		一般	39	3	3	14	31	7	16	47	0	3	19	6	3	4	2	0	199	
2	現在	常識/理	0	0	1	0	0	0	0	0	0	0	1	0	2	0	0	0	4	162
		一般	33	0	70	21	18	2	0	0	0	0	4	0	4	0	0	5	158	
3	任指	常識/理	11	0	0	3	0	0	0	0	0	0	11	0	2	0	0	0	27	171
		一般	4	0	4	87	26	6	0	0	0	0	6	2	9	0	0	0	144	
4	總計	7	95	3	80	127	83	15	26	50	2	3	57	10	35	4	2	5	597	

從上表中可以看出,在時間層面上,"違背過去時間"違實條件句出現頻率最高,共出現 264 次;在語用層面上,"一般類"(無特殊語用)違實條件句出現頻率較高,共出現 501 次。下面分別討論:

(一)過去時間違實條件句

過去時表達違實語義是語言中普遍現象。Comrie(1986 年)提出:"過去時間作爲時制範疇,有助於增强違實表達效果。這是因爲過去通常爲已知,對已知事件的虛擬假設有助於傳遞違實義,而將來的事件充滿未知,對未知事件的假設只能傳遞不確定的推測義。"也就是說,違實條件句傳達與事實相反的意義,那麼對過去時間已發生事件進行假設,最容易產生與事實相反的含義,從而形成違實。過去時間違實條件句從語用角度可分爲 3 類:背景過去、常識(理)過去和一般過去。

1. "背景—過去時間" 違實條件句

"背景知識"指人們已知曉的重大事件,或普遍認知清晰的背景信息。當條件偏句對背景知識進行假設時就會造成違實。違背背景知識違實條件句僅出現在過去時間類別中,事件發生在過去,並對聽說雙方當下判斷造成違實。使用情況見下表(表格中一律略去書名號,下同):

表 2:上古漢語 "過去背景" 違實條件句數據統計表

序	時間	類別	詩經	左傳	孟子	莊子	荀子	史記	淮南子	鹽鐵論	新書	新序	總計
1	過去	背景	0	13	5	0	2	11	7	2	6	4	50

上古漢語違背過去時間背景知識類違實條件句共出現 50 次。如:

(15)微**禹**,吾其魚乎!(《左傳·昭公元年》)

(16)若**孔子主癰疽與侍人瘠環**,何以爲孔子?(《孟子·萬章上》)

(17)嗟乎!**吾誠得如黃帝**,吾視去妻子如脱躧耳。(《史記·孝武本紀》)

(18)使**舜無其志**,雖口辯而户説之,不能化一人。(《淮南子·原道訓》)

(19)鄉使**二世有庸主之行**,而任忠賢,臣主一心而憂海内之患,縞素而正先帝之過。(《史記·秦始皇本紀》)

(20)假設**陛下居齊桓之處**,將不合諸侯匡天下乎!(《新書·宗首》)

上例中,"大禹、孔子、黃帝、舜、秦二世、齊桓公"是人們已知過去時間的重要歷史人物,且所指事件爲人所共知,可通過聽説雙方的背景知識直接判斷違實。但此類形式必須是交際雙方知悉的史實,如果任何一方不了解所指,就無法造成違實,甚至無法交際,此類違實條件句違實語義明顯。

2.“常識(理)—過去時間”違實條件句

“常識過去”指偏句中出現的事物完全不可理解、難以想象,對過去時間出現的常識進行假設構成違實。而“常理過去”指偏句中的事件違背了一般規律和通常道理,需要認知的分析和主觀判斷才能分析與過去事理違實。使用情況如下表:

表3:上古漢語“過去常識(理)”違實條件句數據統計表

序	時間	類別	詩經	左傳	孟子	莊子	荀子	史記	淮南子	鹽鐵論	新書	新序	總計
1	過去	常識/理	0	2	0	0	5	0	5	1	2	0	15

上古漢語違背過去時間常識(理)類的違實條件句共出現15次。如:

（21）若使之銜腐鼠,蒙蜟皮,衣豹裘,帶死蛇,則布衣韋帶之人過者,莫不左右睥睨而掩鼻。(《淮南子·修務訓》)

上例爲違背了常識的假設,“銜腐鼠,蒙蜟皮,衣豹裘,帶死蛇”是現實生活中不存在的,難以想象的,對認知上不合理的事物進行存在性的假設,就會造成違實。再如:

（22）故繩墨誠陳矣,則不可欺以曲直。(《荀子·禮論》)

（23）規矩誠設矣,則不可欺以方圓。(《荀子·禮論》)

（24）若使淮南久縣屬漢,特以資奸人耳,惟陛下幸少留意。(《新書·益壤》)

（25）使聖人偪容苟合,不論行擇友,則何以爲孔子也! (《鹽鐵論·詔聖》)

（26）使狐瞋目植睹,見必殺之勢,雉亦知驚憚遠飛,以避其怒矣。(《淮南子·人間訓》)

（27）若使人必知所集,則懸一札而已矣。(《淮南子·説山訓》)

上例(22)“墨綫已經設立”,(23)“圓規和角尺已經設置”,例(24)“讓淮南長久地爲漢代郡縣”,例(25)“聖人表面偽裝,迎合別人”,例(26)“狐狸瞪眼直視,表現出殺野雞的架勢”,例(27)“事先就知道箭會射中某個部位”,所有的偏句在分析後都是不可能實現的,違背人們對現實世界的認知,對生活中的一般道理進行否定性假設,造成違實。

3.“一般—過去時間”違實條件句

“一般過去違實條件句”指無特殊語用特徵的過去違實條件句,此類別出現頻率最高。過去時間與違實語義具有密切的聯繫。過去已發生、已完成的事件,却假設事件尚可變動,存在更多可能性,對已然進行假設就會造成違實。使用情況見下表:

表 4:上古漢語"過去一般"違實條件句數據統計表

序	時間	類別	詩經	左傳	孟子	莊子	荀子	史記	淮南子	鹽鐵論	新書	新序	總計
1	過去	一般	5	69	6	14	18	31	21	8	10	17	199

上古漢語違背一般過去時間的違實條件句共出現 199 次,出現頻率最高。如:

（28）若**有火**,國幾亡。(《左傳·昭公十八年》)

（29）敝邑雖羸,**若**早**修完**,其可以息師。(《左傳·昭公五年》)

（30）使**我居中國**,何渠不若漢? (《史記·酈生陸賈列傳》)

（31）向使**四君却客而不内**,疏士而不用,是使國無富利之實而秦無强大之名也。(《史記·李斯列傳》)

（32）誠**得知者**,一人而足矣。(《淮南子·人間訓》)

（33）毋**受魚而不免於相**,則能長自給魚。(《淮南子·道應訓》)

（34）微**君之病**,群臣固將請立趙後,今君有命,群臣願之。(《新序·節士》)

上例(28)"如果之前發生火災",例(29)"如果早一點修繕完畢",例(30)"假如我身處中原",例(31)"假使這四位國君拒絶客卿、閉門不納,疏遠外來之士而不用",例(32)"如果真的有智慧之人",例(33)"如果當時不接受魚就不會罷免宰相的職位",例(34)"如果你没生病",均是對過去已發生事件進行可能性的假設,已知不能改變結果,却依然假設事件實現的可能性,從而造成違實。此類形式依賴過去時間語義,當所指語義不指向過去時間,無法分析出違實語義。

（二）現在時間違實條件句

現在時間違實條件句共計出現 162 次。現在時間違實條件句表示此時此刻事件並未實現或現今並未達成,却假設實現,與當下情況相反,造成違實。從語用角度可分爲違背常識(理)和一般類(無特殊語用特徵)兩個類別。

1."常識(理)—現在時間"違實條件句

違背現在常識(理)的違實條件句出現頻率較低。因爲現在時間違實的分析較爲依賴語境,在表達違實語義時,需要依據上下文才可分析出現在時間語義特徵。使用情況見下表:

表 5:上古漢語"現在常識(理)"違實條件句數據統計表

序	時間	類別	詩經	左傳	孟子	莊子	荀子	史記	淮南子	鹽鐵論	新書	新序	總計
1	現在	常識/理	0	0	0	0	1	2	0	0	1	0	4

上古漢語違背現在常識(理)違實條件句出現 4 次,出現頻率較低。如:

（35）使**死者復生,生者不慚**,爲之驗。(《史記·晉本紀》)

（36）假令**天下如曩也**,淮陰侯尚王楚,黥布王淮南,彭越王梁,韓信王韓,張敖王趙,貫高爲相,盧綰王燕,陳豨在代,令六七諸公皆無恙,案其國而居。(《新書·親疏危亂》)

上例(35)"讓死去的人活過來"是與此時此刻情況相違背的假設,違背常識。例(36)"假設天下如過去一樣"是與現今情況相違背的假設,已知現在不能與往昔相同,却假設現今與過去相同,造成違實。

2."一般—現在時間"違實條件句

"現在一般違實條件句"是已知事件當下並未實現,却假設事件已經成立,與當下情況相反,造成違實,並無特殊的語用現象,此類出現頻率較高。使用情況見下表:

表 6:上古漢語"現在一般"違實條件句數據統計表

序	時間	類別	詩經	左傳	孟子	莊子	荀子	史記	淮南子	鹽鐵論	新書	新序	總計
1	現在	一般	0	17	12	21	63	24	10	5	2	4	158

上古漢語違背現在一般時間的違實條件句共出現 158 次。如:

（37）使**民不安其土**,民必憂,憂將及王,弗能久矣。(《左傳·昭公二十五年》)

（38）**禍將作**矣,吾其何得? (《左傳·襄公二十八年》)

（39）今誠**以人之性固正理平治邪**,則有惡用聖王,惡用禮義哉? (《荀子·性惡》)

（40）假**之有弟兄資財而分者**,且順情性,好利而欲得,若是,則兄弟相拂奪矣。(《荀子·性惡》)

（41）**今不果往**,意者臣有罪乎? (《淮南子·道應訓》)

（42）如**此**,則君之立於齊危矣。(《史記·仲尼弟子列傳》)

（43）令**有司可舉而行當世**,安蒸庶而寧邊境者乎? (《鹽鐵論·世務》)

上例均是與現在時間相違背的假設,假設當下並未實現的情況已實現,造成違實。例(37)"如果讓百姓不能安居在原來的土地上",例(39)"如果當下人的本性是正直沒有邪念的",例(42)"如果像這樣"均是對當下時間的違實假設,與過去和將來時間相對。而例(38)"如果禍難現在已經發生",例(40)"假如有弟兄間分財産",例(41)"現在如果不前往了",例(43)"如果讓官吏推薦並在當世實行你們的主張"均是對此時此刻時間的違實假設,與其他時間相對。其中,由虛假義動詞"假"構成的違實條件句較爲特殊,在語境中均表示與現在一般情況相違背的違實，因爲"假"的詞義較爲特殊，可賦予事件爲假的語義特徵。

（三）任指時間違實條件句

"任指時間違實條件句"指具有時間特徵，但不明確，可以指向過去、現在和將來的違實條件句。上古漢語任指時間違實條件句較爲特殊，在其他類型語言中，違實條件句的時間不能指向將來，因爲將來時間會讓句子具有實現可能性，從而形成可能條件句。但上古漢語的特殊之處在於表達違實的因素十分多樣，如動作性明顯的條件連詞"使"及"令"會讓條件偏句主觀上假設成立，造成違實；再如語氣助詞"矣"位於條件偏句末，假設任指時間的條件已經成立，但其實並未實現；再如語氣副詞"誠"及"果"會加强句子實現的語氣，從而主觀認定假設的情況已實現，其實未實現。因此，上古漢語違實條件句具有任指的時間特徵，主要依賴於不同違實因素在語境中的增强作用。

1."常識(理)—任指時間"違實條件句

此類條件偏句可以分析出任意時間特徵，因爲偏句表達的事實和人的主觀認識相反，因此，不管在何種時間狀態下都是違實的。使用情況見下表：

表 7：上古漢語"任指常識(理)"違實條件句數據統計表

序	時間	類別	詩經	左傳	孟子	莊子	荀子	史記	淮南子	鹽鐵論	新書	新序	總計
1	任指	常識/理	0	4	0	9	3	2	6	0	0	3	27

從上表中可以看出，上古漢語違背常識(理)任指時間類的違實條件句共出現 27 次。如：

（44）若**以水濟水**，誰能食之？（《左傳·昭公二十年》）
（45）**及爲無有**矣，何從至此哉？（《莊子·外篇·知北游》）
（46）若**以湯沃沸**，亂乃逾甚。（《淮南子·原道訓》）
（47）若**以慈石之能連鐵也**，而求其引瓦，則難矣。（《淮南子·覽冥訓》）

上例均是與常識相違背的假設，例（44）"用清水來給清水增加味道"，例（45）"如果能超越有無的境界"，例（46）"用熱水止沸水"，例（47）"用能够吸鐵的去吸瓦"，均是不存在的，或者難以想象的行爲，對違背常識，不理解的事件進行假設，造成違實。再如：

（48）**死者**若**有知也**，可以歆舊祀？豈憚焚之？（《左傳·定公五年》）
（49）**所使要百事者誠仁人也**，則身佚而國治。（《荀子·王霸》）
（50）今使**人生而未嘗睹芻豢稻粱也**，惟菽藿糟糠之爲睹，則以至足爲在此也。

（《荀子·榮辱》）

　　（51）若**有真宰**，而特不得其眹。（《莊子·内篇·齊物論》）

　　（52）**吾則死矣**，王必封女。（《淮南子·人間訓》）

　　（53）使**一輻獨入**，**衆輻皆弃**，豈能致千裹哉！（《淮南子·説林訓》）

　　（54）**我已亡矣**，而不知其故？（《新序·雜事》）

上例是與常理相違背的假設，如例（48）"死去的人還知道"，例（49）"所任用的總管各種事務的宰相是真正有仁德的人"，例（50）"假如人生下來後從來没有看見過牛羊豬狗等肉食和稻米穀子等細糧"，例（51）"如果有真正的主宰"，例（52）"如果我已經死了"，例（53）"如果讓一根輻條聯接車轂，其餘二十九根輻條都不用"，例（54）"我已經死去"，均是與常理相違背的假設，此類事件在人們的認知中是不能實現的，却假設成立，偏句的時間指向任指，在任意時間上此類事件都不能實現。

　　2."一般—任指時間"違實條件句

　　此類形式是上古漢語違實條件句的特殊類别，使用多種違實因素，使指向將來時間的句子表示已完成。雖然事件並未實現，但因爲添加各種違實因素，使句子表示已經完成，從而造成違實。使用情況見下表：

表8:上古漢語"任指一般"違實條件句數據統計表

序	時間	類别	詩經	左傳	孟子	莊子	荀子	史記	淮南子	鹽鐵論	新書	新序	總計
1	任指	一般	30	10	1	8	23	22	25	4	11	10	144

　　從上表中可以看出，上古漢語違背任指一般的違實條件句出現頻率較高，共出現144次。如：

　　（55）**宛其死矣**，他人是愉。（《詩經·唐風·山有嶇》）

　　（56）**爾之遠矣**，民胥然矣。（《詩經·小雅·角弓》）

　　（57）果**遇**，必敗，彘子屍之，雖免而歸，必有大咎。（《左傳·宣公十二年》）

　　（58）**誠如是也**，民歸之，由水之就下，沛然誰能禦之？（《孟子·梁惠王上》）

　　（59）**誠如此**，天下危矣。（《史記·高祖本紀》）

　　（60）爲此立一官，置一吏，以主匈奴，誠**能此者**，雖以千石居之可也。（《新書·匈奴》）

上例（55）"一朝不幸離開人世"，例（56）"如果你和兄弟太疏遠了"，例（57）"果真和敵人相遇了"，例（58）"真像這樣了"，例（59）"真能這樣了"，例（60）"真能做到這樣"均是與任指時間相違背的違實假設,例(55)(56)使用了語氣助詞"矣",例(57)~(60)使用了語氣副詞"果""誠",假設未實現的情況已經成立,違實語義明確。

　　總而言之,上古漢語違實條件句具有過去、現在和任指3種不同的時間特徵,也具有違背背景知識、違背常識(理)及一般類(無特殊語用特徵)3個不同語用分類。見下表:

表9:上古漢語違實條件句數據統計表①

序	時間	類別	詩經	左傳	孟子	莊子	荀子	史記	淮南子	鹽鐵論	新書	新序	總計
1	過去	背景	0	13	5	0	2	11	7	2	6	4	50
		常識/理	0	2	0	0	5	0	5	1	2	0	15
		一般	5	69	6	14	18	31	21	8	10	17	199
2	現在	常識/理	0	0	0	0	1	2	0	0	1	0	4
		一般	0	17	12	21	63	24	10	5	2	4	158
3	任指	常識/理	0	4	0	9	3	2	6	0	0	3	27
		一般	30	10	1	8	23	22	25	4	11	10	144
4	總計		35	115	24	52	115	92	74	20	32	38	597
5	占比(%)		8.95	4.36	5.33	6.52	12.38	2.83	4.67	3.27	6.34	6.44	5.08

　　依據上表,可以看出:

　　第一,上古漢語違實條件句時間特徵較爲明顯,且不同時期的使用頻率大致相當,約爲5.08%。可以推測,違實條件句從古至今普遍地存在於人類的思維中。

　　第二,一般類(無特殊語用特徵)的違實條件句出現頻率較高,是較爲普遍的違實形式。

　　第三,《荀子》違實條件句的出現頻率最高。因荀子擅用比喻論證、舉例論證、正反論證及對比論證等多樣的論證方法,違實條件句是較好的説理論證語言形式。

　　第四,上古漢語違實條件句具有違背將來時間語義的形式,且使用頻率較高。

　　因此,上古漢語違實條件句是特殊的,具有多樣的"時間語義—語用"特徵。下文總結共性語義特徵。

---

① 10部上古漢語文獻的字數分別爲:《詩經》3.91萬字;《左傳》26.36萬字;《孟子》4.50萬字;《莊子》7.97萬字;《荀子》9.29萬字;《史記》(前70卷)32.53萬字;《淮南子》15.86萬字;《鹽鐵論》6.11萬字;《新書》5.05萬字;《新序》5.90萬字。

四、上古漢語違實條件句語義特徵分析

命題内容反事實對違實義起到決定性作用,語境對條件句違實語義的形成具有重要作用,而各種違實因素只是增强了違實語義。偏句越虚假,越不可能發生,違實義越顯明。如:

（61）子叔孫! 若使郈在君之他竟,寡人何知焉? （《左傳·定公十年》）

（62）假令晏子而在,餘雖爲之執鞭,所忻慕焉。（《史記·管晏列傳》）

（63）大王誠能聽臣計,即歸燕之十城。（《史記·蘇秦列傳》）

上例（61）與常理相悖,是完全不能實現的事件,對其進行假設,違實語義明顯。例（62）與讀者的背景知識相悖,與過去已然發生的事實相左,也是不能實現的假設,違實義突出。例（63）與當下不能發生的語境相悖,它的虚假性是需要結合上下文語境的,不能單從偏句直接分析違實語義。因此,違實語義與命題内容的違實度密切相關,在某種程度上決定了上古漢語違實條件句成立的基礎。

第　,違實條件句具有明確的時間語義特徵。上古漢語違實條件句具有過去、現在和任指 3 個時間特徵。理論上,將來時間只能形成可能假設,假設未然之事將在某天實現,但上古漢語違實條件句因使用了違實因素“矣、使、令、誠、果”等,使條件句在主觀上認定事件在將來時間已然發生,其實未然。這樣形成的違實條件句的時間可以指向將來時間,是上古漢語違實條件句的特殊用例,如:

（64）人主有禮而境内肅矣,故其士民莫弗敬也。（《新書·道術》）

（65）誠達於性命之情,而仁義固附矣。（《淮南子·俶真訓》）

（66）夫子果肯終日正言,鞅之藥也。（《史記·商君列傳》）

（67）使俗人不得其君形者而效其容,必爲人笑。《淮南子·覽冥訓》

（68）此彈丸之地不予,令秦年來復攻於王,王得無割其内媾乎? （《新序·善謀》）

上例（64）中,語氣助詞“矣”用於句末表已然之事,當位於條件句句末,表示將來時間的事件已經完成,其實未然,形成違實條件句。例（65）（66）中,語氣副詞“誠”和“果”用於條件偏句,增强事件實現的可能性,已知未實現的事件却强調假設已實現,造成違實。例（67）（68）中,動詞性明顯的條件連詞“使”和“令”位於條件偏句句首,表示主觀上使將來未完成的事件已經完成,造成違實。上例均與將來事件相違背,句義時間指向將來,表示已然,其實未然,是上古漢語中較爲特殊的違實條件句類型。

第二,上古漢語違實條件句的語氣特徵。與一般條件句相比,違實條件句的語氣強烈。首先,在統計的上古漢語違實條件句中,使用語氣助詞的違實條件句 127 個,使用語氣副詞的違實條件句 98 個,占所有違實條件句(597 個)的 37.69%,如:

（69）誠**得清明之士**,執玄鑒於心,照物明白,不爲古今易意,攄書明指以示之,雖闔棺亦不恨矣。(《淮南子·修務訓》)

（70）**陛下誠復立六國後**,畢授印已,此君臣百姓,必戴陛下德,莫不向風慕義,願爲臣妾。(《新序·善謀》)

（71）**我知罪**矣,秦必歸君。(《左傳·僖公十五年》)

（72）**民既利**矣,孤必與焉。(《左傳·文公十三年》)

上例(69)(70)中語氣副詞 "誠" 在違實條件句中增強了句子實現的真值,因爲違實條件偏句都是不能實現的事實,需要添加一些形式強調事件的合理性,使其在語境中不那麼突兀。而例(71)(72)中語氣助詞 "矣" 假設未完成的事件已完成,從而形成違實語義,語氣也較爲強烈。其次,上古漢語違實條件句有較強的對比性。對比性是條件句的固有特徵,但是違實條件句表現尤爲明顯,常爲兩種情況的對比。

（73）寡君未知其罪,合諸侯而執其老。若**猶有罪**,死命可也。(《左傳·昭公十三年》)

（74）特患力弗能救,德弗能覆;**誠能**,何故弃之? (《史記·東越列傳》)

上例(73)是 "有罪和無罪" 的對比;例(74)是 "能與不能" 的對比,這種對比性促使句子語氣更爲強烈。

第三,上古漢語違實條件句含有説話者强烈的主觀情緒。可分爲兩種用法:一種用於强調事件發生的原因和條件的重要性。如:

（75）微**虞卿**,趙以亡矣。(《新序·善謀》)

（76）使**臣蚤言**,皆已誅,安得至今? (《史記·秦始皇本紀》)

上例中 "虞姬" 和 "臣蚤言" 是事件發生的條件和原因,違實條件句可以强調事件發生條件的唯一性和重要性。另一種可以表達説話人强烈的主觀情緒,如慶倖、期盼、遺憾等。如:

（77）此人親驚吾馬,吾馬賴柔和,**令他馬**,固不敗傷我乎? (《史記·張釋之馮唐列傳》)

（78）如**智者若禹之行水也**，則無惡於智矣。（《孟子·離婁下》）

（79）孔子曰："夫召我者豈徒哉？ 如**用我**，其爲東周乎！"（《史記·孔子世家》）

上例（77）帶有説話人慶幸的心情，例（78）表達説話人期盼的心情，例（79）帶有説話人遺憾的情緒。這是因爲違實條件句不用於陳述客觀事實，主要用於對不可能實現事件的假設，實現可能性爲零。當違實關係較多地基於客觀邏輯時，句子的主觀性極爲明顯。在句中並没有傳遞新信息的功能，句子的焦點信息主要在主句中。違實句的偏句和主句可認定爲偏正關係，這種修飾性的語言更多地用於傳遞説話人的主觀態度。

總的來説，上古漢語違實條件句的成立由命題的虚假性決定，而語義及語境又附着於命題之上，決定了違實義的成立。上古漢語違實條件句具有多種語義特徵。第一，時間語義較爲顯明，具有過去、現在和任指3個時間特徵。第二，語氣特徵突出，多添加語氣副詞和語氣助詞表達强烈語氣，且語境中存在較爲突出的對比特徵。第三，表達説話人的主觀態度，用於强調事件的原因和條件的唯一性，流露出説話者多樣的情緒。

五、結　語

上古漢語違實條件句是較爲特殊的條件句類別。違實條件句較一般條件句，需要更多注記時體的形式來明確事件的語義關係，從而表達違實語義。而上古漢語缺少時體標記，采用更加複雜多樣的違實因素來注記違實條件語義，從而使違實語義呈現出多樣性的特徵。

首先，在違實條件句的研究歷程中，時間語義和語用特徵是違實條件句分類研究的主要依據，但二者分屬於不同的平面，並不能從根本上厘清違實條件句的各類形式。時間語義普遍地存在於各類違實條件句中，因而，在分析上古漢語違實條件句時，應先從時間語義角度進行分類，再從語用角度進行細分，從而保證研究對象的明晰性。

其次，上古漢語違實條件句的時間語義可劃分爲3個類别：過去時間、現在時間和任指時間（指向過去、現在和將來）。在語用角度再分爲3類：違背背景知識類、違背常識（理）類、違背一般類（無明確語用特徵）。其中，在時間層面上，違背過去時間類使用頻率最高，出現264次；在語用層面上，違背一般類的使用頻率最高，出現401次。

過去時間、現在時間違實條件句是語言的普遍共性，因爲對過去已然發生或當下已發生事件進行假設，是違背認知的，最易造成違實。而上古漢語任指時間違實條件句的時間可指向將來時間，較爲與衆不同，因爲將來時表示未完成，存在事件發生可能性，只能用於可能假設，不能用於違實假設。而將來時違實假設成立在於，上古漢語各類違實因素使用頻繁,違實因素"矣、使、令、誠、果"等,使條件句句義在主觀上認定在將來時間已然發生,其實未然。這樣形成的違實條件句的時間可以指向將來,是上古漢語不同於其他時期違實條件句的特殊用例。

而在語用層面劃分出的類別中,有語用特徵(違背背景知識、違背常識/理)的共出現 96 次,占總量的 16.08%。比王春輝(2016 年)統計現代漢語語用類違實條件句(10.3%)高出 5.78%,可見,上古漢語語用違實條件句使用頻率較高。

再次,上古漢語違實條件句具有多種語義特徵。第一,時間語義較爲顯明;第二,語氣特徵突出;第三,表達説話人豐富的主觀態度和情緒等。

最後,上古漢語違實條件句是有待深入挖掘的研究對象。偏句和主句的關係、語境的作用、語體的影響等等多理論、角度考察上古漢語違實條件句均是亟待開展的工作。

參考文獻

陳國華 《英漢假設條件句比較》,《外語教學與研究》1988 年第 1 期

濟　寬 《"否則"型轉折複句與"邢氏困惑"》,《文獻語言學》2019 年第 2 期

蔣　嚴 《漢語條件句的違實解釋》,《語法研究與探索》,商務印書館 2000 年

李晉霞 《反事實"如果"句》,《語文研究》2010 年第 1 期

────《"要不是"違實句探析》,《勵耘語言學刊》2018 年第 2 期

王春輝 《"假設等級"與漢語條件句》,《漢語學習》2010 年第 4 期

────《漢語條件句違實義的可及因素──一套複合系統》,《漢語學習》2016 年第 1 期

王宇嬰、蔣嚴 《漢語違實語義的構成因素》,《走近形式語用學》,上海教育出版社 2011 年

邢福義 《現代漢語》,高等教育出版社 1986 年

徐陽春 《現代漢語複句句式研究》,中國社會科學出版社 2002 年

徐正考、張歡 《古漢語條件句前件"VP"及"VP 者"相關結構邏輯語義分析──以東漢銅鏡銘文爲例》,《漢語史研究集刊》第 26 輯,巴蜀書社 2019 年

楊伯峻 《文言語法》,北京出版社 1956 年

雍　茜 《違實條件句的類型學研究》,《外國語》2014 年第 3 期

────《違實句的形態類型及漢語違實句》,《外國語》2015 年第 1 期

────《違實標記與違實義的生成──基於大規模語種庫的類型學研究》,《外語教學與研究》2017 年第 2 期

袁毓林 《漢語違實表達及其思維特點》,《中國社會科學》2015 年第 8 期

曾慶福 《論反事實條件句的語用性質》,《中州學刊》2008 年第 6 期

張歡、徐正考 《上古漢語違實條件句違實因素及句法論析》,《語言研究》2022 年第 2 期

周思敏、張紹傑 《漢語違實條件句研究歷時考察及方法論反思》,《社會科學戰綫》2019 年第 12 期

Akatsuka, Noriko "Conditionals and the Epistemic Scale." *Language*, No.2. 1985

Bloom, A.H. *The Linguistic Shaping of Thought: A Study in the Impact of Language on Thinking in China and the West,* Lawrence Erlbaum Associates. 1981

Comrie, B. *Conditionals: A Typology,* In Traugott, Elizabeth Closs. *On Conditionals.* Cambridge University. 1986

文獻語言學(17):85～124,2024

文獻處理與詞典編纂及修訂(續)①

董志翹

(北京語言大學文學院,北京,100083)

提　要:詞典編纂及修訂,依靠的主要材料是各類文獻。如果對各類文獻資料處理不當(包括收集、鑒定、選擇、整理、識讀、提煉、應用),即會嚴重影響詞典的品質,甚至會造成硬傷。本文就《漢語大詞典》(第二版)修訂中遇到的涉及文獻處理的問題,分類舉例談談自己的想法。

關鍵詞:文獻;處理;詞典;編纂;修訂

　　《漢語大詞典》這類"古今兼收,源流並重"的大型語文工具書的編纂與修訂,都直接涉及歷代文獻的收集、鑒定、選擇、整理、識讀、提煉、應用等各方面的問題。比如"詞目"的確立,就是通過對文獻的調查,根據"成詞、不成詞"的標準加以選擇認定;"義項"即是根據詞在文獻中體現出來的不同義類加以歸納提煉而分列;"釋義"更是離不開對文獻中具體語境義的抽象概括;"書證"則直接選取自文獻,用以證明立目、義項、釋義的可靠性、科學性。因此,文獻是詞典編纂與修訂的最重要的基本材料。要編纂或修訂好各類詞典,首先必須在文獻的收集、鑒定、選擇、整理、識讀、應用上狠下功夫。現就本人擔任《漢語大詞典》(第二版)分册主編的修訂實踐中遇到的一些具體問題,談談對"文獻處理與詞典編纂及修訂"的想法。

一、詞條當删除

　　【杜陵傑】指唐杜甫。宋蘇軾《次韻張安道讀杜詩》:"誰知杜陵傑,名與謫仙高。"

　　二版長樣(按:指修訂第二版長條小樣)同一版,未作修改。

　　按:"杜陵傑"並非一詞。從此句上下文看,"誰知杜陵傑"之"傑"是與"名與謫仙

---

① 本文爲國家社科基金重點項目"中古漢語虛詞研究及中古漢語虛詞詞典編撰"(18AYY020)階段性成果。前撰有《文獻處理與詞典編纂及修訂》一文,刊於《辭書研究》2021年第3期。本文爲其續篇。

高”之“高”相對。“杜陵傑”乃“杜陵之傑”義，言“誰知杜陵（即杜甫）之傑出，其名聲當與謫仙（李白）一樣高”。故“杜陵”才是“指唐杜甫”，此義已見【杜陵】條“③指唐杜甫”，故【杜陵傑】條當刪除。

【木僕】傳說中的動物。唐段成式《酉陽雜俎·境異》：“木僕，尾若龜，長數寸，居木上，食人。”

二版長樣同第一版，未作修改。

按：《通典》卷一八七：“尾濮，漢魏以後在興古郡（今雲南郡地）西南千五百里徼外，其人有尾，長三四寸……按木濮即尾濮也。”又《太平廣記》卷四八一“繳濮國”條（出《廣州記》）：“永昌郡西南一千五百里，有繳濮國。其人有尾，欲坐，輒先穿地作穴，以安其尾。若邂逅誤折其尾，即死也。”據此，“木僕”即“木濮”，亦即“尾濮”，乃我國雲南一帶的古族名，因爲尚待考證，故“木僕”條宜刪，否則有污蔑少數民族之嫌。

二、詞條當合併

【朱曦】即朱羲。唐李白《登黃山凌歊臺送族弟赴華陰》詩：“炎赫五月中，朱曦爍河堤。”明馮夢龍《智囊補·明智序》：“今夫燭腹極照，不過半磚，朱曦霄駕，洞徹八海。”清陳維崧《風流子·董樗亭來始見錢菉敏寄我新詞》詞：“念別我西園，朱曦翕然。”參見“朱羲”。

【朱羲】太陽。古代稱日爲朱明，而羲和爲日御，合而爲“朱羲”。《文選·郭璞〈遊仙詩〉之七》：“蓐收清西陸，朱羲將由白。”李善注：“朱羲，日也。”

【朱曦】月亮。宋沈遘《次和沖卿中秋不見月》：“木葉飄飄客心悲，浮雲更起蔽朱曦。”

一版只有【朱曦】【朱羲】條，而二版長樣新增【朱曦】條。

按：其實，【朱曦】條當併入【朱曦】條。“曦”乃“曦”之俗字。《龍龕手鑒·月部》：“曦，俗。許宜反。正作曦，日光也。”【朱曦】“月亮”乃望文生訓。且《四庫全書》本宋沈遘《西溪集》卷三、《御選宋詩》卷四七、《沈氏三先生文集》卷第三均錄爲《次韻和沖卿中秋不見月》詩：“木葉飄飄客正悲，浮雲更起蔽朱曦。分無好月臨清夜，且共芳樽樂盛時。密户那憂風蕩燭，重簾寧怯露侵肌。金壺漏盡玉山倒，天外晴陰誰復知。”從前後文看“木葉飄飄客正悲，浮雲更起蔽朱曦”是寫的白天情景，言落葉紛紛客心正悲，浮雲又起遮蔽了日光。後面“分無好月臨清夜，且共芳樽樂盛時”乃預測之言，正因爲“白天浮雲就遮蔽了日光”所以“料到（分）不會有明月臨清夜,那就暫且舉起酒杯共慶盛時”然後才是寫的夜飲之情景。

故此兩條當合併爲:

【朱曦】太陽;日光。唐李白《登黄山凌歊臺送族弟赴華陰》詩:“炎赫五月中,朱曦爍河堤。”明馮夢龍《智囊補·明智序》:“今夫燭腹極照,不過半磚,朱曦霄駕,洞徹八海。”清陳維崧《風流子·董樗亭來始見錢蕁籔寄我新詞》詞:“念別我西園,朱曦翕然。”又“曦”俗作“曑”。宋沈遘《次韻和冲卿中秋不見月》詩:“木葉飄飄客正悲,浮雲更起蔽朱曑。分無好月臨清夜,且共芳樽樂盛時。”參見“朱羲”。

【朵哆】謂咀嚼。清方薰《山靜居詩話》:“上古食氣壽且神,滋味漸開爭朵哆。”

【朵頤】亦作“朶頤”。①鼓腮嚼食。《易·頤》:“初九舍爾靈龜,觀我朵頤,凶。”唐柳宗元《遊南亭夜還敘志七十韻》:“朵頤進芰實,擢手持蟹螯。”理由《高山與平原》:“嬌嫩盤中珍,聊供朵頤快。”②指突鼓的腮頰。唐賈島《頌德上賈常侍》詩:“自顧此身無所立,恭談祖德朵頤開。”宋黄庭堅《和曹子方雜言》:“朵頤論詩蝟毛張,龜藏六甲中有光。”……③喻嚮往,羨饞。唐陳子昂《唐故朝議大夫梓州長史楊府君碑》:“於是觀寶龜之象,心滅朵頤;探金虎之爻,志存幽履,遂去家遁於嵩山。”明沈德符《野獲編·吏部·舉吏部》:“辛丑年,浙江吏部缺出,朵頤者凡數人。”

二版長樣同一版,未作修改。

按:“哆”乃“頤”之俗寫。從“多”聲字音yí者甚多。如移、桋、廖、誃等。故【朵頤】【朵哆】條當合而爲一。作:

【朵頤】亦作“朶頤”“朵哆（“哆”爲“頤”之俗寫）”。①鼓腮嚼食。《易·頤》:“初九舍爾靈龜,觀我朵頤,凶。”唐柳宗元《遊南亭夜還敘志七十韻》:“朵頤進芰實,擢手持蟹螯。”理由《高山與平原》:“嬌嫩盤中珍,聊供朵頤快。”清方薰《山靜居詩話》:“上古食氣壽且神,滋味漸開爭朵哆。②指突鼓的腮頰。……。③喻嚮往,羨饞。……。

【束葦】捆葦杆爲火把。《後漢書·皇甫嵩傳》:“其夕遂大風,嵩乃約勑軍士,皆束葦乘城。”李賢注:“《説文》云:‘束葦燒之。’”清王晫《今世説·豪爽》:“〔王阮亭〕始抵燕子磯……從者顧視色動,王徑呼束葦以往,題數詩於石壁,從容屣步而還。”

【束炬】①爇火把。亦指舉火把。宋劉克莊《戴秀巖》詩:“外狹中乃寬,始聞俄忽明。縶腰尚恐墮,束炬方可行。”②猶言一把火。清吕留良《〈賴古堂集〉序》:“先子於喪亂顛躓之後,舉平生所作,畀之束炬。”

二版長樣同一版,未作修改。

按:《説文》艸部:“苣,束葦燒也。”段玉裁注:“《後漢書·皇甫嵩傳》‘束苣乘城’,俗作炬。以此爲苣蘏蒿苣字。”《集韻》語韻:“苣、炬、筶:《説文》‘束葦燒’,或從火從竹。”可見“火炬”之“炬”本作“苣”,炬、筶乃異體字(或俗字)。

故【束苣】【束炬】兩條當合二爲一。當改爲:

【束苣】字亦作“束炬”。①本指束蘆葦爲火把。後泛指縶火把,亦指舉火把。《後漢書·皇甫嵩傳》:“其夕遂大風,嵩乃約勅軍士,皆束苣乘城。”李賢注:“《説文》云:‘束葦燒之。’”劉宋傅亮《光世音應驗記·竺長舒》:“其後天甚旱燥,風起亦駛。少年輩密共束炬擲其屋上。三擲三滅,乃大驚懼,各走還家。”宋劉克莊《戴秀岩》詩:“外狹中乃寬,始闇俄忽明。縻腰尚恐墮,束炬方可行。”清王晫《今世説·豪爽》:“〔王阮亭〕始抵燕子磯……從者顧視色動,王徑呼束苣以往,題數詩於石壁,從容屣步而還。”②猶言一把火。清吕留良《〈賴古堂集〉序》:“先子於喪亂顛躓之後,舉平生所作,畀之束炬。”

三、詞條當補充

【木石】①樹木和山石。《孟子·盡心上》:“舜之居深山之中,與木石居,與鹿豕遊。”唐杜甫《水會渡》詩:“霜濃木石滑,風急手足寒。”明魏學洢《核舟記》:“明有奇巧人曰王叔遠,能以徑寸之木,爲宫室、器皿、人物以至鳥獸、木石,罔不因勢象形,各具情態。”②指木頭與石頭。《三國志·魏志·劉馥傳》:“又高爲城壘,多積木石……爲戰守備。”《紅樓夢》第十六回:“其山樹木石雖不敷用,賈赦住的乃是榮府舊園,其中竹樹山石以及亭榭欄杆等物,皆可挪就前來。”③比喻無知覺、無感情之物。漢司馬遷《報任少卿書》:“身非木石,獨與法吏爲伍,深幽囹圄之中,誰可告愬者?”南朝宋鮑照《擬行路難》詩之四:“心非木石豈無感,吞聲躑躅不敢言。”《周書·文帝紀上》:“縱使木石爲心,猶當知感;況在生靈,安能無愧!”《二刻拍案驚奇》卷三一:“王世名身穿囚服,一見兩大尹即稱謝道:‘多蒙兩位大人曲欲全世名一命,世名心非木石,豈不知感恩。’”魯迅《集外集拾遺·兩封通信(復魏孟克)》:“我不是木石,倘有人給我一拳,我有時也會還他一腳的。”④指刑具。《晉書·王坦之傳》:“時卒士韓悵逃亡歸首,云‘失牛故叛’,有司劾悵偷牛,考掠服罪。坦之以爲悵束身自歸,而法外加罪,慚怠失牛,事或可恕,加之木石,理有自誣,宜附罪疑從輕之例,遂以見原。”⑤指山水畫。宋陸遊《遊昭牛圖》詩:“遊昭木石師李唐,畫牛乃自其所長。”⑥指宫室等建築工程。唐劉肅《大唐新語·極諫》:“〔徐充容〕諫曰:‘玉華(太宗所造玉華宫)創制……終以茅茨示約,猶興木石之疲,假使和雇取人,豈無煩擾之弊?’”《元史·武宗紀一》:“以中都行宫成，賞官吏有勞者……死於木石及病没者，給鈔有差。"⑦枳椇子的别名。晉崔豹《古今注·草木》："枳椇子，一名樹蜜，一名木錫，實形拳曲，花在實外，味甜美如錫蜜，一名白石，一名白實，一名木石，一名木實。一名枳椇。"

【木石心腸】形容人心腸硬，不爲情感所動。清洪棟園《後南柯·辭職》："雖木石心腸，亦爲之動。"

二版長樣同第一版，未作修改。

按：【木石】【木石心腸】之間，當加一條：

【木石心】形容内心强硬，不爲所動。北涼曇無讖譯《佛所行贊》卷1："老病死熾然，決定至無疑，猶不知憂慼，真爲木石心。"隋知顗説《四念處》卷1："心念處者，若依麁細，應先法念處。今依説便明心念處，心者心王異乎木石心。"元柳貫《李老谷聞子規》詩："苟非木石心，豈免腸内煎。"

因爲"木石心"出現較早，而"木石心腸"到明代才出現。如明法藏説《三峰藏和尚語録》卷13："在所遊方，勿妄宣傳。正誠爲師，莫輕付授，莫輕放人，務在定無轉展，方許住山養道去。死心就接者，只具木石心腸，惟切求道而已。"所以【木石心腸】條的首證也當提前。

另，【木石】條下：⑦枳椇子的别名。晉崔豹《古今注·草木》："枳椇子，一名樹蜜，一名木錫，實形拳曲，花在實外，味甜美如錫蜜，一名白石，一名白實，一名木石，一名木實。一名枳椇。"按：晉崔豹《古今注·草木》"花在實外"，《太平御覽》卷九七四引崔豹《古今注》作"核在實外"（即似核桃類堅果），似是。另《陸氏詩疏廣要》《六家詩名物疏》《詩傳名物集覽》《埤雅》《爾雅翼》等書引崔豹《古今注》均作"核在實外"，當據正。

【朽骨重肉】比喻已經腐朽的東西得到了新生。宋蘇轍《謝復官表》之一："時雨既至，靡物不蒙，遂使死灰再然，朽骨重肉。"

二版長樣同一版，未作修改。

按："朽骨重肉"一詞出現較後，且目前僅見宋蘇轍一條孤證。而同義詞條"朽骨再肉"出現較早，且用例甚多。故當增列"朽骨再肉"詞條，且作爲主條，而"朽骨重肉"可作爲參見條。

【朽骨再肉】比喻已經腐朽的東西得到了新生。《新唐書·叛臣傳上·僕固懷恩》："游魂反幹，朽骨再肉。"宋孫覿《與宰執書》："朽骨再肉，溺灰復然，覆載之下，無一夫不被其澤矣。"宋曹勳《進後十事劄子》："當時復蒙引對便殿，玉音褒賁，朽骨再肉。"見"朽骨重肉"。

四、義項當增補

【木位】指供祭祀的木牌位。清周亮工《與王隆吉書》："邗祠在城内者,爲豪右占爲歌吹地;城外者,僅一木位耳。"

二版長樣同第一版,未作修改。

按:該條應增一義項,即"謂五行説中木德的方位,即東方"。建議改爲:

【木位】①謂五行説中木德的方位,即東方。《梁書·阮孝緒傳》："孝緒曰:'青溪皇家舊宅,齊爲木行,東者木位。今東門自壞,木其衰矣。'"宋秦觀《淮海集·十二經相合義説》："蓋木位,東方,則陽之中也;金位,西方,則陰之中也;土位,中央,則陰陽之中也;水位,北方,則陰之正也;火位,南方,則陽之正也。"②指供祭祀的木牌位。《明世宗實録》卷二七一:"陵殿時未有木位,設几筵以祭。至是將舉春祭,議製木位。"清梁溪司香舊尉《海上塵天影》四五回:"惟玫瑰花宫生像前設著一具神主,粉紅地黑字,寫著'玫瑰花宫仙子雲倚虹女史神位'十三個字。其餘均無神主木位。"清周亮工《與王隆吉書》："邗祠在城内者,爲豪右占爲歌吹地;城外者,僅一木位耳。"

【木作】木匠工作處,木工作坊。周立波《蓋滿爹》："在鄉政府的享堂裏,他擺開一個臨時的木作,噼裏啪拉,一連忙三天,把幾個房間的門窗和板壁全部修好了。"王世襄《錦灰堆·蕭山朱氏舊藏珍貴傢俱紀略》："養心殿造辦處木作曾於雍正年奉旨製作疊落紫檀木器,見内務府檔案。"

二版長樣同第一版,未作修改。

按:應增加義項:①木工、木匠。《韓湘子全傳》第二十一回:"料這一老道人也拆不得這般乾淨,畢竟還有幾個木作來幫他。"《雙玉環》第四回:"寄跡姑蘇吳縣,習成木作生業。"將原義項①改爲義項②。

【木册】指成册的印板。清吳偉業《汲古閣歌》："已壞書囊縛作袴,復驚木册摧爲薪。"

二版長樣同第一版,未作修改。

按:此條有兩處需修改:一、釋義"指成册的印板"當改爲"指成册的印板、木牘"。如清閻若璩《古文尚書冤詞》卷三:"又況寫經用竹簡木册,未易傳遠。"可證。二、還應增加一個義項:②指木栅欄。故當改爲:

【木册】①指成册的印板、木牘。清吳偉業《汲古閣歌》："已壞書囊縛作袴,復驚木册摧爲薪。"清閻若璩《古文尚書冤詞》卷三："又況寫經用竹簡木册,未易傳遠。"②指木柵欄。明陸雲龍等《遼海丹忠錄》第二一回："你統軍馬五百,只將頭關木册盡行拆去,以便退軍。"

【木室】指木製的神龕。宋龔鼎臣《東原錄》："邵亢學士家,作三代木主,大約依古制而規模小也,仍各用一小木室安木主,作一靜室置之。"

二版長樣同第一版,未作修改

按:"木室"當另立義項"木屋"。當改爲:

【木室】①周禮明堂五室之一,指東邊之室。《三禮圖》："明堂者,周禮五室:東爲木室,南火,西金,北水,土在其中。"《隋書·牛弘傳》："總享之時,五帝各於其室。設青帝之位,須於木室之内。"②木屋。《册府元龜·工巧》："區紙,衡陽人,甚有巧思。造木室,作一婦人居中。人扣其户,婦人開户出,當户再拜,還内户内。"亦指木製的神龕。宋龔鼎臣《東原錄》："邵亢學士家,作三代木主,大約依古制而規模小也,仍各用一小木室安木主,作一靜室置之。"

【木栓】軟木的通稱。植物莖和根長粗後體表的保護組織。由輻射排列的許多扁平細胞組成。木栓質地輕,不透水,富有彈性,且爲電、熱、聲的不良導體。工業上用以製瓶塞、救生圈、隔音板、絶緣材料等。主要取自於栓皮櫟,因這類植物樹幹上木栓特别發達。

二版長樣同第一版,未作修改。

按:"木栓"還有一常用義,必須補上。故當改爲:

【木栓】①木柱、木條、木棍。明馮夢龍《警世通言》卷十九："衙内恰待上那山去,抬起頭來,見山腳下立着兩條木栓,柱上釘着一面版牌,牌上寫着幾句言語。"清藍鼎元《藍公案》第十四則："當場鞫訊,則李振川自認失銀疑竊情由,及以折床木栓,擊其額角一傷。"②軟木的通稱。……

【木閣】即棧道。又稱棧閣、閣道。《戰國策·齊策六》："故爲棧道木閣,而迎王與后於城陽山中,王乃得反,子臨百姓。"南朝陳徐陵《爲貞陽侯與太尉王僧辯書》："雖復棧道木閣,田單之奉舊齊,縮璽將兵,周勃之扶隆漢……非貔非虎之封,同心同德之勞,校彼功庸,曾何髣髴。"

二版長樣同第一版,未作修改。

按:此條當增一義項"②木結構的層閣、閣樓"。當改爲:

【木閣】①即棧道。又稱棧閣、閣道。……②木結構的層閣、閣樓。如《金史·曆志下》:"以上五輪並貫於一軸,上以天束束之,下以鐵杵臼承之,前以木閣五層蔽之,稍增異其舊制矣。"清徐葆光《中山傳信録》卷二:"先設木閣於埠上,結彩數重,氈席四周。王揖客,坐定。"

【木鵰】鵰鷹的一種。宋吳曾《能改齋漫録·方物》:"鵰有數種,俊而大者,俗謂之木鵰,可以捕烏鵲。"

二版長樣同第一版,未作修改。

按:此條當增一義項:②木製的鵰鷹。故當改爲:

【木鵰】①鵰鷹的一種。宋吳曾《能改齋漫録·方物》:"鵰有數種,俊而大者,俗謂之木鵰,可以捕烏鵲。"元劉崧《莫君寫鷹圖》詩:"皂鵰最大木鵰小,老鶻兩翅森開張。角鷹戴角下寥廓,海風颯颯天飛霜。"②木製的鵰鷹。明智旭《山居百八偈》:"狡狐能惑虎,木鵰難怖禽。可欺不可罔,神全乃莫侵。"明真哲説《古雪哲禪師語録》卷4:"師云:'榑桑人種陜西田,如何是第一要?'師云:'遼空飛木鵰,如何是第二要?'"

【未入流】明清稱官階不到從九品的職官。《明史·職官志一》:"凡文官之品九,品有正、從,爲級一十八。不及九品曰未入流。"《三元里人民抗英鬥爭史料·靖逆將軍奕會辦廣東軍務摺檔》:"以上九名,均請以未入流歸部,不論雙單月,遇缺即選。"《二十年目睹之怪現狀》第二四回:"我屈着指頭算道:'降級是降正不降從的,降一級便是八品,兩級九品,三級未入流,四級就是個平民。'"亦省作"未入"。《二十年目睹之怪現狀》第七一回:"原來這河泊所是廣東獨有的官,雖是個從九、未入,他那進款可了不得。"參閲明王三聘《古今事物考·爵禄》。

二版長樣同第一版,未作修改。

按:此條缺一重要義項,關於"入流"一詞,原起於佛家,劉宋求那跋陀羅譯《雜阿含經》卷30:"入流者成就四法:謂於佛不壞淨、於法不壞淨、於僧不壞淨、聖戒成就。"後秦鳩摩羅什譯《金剛般若波羅蜜經》卷1:"須陀洹名爲入流,而無所入。"佛家將修行分爲四個階段(四個果位:指所得之四種證果。其階段依次爲預流果、一來果、不還果、阿羅漢果),所以後來佛家稱修行尚未進入初階者爲"未入流"。故當增"②佛家指修行尚未進入初階"一個義項。當改爲:

【未入流】①佛家指修行尚未進入初階。明一松説、靈述記《楞嚴經秘録》卷8:"起一心三觀，修耳根圓通。當未入流已前，但可謂之似方便。若得一入流已，便可謂之真方便。”明智闇説、成巒等編《雪關禪師語録》卷4：“謂從師得聞音教，然後思修證入，則未入流前聞中兼所入流之後獨有根存，故云亡所也”清真衍説、機如編《蘇州竹庵衍禪師語録》卷2：“莫輕異類餕爐遊，彼此天真未入流。險處解囊能續命，水晶簾子控銀鈎。”②明清稱官階不到從九品的職官。……

【未平】①未必妥當。《三國志·吴志·顧雍傳》“顧君不言，言必有中”裴松之注引晉虞溥《江表傳》：“權曰：‘顧公歡悦，是事合宜也；其不言者，是事未平也，孤當重思之。’”②沒有平息。清曾國藩《丁卯四月求降雨澤告辭》：“曾水患之未平，又旱災之相逼。”又《國士橋》詩：“至今平楚風猶勁，終古寒流意未平。”《人民日報》（海外版）2010.9.11：“兩周前轟動世界的中國香港遊客在菲遇害慘案陰雲尚未散去，這廂地區性恐怖組織又再掀風浪，真可謂一波未平一波又起。”

一版義項“②沒有平息”下未出書證，僅云“如：一波未平，一波又起。”二版長樣在一版基礎上，增清曾國藩及《人民日報》（海外版）書證。

按：義項②雖然補充了書證，但時代太嫌滯後。“未平”之“沒有平息、平定”義當見於漢代，此後歷代習見。如《漢書·魏相傳》：“西羌未平，師旅在外，兵革相乘，臣竊寒心。”《東觀漢紀》卷十四：“時隴蜀未平，上嘗欲近出，剛諫上不聽，剛以頭軔乘輿車輪，馬不得前。”《晉書·食貨志》：“是時江南未平，朝廷厲精於稼穡。”《舊唐書·崔涣傳》：“肅宗曰：‘聖君在遠，寇逆未平，宜罷壇場。’”等等不一而足，不當滯後至清代。

另外，還應增一義項“③指疾病沒有平復，痊癒”。如東漢荀悦《前漢紀·高后紀》：“且夫疾病有治而未瘳，瘳而未平，平而未復。教化之道有教而未行，行而未成，成而有敗。”唐孫思邈《千金要方》卷四：“新產後瘀血不消，服諸湯利血後餘疢未平，宜服之取平復方。”宋陸遊《病中夜興》詩：“病瘧秋來久未平，草堂遥夜不勝清。”

【未齒】指未成年。宋葉適《朝奉大夫致仕黄公墓志銘》：“公累封朝奉大夫……曾孫男七，女一，皆未齒也。”

二版長樣同第一版，未作修改。

按：此條當增一義項“①未能與同列，未能等同”，而義項“②指未成年”的首證也應大大提前。故此條當改爲：

【未齒】①未能與同列，未能等同。晉陸機《辯亡論》：“雖醲化懿綱，未齒乎上代，抑其體國經邦之具，亦足以爲政矣。”《宋書·荀伯子傳》：“臣以微弱，未齒人倫，加始勉視息，封爵兼嗣。伏願陛下遠録舊勳，特垂矜察。”《梁書·裴子野傳》：“昔孔愉表韓續之才，庾亮薦翟湯之德,臣雖未齒二臣,協實無慚兩士。"②指未成年。《三國志·吳書·虞翻傳》裴松之注引《會稽典録》:"世之取士,曾不招未齒於丘園,索良才於總猥。所譽依已成,所毀依已敗,此吾所以歎息也。"宋葉適《朝奉大夫致仕黄公墓志銘》:"公累封朝奉大夫……曾孫男七,女一,皆未齒也。"清何孟春《餘冬序録》卷六《外篇》:"坐上老人,指在坐,謂春曰:'汝未齒,從父京師,成童而始歸。此其會,汝宜識吾與某,栗木山子孫也。'"

【末位】卑微的職位。三國魏曹植《又贈丁儀王粲》詩:"君子在末位,不能歌德聲。"南朝齊謝朓《酬德賦》:"釋末位以言歸,忽乘駟以南赴。"

二版長樣同第一版,未作修改。

按:此條漏失義項。當增"②末座",改爲:

【末位】①卑微的職位。三國魏曹植《又贈丁儀王粲》詩:"君子在末位,不能歌德聲。"南朝齊謝朓《酬德賦》:"釋末位以言歸,忽乘駟以南赴。"唐柳宗元《答貢士元公瑾論仕進書》:"退乃俔俔於下列,呫呫於末位。偃仰驕矜,道人短長,不亦冒先聖之誅乎?"②末座。梁蕭綱《與廣信侯書》:"王每憶華林勝集,亦叨末位,終朝竟夜,沐浴妙言。"明馮夢龍《醒世恒言·灌園叟晚逢仙女》:"遜入堂中,侍女將卓椅已是安排停當。請十八姨居於上席,衆女挨次而會,玄微末位相陪。"

【末類】低等物類。指人類以外的其他物類。《舊唐書·李乂傳》:"伏以聖慈含育,恩周動植,布天地之大德,及鱗介之微品。雖雲雨之私,有霑於末類,而生成之惠,未洽於平人。"

二版長樣同第一版,未作修改。

按:當增一義項:②居下層的人。宋張方平《芻蕘論·禮樂論·雅樂》:"臣伏見太常樂工,率皆市井閭閻,屠販末類。猥惡污濁,雜居里巷。"清李文炤《勤論》:"而其子弟,或入胥吏之群,或附商旅之隊,或列衿紳之末類,無不羞向者之爲鄙陋。"

【末科】謂科舉考試及第的最下等。《宋史·選舉志三》:"神宗朝,始立教養、選舉宗子之法。保義至秉義,鎖試則與京秩,在末科則升甲,取應不過量試注官,所以寵異同姓,不與寒畯等也。"郁達夫《追懷洪雪帆先生》:"當時有幾個湖北的學棍,同幾位在大學裏教《東萊博議》《唐詩三百首》的本地末科秀才,結合在一道,日日在尋仇想法。"

二版長樣只是在一版基礎上增郁達夫《追懷洪雪帆先生》一例。

按:《宋史》修於元朝末年,故首證可用宋李燾《續資治通鑑長編·宋仁宗天聖四年》:

“時都官郎中熊同文請老，自言更不願分司、監當，止乞録二子各末科出身。”另外還當增加一個義項：②一個朝代最後一次科考。張傑鑫《三劍俠》第六回：“此山寨主乃是大明朝末科的武狀元。”清徐凌霄、徐一士《凌霄一士隨筆·文苑·譚延闓應舉之文》：“甲辰爲清代末科會試，自隋唐以來科舉制度，至此而歷數告終。”

【末屑】碎末，碎屑。魯迅《故事新編·理水》：“於是他勇猛的站了起來……用吃剩的麵包末屑和水研成漿，調了炭粉，在樹身上用很小的蝌蚪文寫上抹殺阿禹的考據。”周作人《看雲隨筆·金魚》：“因此可見金魚的眼睛是一種殘疾……就是平常也一定近視的了不得，要吃饅頭末屑也不大方便吧罷。”

二版長樣在一版基礎上，僅增一周作人《看雲隨筆·金魚》書證。

按：書證均用現代例，時代太滯後。“末屑”一詞，晉代已見。另外，還應增“亦指瑣碎、不重要。”一義項。故當改爲：

【末屑】①碎末，碎屑。東晉佛陀跋陀羅共法顯譯《摩訶僧祇律》卷4：“屑藥殺者，若比丘欲殺人故，作末屑藥時作是念‘持是藥當殺彼人’者，得越比尼罪。”近代亦常見，明朱橚《普濟方·時氣門·治時疾疫》：“用馬蹄末屑二兩，絳囊帶之，男左女右。”魯迅《故事新編·理水》：“於是他勇猛的站了起來……用吃剩的麵包末屑和水研成漿，調了炭粉，在樹身上用很小的蝌蚪文寫上抹殺阿禹的考據。”②亦指瑣碎、不重要。元李存《上陳先生書》：“而後知子之學，所事舉末屑也。子之蔽亦甚矣！”明倪元璐《倪文貞集》卷三“制誥·父”：“而山澤征榷之政，或使爲之者，以爲其實末屑，固非可以煩士夫也。”

【末境】猶邊境。三國魏曹植《九愁賦》：“嗟離思之難忘，心慘毒而含哀。踐南畿之末境，越引領之徘徊。”

二版長樣同第一版，未作修改。

按：義項“①猶邊境”後至少當新增“②晚境，晚年”“③末路”兩個義項。故當改爲：

【末境】①猶邊境。三國魏曹植《九愁賦》：“嗟離思之難忘，心慘毒而含哀。踐南畿之末境，越引領之徘徊。”②晚境，晚年。宋陳著《與周簿信書》：“但側耳除音，使桐鄉之民再歸父母之懷，則某亦自慶於末境之際逢也。”元楊維楨《三友堂記》：“赤松似吾初節，孤竹似吾中志，梅仙又似吾末境也。”明張燮《壽方母鄭太安人八十序》：“母在初境如苞孕之華，含而待吐。……母在末境如爛漫之華，蔚而欲實。”③末路。《申報》1939.6.2《日元跌價》：“同時日本財政困難日趨末境，於是可見也。”《申報》1941.9.18《西北路紅軍反攻列寧城形勢穩定》：“但希特勒軍隊必益易於重蹈拿破崙之覆轍，在俄羅斯雪野中面臨末境。”

【朱衣使者】指科舉考試官。清李漁《鳳求鳳·翻卷》：“小生帶天聾地啞，外扮朱衣使者，執簿隨上。”清梁章鉅《稱謂録·主考》：“朱衣使者，宋人詩中屢見，亦言試官也。”參見“朱衣點頭”。

二版長樣同一版，未作修改。

按：“朱衣使者”原指道家仙使。故此條當分兩個義項。建議改爲：

【朱衣使者】①穿紅色衣衫的道家仙使。《太平廣記》卷三六引唐盧肇《逸史》“魏方進弟”：“其鄰里見朱衣使者，領數十騎至。問曰：‘仙師何在。’遂走到見搔癢者，鞠躬趨前，俯伏稱謝。”宋曾慥《道樞》卷四一：“朱衣使者乘傳循行於九州之野，始自冀入兗，自兗入青，自青入徐，自徐入揚，自揚入荆，自荆入梁，自梁入雍，自雍復還於冀。東西南北畢矣。”《正統道藏·太平部》元佚名《法海遺珠》：“朱衣使者朝金闕，青面郎君降紫微。”《正統道藏·洞真部》元劉大彬《茅山志》：“夜將半，弟子擁爐壇房，候警歡穴窗，朱衣使者執册立庭下，雖儀容甚都，光燦鑒人。童子輒誰何，徐徐答曰：‘真官下盧文秀，帝遣迎朱真人耳。’”②指科舉考試官。清李漁《鳳求鳳·翻卷》：“小生帶天聾地啞，外扮朱衣使者，執簿隨上。”清梁章鉅《稱謂録·主考》：“朱衣使者，宋人詩中屢見，亦言試官也。”參見“朱衣點頭”。

【朱竹】①朱筆畫的竹，亦指紅色的竹。朱筆畫竹，始於宋蘇軾，蘇軾在試院時，興至無墨，遂用朱筆畫竹，別有風韻，後代仿效者頗多。明談遷《棗林雜俎·榮植》：“按朱竹世未之聞，元時宋仲温在試院卷尾以硃筆掃之，故張伯雨有‘偶見一枝紅石竹’之句。管夫人嘗畫懸崖朱竹……蓋畫中朱竹，不謂實有之也。”清王士禎《香祖筆記》卷十二：“《太平清話》云：‘朱竹古無所本。’……然閩中實有此種，紅如丹砂。”清王應奎《柳南續筆·朱竹墨菊》：“《賴古堂集》第八卷有《朱竹》詩，題下自注云：‘初但求之楮穎間，頃過劍津西山，數頃琅玕，丹如火齊，乃知此君亦戲著緋，因賦二首。’”②鐵樹的別稱。詳“朱蕉”。

二版長樣同一版，未作修改。

按：“朱竹”指紅色的竹子，古已見之。東漢劉騊駼《玄根賦》：“芳林臻臻，朱竹離離，菱芡吐榮，若擄錦而布繡。”故當與“朱筆畫的竹”分爲兩個義項。本條當改爲：

【朱竹】①指生長在我國南方的一種紅色的竹子。東漢劉騊駼《玄根賦》：“芳林臻臻，朱竹離離，菱芡吐榮，若擄錦而布繡。”清王士禎《香祖筆記》卷十二：“《太平清話》云：‘朱竹古無所本’……然閩中實有此種，紅如丹砂。”清王應奎《柳南續筆·朱竹墨菊》：

"《賴古堂集》第八卷有《朱竹》詩,題下自注云:'初但求之楮穎間,頃過劍津西山,數頃琅玕,丹如火齊,乃知此君亦戲著緋,因賦二首。'"《福建通志》三"竹之屬":"…… 瀟湘竹、人面竹、毛竹、觀音竹、朱竹(紅如擲火,延建間有之。大可爲杖,小者以餙盤,今其種絕矣)。"②指朱筆畫的竹。朱筆畫竹,始於宋蘇軾,蘇軾在試院時,興至無墨,遂用朱筆畫竹,別有風韻,後代仿效者頗多。明談遷《棗林雜俎·榮植》:"按朱竹世未之聞,元時宋仲溫在試院卷尾以硃筆掃之,故張伯雨有'偶見一枝紅石竹'之句。管夫人嘗畫懸崖朱竹……蓋畫中朱竹,不謂實有之也。"③鐵樹的別稱。詳"朱蕉"。

五、釋義不精準

【木大】宋代戲曲腳色名。宋黃庭堅《鼓笛令·戲詠打揭》詞之四:"副靖傳語木大,鼓兒裏,且打一和。"元武漢臣《老生兒》第三折:"動鼓板的非常,做雜劇的委實長,妝俫歌呆木大,長打手浪豬娘。"

二版長樣同第一版,未作修改。

按:釋義太籠統,"宋代戲曲腳色"有多種,故當釋爲"宋代戲曲腳色名。一般扮演呆笨、愚魯一類人物"。

【木陛】謂登車的木階。宋周必大《玉堂雜記》卷上:"上自太廟服通天冠、絳紗袍,乘輦至輅後,由木陛以登,惟留御、藥二宦者侍立。"

二版長樣同第一版,未作修改

按:因僅有一個書證,故釋義不免局限於具體語境"車"。若換一語境,則此釋不通矣。如:元王惲《紀夢》:"少頃,從閣之西道木陛下降,乃寤。"《元史·順帝紀》:"甲申,太廟木陛壞,遣官告祭。"故當改釋概括義爲"謂登高的木階"。

【木熙】古代雜技的一種。指在高竿上作種種驚險表演。《淮南子·修務訓》:"木熙者,舉梧檟,據句枉。"高誘注:"熙,戲也。"清方以智《通雅·戲具》:"木熙,即都盧緣橦之戲也……立竿三丈,緣其頂,舒臂按竿,通體空立者;移時也,受竿以腹,而項、手、足張,輪轉;移時也,喞竿,身平橫空,如地之伏,手不握,足無垂也;背竿髁夾之,則合其掌,拜起於空者,數也,蓋倒身忽下,如飛鳥墮。"清袁枚《送尹宮保熱河陪宴西戎序》:"條支之烏鞬、木熙、拔河之戲,《婆駝》《力華》之曲,莫不麟羅布列,雲動雷屯。"

二版長樣幾同第一版,僅增清袁枚《送尹宮保熱河陪宴西戎序》一書證。

按：首先釋義不確，當改爲“古代雜技的一種，原指上樹木而戲，後指在高竿上作種種驚險表演”。因爲首證《淮南子·修務訓》中之“木熙”即指在樹木上戲，而非在高竿上戲。其次，首證引文不足，《淮南子·修務訓》：“木熙者，舉梧櫃，據句枉，蝯自縱……燕枝拘，援豐條，舞扶疏。龍從鳥集，搏援攫肆，蔑蒙踴躍。且夫觀者莫不爲之損心酸足，彼乃始徐行微笑，被衣修擢。”高誘注：“熙，戲也。梧桐、櫃梓皆大木也。句枉，曲枝也。”而其中“舉梧櫃”等均爲“木熙”之內容，引例者截取部分，後面又未用省略號，使讀者不明原始“木熙”的全貌，甚爲不妥。且由於引高誘注不全，未能溯其源，而《淮南子·修務訓》中的記載及高誘注恰恰體現了“木熙”原爲“上樹木而戲”的特徵。再者，二版長樣增兩個清代例證，亦有失平衡。其實，清代例取一即可，前可增明朱國楨《湧幢小品·召治水》：“汪宗孝，歙人……獨好拳捷之戲。緣壁行如平地，躍而騎屋瓦，無聲。已更自簷下屹立，不加於色。偃二丈竹水上，驅童子過之，皆股戰。則身先往數十過，已復驅童子從之。諸鼓舞、木熙、跳丸、飛劍之屬，見之毅然自廢也。”一例。

【木耦】木刻的人像。耦，同“偶”，明唐順之《峨嵋道人拳歌》：“道人變化固不測，跳上蒲團如木耦。”

二版長樣同第一版，未作修改。

按：釋義“木刻的人像”當改爲“木刻的人或動物像”，因爲“木耦”不一定是人像。另外首證以明代唐順之《峨嵋道人拳歌》爲例，亦太滯後。其實，漢代已見。《史記·孝武本紀》：“乃命祠官進時饗牢具，五色食所勝，而以木耦馬代駒焉。”宋法護等譯《大乘集菩薩學論》卷14：“如毒蛇首，如木耦驢，如塗人血，如死狗頭。”明陳繼儒《妮古録》卷四：“又曹惠得木耦人，自稱輕素、輕紅。”

【木舘】車軸頭上固定輪子的小棍。喪禮用木，取其聲小。《儀禮·既夕禮》：“御以蒲菆、犬服、木舘。”賈公彥疏：“其車舘常用金，喪用木，是取少聲也。”

二版長樣同第一版，未作修改。

按：釋義不周密。當改爲“車軸頭上固定輪子的金屬小棍，稱爲‘舘’。喪禮用木，取其聲小，故稱‘木舘’”。

【末泥】古代戲劇角色名。簡稱“末”。宋吳自牧《夢粱録·妓樂》：“雜劇中末泥爲長，每一場四人或五人……末泥色主張，引戲色分付，副淨色發喬，副末色打諢，或添一人，名曰裝孤。”明朱有燉《香囊怨》第一折：“自家姓劉，是這汴梁樂人院裏一箇出名的末泥。”清毛奇齡《西河詞話》卷二：“每入場以四折爲度，謂之雜劇，其有連數雜劇……末泥主唱男，旦兒主唱女。"朱瑞熙等《宋遼夏金社會生活史》第十七章第二節："雜劇則情節較複雜，通常有五個角色，即末泥、引戲、副淨、副末、裝孤。"參閱王國維《古劇腳色考》。

二版長樣釋義未改，僅增加了清毛奇齡《西河詞話》及現代朱瑞熙等《宋遼夏金社會生活史》的兩條書證。

按：此條的問題不在書證多少，而在釋義不詳。釋爲"古代戲劇角色名。簡稱'末'"意思含混。"末泥"究竟是戲劇中怎樣的角色，通過釋義及書證都不能明瞭。故釋義當改爲"古代戲劇角色名，一般扮演中年及老年男子。簡稱'末'"。

【末茶】製成細末的茶磚。《宋史·食貨志下六》："元豐中，宋用臣都提舉汴河隄案，創奏修置水磨，凡在京茶户擅磨末茶者有禁……諸路末茶入府界者，復嚴爲之禁。"明邱濬《大學衍義補·制國用·山澤之利下》："茶有末茶，有葉茶……唐宋用茶，皆爲細末，製爲餅片，臨用而輾之，唐盧仝詩所謂'首閱月團'、宋范仲淹詩所謂'輾畔塵飛'者是也。《元志》猶有末茶之説，今世惟閩廣間用末茶。而葉茶之用，遍於中國，而外夷亦然，世不復知有末茶。"也指用末茶泡出的茶水。王旭峰《不夜之侯》："她的父親羽田先生，能夠點出全日本一流的末茶。"

二版長樣只在一版基礎上增"王旭峰《不夜之侯》"一例。按："末茶"之製，始於唐代，故首證當用唐代例。唐陸羽《茶經·飲》："飲有觕茶、散茶、末茶、餅茶者。乃斫、乃熬、乃煬、乃舂，貯於瓶中，以湯沃焉，謂之痷茶。"因此所謂"末茶"的釋義當爲"將茶葉碾成細末的茶，也可以將末茶製成茶餅"。而原釋"製成細末的茶磚"，易讓人誤解爲"茶磚碾成的細末"。

【材茂行絜】才智豐茂，行爲廉潔。《漢書·薛宣傳》："竊見少府宣，材茂行絜，達於從政。"

二版長樣同一版，未作修改。

按：釋義有望文生訓之嫌。"材茂"並非"才智豐茂"之義，"材茂"實即"材秀"，"材茂行絜"即"才智優秀，品行廉潔"之義。東漢避漢光武帝劉秀諱，故改"秀才"爲"茂才"。故此條當改爲：

【材茂行絜】才智優秀，品行廉潔。《漢書·薛宣傳》："竊見少府宣，材茂行絜，達於從政。"亦作"材茂行潔"。宋鄭獬《東宮傅制》："具官某材茂行潔，爲時偉人。"

六、釋義失照應

【未孚】①不算大信，不是至誠。《左傳·莊公十年》："公曰：'犧牲玉帛，弗敢加也。必以信。'對曰：'小信未孚，神弗福也。'"杜預注："孚，大信也。"一説，未能遍及。參閲楊伯峻《春秋左傳注》。②未能信服。清厲鶚《東城雜記》卷下："君之守平江也，而官未三十日，人心未孚。"

二版長樣同第一版，未作修改。

按：《漢語大詞典》【孚】③謂使相信；使信服。《左傳·莊公十年》："公曰：'犧牲玉帛，弗敢加也，必以信。'對曰：'小信未孚，神弗福也。'"

同樣一條書證，前後解釋不同，前者將"未孚"釋爲"不算大信，不是至誠"，後者將"孚"釋爲"謂使相信；使信服"（使動用法），"未孚"即"未能使相信；未能使信服"。愚意以後者爲善，因爲此義項下僅一孤證，我們不妨可以添加一些例證。

故此條當改爲：

【未孚】①未能使（人）信服。《左傳·莊公十年》："公曰：'犧牲玉帛，弗敢加也。必以信。'對曰：'小信未孚，神弗福也。'"《宋書·明帝紀》："皇室多故，靡費滋廣。且久歲不登，公私兼弊。方刻意從儉，弘濟時艱，政道未孚，慨愧兼積。"《舊唐書·文宗紀》："期克荷於宗祧，思保寧於華夏，而德有所未至，信有所未孚。"②未能信服。《宋史·黃祖舜傳》："太上傳丕基於陛下，四方日冀恢復。國論未定，衆志未孚，願陛下果斷，則無不濟。"清厲鶚《東城雜記》卷下："君之守平江也，而官未三十日，人心未孚。"

七、書證當斟酌

《漢語大詞典》（第二版）長樣在書證的選擇、審定、截録等方面存在問題較多，爲清楚起見，下面分類列舉。

（一）署名不恰當

【木天】①木製天棚。南朝梁元帝《金樓子·雜記上》："〔廬陵威王〕齋前悉施木天，以蔽光景，春花秋月之時，暗如深夜撤燭。"②指宏敞高大的木結構建築物。宋孫升《孫公談圃》卷中："玉清昭應宮，丁晉公領其使監造。土木之工極天下之巧……以其餘材建五嶽觀，世猶謂之木天。則玉清之宏壯可知。"③秘書閣的別稱。因其屋宇高大宏敞，故名。宋陸遊《恩除秘書監》詩："扶上木天君莫笑，衰殘不似壯遊時。"元王逢《無題》詩之四："椒閬珮琚遺白草，木天圖籍冷青藜。"④指翰林院。明唐寅《貧士吟》："宮袍著處君恩渥，遥上青雲到木天。"清鈕琇《觚賸續編·傅徵君》："是年應試中選者，俱授翰林院檢討。然其人各以文學自負，又復落拓不羈，與科第進者前後相軋，疑謗旋生，多不能久於其位，數年以後，鴻儒掃跡於木天矣。"

二版長樣同一版，未作修改。

按：義項②所引宋孫升《孫公談圃》當作"宋劉延世編《孫公談圃》"，因爲該書凡三卷，一百一十一條，並非孫升自編，乃宋臨江劉延世記録所聞於孫升之語。正如王引之《經義述聞》乃記録其父王念孫之見解，署名仍爲王引之。

（二）書證有爭議

【木食】以山中野樹果實充饑。形容隱逸之士遠離世事。《山海經·西山經》"名曰櫰木，食之多力"晉郭璞注："《尸子》曰：'木食之人，多爲仁者。'"晉葛洪《抱朴子·逸民》："然時移俗異，世務不拘，故木食山棲，外物遺累者，古之清高，今之逋逃也。"《南齊書·高逸傳·褚伯玉》："此子滅景雲棲，不事王侯，抗高木食，有年載矣。"宋趙與時《賓退録》卷二三："梅聖俞如深山道人，草衣木食。王公大人見之，不覺屈膝。"元迺賢《仙居縣杜氏二真廟詩》："脱聲竄匿來孟溪，木食澗飲幽岩棲。"

二版長樣同第一版，未作修改。

按：此條中，釋義應該分開，先釋"木食"之本義。即"以山中野樹果實充饑"，書證如：《山海經·海内經》："有禺中之國，有列襄之國。有靈山，有赤蛇在木上，名曰蠕蛇，木食。"晉郭璞注："言不食禽獸也。"然後再列其引申義"常用來形容隱逸之士遠離世事"《山海經·西山經》"名曰櫰木，食之多力"晉郭璞注："《尸子》曰：'木食之人，多爲仁者。'"以下諸例均可置此下。不過，其中元迺賢詩例，關於作者則歷來衆説紛紜。《四庫全書》所收此詩作者署名爲"納新"；《元詩選》卷四一，此詩作者亦署爲"納新"，並云"字易之"；《宋元詩會》卷八六此詩題名《二真廟》，作者署爲"納延，字易之"。而《漢語大詞典》引此詩，署名"迺賢"，又不知據何版本。既然目前衆説紛紜，尚未有定論，倒不如換一例：元許有壬《龍德宮記》："蓋言君臣父子之間，非禮法則亂，木食澗飲，心存至道，以之治世，則不可也。"

【朱網】如網絡的紅色簾幕。古時掛於殿閣或車箱中，用以裝飾或防護。《文選·謝朓〈直中書省〉詩》："玲瓏結綺錢，深沈映朱網。"吕延濟注："綺錢、朱網，並宮殿之飾也。"唐賈彦璋《宿香山閣》詩："朱網防棲鴿，紗燈護夕蟲。"唐温庭筠《臺城曉朝曲》："朱網龕鬖丞相車，曉隨疊鼓朝天去。"

二版長樣同一版,未作修改。

按:《宿香山閣》詩:"暝望香(亦作"春")山閣,梯雲宿半空。軒窗閉潮海,枕席拂煙虹。朱網防棲鴿,紗燈護夕蟲。一聞雞唱曉,已見日瞳瞳。"古籍多有收録,但關於該詩作者,歷來説法不一。《全唐詩》卷一一七、《石倉歷代詩選》卷三三、《國秀集》卷中均收録該詩,署名賀朝;《全唐詩》卷七七六、《淵鑒類函》卷三四七亦收録該詩,署名賈彦璋;而《御定駢字類編》卷一七四收録該詩,署名則爲劉賀,詩名爲《朝宿香山閣》。《詞典》帶有典範性,故在迄今未明確此詩作者的情況下,不宜用其作爲書證。其實唐宋時期"朱網"一詞的用例甚多,如:唐代已有温庭筠詩,宋代可用王庭珪《題羅疇老家明妃辭漢圖》詩:"可憐朱網畫香車,卻來遠嫁呼韓邪。"

【木槌】喻指大且凸出的眼珠。《敦煌變文集·醜女緣起》:"十指纖纖如露柱,一雙眼子似木槌離。"離,兩。

一版原無此詞條,二版長樣新增。

按:引自《敦煌變文集》的此條書證如何校定,本有爭議。項楚《敦煌變文選注》將此句校爲"一雙眼子似木槌梨"。注云:"《變文集》校記:'甲卷此句作"一雙眼子似木堆梨"。'楚按:甲卷'堆'是'椎'之誤,同'槌'。'梨'則甚是,可正原本'離'之誤。木槌梨,即木槌,以其一頭漸大如梨形,故稱爲'木槌梨'。按以'槌'形容眼睛,亦當時習語。《大慧普覺禪師語録》卷一〇'趙州訪臨濟頌云:一人眼似鼓槌,一人頭如木杓。兩個老不識羞,至今無處安著。'"據此,此例中是"木槌"還是"木槌梨"爲一詞?意見尚未統一。作爲書證,甚不合適。另外"一雙眼子似木槌離(梨)"是一個比喻句,凡是前有"如、若、像、似"之類的比喻詞,則後面的"木槌"即屬喻體,仍是本來"木棍"之義。所以"喻指大且凸出的眼珠"這一釋義是錯誤的。故此條當改爲:

【木槌】一頭漸粗大的木棍,似錘子形,故稱。敦煌文書斯五六七一號《諸雜字》:"餺飩、木槌、牙盤、鏡子。"宋盧道隆《上記里鼓車表》:"廂上爲兩層,各安木人,手執木槌。"明孫一奎《赤水玄珠·虛怯虛損癆瘵門》:"曬乾,木槌打碎,火燒存性。"

(三)書證脱漏

【木公】①仙人名。又名東王公或東王父。常與西王母(即金母)並稱。南朝梁陶弘景《真誥·甄命授》:"昔漢初,有四五小兒路上畫地戲,一兒歌曰:'著青裙,入天門,揖金母,拜木公。'"唐韋渠牟《步虛詞》之十五:"西海醻金母,東方拜木公。"元柳貫《仙華岩雪》詩:"仙姬宴坐瑤池下,催捧蟠桃獻木公。"清錢謙益《題仙山樓閣圖》詩:"群真繽紛互來往,似謁金母朝木公。"②"松"字可拆爲木、公二字,因以爲松的別名。

元無名氏《湖海新聞夷堅續志·貴顯·稱旨除官》："〔宋神宗問葉濤〕曰：'自山路來，木公木母如何？'濤曰：'木公正傲歲，木母正含春。'木公，松也；木母，梅也。"

二版長樣作了修改，在義項①下補南朝陶弘景《真誥》例作爲首證。將原首證《太平廣記》卷一引前蜀杜光庭《仙傳拾遺·木公》："昔漢初，小兒於道歌曰：'著青裙，入天門，揖金母，拜木公。'時人皆不識，唯張子房知之。"之書證刪除。

按：義項①下用南朝陶弘景《真誥》例作爲首證，時代提前。將原《太平廣記》卷一引前蜀杜光庭《仙傳拾遺·木公》之書證刪除，亦甚是。因爲《太平廣記》乃宋代編撰之類書，其例不當置唐韋渠牟《步虛詞》之前。然所補陶弘景《真誥·甄命授》例引文不全，全文爲："昔漢初，有四五小兒路上畫地戲，一兒歌曰：'著青裙，入天門，揖金母，拜木公。'……所謂金母者，西王母也。木公者，東王公也。"補出後面兩句很重要，可以直接證明釋義"仙人名。又名東王公或東王父。常與西王母（即金母）並稱"。

【本覺】佛教語。佛教認爲，衆生心體，自性清淨，原有性德，非修成而然，故稱"本覺"。《大乘起信論》："心體離念，離念相者，等虛空界，無所不遍。法界一相，即是如來平等法身。依此法身，説名本覺。"唐王維《能禪師碑》："至於定無所入，慧無所依，大身過於十方，本覺超於三世，根塵不滅，非色滅空，行願無成。"宋洪邁《容齋五筆·八種經典》："詮自性，認本覺，莫深於'實相法密經'。"清魏源《默觚上·學篇五》："《詩》頌文王，一則曰'緝熙'，再則曰'緝熙'。熙者，人心本覺之光明乎！"

二版長樣同一版，未作修改。

按：引《大乘起信論》斷章取義。原文作"所言覺義者，謂心體離念，離念相者，等虛空界，無所不遍。法界一相，即是如來平等法身。依此法身，説名本覺"，而引文脫"所言覺義者，謂"幾字，"心體離念，離念相者，等虛空界，無所不遍"幾句則無所屬矣。

【朱綃】紅色的薄絹。《儀禮·士昏禮》"姆纚笄宵衣在其右"漢鄭玄注："素衣朱綃。"

二版長樣同一版，未作修改。

按：《詞典》引文不全。《儀禮·士昏禮》："姆纚笄，宵衣，在其右。"漢鄭玄注："宵，讀爲《詩》'素衣朱綃'之綃。"（此乃鄭玄引魯《詩》文句，不宜直接作爲鄭玄注文）另可加《太平廣記》卷一六"張老"條（出《續玄怪錄》）："俄見一人，戴遠遊冠，衣朱綃，曳朱履，徐出門。"以避孤證之嫌。故此條可改爲：

【朱綃】紅色的薄絹。《儀禮·士昏禮》："姆纚笄，宵衣，在其右。"漢鄭玄注："宵，讀爲

《詩》'素衣朱綃'之綃。"《太平廣記》卷一六"張老"條(出《續玄怪録》):"俄見一人,戴遠遊冠,衣朱綃,曳朱履,徐出門。"

【朱鑣】兩端有紅色佩飾的馬嚼子。《後漢書·輿服志上》:"諸馬之文……王、公、列侯,鏤鬐,朱鑣朱鹿。"晉潘岳《北芒送別王世胄》詩:"朱鑣既揚,四巒既整。駕言餞行,告離芒嶺。"

二版長樣同一版,未作修改。

按:此條首證引《後漢書》文,"鏤錫文髦"中脱漏"錫文"兩字,成"鏤髦",遂使人不知所云。當據補。

【朴消】亦作"朴硝"。藥名。南朝梁陶弘景《本草經集注》:"先時有得一種物,其色理與朴消大同小異,朏朏如握不冰,强燒之,紫青煙起,云是真消石也。"唐孫思邈《備急千金方》卷二:"朴消蕩胞湯,治婦人立身已來全不産,及斷緒久不産三十年者。"明李時珍《本草綱目·金石五·朴消》:"此物(皮消)見水即消,又能消化諸物,故謂之消。生於鹽鹵之地,狀似末鹽,凡牛馬諸皮須此治熟,故今俗有鹽消、皮消之稱。煎煉入盆,凝結在下,粗朴者爲朴消,在上有芒者爲芒消,有牙者爲馬牙消。"消,今多作"硝"。此物用於硝皮革,醫藥上用作瀉藥或利尿藥。通稱"皮硝"。參見"白消"。

二版長樣在一版基礎上,提前首證,增加南朝梁陶弘景《本草經集注》、唐孫思邈《備急千金方》例。

按:所增南朝梁陶弘景《本草經集注》例,原作"先時有人得一種物,其色理與朴消大同小異,朏朏如握鹽雪不冰。强燒之,紫青煙起,仍成灰,不停沸如朴消云,是真消石也"。故引例中脱漏甚多,特别是"朏朏如握鹽雪不冰"一句,"如握"後脱落"鹽雪"兩字,所握何物,便不知所云。故當據補。

(四)書證有錯訛

【木氣】①金、木、水、火、土五氣之一。《吕氏春秋·名類》:"及禹之時,天先見草木秋冬不殺。禹曰:'木氣勝。'木氣勝故其色尚青,其事則木。"《漢書·天文志》:"歲星曰東方春木,於人五常仁也,五事貌也。仁虧貌失,逆春令,傷木氣,罰見歲星。"唐韓愈《詠雪贈張籍》:"水官誇傑黠,木氣怯肧胎。"②指肝氣。中醫學本五行説認爲肝屬木。《紅樓夢》第八三回:"木氣不能疏達,勢必上侵脾土,飲食無味。"③指木煤氣。氣體燃料的一種。木材乾餾時所生成的一種副産物。主要成分是氫、一氧化碳、甲烷等,可用作燃料或供照明。

二版長樣同第一版，未作修改。

按：此條義項①下首證出處爲《吕氏春秋·名類》，而中華書局《諸子集成》第六册128頁則此句屬《吕氏春秋·應同》。並附有校語（畢沅曰：“舊作‘名類’，乃‘召類’之訛，然與卷二十篇目複。舊校云‘一名應同’，今即以‘應同’題篇。”），故當改爲“應同”。另義項②下首證爲《紅樓夢》，亦太滯後。唐王燾《外臺秘要方·療頭疼欲裂方》：“若獨肝家有風，即木氣摶心，故痛。”

【木匠】建造房屋木結構和修造木器等的工匠。漢王充《論衡·量知》：“能斲削柱梁，謂之木匠。”《百喻經·三重樓喻》：“是時木匠，即便經地，壘墼作樓。”宋陶穀《清異録·天文》：“木匠總號運金之藝。又曰手民、手貨。”《儒林外史》第四七回：“虞華軒問唐三痰道：‘修元武閣的事，你可曾向木匠、瓦匠説？’”劉白羽《漂河口雜記》：“這木匠四十多歲，一直耍手藝。”

二版長樣同第一版，未作修改。

按：書證引文篇名有誤，“木匠總號運金之藝”一句乃出自陶穀《清異録·人事》，而非《天文》。

【木客】①伐木工。唐張祜《送韋整尉長沙》詩：“木客提蔬束，江烏接飯丸。”宋葉適《祭劉酬甫文》：“邑庭百弓，莽焉空基。命爲木客，隨彼匠師。”②傳説中的深山精怪，實則可能爲久居深山的野人。因與世隔絶，故古人多有此附會。《太平御覽》卷八八四引晉鄧德明《南康記》：“木客，頭面語聲亦不全異人，但手脚爪如鉤利，高巖絶峰然後居之。”唐皮日休《寄瓊州楊舍人》詩：“竹遇竹王因設莫，居逢木客又遷家。”宋蘇軾《次韻定慧欽長老見寄》之二：“松花釀仙酒，木客餉山殽。”王十朋注引趙次公曰：“木客，廣南有之，多居木中，野人之類也。”金元好問《送詩人李正甫》詩：“朝從木客遊，莫將山鬼鄰。”清許纘曾《晬陽行》：“大江之南多木客，古樹深篁叢窟宅。”③傳説中的鳥名。清蔣士銓《虔江漫興》詩：“積石魚梁阻，枯林木客啼。”詳“木客鳥”。

二版長樣幾同第一版，僅最後增蔣士銓《虔江漫興》詩一書證。

按：此條義項①下首證時代太晚。可增《吴越春秋·勾踐陰謀外傳》：“越王乃使木工千餘人入山伐木，一年師無所幸，作士思歸，皆有怨望之心，而歌木客之吟。”另經查核，義項②所引唐皮日休《寄瓊州楊舍人》詩中“竹遇”各本均作“行遇”，當作“行”，與下句“居”相對。

【本屬】謂本族的世系。《孔叢子·獨治》：“雖國君有合族之道，宗人掌其列，繼之以姓而無別,綴之以食而無殊。各隨本屬之隆殺,屬近則死爲之兇,屬遠則吊之而已。”

二版長樣同一版,未作修改。

按:“綴”乃“醊”字之誤。《四庫全書》本《孔叢子》作:“請問同姓而服不及者,其制何耶? 對曰:先王制禮,雖國君有合族之道,宗人掌其列。繼之以姓而無別,醊之以食而無殊,各隨本屬之隆殺。屬近則死爲之免,屬遠則吊之而已,禮之正也。”“醊”乃祭奠之義,“醊之以食”即“以食祭祀之”。而“綴”乃“連綴”義,“綴之以食”則文不成義矣。且“屬近則死爲之兇”亦當爲“屬近則死爲之免”之訛。

【未了因】亦作“未了緣”。佛教謂此生没有了卻的因緣。宋蘇軾《獄中寄子由》詩之一:“與君世世爲兄弟,更結人間未了因。”明高啟《和遜庵效香奩體》:“揚州夢斷十三年,底事猶存未了緣? ”

【未了緣】見“未了因”。

二版長樣同第一版,未作修改。

按:“未了因、未了緣”實際上都是“未了因緣”的省稱。

此條所引宋蘇軾《獄中寄子由》詩中“更結人間未了因”句,《四部叢刊》本《集注分類東坡先生詩》作“又結來生未了因”,《四庫全書》本宋葉夢得《避暑録話》、宋張端義《貴耳集》等所引東坡詩均同《四部叢刊》作“又結來生未了因”,當從《四部叢刊》本。另外,“未了因、未了緣、未了因緣”的用例很多,《詞典》不當僅列一孤證。此條可改爲:

【未了因】佛教謂此生没有了卻的因緣。宋蘇軾《獄中寄子由》詩之一:“與君世世爲兄弟,又結來生未了因。”明林弘衍編《雪峰義存禪師語録》卷2:“爭奈何未幾化緣示終,而空成未了因。有志於法門者,誰不惜之乎哉。”亦作“未了緣、未了因緣”。明郭金臺《哭趙友沂》詩:“久負耆英未了緣,遲君一出老平泉。”明道開《與曹林師兄》:“不委師兄平素嘵嘵豪氣千丈,今何爲若此? 果以了大事更别有法門在耶,抑甘心以此未了因緣自累塵劫耶? ”清通微説、行猷編《萬如禪師語録》卷3:“日既登此座,豈得縮手藏鋒,將祖翁田地一鋤翻轉,先師未了因緣一句全收? ”

【未素】没有降霜。素,借指霜。晉張協《七命》:“木既繁而後緑,草未素而先彫。”南朝宋顔延之《秋胡》詩:“昔醉秋未素,今也歲載華。”

二版長樣同第一版,未作修改。

按:此條應增列一個義項“②未白”。宋李覯《處士饒君墓志》:“往時相見,領髮未素。今兹復來,墓草已宿。"清李光地《待月》詩:"東方渾未素,雲露已霑衣。"

另原引顏延之《秋胡》詩"昔醉秋未素"句,《四庫全書》本、《樂府詩集》《文選》《玉臺新詠》等均作"昔辭秋未素",據文意,則作"辭"是。"醉"乃"辭"之訛,故當改爲"辭"。

【末鹽】細末狀的鹽。宋沈括《夢溪筆談·官政一》:"鹽之品種甚多……今公私通行者四種:一者末鹽,海鹽也。"《宋史·食貨志下三》:"鹽之類有二:引池而成者曰顆鹽,《周官》所謂鹽鹽也;鬻海、鬻井、鬻鹼而成者,曰末鹽,《周官》所謂散鹽也。""鬻"同"煮"。明李時珍《本草綱目·金石五·食鹽》:"散鹽,即末鹽,出於海及井,並煮鹼而成者,其鹽皆散末也。"

二版長樣僅在一版基礎上增一《宋史·食貨志下三》例。

按:此條首證可用唐段成式《酉陽雜俎·物異》:"陸鹽,昆吾國陸鹽,周十餘里無水,自生末鹽,月滿則如積雪,味甘。"另所引《夢溪筆談·官政一》中之"鹽之品種甚多",文物出版社影印元刻本、文淵閣《四庫全書》本、《四部叢刊》本所引均作"鹽之品至多",當據正。

【朱厭】傳説中的獸名。《山海經·西山經》:"小次之山……有獸焉,其狀如猿,而白首赤足,名曰朱厭,見則大兵。"晉郭璞《山海經圖贊·鳧徯鳥朱厭獸》:"鳧徯朱厭,見則有兵,類異感同,理不虛行,推之曰然,厥數難明。"

二版長樣同一版,未作修改。

按:晉郭璞《山海經圖贊·鳧徯鳥朱厭獸》中"推之曰然,厥數難明",諸本均作"推之自然,厥數難明",故"曰"乃"自"之形近而訛,當據改。

【朱蓋】①紅色車蓋。晉王鑒《七夕觀織女》詩:"絳旗若吐電,朱蓋如振霞。"明易思《題袁州龍興寺》詩:"百尺古松松下寺,寶幡朱蓋畫珊珊。"②指紅色的如蓋之物。《法苑珠林》卷二六:"未幾於廬上生芝草二莖,經九日,長尺有八寸,綠莖朱蓋,日瀝汁一升,傍人食之味甘如蜜。"

二版長樣同一版,未作修改。

按:易思(一作"偲"),唐代詩人,《全唐詩》卷七七五録有易思詩四首,而《題袁州龍興寺》赫然在其中。詩云:"百尺古松松下寺,寶幡朱蓋畫珊珊。閑庭甘露幾回落,青石綠苔猶未乾。"故《詞典》將易思標爲明人,誤甚。又"寶幡朱蓋畫珊珊"一句,《全唐詩》作"寶幡朱蓋畫珊珊"。因繁體"畫、畫、盡"三字形近,清人注本《全唐詩》"盡"字多誤作

"畫",而《詞典》又誤作"晝",故據文意當以宋人洪邁《萬首唐人絶句》卷七二所引作"寶幡朱蓋盡珊珊"爲是(按:"珊珊"爲高潔飄逸貌)。

【朱輦】古代帝、后乘的車子。宋梅堯臣《祫享觀禮二十韻》:"黄麾轉槐路,朱輦駕雲虯。"宋曾鞏《和史館相公上元觀燈》:"法曲世人聽未足,卻迎朱輦下端闈。"金趙秉文《牡丹應制》詩:"天香護月迎朱輦,國色留春待翠華。"

二版長樣同一版,未作修改。

按:釋義可改作"古代神仙、帝、后乘坐的車子"。首證可用《太平御覽》卷六七七"道部"所引南朝《太上飛行羽書》:"道有八條,其言高妙。閒心靜室,寥郎虛真,亦將得見丹景之氣,三素飛雲,八輿朱輦,紫霞瓊輪,上清靜昒,廻轡三元,高皇秉節,靈童攀轅,太素擁蓋,南極臨軒。"

《詞典》所引金趙秉文《牡丹應制》詩,不僅詩題脱落兩字,而且詩句有訛誤。金趙秉文《滏水集》卷七、金元好問編《中州集·丙集第三》《御定駢字類編》卷一四五所錄此詩均作《五月牡丹應制》詩:"好事天公養露芽,陽和趁及六龍車。天香護日迎朱輦,國色留春待翠華……"故詩題當補"五月"兩字,詩句"護月"當改爲"護日"。

【束頭】指頭巾。晉干寶《搜神記》卷二:"〔兩巫〕見一女人,年可三十餘,上著青錦束頭,紫白袊裳,丹綈絲履。"

二版長樣同一版,未作修改。

按:"袊裳"當爲"袷裳"。檢《三國志·吳書·嬪妃傳》裴松之注引《搜神記》、唐許嵩《建康實錄》卷四引《搜神記》、中華書局《新輯搜神記》,此句均作"上著青錦束頭,紫白袷裳,丹綈絲履"。且"袷裳"即"夾裳",指夾衣也。明謝晉《晚春四首追次楊眉庵韻》詩:"水淹榆莢半堆牆,細雨生寒潤袷裳。"而歷來罕見"袊裳"一詞。

【朽闇】亦作"朽暗"。謂愚憒。《晉書·孔瑜傳》:"臣以朽闇,忝廁朝右,而以惰劣,無益毗佐。"《新唐書·崔植傳》:"其後朽暗,乃代以山水圖,稍怠於勤,左右不復箴規。"

二版長樣同一版,未作修改。

按:首證當爲《晉書·孔愉傳》,據本傳"孔愉,字敬康,會稽山陰人也"。從名字關係看"愉"對"康",故作"孔瑜傳"誤。

【朴拙】①古朴簡陋;古朴少修飾。唐張彦遠《歷代名畫記·戴逵》:"逵既巧思,又善鑄佛像及雕刻,曾造無量壽木像高丈六,並菩薩。逮以古制朴拙,至於開敬,不足動心……研思三年,刻像乃成。"宋范成大《吴船録》卷上:"次至三千鐵佛殿,云普賢居此山,有三千徒衆共住,故作此佛,冶鑄甚朴拙。"②朴實純厚。宋蘇軾《上神宗皇帝書》:"故近歲朴拙之人愈少,而巧進之士益多。"宋陸遊《南唐書·周本傳》:"〔周本〕性朴拙,無他才,惟軍旅之事若生知者。"清蒲松齡《聊齋志異·青蛙神》:"楚有薛崑生者,幼惠,美姿容。六七歲時,有青衣嫗至其家……願以女下嫁崑生。薛翁性朴拙,雅不欲,辭以兒幼。"

二版長樣同一版,未作修改。

按:《四庫全書》本《歷代名畫記·戴逵》作:"逵既巧思,又善鑄佛像及雕刻。曾造無量壽木像高丈六,並菩薩,逵以古制朴拙,至於開敬,不足動心,乃潛坐帷中,密聽衆論,所聽褒貶,輒加詳研,積思三年,刻像乃成。"王伯敏、任道斌編《畫學集成》亦引作:"輒加詳研,積思三年,刻像乃成。"故"研思三年"爲"積思三年"之誤,乃承前"輒加詳研"之"研"而誤。另外,詞條後當加:參見"樸拙"。

【朴厚】朴實厚道。唐韓愈《冬薦官殷侑狀》:"〔殷侑〕久從使幕,亮直著名,朴厚端方,少見倫比。"宋梅堯臣《送謝師厚太傅通判汾州》詩:"晉人朴厚自寡訟,軟炊玉粒河鱗鮮。"《明史·唐樞傳》:"從來發摘告訐之事,原不必出之敦良朴厚之人。"

二版長樣同一版,未作修改。

按:韓愈文名爲《冬薦官殷侑狀》,《全唐文》卷五四九、《五百家注昌黎文集》卷三八、《東雅堂昌黎集注》所引均作《冬薦官殷侑狀》,"宫"字當爲"官"字之誤。引梅堯臣詩《送謝師厚太傅通判汾州》,"太傅"當爲"太博"之訛。《四部叢刊》本《宛陵集》卷五六作"太博",是。太博:太學博士或太常博士的省稱。清李慈銘《越縵堂讀書記·養素堂文集》:"六朝、唐人稱太學博士爲太博。"謝師厚曾官太常博士,然未嘗爲"太傅"。又,詞條後當加:參見"樸厚"。

（五）句讀不正確

【木瓜杖】用木瓜枝幹做的拄杖。黄庭堅《走筆謝王樸居士拄杖》詩"投我木瓜霜雪枝",任淵注引南朝梁陶弘景曰:"俗人拄木瓜,杖云利筋脛。"

二版長樣同第一版,僅將所引陶弘景文標點爲"俗人柱木瓜,杖云利筋脛"。

按:一版引陶弘景文"俗人拄木瓜杖云利筋脛"中間不點斷,甚爲不妥。而二版長樣將其標點爲"俗人柱木瓜,杖云利筋脛"問題更大。因爲陶弘景原文已佚,故據《本草綱目》卷三十"果部"所引,原文爲:"[弘景曰]木瓜最療轉筋。如轉筋時,但呼其名及書上作木瓜字皆愈,此理亦不可解。俗人拄木瓜杖,云利筋脛也。"從所引原文可知,此文爲散文,不是詩詞,故無容在"俗人拄木瓜"下斷句,當點作"俗人柱木瓜杖,云利筋脛"。而且該條詞目爲"木瓜杖",若如二版長樣斷句,則書證中無"木瓜杖"一詞矣。另外爲避孤證之嫌,我們還可以加一條書證:宋洪邁《夷堅志·乙志》卷三十:"(劉)子文怒,時已苦股痛,常策木瓜杖,即抶妻背使出。"

(六)書證不典型

【木稼】即木冰。宋葉夢得《石林詩話》卷上:"王荊公作韓魏公挽詞云:'木稼曾聞達官怕,山頹今見哲人萎。'或言亦是平時所得。魏公之薨,是歲適雨木冰,前一歲華山崩,偶有二事,故不覺爾。"清錢謙益《十一月初六日召對文華殿旋奉嚴旨革職待罪感恩述事》詩之八:"風霾放我稱遷客,木稼從他怕達官。"參見"木冰""樹稼"。

二版長樣同第一版,未作修改。

按:所引書證有雷同,宋葉夢得《石林詩話》中"木稼曾聞達官怕"句與清錢謙益詩中"木稼從他怕達官",意思幾同(同用一典)。清代例不若換吳清鵬《句容》詩:"老樹槎枒垂木稼,童山層疊接梯田。"

【木索】刑具。木指"三木",索即繩索,用以拘繫犯人。漢司馬遷《報任少卿書》:"今交手足,受木索,暴肌膚,受榜箠,幽於圜牆之中。"杜牧《華清宮》詩:"北扉閑木索,南面富循良。"宋蘇軾《策別六》:"今州縣之吏,受賕而鬻獄……則至於嬰木索,受笞箠,此亦天下之至辱也。"明劉基《送海寧張知州滿任去官序》:"租賦時集,木索不用,嘩訐之聲,化爲弦誦。"

二版長樣同第一版,未作修改

按:所引杜牧《華清宮》詩句,其中"木索"之義不夠明晰,故不夠典型。可改換爲杜牧《注孫子序》:"小而易制,用力少者,木索笞也。大而難制,用力多者,兵刃斬也。"

(七)義項缺書證

【木炭】①木材在不通空氣的條件下加熱所得到的無定形碳。黑色,質硬,具有很多細孔,可做燃料,也可用於過濾液體和氣體,製造黑色火藥等。《舊唐書·杜佑傳》:"佑始奏營繕歸之將作,木炭歸之司農,染練歸之少府。"宋陸遊《老學庵筆記》卷一:"北方多石炭,南方多木炭,而蜀又有竹炭。"《元史·百官志六》:"養種園,提領二員。掌西山淘煤,羊山燒造黑白木炭,以供修建之用。"楊朔《征塵》:"我移動板凳,坐到炭盆前，兩腳踩着盆邊，木炭的火苗小蛇似的飛舞着。”②指繪畫用的炭條。參見“木炭畫”。

【木炭畫】用木炭條繪成的畫，是素描的一種。因其線條較粗，調子勻整，故適於描繪大幅畫及作油畫的底稿。在繪畫教學中，木炭畫是素描的基本練習。豐子愷《陋巷》：“我當時正熱衷於木炭畫，我覺得他的肖像宜用木炭畫描寫。”

二版長樣幾同一版，唯【木炭畫】下原無書證，二版長樣加一現代豐子愷《陋巷》書證。

按：【木炭】條“②指繪畫用的炭條”下無書證。可補明董其昌《畫禪室隨筆·畫訣》：“古人以木炭畫圈，隨圈而點去，正爲此也。”清王士禎《池北偶談·武風子》：“特有巧思，能於竹箸上燒方寸木炭，畫山水、人物、臺閣、鳥獸、林木，曲盡奇妙。”

【末伏】農曆指從立秋後第一個庚日起共計十天的一段時間。也叫終伏、三伏。參見“伏日”。

二版長樣同第一版，未作修改。

按：“末伏”一詞，竟無書證。故應補清陸以湉《冷廬雜識·天時》：“夏至後三庚起伏爲初伏，四庚爲中伏，立秋後初庚爲末伏。”

【朱甍碧瓦】紅色屋脊，青綠色的琉璃瓦。借指華麗的建築。清洪升《長生殿·疑讖》：“可知他朱甍碧瓦總是血膏塗。”

二版長樣同一版，未作修改。

按：“紅色屋脊，青綠色的琉璃瓦”是釋“朱甍碧瓦”的本義，此處當引書證。如：宋釋道潛《次韻才仲試院夢中夢事見寄》詩：“朱甍碧瓦礙雲浮，共躡層梯最上頭。”而“借指華麗的建築”當是“朱甍碧瓦”的引申義，所引清洪升《長生殿·疑讖》：“可知他朱甍碧瓦總是血膏塗。”一句，其中“他”一作“這”。不如換宋秦觀《和書觀妙庵》詩：“衣屨蕭條氣久清，豪家門館未嘗行。朱甍碧瓦何從得，疑有陰兵夜助成。”

（八）書證太滯後

【木子】①果名。即獼猴桃。也叫楊桃。南朝宋謝靈運《山居賦》：“楊勝所拮，秋冬獲。”自注：“楊，楊桃也，山間謂之木子。”②泛稱木本植物的果實。《北史·序傳》：“〔理徵〕妻契和氏，攜子利貞逃隱伊侯之墟，食木子而得全，遂改理爲李氏。”③拆“李”字。唐張鷟《朝野僉載》卷五：“其銘記文甚多，奧不可解，略曰‘木子當天下’……所謂‘木子當天下’者，蓋言唐氏（指李唐王朝）受命也。”

一版“①果名。即獼猴桃。也叫楊桃”下無書證，二版長樣加謝靈運《山居賦》書證。

按：義項“②泛稱木本植物的果實”，首證引《北史》，《北史》爲唐李延壽所撰，作爲首證時代太晚。《爾雅·釋天》“果不熟爲荒”晉郭璞注：“果，木子。”

另外，該詞條的義項前後當作調整，當作：“①泛稱木本植物的果實。②果名。即獼猴桃。也叫楊桃。”因爲先有泛指用法，後有專指用法。

【木刀】木製的刀。唐段成式《酉陽雜俎·木篇》：“其實如棗，以竹刀剖則甘，鐵刀剖則苦，木刀剖則酸，蘆刀剖則辛。”宋孟元老《東京夢華錄·駕登寶津樓諸軍呈百戲》：“有花妝輕健軍士百餘，前列旗幟，各執雉尾蠻牌木刀，初成行列拜舞。”

二版長樣同第一版，未作修改。

按：作爲首證，唐段成式《酉陽雜俎》的句例明顯源於舊題漢東方朔的《神異經》。《神異經》：“崑崙山上有柰……實如棗，長五尺。金刀剖之則甜，若竹刀剖之則飴，木刀剖之則酸，蘆刀剖之則辛。”内容大致相同，且亦含“木刀”一詞。雖然《神異經》可能非漢代東方朔所撰，然《隋書·經籍志》已有著録。陳振孫認爲其文辭近梁，蓋由六朝文士所集，故時代早於唐代，故當換《神異經》例。

【木木然】神情麻木的樣子。朱自清《一封信》：“於是木木然，心上什麽也没有；有的只是自己，自己的家。”朱自清《執政府大屠殺》：“我呢，這回是由怕而歸於木木然，實是很可恥的！”《人民文學》1978年第4期：“唐琳木木然，没有反應。”

二版長樣同第一版，未作修改。

按：可補清袁枚《子不語》卷二四：“（崔）湜曰：‘如昭容言，天下優劣豈獨男子然耶？湜少忝官階，爲女子所悦，所遇豈無粲者？然下體亦正難言，往往有交無媾，木木然如瞽人投井，不知何往。’”

【木牛】①古代一種運載工具。即獨輪車。《三國志·蜀志·諸葛亮傳》：“亮復出祁山，以木牛運。”《舊五代史·梁書·末帝紀下》：“木牛暫息，則師人有乏爨之憂；流馬盡行，則丁壯有無聊之苦。”清宋聚業《題南陽旅壁》詩：“時來一夕收銅馬，事去經年運木牛。”②一種耕具。清李調元《南越筆記·木牛》：“木牛者，代耕之器也。以兩人字架施之，架各安轆轤一具，轆轤中繫以長繩六丈，以一鐵環安繩中，以貫犁之曳鉤，用時，一人扶犁，二人對坐架上，此轉則犁來，彼轉則犁去，一手而有兩牛之力，耕具之最善者也。”鄭觀應《盛世危言·技藝》：“江慎修先生製木牛耕田，以木驢代步。”③一種攻城器械。清戴名世《孑遺録》："賊奮力攻城，以巨絙聯木板，藏其下，負以趨，名曰木牛。"

二版長樣同第一版，未作修改。

按：義項①之末尾，當加"參見'木牛流馬'"。另義項②所引首證爲清李調元《南越筆記·木牛》，而同樣内容見於清屈大均《廣東新語·木牛》，文字一字不差。屈大均（1630～1696）早於李調元（1734～1803）一百多年，則李調元抄屈大均無疑，故此例當改爲清屈大均《廣東新語·木牛》。

【木化九隆】指中國古代西南少數民族哀牢夷起源的神話傳説。據傳哀牢夷之祖先有婦人名沙壹，居於牢山，嘗捕魚水中，觸沉木若有感，因懷妊。生有十男。後沉木化成龍，躍出水面欲見其子。九子見龍驚走，獨小子不能去，背龍而坐，龍因舐之。土語謂背爲九，坐爲隆，故名小子爲九隆。後長大，被推爲王。九隆兄弟娶牢山十女爲妻，生養繁衍，形成種族。事見《後漢書·西南夷傳·哀牢夷》。唐駱賓王《兵部奏姚州破賊設蒙儉等露布》："竹浮三節，肇興外域之源；木化九隆，頗爲中原之害。"

二版長樣幾同第一版，未作大修改。僅將唐駱賓王《兵部奏姚州破賊設蒙儉等露布》中"頗爲中國之患"改爲"頗爲中原之害"。

按：以上事基本與《後漢書·西南夷傳·哀牢夷》中相關叙述同："哀牢夷者，其先有婦人名沙壹，居於牢山。嘗捕魚水中，觸沈木若有感，因懷妊，十月，産子男十人。後沈木化爲龍，出水上。沙壹忽聞龍語曰：'若爲我生子，今悉何在？'九子見龍驚走，獨小子不能去，背龍而坐，龍因舐之。其母鳥語，謂背爲九，謂坐爲隆，因名子曰九隆。及後長大，諸兄以九隆能爲父所舐而黠，遂共推以爲王。後牢山下有一夫一婦，復生十女子，九隆兄弟皆娶以爲妻，後漸相滋長。種人皆刻畫其身，象龍文，衣皆著尾。"唐李賢注："自此以上並見《風俗通》也。"説明這一記載更早見於《風俗通》（亦見於《華陽國志》）。與其如此，倒不如將叙述改爲直接引《後漢書》，如此，既有了書證，又能使讀者得知，記載此傳説的源頭在比《後漢書》更早的《風俗通》一書（惜今本《風俗通》此段内容已佚，僅憑李賢注而得知）。

另，一版所引駱賓王文"頗爲中國之害"不誤，長樣改爲"頗爲中原之害"反誤。據查檢，文淵閣《四庫全書·集部》1339 册 133 頁《文苑英華》、1065 册 508 頁《駱丞集》、1394 册 618 頁《四六法海》所引皆作"中國"可證。

【木札】①木片。唐段成式《酉陽雜俎·盜俠》："韋（韋行規）下馬負一樹，見空中有電光相逐如鞠杖，勢漸逼樹秒，覺物紛紛墜其前，韋視之乃木札也。"②古代書寫用的木簡。魯迅《故事新編·出關》：“有幾個還帶着筆、刀、木札，預備抄講義。”

按：該條各義項的首證均應提前。如“①木片”，較早的書證有東晉佛陀跋陀羅共法顯譯《摩訶僧祇律》卷17：“若持薪火著薪上、著草上、牛屎上、木札上、糞掃上，波夜提。”“②古代書寫用的木簡”，較早的書證有漢班固《東觀漢紀·劉盆子載記》：“赤眉欲立宗室，以木札書符曰‘上將軍’，與兩空置笥中。”宋陸遊《南唐書·譚紫霄傳》卷十七：“初有陳守元者，亦道士。劚地得木札數枚，貯銅盎中。皆漢張道陵符篆，朱墨如新。”

【木臼】木製的臼。宋范成大《田家留客行》：“木臼新舂雪花白，急炊香飯來看客。”劉白羽《熱情的歌聲没有停止》：“婦女們從水井邊頂着水甕回來，然後高舉着木杵在巨大的木臼裏搗米。”

二版長樣比之一版，補宋范成大《田家留客行》例作爲首證。

按：二版長樣雖將首證從現代提前到宋代，但仍嚴重滯後。東晉佛陀跋陀羅共法顯譯《摩訶僧祇律》卷3：“木器竹器者：木臼、木瓶、木瓮、木椀、木杓，竹筐、竹席乃至竹笘，及餘種種一切木器竹器，是名竹器木器。”北涼曇無讖譯《大般涅槃經·師子吼菩薩品》：“王言：‘象爲何類？’其觸牙者，即言象形如蘆菔根；其觸耳者，言象如箕；其觸頭者，言象如石；其觸鼻者，言象如杵；其觸腳者，言象如木臼；其觸脊者，言象如床；其觸腹者，言象如甕；其觸尾者，言象如繩。”唐孫思邈《備急千金方·消渴方·豬肚圓治消渴方》：“右七味爲末，内豬肚中縫塞，安甑中極爛蒸，乘熱及藥木臼中搗。”

【木羽】仙人名。《文選·左思〈魏都賦〉》：“木羽偶仙。”劉良注：“木羽者，巨鹿南和人也。母貧賤，常助産婦。兒生，自下咬母，母大怖。暮夢見大冠赤幘守兒，言：‘此兒司命君也！當報汝恩，使子與木羽俱仙。’母陰信識之，後兒生，字之爲木羽。兒至年十五，夜有車馬來迎之，呼：‘木羽、木羽，爲我御來！’遂俱去。”

二版長樣同第一版，未作修改。

按：《列仙傳·木羽》：“木羽者，巨鹿南和平鄉人也。母貧賤，主助産。常探産婦，兒生便開目，視母大笑，其母大怖，夜夢見大冠赤幘者守兒，言：‘此司命君也！當報汝恩，使汝子木羽得仙。’母陰信識之。母後生兒，字之爲木羽。所探兒生年十五，夜有車馬來迎去。遂過母家，呼：‘木羽、木羽，爲御來！’遂俱去。”據四庫館臣考訂，《列仙傳》可能爲漢劉向舊撰，且《文選》劉良注内容幾同《列仙傳》，故當以引《列仙傳》爲善。

【木羽弩箭】宋代的一種弩箭。《宋史·兵志十一》：“咸平元年六月，御前忠佐石歸宋獻木羽弩箭，箭裁尺餘而所激甚遠，中鎧甲則幹去而鏃存，牢不可拔。”《宋史·兵志十一》：“隆興元年，御降木羽弩箭式，每路依式製箭百萬。”

二版長樣同第一版，未作修改。

按：宋王應麟《玉海·兵制十五·弓矢》：“咸平元年六月丁酉，馬軍都頭石歸宋進木羽弩箭，以木爲笴、爲羽，翎長尺餘，所激甚遠。入鎧甲則笴去而鏃留，牢不可拔，蕃戎畏之。願多造以給邊用，上命衛士試之。”《宋史》爲元人所撰，《玉海》爲宋人所撰，且《玉海》對木羽弩箭的描寫詳於《宋史》，故書證取《玉海》例爲善。

【木梆】用挖空的木頭做成的梆子。曹禺《雷雨》第三幕：“四周卻更顯得沉悶了，偶爾聽見幾聲青蛙叫和更夫的木梆聲，暴雨就快要來了。”

二版長樣同第一版，未作修改。

按：此條僅出一現代書證，時代滯後。明戚繼光《練兵雜紀·每臺一座設備軍火器械什物》：“鑼一面，皷一面，旗一面，木梆一具……”清李亮丞《熱血痕》第三二回：“一更夫已至跟前，前面一人，提個燈籠，手敲木梆，後面一人，手敲銅鑼。”

【木根】樹根。唐孟郊《審交》詩：“種樹須擇地，惡土變木根。”《宋史·五行志三》：“〔政和三年〕十月，武義縣木根有‘萬宋年歲’四字。”

二版長樣同第一版，未作修改。

按：首證時代爲唐，過於滯後。可增《楚辭·離騷》：“擥木根以結茝兮，貫薜荔之落蕊。”三國魏阮籍《大人先生傳》：“失不自以爲辱，得不自以爲榮。木根挺而枝遠，葉繁茂而華零，無窮之死猶一朝之生，身之多少，又何足營！”

【木琴】打擊樂器。由若干長短不一的短木條編排組成。原分四排，現多作兩排。用兩根小木槌擊奏，發音清脆，常用於獨奏或管弦樂隊。亦有在木條下裝設金屬共鳴管者，發音更爲嘹亮。《文匯報》2007.1.8：“琵琶作爲彈撥樂器，説它的發音像同爲彈撥樂器而具有‘音箱共鳴’的古箏或吉他，還不如説它更接近無音箱共鳴的打擊樂器玉磬或木琴。”

二版長樣同第一版，僅增加當代《文匯報》一條書證。

按：其實，“木琴”一詞，在清代已見。清徐珂《清稗類鈔·娼妓類·秋玉蟾賣娼異國》：“且凡琵琶、月琴、木琴、胡琴、風琴以及笙簫笛板、鉦鼓鐃鈸，靡不精。”

【木椎】木槌。明徐光啟《農政全書》卷二一：“今田家所製無齒杷，首如木椎，柄長四尺，可以平田疇，擊塊壤，又謂木斫，即此櫌也。”清蒲松齡《聊齋志異·鐵布衫法》:"又出其勢即石上,以木椎擊之,無少損。"

二版長樣同第一版,僅增加清蒲松齡《聊齋志異》一條書證。

按:"木椎"之首證爲明代徐光啟《農政全書》,時代太嫌滯後。此詞早見於漢代。《吕氏春秋·仲夏紀》"飭鐘磬柷敔",漢高誘注:"柷如漆桶,中有木椎,左右擊以節樂。"又宋洪邁《夷堅志補》卷一"妙心行者":"以左手持斧置顖門,右手執木椎擊之,應手頭裂,暈倒在地不自知。"

　　【木寓】木偶。清顧炎武《日知録·漢書注》:"古文'偶、寓'通用,木寓,木偶也……古人用以事神及送死,皆木偶人、木偶馬;今人代以紙人紙馬。"……

二版長樣同第一版,未作修改。

按:首證用清代顧炎武《日知録》例,時代太嫌滯後。《漢書·郊祀志五上》:"時駒四匹,木寓龍一駟,木寓車馬一駟,各如其帝色。"唐權德輿《釋疑》:"其可以盡廢此而如土偶木寓耶? 不然則憂可既乎? 憂可既乎? "

　　【木碗】①木製的碗。舊時多供小兒使用。《紅樓夢》第四一回:"哦! 是了! 想必是小孩子們使的木碗兒,不過誆我多喝兩碗。"賈平凹《木碗世家》:"漢子身心康健,手腳有力,在七分薄田裏耕作填不滿肚子,就學得一項手藝,走街串村爲人旋製木碗。"②藏、門巴、珞巴等族食具。用樺樹、成巴樹及雜木的木節雕琢而成。方便耐用,不燙嘴,所剩食物不改味,爲群衆所喜用。佟錦華《藏族古典文學》:"我在拉薩流浪了三年,帶着木碗走回家。"

二版長樣在一版的基礎上新增了賈平凹、佟錦華的兩個現代書證。

按:該條義項①首證爲《紅樓夢》,太嫌滯後。當改爲:

【木碗】亦作"木椀"。①木製的碗。比較粗陋的食器,舊時多供小兒使用。《北齊書·盧武叔傳》:"良久食至,有粟飧葵菜,木椀盛之,片脯而已。"元鄧玉賓《道情》:"問甚木碗椰瓢,村醪桂香。乘興隨緣化,好酒無深巷。"明李言恭、郝傑《日本考·待賓飲饌》:"米飯用大小木碗尖盛,俟食將平,又添其尖,務以尖滿爲敬。"《紅樓夢》第四一回:"哦! 是了! 想必是小孩子們使的木碗兒,不過誆我多喝兩碗。"賈平凹《木碗世家》:"漢子身心康健,手腳有力,在七分薄田裏耕作填不滿肚子,就學得一項手藝,走街串村爲人旋製木碗。"②藏、門巴、珞巴等族食具。用樺樹、成巴樹及雜木的木節雕琢而成。方便耐用,不燙嘴,所剩食物不改味,爲群衆所喜用。佟錦華《藏族古典文學》:"我在拉薩流浪了三年,帶着木碗走回家。"

【木鉢】木製的鉢。僧人所用食器。元薩都剌《送龍翔寺約上人之俗歸宜興狀寺》詩：“早趁鐘聲持木鉢，夜隨燈影認禪牀。”

二版長樣同第一版，未作修改

按：木鉢，既然是僧人所用食器，所以大量早期的書證都應該到漢文佛典中去找。如：東晉佛陀跋陀羅共法顯譯《摩訶僧祇律》卷 29：“即喚巧師旋作木鉢，作種種飯食盛滿鉢。”姚秦佛陀耶舍共竺佛念譯《四分律》卷 40：“爾時有比丘持木鉢，往佛所白言：‘此是頭陀端嚴法，願佛聽。’”隋吉藏撰《金剛般若疏》卷 2：“明鉢有八種。不許弟子畜金銀鉢，恐生貪故。不許畜木鉢，受垢故。但許畜二種，謂鐵瓦等也。佛畜石鉢也。”而《詞典》以元代例爲首證，實太滯後。

【木槍】古代兵器。木杆一端裝有尖銳的金屬頭，用於刺擊。亦有兩端裝有尖頭者。《北史·尒朱天光傳》：“天光密使軍人多作木槍，各長七尺。”《宋史·太宗紀二》：“〔淳化二年〕丁亥，詔内外諸軍，除木槍、弓弩矢外不得蓄他兵器。”

二版長樣同第一版，未作修改。

按：此條首證引《北史》，甚爲不妥。因爲《魏書·尒朱天光傳》：“天光密使軍人多作木槍，各長七尺。”文字全同。而《魏書》爲北齊魏收所撰，《北史》則爲唐代李延壽所撰，《魏書》早出《北史》百年以上，明顯是《北史》抄自《魏書》，而《詞典》第一版引例往往引自後者，故使首證時代大大滯後。

【木僵】猶木強。茅盾《報施》：“手指木僵地撮住那不算薄的一疊，心跳的更屬害。”王朔《我是你爸爸》第十六章：“他的臉本來就不很生動，近來更加灰暗木僵，厚厚晶亮的眼鏡片迎光閃爍時尤其給人一種茫然無措的感覺。”參見“木強”。

二版長樣在一版基礎上增一當代王朔小説例。

按：首證爲現代例，太滯後。首證至少可以提前到宋代。宋牟巘《周公瑾〈齊東野語〉序》：“余病卧對牆壁，平生結習，掃除略盡。每聞人譚舊章故實，往往面熱汗下，已爲椎魯木僵人。”此後多見，如明王穉登《今刻李杜詩集序》：“今之學杜者，不驚人泣鬼，而木僵膚立。學李者，不含霞吸月，而空疏無當。是安得爲李、杜？爲李、杜罪人矣！”《泣血亭》第一回：“我出嫁時你還小呢，我在家時就寫這歐字體，可是到這兒就生兒育女，瑣事纏身，手指頭都木僵了，哪裏還談得上書法。”

【木蹻】木底鞋。《漢書·王褒傳》“去卑辱奥渫而升本朝，離疏釋蹻而享膏粱”，顏師古注引漢應劭曰：“離此疏食，釋此木蹻也。”

二版長樣同第一版,未作修改。

按:首證用唐顏師古所引漢應劭語,何不用應劭著述中原話? 漢應劭《風俗通義·愆禮》:"頭不著巾,身無單衣,足常木蹻,食止壖菜。"

　　【本】⑮ 自己或自己方面的。金董解元《西廂記諸宫調》卷二:"念本寺裏别無寶貝,敝院又没糧草,將軍手下許多兵,怎地停泊?"《儒林外史》第三五回:"上江二縣來拜,本城鄉紳來拜,哄莊征君穿了靴又脱,脱了靴又穿。"張天翼《春風》:"所以——本大醫師有權禁止你們生氣。"參見"本懷"。⑯ 現今的。徐遲《哥德巴赫猜想·向着二十一世紀》:"轉眼將是本世紀末,刹那又到新世紀初。"參見"本日"。

二版長樣同第一版,未作修改。

按:【本】的⑮⑯兩義項,首證時代太晚。表示"自己或自己方面的"義,有姚秦鳩摩羅什譯《妙法蓮華經》卷2:"我名某甲,昔在本城懷憂推覓,忽於此間遇會得之。此實我子,我實其父。"《北齊書·文襄帝紀》:"魏帝詔曰:'既朝野攸憑,安危所繫,不得令遂本懷,須有權奪,可復前大將軍,餘如故。'"《魏書·韓麒麟傳》:"王以權在寵家,塵謗紛雜,恭慎之心,逾深逾厲,去其本宅,移住殿西,闔門靜守,親賓阻絶。"表示"現今的"義,有《管子·重令》:"謹於鄉里之行,而不逆於本朝之事者,國之經俗也。"晉戴諡《喪遇閏議》:"亡在於閏,喪者之變,祥除之事,無復本月,應有所附,以正所周。閏在三月後,附於三月。"元李直夫《便宜行事虎頭牌》第三折:"就於本月十六日,阿可親率軍上,挺身赴敵,效力建功。"

　　【本二】和尚未出家時的妻子。又稱故二。本謂故舊,二謂配偶。《五分律·波羅夷法》:"即問汝犯何罪,答言:'我共本二作不淨行。'"

二版長樣同第一版,未作修改。

按:《五分律》爲劉宋佛陀什共竺道生譯,此條首證可提前到東晉。東晉佛陀跋陀羅共法顯譯《摩訶僧祇律》卷39:"佛住毘舍離,爾時須闍提比丘尼是優陀夷本二。語優陀夷言:'尊者! 我明日當守房,可來看。'"

　　【本人】① 自稱。指説話人自己。格非《樹與石·褐色鳥群》:"因爲它不僅涉及我本人,也涉及到我在'水邊'正在寫作的那部書,以及許多年以前我的死於腦溢血的妻子。"② 指當事人自己或所提到的人自身。《三國志平話》卷中:"諸葛亮曰:'張飛,你本人用心也。'"清黄六鴻《福惠全書·蒞任·考代書》:"所取認代書,敢有欺凌鄉民孤寡,任意勒索,不即與書寫者,許本人赴稟重究。"姚雪垠《李自成》第一卷第三二章：“看其用兵詭詐情形，必爲闖賊本人無疑。”③這人或那人。宋范仲淹《奏爲劉滬董士廉修永洛城乞委魚周詢等勘鞫》：“臣料其情，蓋本人在彼相殺得功，降下周回蕃部，又已下手修築城寨。懼見中輟之後，本路責其經畫不當，故以死拒抗。”元關漢卿《拜月亭》第二折：“父親不知，本人於您孩兒有恩處。”

二版長樣僅在一版基礎上增一格非《樹與石·褐色鳥群》例。

按：其實，本條義項①②的首證都嚴重滯後，而且三個義項的次序應根據首證時代重新排列。故當改爲：

【本人】①指當事人自己或所提到的人自身。姚秦鳩摩羅什譯《妙法蓮花經》卷7：“呪詛諸毒藥，所欲害身者，念彼觀音力，還著於本人。”唐輸婆迦羅譯《地藏菩薩儀軌》卷1：“若念惡人呪咀，還著本人。”《三國志平話》卷中：“諸葛亮曰：‘張飛，你本人用心也。’”清黃六鴻《福惠全書·蒞任·考代書》：“所取認代書，敢有欺凌鄉民孤寡，任意勒索，不即與書寫者，許本人赴稟重究。”姚雪垠《李自成》第一卷第三二章：“看其用兵詭詐情形，必爲闖賊本人無疑。”②這人或那人。宋范仲淹《奏爲劉滬董士廉修永洛城乞委魚周詢等勘鞫》：“臣料其情，蓋本人在彼相殺得功，降下周回蕃部，又已下手修築城寨。懼見中輟之後，本路責其經畫不當，故以死拒抗。”元關漢卿《拜月亭》第二折：“父親不知，本人於您孩兒有恩處。”③自稱。指説話人自己。元關漢卿《杜蕊娘智賞金綫池》第四折：“俺分離自去年，謝尊官哀憐。看本人顔面，得相公周全。”清無垢道人《八仙得道》第十回：“既娘子如此存心，小子也不便多説什麽。只愁本人窮賤粗鄙，怎配得上娘子天生麗質。”格非《樹與石·褐色鳥群》：“因爲它不僅涉及我本人，也涉及到我在‘水邊’正在寫作的那部書，以及許多年以前我的死於腦溢血的妻子。”

【本生】①親生父母。《隋書·薛孺傳》：“收初生，即與孺爲後，養於孺宅。至於成長，殆不識本生。”唐白居易《爲崔相陳情表》：“臣亡父某官、亡妣某氏，是臣本生。亡伯某官某贈某官，臣今承後。”宋趙與時《賓退録》卷二：“致堂本文定從子，其生也，父母欲不舉，文定夫人舉而子之。及貴，遭本生之喪，士論有非之者。”清袁枚《隨園隨筆·不可亦可》：“羊祜無子，取弟子伊爲子。及祜卒，伊不服重，曰：‘伯父養己，己不敢違，然無父命，宜仍還本生。’”②親生，生身。宋周密《齊東野語·胡明仲本末》：“及顯貴，不復爲本生母持服。”清姚鼐《印松亭家傳》：“其在京師，遭本生父母喪，哀甚，見者不能與言也。”《清史稿·禮志十二》：“光緒十六年，醇親王奕譞薨，定稱號曰：‘皇帝本生考。’”③指嫡親。清陳康祺《郎潛紀聞》卷七：“吾女可配衍聖公，公爲媒；衍聖公之本生胞姊可配公之子，吾爲媒。”④猶個人，自身。唐元稹《估客樂》詩：“火伴相勒縛：‘賣假莫賣誠。交關但交假，本生得失輕。’”⑤巴利文意譯，音譯“闍陀伽”。佛教經典,爲十二部經之一,通過敘述佛陀前生所行善業功德的寓言故事,發揮佛教的基本教義。故亦以指佛的前生事蹟。

二版長樣將一版四個義項分爲五個義項(一版"③指嫡親"未分列爲獨立義項,而是附於"②親生,生身"之書證之後,作"亦指嫡親")。

按:義項"②親生,生身"首證可用《祖堂集》卷八"曹山和尚":"云:'忽逢本生父母時作麼生?'師云:'揀什麼?'"義項"⑤巴利文意譯"之後,當補時代更早書證。如:北涼曇無讖譯《悲華經》卷7:"若有衆生未曾得見本生經,聞佛説法,即得一切在在處處三昧。"《大般若波羅蜜多經》卷303:"復次,善現!能説法者專樂廣知十二分教次第法義:所謂契經、應頌、記莂、諷頌、自説、因緣、譬喻、本事、本生、方廣、希法、論議。"魯迅《南腔北調集·"連環圖畫"辯護》:"這兩樣,一是佛陀的本生,一是孔子的事蹟,明明是連環圖畫,而且是宣傳。"

【未艾方興】方興未艾。謂正在蓬勃向前發展。陳熾《議院》:"惟君民共主之國……英人刱之於前,德國踵之於後,所以威行海表,未艾方興者,非幸也,數也。"

二版長樣同第一版,未作修改。

按:此條首證引現代例,時代嚴重滯後。可增宋蔡戡《中大夫致仕朱公墓志銘》:"積善餘慶,未艾方興。百世蟬聯,子嗣孫承。"清湯來賀《祭王左車處士文》:"頃攜令子,相視山形。川原秀麗,可以封塋。發祥百襀。未艾方興。"最後,當加"參見'方興未艾'",因爲"方興未艾"一詞更常見。

【未來生】佛教語。來生,來世。唐劉禹錫《樂天少傅五月長齋因以戲之》詩:"精修無上道,結念未來生。"

二版長樣同第一版,未作修改。

按:"未來生"一詞,首證以唐劉禹錫詩,時代滯後,該詞既是佛教語,書證當首先從漢文佛典中搜尋,如此書證時代可大大提前。如西晉竺法護譯《度世品經》卷1:"何謂爲十事?以過去而宣説之、往古以没豫説當來、滅來久遠演現在處、尚未當來豫説過去、尚未欲至輒宣現在、亦復班宣未來生者、傳於現在忽以過去、解於現在謂之未來、目所覩者宣之平等、現了三世一時悉達,是爲十事暢説三世。"劉宋求那跋陀羅譯《勝鬘師子吼一乘大方便方廣經》卷1:"我久安立汝,前世已開覺;今復攝受汝,未來生亦然。"隋闍那崛多譯《佛本行集經》卷24:"若當有人,於現世中,不得寂定安樂之心,其未來生,決受諸苦。"

【未來身】佛教語。來生;來世。唐姚合《寄郁上人》詩:"此生修道淺,愁見未來身。誰爲傳真諦，唯應是上人。"

二版長樣同第一版，未作修改。

按：同上條，"未來身"一詞亦爲佛教語，漢文佛典中早已出現。後秦佛陀耶舍共竺佛念譯《長阿含經》卷 17："有過去身時，唯是過去身，無未來、現在。有未來身時，唯是未來身，無過去、現在。有現在身時，唯是現在身，無過去、未來身。"北涼曇無讖譯《大方等大集經》卷 39："既念此苦更生重苦，緣苦生苦還造苦因，於未來身復受苦報，如是轉轉無量無邊，受諸辛苦無有窮盡。"隋闍那崛多譯《商主天子所問經》卷 1："過去身不著智、無住識智；未來身無著智、諸法不行智；現在身不著智、不定不住智。"

【未委】未悉，不知。宋岳飛《申省招安寇盜狀》："湖東路見今盜賊嘯聚，動以數萬……除見措置剿殺外，其間若有能改行自新之人，未委合與不合招安？"《水滸傳》第三三回："這罪犯非小，未委虛的。"

二版長樣同第一版，未作修改。

按："未委"首證用宋代例，實太滯後。"未委"一詞，魏晉南北朝起即大量出現。《全晉文·王羲之〈雜帖〉》："賢姊體中勝常，想不憂也。白屋之人，復得遷轉，極佳，未委幾人？"同上："足下時事少，可數來至。人相尋下官吏不？東西未委，若爲言敍乖，足下不返，重遣信往問，願知心素。"梁陶弘景《真靈位業圖序》："如希林真人爲太微右公，而領九宮上相，未委爲北宴上清，當下親相職邪？"唐賈島《慈恩寺上座院》詩："未委衡山色，何如對塔峰。"《敦煌變文集·目連緣起》："夫人曰：'人間矩短，弟子常當知。未委何方，命壽長遠？'"《敦煌變文集·秋胡變文》："仰賜黃金二兩，亂采（彩）一束，暫請娘子片時在於懷抱，未委娘子賜許以不？"

【未笄】舊指女子未成年。明文徵明《敕封承德郎陳君墓表》："同邑莫公諱淮之女，生而願謹，未笄歸君。"《孟子·滕文公下》"臣東征，綏厥士女"，清焦循正義："雖未冠之士、未笄之女亦且綏之。"清曾國藩《曹潁生侍御之繼母七十壽序》："同年友曹潁生侍御之繼母李太恭人，未笄而歸贈公禹川先生，歸五年而寡處。"參見"及笄"。

二版長樣幾同第一版，僅增清曾國藩《曹潁生侍御之繼母七十壽序》一書證。

按："未笄"一詞，以明文徵明《敕封承德郎陳君墓表》爲首證，時代嚴重滯後，實漢代已見。如《詩·衛風·氓》："總角之宴，言笑晏晏。"漢鄭玄箋："我爲童女未笄結髮晏然之時，汝與我言笑晏晏然而和柔。"《三國志·魏書·董卓傳》："卓弟旻爲左將軍，封鄠侯；兄子璜爲侍中中軍校尉典兵；宗族內外並列朝廷。"裴松之注引《英雄記》曰："孫女名白，時尚未笄,封爲渭陽君。”南朝陳陳叔寶《東飛伯勞歌》:“年時二七猶未笄,轉顧流眄鬢髮低。”

【未逮】不及;没有達到。明沈德符《野獲編·科場·早達》:“鉉以紈袴起家,被遇三朝,富貴安樂,優遊林下,則二公所未逮也。”《初刻拍案驚奇》卷二十:“隨分付張氏道:‘二十載恩情,今長别矣……必須教子成名,補我未逮之志。’”周作人《看雲隨筆·草木魚蟲·小引》:“不過在事實上藝術還着實有志未逮,或者只是音樂有點這樣的意味,纏縛在文字語言裏的文學雖然拿出什麽象徵等物事來在那裏掙扎,也總還追隨不上。”

二版長樣幾同第一版,僅增現代周作人《看雲隨筆·草木魚蟲·小引》一例。
按:“未逮”一詞,以明沈德符例爲首證,時代嚴重滯後。該詞語出《禮記·禮運》:“大道之行也,與三代之英,丘未之逮也,而有志焉。”後漢仲長統《損益篇》:“不循古法,規爲輕稅,及至一方有警,一面被災,未逮三年,校計騫矩,坐視戰士之蔬食,立望餓殍之滿道。”東晉宗炳《答何衡陽難釋白黑論》:“孫稱竺法護之淵達,于法蘭之淳博。吾不聞雅俗,不知當比何士。然法蘭弟子道邃。未逮其師。”《宋書·傅隆傳》:“盧植、鄭玄,偕學馬融,人各名家。又後之學者,未逮曩時。”

【末劫】①佛教語。謂末法之劫。宋邵博《聞見後録》卷二八:“慶曆中,齊州言:有僧如因,妖妄惑人,輒稱正法一千年一劫,像法一千年一劫,末法一千年一劫。今像法已九百六十年,才餘四十年即是末劫,當饑饉、疾疫、刀兵云云……僧録司奏:正法、像法、三災劫等,悉出大藏經論。”②借指黑暗的世道。元宫天挺《范張雞黍》第二折:“今日個秀才每遭逢著末劫,有那等刀筆吏入省登臺,屠沽子封侯建節。”明王衡《郁輪袍》第七折:“如今末劫澆薄,世上人只爲功名一事顛倒倒顛的,瞎眼人强做離朱,堂下人翻居堂上。”參見“末法”。

二版長樣同第一版,未作修改。
按:義項①首證時代爲宋,太滯後。“末劫”一詞既然是佛教語,其早期用例當在漢文佛典中,如:元魏般若流支譯《正法念處經》卷67:“觀末劫時,無十善時,一切人民但自擁護,無福德時,云何壽命,壽幾許命?”北涼曇無讖譯《悲華經》卷5:“我於末劫成阿耨多羅三藐三菩提已,悉當教化,令住三乘。”唐道宣撰《續高僧傳》卷27:“其後復告衆:‘末劫輕慢心轉薄淡,見像如木頭,聞經如風過馬耳。’”

【末法】①謂不能治本的法術。係儒家對法家刑名之學的蔑稱。《晉書·吕光載記》:“明公受天眷命,方君臨四海,景行堯舜,猶懼有弊,奈何欲以商申之末法,臨道義之神州。"②佛教語。指佛法的衰微時期。《隋書·經籍志四》："然佛所説，我滅度後，正法五百年，像法一千年，末法三千年，其義如此。"宋張商英《護法論》："末法像教之僧敗群不律者，勢所未免也。"清龔自珍《最録禪源諸詮》："居末法中，欲敵生死，如救頭然。"章炳麟《〈頻伽精舍校刊大藏經〉序》："雖處末法之中，而群情歸慕如此，知正信之未衰也。"③泛指宗教的衰微。梁啟超《近世文明初祖二大家之學説·緒言》："顧宗教今已屬末法之期，而學術則如旭日升天，方興未艾。"

二版長樣同第一版，未作修改。

按：本條義項②③都與佛教有關，然所引首證均非出自佛典，故嚴重滯後。在義項②下當補首證東晉佛陀跋陀羅譯《佛説觀佛三昧海經》卷3："汝等前世於然燈佛末法之中出家學道，既出家已，於師和上起不淨心。"劉宋求那跋陀羅譯《楞伽阿跋多羅寶經》卷1："至於像法、末法之後，去聖既遠，人始溺於文字，有入海算沙之困，而於一真之體乃漫不省解，於是有祖師出焉。"在義項③下當補首證唐菩提流志譯《大寶積經》卷1："我滅度後末法之時，及與汝等已般涅槃，不爲諸天之所信護。當於爾時，多有衆生聞我功德發菩提心。"宋法天譯《佛説金剛手菩薩降伏一切部多大教王經》卷1："於後末法之時，若有受持之者，親自護衛承事供養。"

【末姻】遠親。《北史·張讜傳》："讜性開通，篤於接恤，青齊之士，雖疏族末姻，咸相敬視。"

二版長樣同第一版，未作修改。

按：此條僅一書證，且出於《北史》，而《北史》此條記載則源於《魏書·張讜傳》："讜性開通，篤於撫恤，青齊之士，雖疏族末姻，咸相敬視。"兩相比較，僅"撫恤、接恤"一字之差。《北史》乃唐初李延壽所編，《魏書》乃北魏魏收所編，早出《北史》百餘年。何舍本而求末耶？另外還可以增一書證：唐楊玄撰《大唐故梁夫人墓誌銘》："玄幸忝末姻，牢讓不及，輒搜荒拙，貴述遺芳。"以避孤證之嫌。

【末略】漫不經心貌。《梁書·夏侯詳傳》："齊明帝爲刺史，雅相器遇。及輔政，招令出都，將大用之。每引詳及鄉人裴叔業日夜與語，詳輒末略不酬。帝以問叔業，叔業告詳，詳曰：'不爲福始，不爲禍先。'"

二版長樣同第一版，未作修改。

按："末略"首證《梁書》乃唐姚思廉所編，時代滯後。可增《莊子·則陽》："昔予爲禾，耕而鹵莽之，則其實亦鹵莽而報予。芸而滅裂之，其實亦滅裂而報予。"晉郭象注："鹵莽、滅裂,輕脫、末略,不盡其分。”梁陶弘景《周氏冥通記》:“唯此四事,自餘或有訪問,皆依違末略,初不顯詔。”

【末進】猶後輩,後學。自謙之詞。明何景明《上李西涯書》:“明公之識,非末進可窺。”明何景明《進舟賦》:“繫余之末進兮,匪取教於一方。”

二版長樣同第一版,未作修改。

按:釋義當改爲“猶後輩、後學。有時亦作自謙之詞”。另外“末進”首證用明代例,時代滯後。可增《晉書·戴逵傳》:“今末進後生,目不覩揖讓升降之儀,耳不聞鐘鼓管弦之音。”

【末將】①位次於上將和次將的將領。《史記·項羽本紀》:“王(楚懷王)召宋義與計事而大悦之,因置以爲上將軍;項羽爲魯公,爲次將,范增爲末將。”《武王伐紂平話》卷下:“用周公旦爲參謀,用祁宏爲末將。”②指低級將官。《三國演義》第一百回:“〔司馬懿〕問曰:‘汝識吾陣否?’孔明笑曰:‘吾軍末將亦能布之。此乃混元一氣陣也。’”③猶言小將。將官的謙稱。《封神演義》第三二回:“末將今設有一飯,請大王暫停鸞輿,少納末將虔意。”

二版長樣同第一版,未作修改。

按:義項②③首證嚴重滯後。義項“②指低級將官”可增南朝梁庾信《哀江南賦》:“濟陽忠壯,身參末將。兄弟三人,義聲俱唱。”義項“③猶言小將。將官的謙稱”,《舊五代史·王殷傳》:“殷上章辭曰:‘臣爲末將,出處無損於國家。’”明《大唐秦王詞話》第三二回:“敬德説:‘列位大人!末將中了唐家賺兵之計,被大勢人馬,困在樵水峪,幾次殺不透重圍,險些兒死於陣上。’”

文獻語言學(17):125～140,2024

《集韻》疑難義訓箋識①

鄧福禄

（蘇州大學文學院,蘇州,215127）

提 要:《集韻》有很多意義不明的疑難義訓,《漢語大字典》以此爲文獻依據設立爲義項而亦未加解釋,因而也難以理解。本文依據其成因,略作分類,並予以考辨。

關鍵詞:《集韻》;疑難義訓;考辨

　　《集韻》是《廣韻》的增修本,收字 53525 個,幾乎是《廣韻》的兩倍。顧廣圻説:"蓋自宋以前群書之字,略見於此矣。"(《補刊集韻》序)在訓詁方面,它對 "經史諸子以及小學書" 的故訓,多所采納。這些字形和義訓又爲《漢語大字典》②(簡稱《大字典》)等當代大型字書所收録。但是,由於缺乏文獻用例,這些字形和義訓來源不明、意義不清,急需考索和探求。我們在細讀《大字典》時,把該書來源於《集韻》且没有用例或具體意義不明的義項搜集在一起,進行深入考索。今依據其成因略作分類,呈現於此,以求教於方家。

一、俗別字義訓

　　有些字的義訓難以理解,是因爲這些字本身是俗別字,其正字不明,義訓自然難以理解。只要通過形音義比較,找到它們的正字,溝通其正俗關係,其義訓即刻涣然冰釋。

　　【昂】(1063)③

　　(二)yàng《集韻》魚向切,去漾疑。

　　〔昂昂〕君之德。《集韻》漾韻:"昂,昂昂,君之德也。"

　　按:《集韻》漾韻魚向切:"昂,昂昂,君之德也。"④《大字典》據此徑釋 "昂昂" 爲 "君

---

① 本文爲國家社科基金重大項目 "中古近代漢字字源及其數據庫建設"(21&ZD296)階段性成果。
② 徐中舒等《漢語大字典》(第二版),湖北、四川辭書出版社 2010 年。
③ 1063,指 "昂" 字在《漢語大字典》中的頁碼,下仿此。
④ 趙振鐸《集韻校本》(下簡稱《校本》),上海世紀出版股份有限公司、上海辭書出版社 2012 年, 第 1238 頁。

之德"。但"昂昂"爲何訓爲"君之德"呢? 不清楚。其實"昂"爲"卬"的增旁分化字①。《詩·卷阿》:"顒顒卬卬,如圭如璋,令聞令望。"毛傳:"顒顒,温貌。卬卬,盛貌。"鄭箋:"令,善也。王有賢臣,與之以禮義相切瑳,體貌則顒顒然敬順,志氣則卬卬然高朗,如玉之圭璋也。人聞之則有善聲譽,人望之則有善威儀,德行相副。"② 又《爾雅·釋訓》:"顒顒卬卬,君之德也。"郭璞注:"道君人者之德望。"③ 此即《集韻》義訓所由出。又《玉篇校釋》"昂"下云:"昂從日,日高縣中天,故舉目仰望之。古人以日爲君象(部首'日'下云:君象也),故以昂昂稱君德,言爲衆庶所仰望焉。"④ 此言得之。由此可知,"卬卬"義爲盛皃,描寫的對象爲"君之德"。《大字典》據《集韻》徑訓"昂昂"爲"君之德",實未知其義訓來源,不妥。

【迴】(4077)

qiú《集韻》徐由切,平尤邪。

拘留。《集韻》尤韻:"迴,拘留也。"

按:《正字通·辵部》:"迴,俗字,音囚,訓拘留,非。"⑤ 此謂"迴"爲俗字,是也;又云"訓拘留,非",則不確。"迴"實乃"囚"之增旁俗字。《説文》口部:"囚,繫也。從人在口中。"徐鉉音似由切⑥。《爾雅·釋言》:"囚,拘也。"郭璞注:"謂拘執。"郝懿行義疏:"《詩·泮水》傳及《周禮·序官·掌囚》注並云:'囚,拘也。'《樂記》云'釋箕子之囚',《史記·宋微子世家》作'釋箕子之拘',《集解》:'徐廣曰:"拘,一作囚。"'是囚、拘通。"⑦ 是"迴、囚"皆有拘留義,讀音亦同。從形體上看,"迴"蓋"囚"字異寫。《龍龕·辵部》:"逯,俗,音廉,正作匲。盛香器也,又鏡匲也。"⑧ 此即構件"凵"寫作"辶"之例。

【厧】(92)

(一)xiě《集韻》洗野切,上馬心。

仄。《集韻》馬韻:"厧,仄也。"

(二)xiè《集韻》四夜切,去禡心。

---

① 清鄭珍《説文新附考》:"自仰望字通作'仰',俗因別低仰字作'昂'。"説見鄭珍著,王鍈、袁本良點校《鄭珍集·小學》,貴州人民出版社 2002 年,第 297 頁。

② (唐)孔穎達《毛詩正義》,中華書局影印《十三經注疏》本 1980 年,第 546 頁。

③ (清)郝懿行撰,王其和、吳慶峰、張金霞點校《爾雅義疏》,中華書局 2017 年,第 432 頁。

④ 胡吉宣撰《玉篇校釋》,上海古籍出版社 1989 年,第 3971 頁。

⑤ (明)張自烈、(清)廖文英《正字通》,中國工人出版社 1996 年,第 1148 頁。

⑥ (漢)許慎撰、(宋)徐鉉校訂《説文解字》,中華書局影印清陳昌治刻本 1963 年,第 125 頁。

⑦ (清)郝懿行撰,王其和、吳慶峰、張金霞點校《爾雅義疏》,中華書局 2017 年,第 375 頁。

⑧ (遼)釋行均撰《龍龕手鏡》,中華書局影印高麗本 1985 年,第 490 頁。

傾。《集韻》禡韻："寫,傾也。"

按:《集韻》馬韻洗野切(與 "寫" 同小韻):"寫,仄也。"(《校本》第 847 頁)又《集韻》禡韻四夜切(與 "寫" 同小韻):"寫,傾也。"(《校本》第 1222 頁)《大字典》據此設立"仄、傾" 兩個義項。其實,這兩個義項意義相同,當歸併。"寫" 實爲 "寫" 字變異。

《説文》宀部:"寫,置物也。從宀,舄聲。" 徐鉉音悉也切。段注:"謂去此注彼也。《曲禮》曰:'器之溉者不寫,其餘皆寫。' 注云:'寫者,傳己器中乃食之也。'《小雅》曰:'我心寫兮。' 傳云:'輸寫其心也。' 按:凡傾吐曰寫,故作字作畫皆曰寫。俗作 '瀉' 者,'寫' 之俗字。《周禮》:'以澮寫水。' 不作 '瀉'。"[1] 又《玉篇·水部》:"瀉,思野切,傾也。又相夜切。" 胡吉宣《校釋》云:"'傾也' 者,謂傾側瀉水出也,猶漀爲傾側酒出也。"[2] 此與 "寫"之 "傾也" 音義同(構件 "宀" 寫作 "广" 或 "厂",爲俗書通例[3])。

又 "傾" 與 "仄" 義同。《説文》人部:"傾,仄也。" 又厂部:"仄,側傾也。" 是其證。

【擳】(2097)

dú《集韻》徒谷切,入屋定。

抽。《集韻》屋韻:"擳,抽也。"

按:《集韻》屋韻徒谷切(與 "讀" 同小韻):"擳,抽也。"(《校本》第 1320 頁)《大字典》據此釋 "擳" 爲 "抽",無例證,其詞義來源不明。今考 "擳" 爲 "讀" 之換旁俗字。《方言》十三:"抽,讀也。" 戴震《方言疏證》:"詩《鄘風》:'不可讀也。' 毛傳:'讀,抽也。' 鄭箋云:'抽,猶出也。'《史記·太史公自序》:'紬史記石室金匱之書。'《集解》徐廣曰:'紬,音抽。'《索隱》如淳云:'抽徹舊書故事而次述之。' 小顔云:'紬,謂綴集之也。'《方言》以'讀' 訓抽,兼此二義。"[4] "抽" 即 "抽繹" 也。"讀" 蓋受 "抽" 字影響而類化換旁作 "擳"。

【卑】(72)

(四)pí《集韻》頻彌切,平支並。

償。《集韻》支韻:"卑,償也。"

按:《集韻》支韻:"卑,償也。陸德明説。" 此即《大字典》所本。"卑" 字《説文》訓"賤",即卑賤義,與 "償還" 義無關,故 "卑" 訓償,可疑。考《禮記·雜記下》:"有司官陳器

---

① (清)段玉裁注,許惟賢整理《説文解字注》,鳳凰出版社 2007 年,第 595 頁。

② 胡吉宣《玉篇校釋》,第 3813 頁。

③ 梁春勝《俗體部件彙編》,未刊稿,第 59 頁。

④ 華學誠等《揚雄方言校釋匯證》,中華書局 2006 年,第 951 頁。

皿,主人有司亦官受之。”鄭玄注:“器皿,其本所齎物也。律:棄妻畀所齎。”① 陸德明釋文:
“畀所,必利反,與也。又婢支反,償也。”② 此又爲《集韻》所本。“律:棄妻畀所齎”義爲
“依照禮法,離棄妻子送還陪嫁物”,故陸德明釋“畀”爲給與,音必利反;又可訓爲“歸還”
(《説文》:“償,還也。”),音婢支反,與“頻彌切”音同。由此可知,“卑”訓償,乃“畀”字形
誤(“卑”寫作“畀”形,爲俗書通例)③。換言之,即“畀”訛誤作“卑”後,與卑賤之“卑”同
形。於是,字形“卑”就增加了音“頻彌切”訓“償也”的音義項。

【岻】(789)

(一)chí《集韻》陳尼切,平脂澄。

山名。《集韻》脂韻:“岻,山名,在青州。”

按:《集韻》脂韻:“岻,山名,在青州。”(《校本》第 92 頁)《校本》改“岻”爲“岻”,其
《校勘記》云:“明州本、毛本、錢本‘岻’字作‘岻’。按:作‘岻’是。《玉篇·山部》:‘岻,
直夷切,山名。’《廣韻》脂韻直尼切同。”(第 56 頁)此説甚是。從“氏”得聲之字當在支
韻,從氏得聲之字當在脂韻,“岻”字在脂韻,當作“岻”。《大字典》當據改。然“岻”字
《説文》未見,本或借“坻”字爲之(《説文》:“坻,小渚也。”非山名)。《左傳·昭公五年》:
“楚師從之,及汝清,吳不可入。楚子遂觀兵於坻箕之山。”杜預注:“南懷、汝清,皆楚界。”
《校勘記》云:“《左傳詁》作‘坻’。”④ 陸德明《釋文》:“坻,直尼反。”據此音切,“坻”爲
“坻”字訛誤。“坻”因言山,遂換旁作“岻”。《原本玉篇殘卷·山部》:“岻,直夷反。《左氏
傳》:‘觀兵於岻箕之山。’”⑤ 是顧野王所見《左傳》已換旁作“岻”。“南懷、汝清”在古青
州範圍内⑥,故《集韻》謂“岻(岻)”在青州。

【攟】(2056)

guàng《集韻》古曠切,去宕見。

充。《集韻》宕韻:“攟,充也。或從廣。”

按:《集韻》宕韻古曠切:“攟,充也。或從廣(作擴)。通作横。”(《校本》第 1239 頁)
《大字典》據此釋作“充”,具體詞義不明,且無用例。其實“攟”爲“横”字異寫(俗書

---

① (唐)孔穎達等《禮記正義》,中華書局影印《十三經注疏》本 1980 年,第 1569 頁。

② (唐)陸德明《經典釋文》,中華書局影印通志堂本 1983 年,第 200 頁。

③ 韓小荆《可洪音義研究》,巴蜀書社 2009 年,第 353 頁。

④ (唐)孔穎達等《春秋左傳正義》,中華書局影印《十三經注疏》本 1980 年,第 2043 頁。

⑤ (梁)顧野王《原本玉篇殘卷》,《續修四庫全書》影印本,第 471 頁。

⑥ 參見《中國歷史地名大辭典》下册,中國社會科學出版社 2005 年,第 1449 頁。

"才、木"混同),"横"又爲"桄"之假借字。《説文》木部:"桄,充也。從木,光聲。"徐鉉音古曠切。段注:"'桄'之字,古多假'横'爲之。且部曰:'從几,足有二横。'横即桄字。今文《尚書》曰:'横被四表。'《孔子閒居》曰:'以横於天下。'鄭曰:'横,充也。'《樂記》曰:'號以立横,横以立武。'鄭曰:'横,充也。'皆即《釋言》之'桄,充也'。"張舜徽《約注》伸之曰:"光之言廣也。《堯典》'光被四表',即廣被四表也;語稱'積厚流光',即積厚流廣也。本書糸部'纊',或體從光作'絖',是廣、光古通之證。'廣'與'横'同從黄聲,故其義亦通。今文《尚書》作'横被',亦猶言廣被也。'廣'與'横'今讀有異,古讀無分。桄之於横,亦猶是耳。"① 此説甚是。"撗(横)"訓充,"充"亦爲充滿義。《禮記·祭義》:"曾子曰:'夫孝,置之而塞乎天地,溥之而横乎四海。'"《漢書·禮樂志》:"揚金光,横泰河。"顔師古注:"横,充滿也。"《文選·江淹〈劉太尉琨傷亂〉》:"皇晉遘陽九,天下横氛霧。"唐李白《古風》之十四:"白骨横千霜,嵯峨蔽榛莽。"皆其例。

【抓】(1936)

zhǎng《集韻》止兩切,上養章。

批擊。《集韻》養韻:"抓,批擊也。"

按:《集韻》養韻止兩切(與"掌"同小韻):"抓,批擊也。"(《校本》第859頁)"抓"字形義未見此前辭書載録。今考"抓"乃"爪(掌)"之增旁字。《説文》爪部:"爪(爪),亦丮也。從反爪。闕。"徐鉉音諸兩切。段注:"闕,謂闕其音也。其義其形皆可知,而其讀不傳,故曰闕。後人肊爲説曰'諸兩切',蓋以覆手反之即是'掌'也。楊雄《河東賦》:'河靈矍踢,爪華蹈衺[褢]。'蘇林曰:'掌據之,足蹈之也。'云'掌據之',正合丮持之訓。而小顔云:'爪,古掌字。'酈注《水經·河水篇》、李注《西京賦》皆引賦作'掌',則自蘇林已後皆讀掌也。"② 據此,"爪"乃"掌"之初文。覆手曰"爪",則仰手爲"爪(爪)",故許云從反爪。"爪"又累增"才"旁作"抓",或换從"尚"聲作"掌"。《文選·揚雄〈羽獵賦〉》:"蹶松柏,掌蒺藜。"李善注:"掌,以掌打擊之。"此"掌"與"抓"之"批擊"義正合。

【揩】(2026)

(二)jiá《集韻》訖點切,入點見。

古樂器,即敔。《集韻》點韻:"揩,敔也。櫟之以止樂。"《禮記·明堂位》:"拊搏、玉磬、揩擊、大琴、大瑟、中琴、小瑟,四代之樂器也。"鄭玄注:"揩擊,謂柷敔,皆所以節樂者也。"

① 張舜徽《説文解字約注》,華中師範大學出版社2009年,第1491頁。

② (清)段玉裁注,許惟賢整理《説文解字注》,第203頁。

按:《集韻》黠韻訖黠切:"揩,敔也。鞤之以止樂。通作戛。"(《校本》第1434頁)《大字典》據此訓"揩"爲"古樂器,即敔",不確。"揩"爲敲擊義,其敲擊的對象爲"敔"。《禮記·明堂位》:"拊搏、玉磬、揩擊、大琴、大瑟、中琴、小瑟,四代之樂器也。"鄭玄注:"揩擊,謂柷、敔,皆所以節樂者也。"此即《集韻》所本。鄭注的意思是,"柷"和"敔"都是控制音樂節奏的樂器。《說文》攴部:"敔,一曰樂器,椌楬也,形如木虎。"段注:"敔者,所以止樂。"是其證。

"揩"通作"戛"。《書·益稷》:"戛擊鳴球,搏拊琴瑟以詠。祖考來格。"僞孔傳:"戛擊柷、敔,所以作止樂。"陸德明釋文:"戛,居八反,徐古八反,馬云:'櫟也。'"孔穎達疏:"戛敔擊柷,鳴球玉之磬,擊搏拊,鼓琴瑟,以歌詠詩章,樂音和協,感致幽冥,祖考之神來至矣。"此以"戛敔"對"擊柷","戛"即擊義。孔穎達又云:"'戛擊'是作用之名,非樂器也。"[1]意謂"戛擊"是動詞,非樂器之名。

"戛"又爲"扴"之假借字。《說文》戈部:"戛,戟也。從戈從百。讀若棘。"段注:"《康誥》:'不率大戛。'《釋詁》:'戛,常也。'此謂'戛'同'楷'。《皋陶謨》:'戛擊鳴球。'《明堂位》作'揩擊',《揚雄賦》作'拮隔',此謂'戛'同'扴',皆六書中之叚借。"此言是也。又考《說文》手部:"扴,刮也。從手,介聲。"徐鉉音古黠切。"扴"之本以爲揩刮義。又引申爲敲擊義。字或易聲作"揩"。朱駿聲《說文通訓定聲》:"揩,即扴之或體。"是其證。

二、缺失例證的義訓

古代辭書字頭後面多無例證,這是不便於理解詞義的,《集韻》也不例外。因此,當今編撰大型字書時,應當努力找到該字的文獻用例。例如:

【造】(4096)

(二)cāo《集韻》倉刀切,平豪清。

進。《小爾雅·廣詁一》:"造,進也。"按:《集韻》豪韻倉刀切:"造,進也。"(《校本》第406頁)《小爾雅·廣詁一》:"生、造、奏、詣,進也。"[2]此即《大字典》所本。今考《禮記·玉藻》:"造受命於君前,則書於笏。"義爲"進往國君面前接收命令,就記錄在笏上"。《釋文》云:"造,皇七報反,舊七刀反。""七刀反"與"倉刀切"音同。《列子·黃帝》:"含

① (唐)孔穎達《尚書正義》,中華書局影印《十三經注疏》本1980年,第144頁。
② 黃懷信《小爾雅匯校集釋》,三秦出版社2003年,第47頁。

其德,以通乎物之所造。"張湛注:"物之所至,皆使無閡,然後通濟群生焉。造音操。"《釋文》云:"造,七到切,至也。"① 《文選·司馬相如〈長門賦〉》:"正殿塊以造天兮,鬱並起而穹崇。"李善注引孔安國《尚書傳》曰:"造,至也。"② 五臣注:"造(音)操。"③ "操"與"倉刀切"音同,"至"與"進"義近。

【遣】(4128)

(2)祭奠。《集韻》綫韻:"遣,祖奠也。"《篇海類編·人事類·辵部》:"遣,祖奠也。將葬而祭曰遣奠。"

按:《集韻》綫韻詰戰切:"遣,祖奠也。"(《校本》第1182頁)《篇海類編·辵部》:"遣……祖奠也。將葬而祭曰遣奠。既祭乃包牲體,載之以車隨柩而行曰遣車。"④ 此即《大字典》所本。今考《禮記·檀弓下》:"始死,脯醢之奠;將行,遣而行之;既葬而食之。"鄭玄注:"將行,將葬也。葬有遣奠。食,反虞之祭。"⑤ "將行,遣而行之",意即"將出葬,設遣奠而後出葬"。此與《篇海類編》訓語"將葬而祭曰遣奠"正合。"遣奠"一曰"祖奠"。《陳書·陸繕傳》:"太子以繕東宮舊臣,特賜祖奠。"司馬光《翰林彭學士挽辭》:"祖奠垂將撤,笳簫儼欲行。"《宋史·禮志二五》:"不設祖奠,止於陵所行一虞之祭。"皆其例。

【伃】(160)

(一)yú《廣韻》以諸切,平魚以。魚部。

(2)美貌。《集韻》魚韻:"伃,美皃。"

按:《集韻》魚韻:"伃,《説文》:'婦官也。'漢有倢伃。伃,美皃。或從女。"(《校本》第146頁)《大字典》據此訓"伃"爲"美皃",是也,但未舉用例。其實,《集韻》已暗示"伃"字有用例。考《漢書·昭帝紀》:"母曰趙倢伃。"顏師古注:'倢,接幸也。伃,美稱也。故以名宮中婦官。'倢音接,伃音余,字或並從女。"⑥ 又同書《外戚傳》:"至武帝制倢伃、娙娥、傛華、充依,各有爵位。"顏師古注:"倢,言接幸於上也。伃,美稱也。娙娥,皆美貌也。倢音接。伃音予,字或從女,其音同耳。"⑦ 據此,"伃"訓"美稱也","娙娥"皆訓"美

① 楊伯峻《列子集釋》,中華書局1979年,第53頁。
② (梁)蕭統編,(唐)李善注《文選》,上海古籍出版社2019年,第728頁。
③ (梁)蕭統編,(唐)李善、呂延濟、劉良、張銑、呂向、李周翰注《文選》,浙江古籍出版社影印《四部叢刊》本1999年,第276頁。
④ 題(明)宋濂撰,(明)屠龍訂正《篇海類編》,《續修四庫叢書》影印明刻本,第273頁。
⑤ (唐)孔穎達等《禮記正義》,第1304頁。
⑥ (漢)班固《漢書》,中華書局1962年,第217頁。
⑦ (漢)班固《漢書》,第3935頁。

貌也”，其實二義相同。“好”爲“仔”的換旁後起字。故《集韻》據此訓“仔”爲“美皃”。

【摠】（2034）

zōng《集韻》祖叢切，平東精。

（2）手捉頭。《集韻》東韻：“摠，《字統》：‘摠摪，俗謂之捉頭。’”唐玄應《一切經音義》卷十五引《通俗文》：“手捉頭曰摠。”

按：《集韻》東韻祖叢切：“摠，《字統》：‘摠摪，俗謂之捉頭。’”（《校本》第16頁）《玄應音義》卷15《僧祇律》第九卷音義：“手摠，祖公反。《通俗文》：‘手捉頭曰摠也。’”[1]《大字典》據此給“摠”字設立義項“手捉頭”，但未舉用例。今查檢《玄應音義》所釋的《僧祇律》原文如下：“如世尊説，當起慈心，不樂聞者，方便使聞，諸不信者，教令立信，乃至手總其頭，強勸令施。”（東晉佛陀跋陀羅共法顯譯《摩訶僧祇律》卷9;p0306,c16～18[2]）《大正藏》校勘記：“總”，元、明本作“摠”，宮本作“揔”。今按：“總”爲“摠”之借字，“總”又或作“揔”，異寫作“揔”。結合文意，“手總其頭”即“手捉頭”，也就是用手捉持其頭的意思。

又如《玄應音義》卷7《度世經》第三卷音義：“摠摪，子公反，下音滅。捉頭曰摠。除毁曰摪。經文作揔，非也。”（102c）對應經文作“椶摪”：“諸菩薩常加愍哀衆生之類、斫頭、斷其手脚、割其耳鼻、挑其兩眼、罵詈毁辱、瓦石打擲、扠踖、椶摪、唾濺、調戲皆能忍之，不起瞋恚、亦不懷恨，顔色不變。”（西晉竺法護譯《度世品經》卷3;p0631,c6～9）“椶”即“摠”字異寫。《可洪音義》卷4《度世品經》第三卷音義：“摠摪：上子紅反，牽掣也;下莫結反，拔髮也。”（676b12）“牽掣”與“捉頭”之“捉”義近。

又如《玄應音義》卷12《別譯阿含經》第九卷音義：“摠摪：子公反，捉頭曰摠;下音滅，滅除也。”（156c）今《大正藏》對應經文爲：“譬如力人以繩繫於弱劣者頭，摠摪掣頓，揉捺其頭，我患首疾，亦復如是。”（失譯人名，今附秦録《別譯雜阿含經》卷9;p0441,b4～5）《大正藏》校勘記：“摠”，宋、元、明、聖本作“總”;摪，宋、聖本作“滅”。

【噵】（740）

dào《集韻》杜晧切，上晧定。

同“道”。説，解釋。《集韻》晧韻：“噵，説也。通作道。”

按：《集韻》晧韻杜晧切：“噵，説也。通作道。”（834）《大字典》據此訓“噵”爲説（解

① （唐）釋玄應《一切經音義》，見東國譯經院《高麗大藏經》1976年，第205頁c欄。
② 《摩訶僧祇律》卷9，第306頁，16～18欄，下仿此。本文佛經文獻皆引自《大正新修大藏經》（簡稱《大正藏》），日本大正一切經刊行社1922～1933年。

釋),是也。但未舉用例。今見佛經用例頗多,略舉幾例如下:

元魏慧覺等譯《賢愚經》卷9:"使到王所,具嘗其事。"(T04, p0413, c28 ～ 29)《大正藏》校勘記曰:"嘗",宋、元、明本作"道"。元魏吉迦夜共曇曜譯《雜寶藏經》卷7:"汝自嘗者,誰爲證知?"(T04, p0481, b28 ～ c1)《大正藏》校勘記:"嘗",宋、元、明本作"道"。《佛説佛名經》卷8:"向彼説此,向此嘗彼,離他眷屬,破他婚親。"(T14, p0219, a19 ～ 20)隋吉藏撰《大乘玄論》卷5:"既嘗諸法中,復有何法可有?"(T45, p0076, c3 ～ 4)

佛經音義對"嘗"字也有解釋。

《慧琳音義》卷37《陀羅尼集》第二卷音義:"口道,陶老反。鄭注《禮記》云:'道,説也,亦言也……經從口作嘗,非也。撿諸字書,並無此嘗字。"(138b)

《慧琳音義》卷64《沙彌十戒並威儀》:"道之,上陶老反。鄭玄注《周禮》云:'道,説也。注《禮記》云:'言也。'……經從口作嘗,非也。"(750a)

《慧琳音義》卷86《辯正論》第七卷音義:"整道,徒到反。論從口作嘗,非。"(114b)

《可洪音義》卷21《撰集百緣經》第八卷音義:"嘗諸,上音道,説也。俗。"(192a14)今《大正藏》對應經文作"道諸":"我昔曾入僧坊之中,聞諸比丘講四句偈,云道諸天眼瞬極遲,世人速疾。"(T04, p0244, a18 ～ 21)

【擉】(2111)

zhuó《廣韻》直角切,入覺澄。又《集韻》珠玉切。

執。《集韻》燭韻:"擉,《博雅》:'執也。'"

按:《集韻》燭韻:"擉,《博雅》:'執也。'"(《校本》第1350頁)考郭璞《爾雅序》:"企望塵躅者。"陸德明釋文:"躅,本又作'躅',直録反。《漢書音義》:'躅,迹也。'韋昭音擢,云:'三輔謂牛蹄迹爲躅。'鄭氏音拘擉。案:《字林》擉音竹足反。"[①]此即"擉"字早見者,蓋爲《集韻》所本。依鄭氏,"躅"音拘擉之"擉",則"擉"爲"躅"的直音字。《集韻》編者蓋以爲"拘擉"同義連用,而"拘"訓"執"(見《集韻》虞韻),故"擉"亦訓"執"。

【平】(443)

(三)bìng《集韻》皮命切,去映並。

平定物價。《集韻》映韻:"平,平物賈也。漢謂之月平。"

按:《集韻》映韻皮命切:"平,平物賈也。漢謂之月平。"(《校本》第1248頁)此即《大字典》所本,但未舉用例。考《周禮·天官·小宰》:"七曰聽賣買以質劑。"鄭玄注引漢

---

① (唐)陸德明《經典釋文》,中華書局影印通志堂本1983年,第407頁。

鄭司農曰：“質劑，謂市中平買，今時月平是也。”陸德明《釋文》：“月平，劉音病。”賈公彥疏：“質劑謂市中平買，今時月平是也，後鄭不從者，《地官·質人》云‘大市曰質，小市曰劑’，若今月平買，不合有兩名，故不從也。”①孫詒讓《正義》云：“月平者，漢時市價，蓋每月評定貴賤，若今時朔望爲長落也。《漢書·食貨志》載令諸司市，當以四時中月，實定所掌，爲物上中下之買，各自用爲其市平。即此月平也。”②又《周禮·春官》“質人”注：“質，平也，主平定物賈者。”③此皆爲《集韻》所本。《集韻》“皮命切”與《經典釋文》“音病”同音。

　　《集韻》有些字頭下面原本是有文獻例證的，但《大字典》編者或許是不理解，竟將其删除，導致《大字典》該字下面無例證。例如：

【厭】（91）

（三）yǎn《廣韻》於琰切，上琰影。談部。

（3）沉溺。《集韻》感韻：“厭，沈溺意。”

　　按：《集韻》感韻：“厭，沈溺意。《莊子》：‘其厭也如緘。’”（《校本》第 920 頁）《大字典》據此設立義項“沉溺”，但删除《莊子》用例，不妥。考《莊子·齊物論》：“其厭也如緘，以言其老洫也。”郭象注：“其厭没於欲，老而愈洫，有如此者。”成玄英疏：“厭，没溺也。顛倒之流，厭没於欲，惑情堅固，有類緘繩。豈唯壯年縱恣，抑乃老而愈洫。”陸德明釋文：“其厭，於葉反，徐於冉反，又於感反。”④此即《集韻》所本。

【擐】（2101）

huǎn《集韻》户版切，上潸匣。

（1）拘繫；束縛。《正字通·手部》：“擐，拘繫也。”《史記·屈原賈生列傳》：“拘士繫俗兮，擐如囚拘。”

（2）木栅。《集韻》潸韻：“擐，木栅也。”

　　按：（2）《集韻》潸韻户版切：“擐，木栅也。《史記》‘擐如囚拘’，劉伯莊讀。”（《校本》第 776 頁）《大字典》據此徑訓“擐”爲“木栅”，且將《史記》用例删去，這是不妥當的。其實“擐”訓“木栅”，與義項（1）“拘繫”義同而訓不同，當歸併。《史記·屈原賈生列傳》：“拘士繫俗兮，擐如囚拘。”司馬貞《索隱》：“擐，音和板反。《説文》云：‘擐，大木栅

---

① （唐）賈公彥《周禮注疏》卷三，中華書局影印《十三經注疏》本 1980 年，第 654 頁。
② （清）孫怡讓撰，王文錦、陳玉霞點校《周禮正義》，中華書局 1987 年，第 173 頁。
③ （清）孫怡讓撰，王文錦、陳玉霞點校《周禮正義》，第 698 頁。
④ （清）郭慶藩撰，王孝魚點校《莊子集釋》，中華書局 2012 年，第 60 頁。

也。'"① 此引《説文》訓"圖"爲"大木柵",正爲《集韻》義訓所本。考今本《説文》無"圖"字,未知所據。

從音義看,"圖"當是"圜"之增旁分化字。《商君書·算地》:"故天下一宅而圜身資,民資重於身而偏托勢於外。"《漢書·高五王傳》:"武帝爲悼惠王冢園在齊,乃割臨菑東圜悼惠王冢園邑盡以予菑川。"顏師古注:"圜謂周繞之。"《廣韻》删韻户關切:"圜,圍。"《集韻》删韻胡關切:"圜,繞也。""圖、圜"音近義通。

【侗】(182)

(四)dòng《集韻》徒弄切,去送定。

(1)誠愨的樣子。《集韻》送韻:"侗,誠愨皃。"

按:《集韻》送韻徒弄切:"侗,誠愨皃。郭象曰:'侗然而來。'"(《校本》第947頁)郭象之語,即"侗"字用例。《大字典》據《集韻》釋"侗"爲"誠愨皃",却删除其用例,是不妥當的。考《莊子·天地》:"子高曰:'昔堯治天下,不賞而民勸,不罰而民畏。今子賞罰而民且不仁,德自此衰,刑自此立,後世之亂自此始矣。夫子闔行邪?無落吾事!'俋俋乎耕而不顧。"郭象注:"夫禹時三聖相承,治成德備,功美漸去,故史籍無所載,仲尼不能聞,是以雖有天下而不與焉,斯乃有而無之也。故考其時而禹爲最優,計其人則雖三聖,故一堯耳。時無聖人,故天下之心俄然歸啓。夫至公而居當者,付天下於百姓,取與之非已,故失之不求,得之不辭,忽然而往,侗然而來,是以受非毀於廉節之士而名列於三王,未足怪也。"② 陸德明釋文:"侗,音洞,又音同。""洞"與"徒弄切"同音。《集韻》編者據此解"侗"爲"誠愨皃"。

三、與古注割裂的義訓

《集韻》中有些義訓源自古注。只有將這些義訓與古注聯繫起來,才能使釋義明確。

【搤】(2051)

(二)yì《集韻》壹計切,去霽影。

拉。《集韻》霽韻:"搤,拉也。"

按:《集韻》霽韻壹計切:"搤,拉也。"(《校本》第1047頁)《大字典》據此釋"搤"

① (漢)司馬遷《史記》,中華書局1959年,第2500頁。
② (清)郭慶藩撰,王孝魚點校《莊子集釋》,第431頁。

爲"拉",其具體詞義不明。今考"拉"爲折斷義。《詩·齊風·南山序》:"刺襄公也。鳥獸之行,淫乎其妹,大夫遇是惡,作詩而去之。"鄭箋云:"襄公使公子彭生乘公而搚殺之。"陸德明釋文:"搚,於革反,《説文》云:'捉也。'《公羊傳》云:'拉公幹而殺之。'沈又烏詣反。拉音郎荅反。"今本《公羊傳》"拉"作"搚",何休注:"搚,折聲也。扶上車,以手搚折其幹。"① 陸德明釋文:"搚幹,路合反,本又作'搚',亦作'拉',皆同,折聲也。"② 《説文》手部:"拉,摧也。"又:"摧,一曰折也。"又:"搚,摺也。一曰:拉也。"《廣雅·釋詁一》:"搚,折也。"是"拉、搚、搚"皆同義。《史記·齊太公世家》:"齊襄公與魯君飲,醉之,使力士彭生抱上魯君車,因拉殺桓公,桓公下車則死矣。"此事與鄭箋所述類同,其中"拉殺"即"搚殺"。從讀音看,"搚"《集韻》壹計切,與上引《毛詩釋文》引沈"烏詣反"正同。此當爲《集韻》音義所本。

【佴】(178)

(一)èr《廣韻》仍吏切,去志日。之部。

(2)貳;副。《爾雅·釋言》:"佴,貳也。"郭璞注:"佴,次。爲副貳。"邢昺疏:"佴,次。次即副貳之義。"

(3)疑。《集韻》至韻:"佴,疑也。"

　　按:(3)《集韻》至韻:"佴,攸[佽]也;疑也。"(《校本》第981頁)《大字典》據後一義訓逕釋"佴"爲"疑",無用例,實未知其具體意義。"疑"實"貳"之轉訓。《爾雅·釋言》:"佴,貳也。"郭璞注:"'佴次'爲'副貳'。"③ 邢昺疏:"佴,次。次即副貳之義。"④ 此"貳"爲"第二位、次要的、不專一"的意思。

　　"貳"又訓"疑"。《爾雅·釋詁下》:"貳,疑也。"邢昺疏:"貳者,心疑不一也。"郝懿行義疏:"貳者,《説文》云:'副益也。從弍聲。弍,古文二。'按:二,不一也。有二心者必生疑惑。故《晉語》云'不可以貳,貳無成命',韋昭注:'貳,疑也。'通作'二'。《吕覽·應言》篇云'令二,輕臣也',高誘注:'二,疑也。'是'二、貳'通。"⑤ 此言是也。《書·大禹謨》:"任賢勿貳,去邪勿疑。"《左傳·文公七年》:"親之以德,皆股肱也,誰敢攜貳?"《國語·周語上》:"其刑矯誣,百姓攜貳。"韋昭注:"貳,二心也。"皆其例。

　　綜上,"佴"訓"貳"、或訓"疑",其義同。故《大字典》義項(3)當與(2)"貳、副"合併。

① (漢)何休解詁、(唐)徐彦疏《春秋公羊傳注疏》,中華書局影印《十三經注疏》本1980年,第132頁。
② (唐)陸德明《經典釋文》,第309頁。
③ (清)郝懿行撰,王其和、吳慶峰、張金霞點校《爾雅義疏》,中華書局2017年,第304頁。
④ (晉)郭璞注,(宋)邢昺疏《爾雅注疏》,中華書局影印《十三經注疏》本1980年,第2581頁。
⑤ 《爾雅義疏》,第192頁。

【攝】（2106）

（2）龜名。《集韻》葉韻："攝，龜名。"又帖韻："攝，小龜名。腹甲屈折解能自張閉者，郭璞説。"

按：《集韻》葉韻失涉切："攝，一曰龜名。"（《校本》第1607頁）又帖韻："攝，小龜名。腹甲屈折解能自張閉者，郭璞説。"（《校本》第1618頁）《大字典》據此釋"攝"爲"龜名"，無例證，其詞義來源不明。其實，此詞義源於《爾雅》，該書《釋魚》曰："三曰攝龜。"郭璞注："小龜也。腹甲曲折，解能自張閉，好食蛇。江東呼爲'陵龜'。"郝懿行義疏："'攝龜'者，《禮器》疏引郭云：'以腹甲翕然攝斂，頭閉藏之。即當《周禮》地與四方之龜。知者，以皆有弇斂之義故也。'按：《釋文》：'攝，謝"之涉"反。'然則'攝'猶'摺'也，亦猶'折'也。言能自曲折解張閉，如摺疊也。《本草別録》陶注又有鴛龜，小狹長尾，用以卜，則吉凶正反。'唐本注云：'鴛龜腹折，見蛇則呷而食之。荆楚之閒謂之呷蛇龜。'郭云'江東呼陵龜'，即'攝龜'矣。"[①] 據此，"攝"實爲"收斂"義。

四、連綿詞義訓

一個連綿詞的書寫形式往往多種多樣，多數詞形跟其指稱的詞義無關。因此在脱離具體語境的情況下，單個地看，其詞義是很難理解的。只有將其各種書寫形式集中在一起才能明確其具體含義。

【捋】（2025）

（一）là《集韻》郎達切，入曷來。

同"攋"。毁裂；使開裂。《集韻》曷韻："攋，撥攋，手披也。或從剌。"

按：《集韻》曷韻郎達切："攋，撥攋，手披也。或從剌。"（《校本》第1424頁）《大字典》據此以爲"捋"同"攋"，意義亦與"攋"同[②]。把"捋"解釋爲"毁裂；使開裂"，這是錯誤的。

"撥攋"是疊韻連綿詞，"攋"或"捋"僅是其中一個音節的不同書寫形式，不能以"撥攋"一詞的意義與其中一個音節用字"攋"等同。"撥攋"訓"手披"，"手披"即用手撥開

[①]《爾雅義疏》，第856頁。

[②]《大字典》"攋"下引《方言》卷十三："攋，壞也。"錢繹箋疏："《廣雅》：'攋，墮也。'曹憲音賴……《玉篇》《廣韻》並作礰，云墮壞也。礰與攋同。"《太玄·度》："次三小度差差，大攋之階。"司馬光注："攋，毁裂也。"

的意思(《廣韻》支韻“披,分也,開也,散也”)。

“撥攋”本作“剌㞎(剌撥)”。《説文》㞨部:“㿟,足剌㞎也。從止、少。讀若撥。”段注:“‘剌㞎’疊韻字。”①張舜徽《約注》:“此字象兩足分張之形。‘剌㞎’二字,疊韻連語。亦倒作‘撥剌’,《後漢書·張衡傳》:‘弧之撥剌兮。’李注云:‘撥剌,張弓貌也。’張弓謂之撥剌,猶張足謂之剌㞎矣。”②

字又作“撥拉”。浩然《石山柏》:“吳士先不再吱聲了,彎腰蹲在地下,一勁用鐵鈎子撥拉爐子裏的火炭。”峻青《海嘯》第二章:“老宫撥拉開迎春藤,身子往裏一鑽就不見了。”

字又作“扒拉”。孫來奎《五千一》:“來到他倆種的這塊試驗田,扒拉開敷土看了看。”

字又作“把攋”。《集韻》駭韻:“攋,把攋,弃。”《類篇·手部》:“攋,把攋,弃去也。”意謂把東西撥開而棄去其中無用之物。

【傪】(254)

(二)sǎn《集韻》桑感切,上感心。

〔頷傪〕動。《集韻》感韻:“傪,頷傪,動也。”

按:“頷傪”訓動,其具體詞義不明。考《説文》人部:“傪,好兒。”“傪”本無動義。又《説文》頁部“頷,低頭也”,引襄二十六年《左傳》:“迎于門,頷之而已。”今本作頜。杜預注云:“頜,摇其頭也。”《列子·湯問》篇云:“頷其頤,則歌合律。”“頜”爲“頷”之借字③。《廣雅·釋詁一》:“頷,動也。”此乃“低頭(今謂之點頭)”之引申義。由於“頷、傪”音近(二字古屬侵部,中古皆爲《廣韻》侵韻字),故二字連綴爲後衍式連綿詞“頷傪”④。宋跋本《切韻》感韻五感反:“頷,五感反。傪頷,摇頭。”又“傪,傪頷。”龍宇純《校箋》:“傪頷,《王一》云‘頷傪’,各書同,當從之。”又於“傪”下云:“‘傪頷’,當依各書作‘頷傪’。《廣韻》《集韻》又有‘頷’字云‘頷頷,摇頭兒’。又有‘抌’字云‘撼抌,摇動也’。頷頷,即頷傪;撼抌與頷傪,亦源出一語。”⑤《玄應音義》卷5《太子墓魄經》音義:“頷頭,牛感反。《説文》:‘低頭也。’《廣雅》:‘頷,摇也。’謂摇其頭也。今江南謂領(《磧砂藏》本作頷)納

---

① (清)段玉裁注撰,許惟賢整理《説文解字注》,第120頁。

② 張舜徽《説文解字約注》,第381頁。

③ 説見張舜徽《説文解字約注》第2169頁。

④ 參見郭瓏《〈文選·賦〉連綿詞研究》,巴蜀書社2006年,第123頁。

⑤ 龍宇純《唐寫全本王仁昫刊謬補缺切韻校箋》,香港中文大學1968年,第370頁。

搖頭爲鎮傪。傪音蘇感反。”[①]《廣雅·釋詁一》:“鎮傪,動也。”[②] “傪”即“傪”字訛誤(俗書“亻、彳”形近易混)。

字又作“鎮頹”。《廣韻》勘韻:“頹,鎮頹,搖頭皃。”《集韻》勘韻:“頹,搖首皃。”清蔣師爚《温樵水傳》:“(樵水)季父世珍,讀書其側,啼遽止,遽鎮頹爲讀書狀。已乃伊吾成聲,日爲常。”字又作“撼抹”。《廣韻》感韻:“撼抹,搖動也。”

【顩】(4666)

lín《集韻》犂針切,平侵來。

〔顩頖〕俯首。《集韻》沁韻:“顩,顩頖,俯首。”清蒲松齡《日用俗字·飲食》:“飥客顩頖頭不舉。”

按:“顩頖”訓俯首,來源不明。其實“顩頖”爲連綿詞,義近“鬛鬖”。《説文》髟部:“鬛,髮長也。從髟,監聲。”《玄應音義》卷二十引《蒼頡篇》:“鬖,毛垂皃。”“髮長”則下垂,“鬛、鬖”聯合爲“鬛鬖”,爲“髮長”和“髮垂”義。《集韻》銜韻:“鬛,鬛鬖,髮長皃。”又瞰韻:“鬛,鬛鬖,長毛。”《廣韻》談韻:“鬖,鬛鬖,毛垂。”

字又换旁作“氀毿”,或寫作“氌毶”。《玉篇·毛部》:“氀,汝占切,又音籃。氀毿。”《字彙·毛部》:“氀,氀毿,毛長。”唐施肩吾《貧客吟》:“氌毯〔毶〕敝衣無處結,寸心耿耿如刀切。”宋朱熹《武夷櫂歌十首》之四:“四曲東西兩石巖,巖花垂露碧氌毶。”

字又换旁作“襤襂”,義爲破爛的衣衫,亦形容破落下垂的樣子。元喬吉《紅繡鞋·泊皋亭山下》曲:“石骨瘦金珠窟嵌,樹身駝瓔珞襤襂。”明楊珽《龍膏記·閨病》:“雙鬟慵整玉搔頭,簾幕襤襂不掛鉤。”

字又换旁作“繿縿”,亦爲殘破下垂皃。唐袁不約《病宫人》詩:“佳人卧病動經秋,簾幕繿縿不掛鉤。”

“襤襂”或易聲爲“襝襜”。《集韻》鹽韻離鹽切:“襝,襝襜,衣垂皃。”

“鬛鬖”又異構爲“顲頷”。《集韻》覃韻盧含切:“顲,顲頷,俯首皃。”又或異構爲“顩頖”,例見上。

字又異構爲“傄傄”,也作“顩顉”。《廣韻》沁韻:“傄,傄傄,頭向前。”《集韻》沁韻:“顩,顩顉,俯首。或作傄。”

以上連綿詞各形體音近義通,皆有下垂義,與“俯首”義近。

【侓】(189)

lù《集韻》勒没切,入没來。

① (唐)釋玄應《一切經音義》,《高麗大藏經》,第72頁c欄。

② (清)王念孫《廣雅疏證》,中華書局1983年,第38頁。

[�律魁]大皃。《集韻》没韻:"律,律魁,大皃。"

　　按:《集韻》没韻勒没切:"律,律魁,大皃。"(《校本》第 1412 頁)"律魁" 或作"律魁"。《楚辭·憂苦》:"偓促談於廊廟兮,律魁放乎山間。"王逸注:"律,法也。魁,大也。言拘愚蔽闇之人反談論廊廟之中;明於大法賢智之士,棄在山間而不見用也。"① 王念孫《讀書雜志餘編下·楚辭》:"今案:律魁,猶魁壘也。壘、律聲相近……律、魁皆高大義。"②

① (宋)洪興祖《楚辭補注》,中華書局 1983 年,第 301 頁。
② (清)王念孫《讀書雜志》,中華書局 1991 年,第 685 頁。

文獻語言學(17):141～152,2024

《方言》與《爾雅》關係的再認識①

——兼考《方言》中雅詁與方言的不相符

王智群

(上海師範大學人文學院,上海,200234;
華東政法大學文伯書院,上海,201620)

提　要:《爾雅》《方言》兩書關係論發端自模仿説,其後研究多認可《方言》在體例上模仿《爾雅》,在内容上獨創;也有"《方言》雅詁本之於《爾雅》"的個别觀點。實際上,《方言》雅詁與《爾雅》相同的數量很有限;《方言》中雅詁與方言不相符的部分條目體現了《方言》編纂的内在特點。揚雄爲"古雅之别語"作釋的編纂目的決定了《方言》彙編四方"異語"的獨特内容,並且獨創了與内容相適的體例,即以描寫方言分布爲主的條目結構,以及用術語"或、亦、又"説解同地異詞、異地異詞、異地同詞。《方言》《爾雅》兩書,可跳出模仿説,作相關詞彙比較研究。

關鍵詞:《方言》;《爾雅》;關係;雅詁

一、引　言

　　《爾雅》是中國第一部詞典,《方言》是中國第一部方言比較詞彙集,兩書都是訓詁之作。成書在後的《方言》多少受到《爾雅》的影響。對兩書關係的認識,歷來受到學者的關注。

　　晉初常璩在《華陽國志》中敍述揚雄的寫作情況時,指出他的《太玄》《法言》《訓纂》等都是模仿經典而作,同樣,"典莫正於《爾雅》,故作《方言》",即模仿《爾雅》而作《方言》。這是現在看到的最早的將《方言》與《爾雅》聯繫起來的論述。

　　明代陳與郊的《方言類聚》一書,按照《爾雅》分篇的體例,將《方言》的内容以條目爲單位,按類重新編排,共分爲釋詁、釋言、釋人、釋衣等十六門。陳與郊同樣看到了《方言》與《爾雅》相類的關係,也看到了《方言》的篇卷不似《爾雅》分類明晰。

---

① 本文承蒙《文獻語言學》編輯部惠賜寶貴修改意見,謹致謝忱,文責自負。

　　近代學者在談及《方言》時多説它是仿《爾雅》之作,但也肯定揚雄有獨創識見。如楊樹達《讀方言書後》一文指出:《爾雅》通古今語,意主時,《方言》記殊方語,意主地。羅常培在《〈方言校箋及通檢〉序》中説:《爾雅》實際上"只是漢代經師解釋六經訓詁的彙集",而《方言》"是開始以人民口裏的活語言作對象而不以有文字記載的語言作對象的"。

　　現代學者肯定了《方言》模仿《爾雅》,並作出了進一步探究。濮之珍的《〈方言〉與〈爾雅〉的關係》一文比較了兩書以得出《方言》具體在哪些方面模仿了《爾雅》。濮文根據《方言》中方言與雅詁不相符以及大量只有雅詁的現象①,認爲"作者是先有了雅詁,然後根據這些雅詁,再去求方言的"。接着具體比照《方言》與《爾雅》,發現兩書有較多母題相同的例子,雅詁内容也有相同的現象。從而得出結論:"《方言》的雅詁本之於《爾雅》",即"《方言》是根據《爾雅》先立下雅詁,然後再去求方言的"。

　　趙振鐸在《揚雄〈方言〉是對〈爾雅〉的發展》一文中指出"《方言》摹仿《爾雅》,並且對《爾雅》有所發展",其發展表現在《方言》旨在闡明語詞的地域差異、繼承周秦以來的方言收集工作、收集整理當代語言詞彙三個方面。

　　其中濮文有令人産生疑問的地方:關於《方言》與《爾雅》的雅詁内容相同的現象,文中舉出了 18 組,其中完全相同者只有 1 組,不知是否窮盡了例子;關於《方言》中方言與雅詁不相符以及大量只有雅詁的現象,結合揚雄在《答劉歆書》中的自述,可推論揚雄應先有梗概、提綱之類再去調查方言,除此而外,方言與雅詁不相符是否還與《方言》的内在特點有關。

　　下文嘗試解决上述兩個疑問。窮盡《方言》中雅詁與《爾雅》相同的例子,考察《方言》中雅詁與方言不相符的情況,以對《方言》與《爾雅》的關係再認識,並認識《方言》的内在特點。

二、《方言》中雅詁與《爾雅》的比照

　　《方言》共十三卷,濮文取材的是卷一、卷二、卷三、卷六、卷七、卷十、卷十二、卷十三這八卷,先將這八卷中所有條目的母題與《爾雅》的母題對比研究,"結果是母題相同的有 68 次,共計是 228 條"。在母題相同的條件下,又做雅詁内容的比較,總結出雅詁完全相同、部分相同和隱性相同三種現象,計 18 組。母題相同,是兩書編録的常用詞相同,這

---

① 濮之珍以《方言》第一條爲例:"黨、曉、哲,知也。楚謂之黨,或曰曉,齊宋之間謂之哲。"稱前半部分爲"雅詁",後半部分是"方言"。雅詁中的"知"是"母題"。本文沿用這些説法。

有偶合性,姑且不論,重點討論雅詁相同。

（一）一般詞語卷雅詁與《爾雅》的比照結果

濮文所取的八卷是一般詞語卷,將之與《爾雅》再次排比對照,又發現了 6 組例子。其中 5 組爲雅詁部分相同,如:

（1）"頤、艾、育,養也。"（《爾雅·釋詁》）

"台、胎、陶、鞠,養也。晉衛燕趙曰台,陳楚韓鄭之間曰鞠,秦或曰陶,汝潁梁宋之間曰胎,或曰艾。"（《方言》一 5①）

1 組爲雅詁隱性相同:

（2）"舒,緩也。"（《爾雅·釋言》）
"紓、遏,緩也。"（《方言》十二 44）

按:"紓" 與 "舒" 同。

（二）名物詞語卷雅詁與《爾雅》的比照結果

將《方言》中關於名物的卷四、卷五、卷八、卷九、卷十一這五卷的條目與《爾雅》作對照。這五卷沒有雅詁,而是先舉出母題,然後分述各地的方言名稱,即 "某,某地謂之某,……" 的格式。因此直接比較釋詞與被釋詞。結果是與《爾雅》相同的有 25 組,其中多數條目只是部分相同,能稱得上完全相同的僅以下 2 組:

（3）"蜉蝣,渠略。"（《爾雅·釋蟲》）
"蜉蝣,秦晉之間謂之蝶蟣。"（《方言》十一 17）
（4）"蛄蟹,强蛘。"（《爾雅·釋蟲》）
"蛄蟹謂之强蛘。"（《方言》十一 6）

6 組是《方言》條目包含且不限於《爾雅》條目中的詞,如:

（5）"蟋蟀,蜻。"（《爾雅·釋蟲》）
"蜻蛚,楚謂之蟋蟀,或謂之蜻;南楚之間謂之蚟孫。"（《方言》十一 4）
（6）"茦,刺。"（《爾雅·釋草》）
"凡草木刺人,北燕朝鮮之間謂之茦,或謂之壯。自關而東或謂之梗,或謂之劌。

---

① 依據華學誠《揚雄方言校釋匯證》。"三 21" 表示《方言》第三卷第 21 條,以下同。由於《匯證》使用 "底本式",即不改動宋本原文,校改意見以按語形式出現,本文依據的是採納了《匯證》校改成果的《方言》正文和郭璞注,故所標條目數有的和《匯證》有少許出入。

自關而西謂之刺。江湘之間謂之棘。"(《方言》三 11）

還有 17 組是條目中僅有一兩個詞相同，如：

（7）"芨、茭、芨，根。"（《爾雅·釋草》）

"芨、杜，根也。東齊曰杜，或曰芨。"（《方言》三 19）

（8）"金鏃剪羽謂之鍭，骨鏃不剪羽謂之志。"（《爾雅·釋器》）

"箭，自關而東謂之矢，江淮之間謂之鍭，關西曰箭。"（《方言》九 4）

濮之珍查檢出《方言》一般詞語的八卷與《爾雅》雅詁相同的條目爲 18 組，筆者補充 6 組，《方言》名物詞語的五卷與《爾雅》雅詁相同的條目爲 25 組，三者相加一共是 49 組，其中完全相同的是 3 組。另外據陸華《論〈方言〉對〈爾雅〉古今語的記述》一文的統計，兩書"相同的詞條爲 106 例"，這是以詞爲統計單位的，基本可印證以條目爲統計單位的 49 組。這樣看來，《方言》的雅詁與《爾雅》相同的條目與《方言》條目總量 671 條相比[①]，所占比例並不高，完全相同的例子極少。

三、《方言》中雅詁與方言的不相符

《方言》條目的結構方式有三種：一是"雅詁 + 方言"式，計 233 條；二是僅有"方言"式，計 102 條；三是無"方言"式，計 336 條。後兩種或僅有"方言"或僅有"雅詁"，不在考察之列。233 條"雅詁 + 方言"式的條目，它們的雅詁與方言的對應關係表現爲五種情況："一一對應""雅詁詞語（不包括釋詞）多""方言詞語多""雅詁詞語既多方言詞語又多"和"完全不同"。其中"一一對應"的情況居多，也就是雅詁詞語與方言分布描寫中所出現的詞語一一對應。共有 137 條。如：

（9）"嫁、逝、徂、適，往也。自家而出謂之嫁，猶女出爲嫁也。逝，秦晉語也。徂，齊語也。適，宋魯語也。往，凡語也。"（《方言》一 14）

另外 96 條非"一一對應"的四種情況，值得具體分析。

（一）雅詁詞語多

雅詁詞語多的情況是指雅詁中的部分被釋詞在方言分布中沒有描寫到，共有 21 條。如果這些《方言》條目已完成的話，可能無方言分布描寫的詞不是方言，或者揚雄認爲不需要說明；如果這些條目尚未完成的話，有可能是揚雄經調查得到了這個方言詞，但是疏

---

① 條目統計依據華學誠《揚雄方言校釋匯證》。

於記録;也有可能是揚雄没有調查到這個詞的方言分布範圍。後者自然帶來疑問:既然没有調查到方言分布,那麼雅詁中記下的這個詞是從哪裏來的? 除了前文的推論——揚雄先有提綱(即雅詁)再去調查,從《方言》内部來看,有没有其他可能。逐條分析後有如下不同情況。

1. 無方言分布描寫的詞在《方言》其他條目中作釋詞,詞義相同。計 4 條,如:

（10）"悢、憮、矜、悼、憐,哀也。齊魯之間曰矜,陳楚之間曰悼,趙魏燕代之間曰悢,自楚之北郊曰憮,秦晉之間或曰矜,或曰悼。"(《方言》一 7)
"悢、悈,憐也。"(《方言》六 56)

"悢、憮、矜、悼"都有方言分布,唯獨"憐"没有,但是"憐"在另一卷中做釋詞,那麼它可能不是方言。

2. 無方言分布描寫的詞在《方言》其他條目中作了方言描寫。找到 1 例:

（11）"嫒、蟬、繝、撚、未,續也。楚曰嫒。蟬,出也。楚曰蟬,或曰未,及也。"(《方言》一 25)
"繝、剟,續也。秦晉續折木謂之繝,繩索謂之剟。楚謂之紉。"(《方言》六 47)

前一條中"繝、撚"兩詞没有方言分布描寫,"繝"於後一條中補充爲秦晉語,而"撚"在《方言》中未見補充。

3.《方言》雅詁多出的詞語見於《爾雅》,發現 1 組:

（12）"悠、傷、憂,思也。懷、惟、慮、願、念、怒,思也。"(《爾雅·釋詁》)
"鬱悠、懷、怒、惟、慮、願、念、靖、慎,思也。晉宋衛魯之間謂之鬱悠。惟,凡思也;慮,謀思也;願,欲思也;念,常思也。東齊海岱之間曰靖,秦晉或曰慎,凡思之貌亦曰慎,或曰怒。"(《方言》一 11)

《方言》條目中没有方言分布描寫的"懷"見於《爾雅》,不過《方言》雅詁中也有部分詞語並不見於《爾雅》。因此不能説明《方言》雅詁從《爾雅》而來。

(二)方言詞語多

這是指作了方言分布描寫的詞語没有全部出現在雅詁中的情況,計 61 條。通過逐條具體分析,前後比較歸納,發現了以下幾條線索:

1. 詞義方面,方言分布描寫中出現的詞語意義與雅詁詞語略有不同,可能因此不入雅詁。如:

　　（13）"僮、儓，農夫之醜稱也。南楚凡罵庸賤謂之田僮，或謂之儓，或謂之辟。辟，商人醜稱也。"（《方言》三 46）

"辟"另有商人醜稱之義，不入雅詁。

　　連類而及的詞語也不入雅詁，如：

　　（14）"墳，地大也。青幽之間凡土而高且大者謂之墳。張小使大謂之廓，陳楚之間謂之摸。"（《方言》一 24）

由"地大"義而引出"張小使大"義的"廓、摸"，不與"墳"同入雅詁。

　　2. 構詞方面，未入雅詁的詞爲複音詞，而入雅詁的詞爲單音詞，如：

　　（15）"釗、薄，勉也。秦晉曰釗，或曰薄。故其鄙語曰薄努，猶勉努也。南楚之外曰薄努，自關而東周鄭之間曰勔釗。齊魯曰勖兹。"（《方言》一 31）

複音詞"薄努、勔釗"等都未入雅詁。

　　另一種情況是未入雅詁的詞爲單音詞，而入雅詁的詞爲複音詞，如：

　　（16）"殗殜，微也。宋衛之間曰殗。自關而西秦晉之間凡病而不甚曰殗殜。"（《方言》二 9）

　　3. 方言分布方面，有不少條目中未入雅詁的詞是秦晉方言，如：

　　（17）"瘼、癏，病也。東齊海岱之間曰瘼，或曰癏，秦曰瘖。"（《方言》三 21）
　　（18）"參、蠡，分也。齊曰參，楚曰蠡，秦晉曰離。"（《方言》六 32）

　　有時收入雅詁的僅爲其中一地方言，如：

　　（19）"噴、無寫，憐也。沅澧之原凡相憐哀謂之噴，或謂之無寫，江濱謂之思。皆相見驩喜有得亡之意也。九嶷湘潭之間謂之人兮。"（《方言》十 7）

　　有時收入雅詁的是各地方言各取一詞作代表，如：

　　（20）"嘽咺、譴讓，拏也。東齊周晉之鄙曰嘽咺。嘽咺亦通語也。南楚曰譴讓，或謂之支注，或謂之詀謧，轉語也；拏，揚州會稽之語也，或謂之惹，或謂之諈。"（《方言》十 9）

　　這是三地各取一個代表，釋詞同時也是方言詞。

上述能找到綫索來解釋爲什麼"方言詞語多"的條目約占 2/3。但是這些解釋只能各自説明一小部分條目,而且具有很大的偶然性,同樣具有上述各種方言分布描寫特徵的條目有些卻做到了"一一對應"。

4.《方言》雅詁與《爾雅》相同

將這些條目的雅詁與《爾雅》進行比較,結果是:61 條中,與《爾雅》母題相同的有 16 條,雅詁詞語部分相同的 5 條,完全相同的 1 條,也是《方言》全書中雅詁與《爾雅》完全相同的唯一一例:

（21）"烈、栜,餘也。"（《爾雅·釋詁》）

"烈、栜,餘也。陳鄭之間曰栜,晉衛之間曰烈,秦晉之間曰隸,或曰烈。"（《方言》一 4）

（三）雅詁詞語既多方言詞語又多

這樣的情況有 10 條。如:

（22）"挋、扰,推也。南楚凡相推搏曰挋,或曰摠。沅湧澹幽之語或曰攗。"（《方言》十 41）

雅詁中的"扰"不見於方言描寫,方言描寫中的"摠、攗"均不見於雅詁。這樣雅詁和方言兩頭不均衡的情況偶然性更大。在《方言》內部沒有找到能解釋的綫索。與《爾雅》比較核查的結果是:母題相同者 1 條,雅詁詞語部分相同者 4 條。但具體並不能解釋"雅詁詞語既多方言詞語又多"的現象。

（四）雅詁詞語和方言詞語完全不同

這類情況有 4 條,如:

（23）"虔、儇,慧也。秦謂之謾,晉謂之𢝊,宋楚之間謂之倢,楚或謂之譑,自關而東趙魏之間謂之黠,或謂之鬼。"（《方言》一 2）

這樣的情況很特殊,它與"雅詁詞語和方言詞語一一對應"的情況截然相反,後者是符合邏輯、符合人們的認識規律的;但是這特殊的 4 條同樣遵循了《方言》全書的一個核心原則,即按義來聚詞成條,雅詁詞語和方言詞語儘管完全不同,但它們的詞義或義類相同。

這 4 條在《方言》內部沒有綫索,與《爾雅》也沒有對應的母題或雅詁。

四、雅詁與方言不同對應關係在各卷中的分布統計分析

《方言》中雅詁與方言不同對應關係在各卷中的分布情況以下表呈現(單位:條)：

卷目＼類別	一	二	三	四	五	六	七	八	九	十	十一	十二	十三	合計
完全不同	1	0	1	0	1	0	0	0	0	1	0	0	0	4
雅多方多	6	0	0	0	1	1	1	0	0	1	0	0	0	10
雅詁多	5	4	2	0	0	3	2	0	0	4	0	0	1	21
方言多	8	8	8	2	0	10	3	0	0	20	0	0	2	61
一一對應	11	25	15	2	2	34	24	0	1	22	0	1	0	137
小計	31	37	26	4	4	48	30	0	1	48	0	1	3	233

　　第一，從表中"小計"可知各卷中"雅詁＋方言"式條目的數量，其中一、二、三、六、七、十這六卷中的"雅詁＋方言"式條目較多，另外七卷中的則極少，甚至個別卷中數量爲 0。一、二、三、六、七、十這六卷的內容都是一般詞語，四、五、八、九、十一這五卷是名物詞語。十二、十三卷也是一般詞語，但這兩卷絕大多數只有雅詁沒有方言，可能未編纂完成，姑且不計入統計範圍。那麼就呈現出一個特點："雅詁＋方言"式條目集中在一般詞語卷，占"雅詁＋方言"式條目總數的 84.6%，名物詞語卷中的"雅詁＋方言"式條目僅占 6.25%。

　　值得關注的是，這個分布特點在《爾雅》中同樣存在。管錫華在《爾雅研究》中統計術語和準術語在各篇的運用情況時總結："'A，B 也'主要用於《釋詁》《釋言》《釋訓》三篇，占三篇訓列的 97.8%；'爲、謂之、曰'主要用於《釋親》《釋宮》《釋器》《釋樂》《釋天》《釋地》《釋水》七篇，占七篇訓列的 81.0%；而零形式主要用於《釋丘》以後除《釋水》以外的九篇，占九篇訓列的 81.9%。""零形式"即"A，B"式，B 以描寫爲主，如"櫟，其實梂"，"羬，如羊"等。也就是《釋詁》《釋言》《釋訓》記錄一般詞語的三卷都用"A，B 也"式，記錄名物內容的十六卷不用"A，B 也"式，而用"謂之"等描寫式。

　　對比《方言》來看，"雅詁＋方言"的"雅詁"也就是"A，B 也"式，也就是一般詞語卷都運用"A，B 也"式；而名物詞語卷多沒有"雅詁"則不用"A，B 也"式，通常是"釋詞＋方言"，或"某地某謂之某"，即使沒有方言分布的也多用"某謂之某"。這樣的訓釋形式與內容的適應與《爾雅》是一致的。

　　兩書在這一點上的一致性,可以有兩個解釋:一是由訓釋内容本身決定訓釋形式,即一般詞語適用"A,B也"式,名物詞語則不適用,兩書編者共同認識到了該特點。二是成書在後的《方言》因襲《爾雅》的釋義形式和術語。

　　第二,從表中"合計"可知雅詁與方言不同對應關係的各類别的數量。1. "雅詁與方言一一對應"的情況最多,有137條,超過"雅詁+方言"式總量的一半。從詞典編纂的體例來説,"雅詁與方言一一對應"應該是標準樣式;從數量來看,《方言》也是把它作爲標準樣式來力求完成的。2. 與之相對的,最不合標準的"雅詁與方言完全不同"和"雅詁既多方言又多"兩類加起來只有14條,如果作爲少數例外看是可以的,例外在編纂過程中客觀存在。3. "雅詁詞語多"和"方言詞語多"的數量不在少數,從這兩類的存在可以得出以下認識:一是《方言》條目的形成取決於揚雄的實際調查,揚雄以實事求是的態度記録和編寫,有没能調查到的方言,就會"雅詁詞語多",有額外調查到的方言,就會"方言詞語多",前述14條其實也能説明這一點;二是揚雄在編纂過程中根據具體内容設定樣式,61條"方言詞語多"的條目中有些不同釋義的方言詞或連類而及的詞就不放入雅詁,這可以作爲補充體例;三是《方言》中有不盡完善的地方,21條"雅詁詞語多"的條目中有些没有方言分布描寫的詞語另見於他卷,其實可以合併作一條。

　　第三,單看"雅詁+方言"式在其主要分布卷目即一、二、三、六、七、十這六卷的分布情況,"雅詁"與"方言"對應的五種關係類型各自在這六卷中的分布基本上是平衡的,以"雅詁多"爲例,在六卷中的數量分别是5、4、2、3、2、4,差不多是平均的。但有兩處數據較突出,一是"雅詁既多方言又多"的條目在第一卷中的分布占到了該類型條目總量的60%(6/10),這個比例很高;二是第十卷"方言多"的條目占該卷"雅詁+方言"式條目總數的41.7%(20/48),明顯高於"方言多"與"雅詁+方言"的總量之比26.2%(61/233)。這説明《方言》第一卷和第十卷可能是揚雄在方言調查時收穫語料更豐富。

五、《方言》與《爾雅》關係之我見

　　在對《方言》全書梳理以及與《爾雅》全面比照的基礎上,有必要重新認識兩書的關係。

(一)關於《方言》模仿《爾雅》的觀點

　　這一觀點的由來值得商榷,兩書在體例上對這一觀點的支撐比較有限,内容方面的支撐更加微弱。

　　1.《方言》模仿《爾雅》之説的由來

　　《方言》是模仿《爾雅》之作,這一説法源自常璩;加之揚雄有模仿經典的喜好與習慣,《漢書·揚雄傳》引揚雄自序:"以爲經莫大於《易》,故作《太玄》;傳莫大於《論語》,作《法言》;史篇莫善於《倉頡》,作《訓纂》;箴莫善於《虞箴》,作《州箴》;賦莫深於《離騷》,反而廣之;辭莫麗於相如,作四賦。"這是揚雄模仿《爾雅》作《方言》一說的兩點依據。

《漢書·揚雄傳》談到了揚雄的多部模仿之作,卻没有提到《方言》係模仿《爾雅》,且《揚雄傳》與《藝文志》都未載《方言》一書,其原因有不同推測,姑且不論。另外,揚雄在《答劉歆書》中自述《方言》的創作過程,也並未提及《爾雅》,而是從先代輶軒之使以及同鄉嚴君平、"外家牽連之親"林閭翁孺身上受到的啟發。這恰恰是否定揚雄模仿《爾雅》作《方言》一說的兩點依據。

"典莫正於《爾雅》,故作《方言》"是《方言》模仿《爾雅》這一議題的由來,但這個由來是值得商榷的。

2.《方言》的一部分體例與《爾雅》相同

《方言》在編排上按照意義分篇、列條,《方言》的訓釋方式基本采用義訓,訓釋術語多用"曰"及"謂之",訓釋形式以"A, B 也"式爲主,且"A, B 也"式主要分布於一般詞語卷,名物卷幾乎没有,以上都與《爾雅》相同。這是《方言》在體例上模仿《爾雅》的可能證據。同時,也要看到,《爾雅》是儒生讀經、通經的工具書,是兒童學習的教科書,漢武帝時設置爾雅博士。如此,《爾雅》的義訓方式及術語想必人皆共知,成爲讀經、解經須掌握的基本方法。所以,揚雄作《方言》主觀上是否模仿《爾雅》並不可證,編排和訓釋方式上受到《爾雅》影響是客觀存在的。

3.《方言》與《爾雅》僅有少量雅詁偶合

從全書條目與《爾雅》的比照來看,《方言》的雅詁與《爾雅》相同的量並不多,一共核查出 49 組,大多是部分詞語相同,完全相同的僅 3 組。以 49 組來計,相同的量占《方言》全書條目總數的比例並不高,約 7.30%(49/671);從"雅詁 + 方言"式條目的非"一一對應"的四種關係類型與《爾雅》的分別比照來看,《方言》中"雅詁多""方言多""雅詁方言完全不同"等特殊的情況,其中極個別條目可以看作是雅詁取自《爾雅》而實際方言調查有出入所致,但總體來說關係不大。所以,《方言》在内容上没有模仿《爾雅》的可能。

(二)揚雄編纂《方言》的目的決定了《方言》獨特的内容和描寫體例

揚雄在《方言》中說:"初別國不相往來之言也,今或同,而舊書雅記故俗語不失其方,而後人不知,故爲之作釋也。""皆古雅之別語也,今則或同。"這是揚雄編纂《方言》的目的——給"古雅之別語"作解釋。這個目的決定了《方言》在内容上不同於《爾雅》,並獨創了與内容相適應的條目結構和方言描寫方式。

1.《方言》的内容主要取自口頭的活語言

根據劉歆《與揚雄書》、揚雄《答劉歆書》、應劭《風俗通義》、常璩《華陽國志》、葛洪《西京雜記》、郭璞《方言注序》等記載,《方言》的内容有兩個來源:一是前代保存下來的方言古語資料,包括歷代輶軒之使收集而藏於石室的"奏籍之書"和嚴君平、林閭翁孺整理過的少量資料。二是揚雄問於街頭四方來士,經二十七年積累而來的方言材料。後者占《方言》一書内容的絶大部分,它們來自人們口裏的活語言,不同於《爾雅》取自"舊書雅記"中的書面語。

2.《方言》着眼於表現一組詞語的"異"

《爾雅》的目的是爲解經服務,彙集經籍中意義相同或相近的詞,然後用一個通用的詞語來解釋,着眼於表現一組詞語在詞義上的"同"。《方言》的目的是辨析"今或同"背後的"初別國不相往來之言"或"古雅之別語",着眼於表現一組詞語的"異"。於是,"天下上計孝廉及内郡衛卒會者,雄常把三寸弱翰,齎油素四尺,以問其異語,歸即以鉛摘次之於槧",揚雄收集了來自不同地方的人的口中對同一個事物或意義的不同説法,着眼於表現其地域之異,還包括古今之異和音轉之異。

3.《方言》具有獨特的條目結構

《方言》條目的結構方式除了僅有"雅詁"的未完成式,主要有兩種規範的完成式,分別是"雅詁 + 方言"式和僅有"方言"式,後者即"某(某義),某地謂之某"式。該條目結構適應了《方言》一書的編纂目的:一是訓釋詞義,二是描寫方言分布,重點是後者;而《爾雅》的編纂目的並不包含描寫方言分布,它的條目結構因而僅有"雅詁"。所以,以描寫方言分布爲主的條目結構是《方言》全書體例上的特點之一。

4.《方言》具有獨創的方言描寫方式

《方言》中描寫方言時使用"或、亦、又"等術語具有獨創性。方言詞之間的空間關係較爲複雜,並非完全一詞對應一地那樣單純,有時表現爲一地對應多詞或一詞對應多地。配合"謂之"或"曰",揚雄使用"或、又"基本清晰地解説了同地異詞、異地異詞,用"亦"解説了異地同詞。爲達到某個編纂目的而使用特定的術語和形式,揚雄獨創的使用"或、亦、又"配合"謂之"或"曰",是《方言》全書體例上的特點之二。

(三)《方言》與《爾雅》比較研究具有詞彙史意義

《方言》《爾雅》兩書,跳出模仿説,將兩書聯繫起來,就相關詞語作比較,可以看到詞彙的演變,這是具有詞彙史意義的。

1. 由《方言》與《爾雅》看詞的時空轉移

《爾雅》中的一些同義詞,在《方言》中被揭示出實際上是不同方言詞。通過考察《方言》中留存的《爾雅》詞語,可以知道《爾雅》中的先秦語詞在西漢方言中的分布情況。李開的《〈方言〉總體結構及其對〈爾雅〉古今語的記述》、陸華的《論〈方言〉對〈爾雅〉古今語的記述》就是着眼於此所做的討論文章。這裏不繁舉説。此問題還有待於進一步的研究。

2. 由《方言》與《爾雅》看單音詞與複音詞的轉化

《方言》晚於《爾雅》,而且《方言》以人們口頭的活語言爲材料,儘管它仍然以單音詞爲主,但將之與《爾雅》比較,已經能夠顯示出複音詞的發展。如:

（1）《爾雅·釋詁》:"悠、傷、憂,思也。懷、惟、慮、願、念、怒,思也。"

《方言》一 11:"鬱悠、懷、怒、惟、慮、願、念、靖、慎,思也。晉宋衛魯之間謂之鬱悠……"

（2）《爾雅·釋詁》:"亹亹、蠠没、孟、敦、勖、釗、茂、劭、勔,勉也。"

《方言》一 31:"釗、薄,勉也……自關而東周鄭之間曰勔釗。齊魯曰勖兹。"

（3）《爾雅·釋詁》:"禄、祉、履、戩、祓、禧、禠、祜,福也。"

《方言》七 33:"福禄謂之祓戩。"

（4）《爾雅·釋蟲》:"蜩,蜋蜩、螗蜩。蚻,蜻蜻。"

《方言》十一 2:"蟬,楚謂之蜩,宋衛之間謂之螗蜩,陳鄭之間謂之蜋蜩……其小者謂之麥蚻……"

參考文獻

管錫華　《爾雅研究》,安徽大學出版社 1996 年

（清）郝懿行　《爾雅義疏》,上海古籍出版社 1989 年

華學誠等　《揚雄方言校釋匯證》,中華書局 2006 年

———　《周秦漢晉方言研究史》（修訂本）,復旦大學出版社 2007 年

李　開　《〈方言〉總體結構及其對〈爾雅〉古今語的記述》,《古漢語研究》1990 年第 4 期

劉君惠等　《揚雄方言研究》,巴蜀書社 1992 年

陸　華　《論〈方言〉對〈爾雅〉古今語的記述》,《南寧師範高等專科學校學報》2001 年第 3 期

羅常培　《〈方言校箋及通檢〉序》,《方言校箋及通檢》,科學出版社 1956 年

濮之珍　《〈方言〉與〈爾雅〉的關係》,《學術月刊》1957 年第 12 期

楊樹達　《讀方言書後》,《積微居小學述林》,中華書局 1954 年

趙振鐸　《揚雄〈方言〉是對〈爾雅〉的發展》,《社會科學研究》1979 年第 4 期

文獻語言學(17):153～166,2024

系統觀在訓詁研究中的重要意義①
——以《金瓶梅詞話》爲中心

楊　琳

（南開大學文學院，天津，300071）

提　要:本文以《金瓶梅詞話》中的系列詞語訓詁問題爲例,從音、形、義三個角度展示系統觀在訓詁研究中的運用。認爲不同學科有不同的研究對象,研究對象本身、研究對象存在的背景以及與研究對象有關聯的事物構成一個具體的信息系統,這個信息系統構成研究視野,對這個系統中的信息掌握得越豐富,瞭解得越深入,研究視野就越開闊,也便更容易看清現象之間的内在聯繫,從而發現規律,解決疑難問題。如果目光只是局限於研究對象本身,那就是孤立摸索,往往"不識廬山真面目",難得真相。

關鍵詞:系統觀;俗語詞;金瓶梅詞話

　　我們常用"坐井觀天"或"盲人摸象"之類的詞語譏諷考察問題時視野狹窄、見識短淺的人,但怎樣才能做到視野開闊、見識深切,並没有現成的入門指南。視野開闊並不是指泛泛的知識廣博,視野的廣狹主要是針對研究對象而言的。不同學科有不同的研究對象,研究對象本身、研究對象存在的背景以及與研究對象有關聯的事物構成一個具體的信息系統,這個信息系統就是你的研究視野,你對這個系統中的信息掌握得越豐富,瞭解得越深入,你的研究視野就越開闊,順理成章的,你就會更容易看清現象之間的内在聯繫,從而發現規律,解決疑難問題。如果目光只是局限於研究對象本身,那就是孤立摸索,往往"不識廬山真面目",難得真相。下面從音、形、義三個方面舉例説明,看如何從系統觀入手解決訓詁疑難。

一、音變字詞的系統考察

　　音變字詞指發生了音轉或音借變化的字詞。發生音變後,原本的字詞被其他形式所

---

① 國家社科基金項目"《金瓶梅》辭彙研究百年終結"（18BYY151）階段性成果。

替換,詞語的理據被遮掩。如果按音變字詞加以解析,難免牽強附會;如果孤立地猜測本字,往往是非難定;系統考察可以避免這兩種失誤。

《金瓶梅詞話》(下文簡稱《詞話》)中有"提口拔舌"和"枉口拔舌"兩個詞,用例如下(括號中數字指回數,下同):

　　賊提口拔舌見鬼的囚根子,我那一夜不在屋裏睡?怎的不來家?(23)
　　是那個嚼舌根的,没空生有,枉口拔舌,調唆你來欺負老娘!(25)
　　平白枉口拔舌的,一日誰見他個影兒。(75)

這兩個詞前人有不同的解釋。

田宗堯(第983頁):"提口拔舌,造謡生事,胡説八道。"毛德彪、朱俊亭(第213頁):"提口拔舌,也作枉口拔舌,妄口巴舌,枉口嚼舌。罵人胡言亂語或造謡生事。"對提、拔之義未作解釋,而它們是解讀的難點,因爲這兩個成分與"胡説"無法關聯。

徐復嶺(第703頁):"提口拔舌,義同'枉口拔舌'。提,或疑'枉'之訛誤。"王利器(第198頁):"枉口拔舌,造謡生事。"白維國(第406頁):"枉口拔舌,説憑空捏造的壞話。"《漢語大詞典》:"枉口拔舌,肆意胡言,造謡生事。"胡説與"枉口"(猶言"歪嘴")可以關聯。但説"提"爲"枉"之訛誤,缺乏依據,不足采信。"拔"的含義仍無着落。

王濤等(第1312頁):"枉口拔舌,枉:邪,不正直。佛教傳説生前犯口過者死後將入拔舌地獄受拔去舌頭的刑罰。後多指胡説八道,造謡中傷。"商務印書館辭書研究中心(第1045頁):"枉口拔舌,枉口:歪曲事實,滿嘴胡言。拔舌:佛教傳説生前犯有口過的人,死後將在地獄受到拔去舌頭的懲罰。現指胡説八道,造謡中傷。"這總算對"拔舌"做了明確的解釋。如此説來,"枉口拔舌"是胡説就會受到懲罰的意思,但文獻用例中都没有懲罰之意,所以此解難通。

以上解釋基本都是就詞解詞,屬於孤立求解。按照系統觀的要求,應該盡力搜集與這兩個詞有關的各種信息,將研究對象置於系統的大背景中加以考察,這樣才有可能發現問題的謎底。

文獻中與"枉口拔舌"近似的説法不少。例如:

　　妄口巴舌:《紅樓夢》第一二〇回:"只要自己拿定主意,必定還要妄口巴舌血淋淋的起這樣惡誓麽?"
　　枉口白舌:清曹去晶《姑妄言》第二十一回:"姑爺不要枉口白舌的,我家姑娘同奶奶娘兒兩個終日唇不離腮,那裏有這樣的事,不要屈了人。"清西泠野樵《繪芳録》第七十二回:"你好呀,枉口白舌的咒我。"民國李涵秋《廣陵潮》第三十八回:"這些事也不能枉口白舌的污蔑人。"

　　赤口白舌：明佚名《續西遊記》第六十回："今人無故赤口白舌,誘哄良善,菩提種子絶矣。"

　　利口拔舌：明清溪道人《禪真逸史》第三十八回："這就是利口拔舌作牽頭的趙蜜嘴。"

　　枉口誑舌：明吳承恩《西遊記》第九十七回："那張氏穿針兒枉口誑舌,陷害無辜。"

　　枉口刁舌：明呂坤《實政録·鄉甲約》卷五："只爲那奸狡的利己損人,强梁的欺大壓小,昧心的枉口刁舌。"

　　枉口惡舌：清楊潮觀《吟風閣雜劇》卷一《窮阮籍醉罵財神》："無端的枉口惡舌。"

通觀這些與"枉口拔舌"類似的説法,不難發現"口、舌"前面的詞都是形容詞,"X口"和"X舌"是偏正結構,"X口X舌"是並列結構,將"拔舌"放在這樣的背景中來考慮,其爲佛教"拔舌"的可能性就很小了。

　　另一重要相關信息是,拔、巴、八、白、拍等字在一些方言中音同或音近。明徐孝《合併字學篇韻便覽》所收《合併字學集韻》卷七《十五罵·幫母》下,"白、伯、八、把"屬於一個同音字組,音崩卦切[1]。今天的合肥話中拔、八、白三字都讀[pæʔ]。近代漢語中把撮合男女搞不正當關係的人叫"馬伯六",也寫作"馬泊六、馬百六、馬八六"等。"豬八戒"也寫作"豬百介"。明代鄭之珍《目連救母戲文》卷中(萬曆十年刻本):"鉄扇公主渡他過了火焰山,雲橋道人渡他過了寒氷池,豬百介渡他過了爛沙河。""胡説八道"也寫作"胡説白道"。《詞話》第二十七回:"你這小淫婦兒單管只胡説白道的。""仰八叉"也寫作"仰百叉、仰拍叉"。西周生《醒世姻緣傳》第二十回:"季春江出其不意,望着晁思才心坎上一頭拾將去,把個晁思才拾了個仰百叉。"又第九十五回:"寄姐不曾堤防,被素姐照着胸前一頭拾來,碰了個仰拍叉。"又有"仰不剌叉"的説法。元鄭光祖《伊尹耕莘》第二折:"前日在校場裏射垛子,使的力氣大了些,垛子也射不中,把我仰不剌叉跌下馬來。""不剌"是"八"的分音。古稱弄虛作假、耍花招爲"調白",也寫作"調把"。"投機倒把"之"倒把"本字爲"搗白",其倒賣義來自搗鬼義(詳見楊琳第219～226頁)。

　　梳理這些信息,我們知道"白舌"是有理據的,"白"有空的意思,"白舌"相當於"空口白話",這樣"拔"和"巴"完全可以解釋爲"白"的音借。"提"不是"枉"的形誤,而是根據"拔"做的修改,因爲提、拔同義,可以構成對文,以求文意和諧,正如"胡説白道"爲求對稱和諧變爲"緑説白道"一樣(詳見楊琳第44～62頁)。至於"誑舌、刁舌、惡舌"等説法,屬於與"白舌"意義近同的平行表述,相互之間没有演變關係,但可以互相印證。

---

① 萬曆三十四年(1606年)張元善刻本,《四庫全書存目叢書·經部》193册。

　　弄清了"提口拔舌"和"枉口拔舌"的理據,就不難判别有關是非。《漢語大詞典》:
"枉口拔舌,……亦作'枉口誑舌、枉口嚼舌'。"舉例有清西周生《醒世姻緣傳》第六十二
回:"見鬼的小忘八羔子!這一定是狄家小陳子的枉口嚼舌。""枉口白舌"是並列結構,
"枉口嚼舌"是主謂結構。清蒲松齡《聊齋俚曲集》第一回:"枉口嚼那舌根子,不知有甚
仇合冤。"可見二者雖然表義相近,但並非同構,未可等量齊觀。"亦作"這個術語一般表
示某個具體語境下有異文;或是同一詞語有不同的書寫形式,如可以説"繁瑣"亦作"煩
瑣",但不能説"截止"亦作"截至"。"枉口誑舌、枉口嚼舌"與"枉口拔舌"不是這樣的關
係,不適合用"亦作"來表示它們的關係。

　　曾良(第257頁)指出:"《漢語大詞典》收有'妄口拔舌、妄口巴舌、枉口拔舌''跋嘴'
等,没有具體指出語源。'拔、撥、跋'均是入聲字,就是今天'駁'的意思。""跋嘴"是爭
嘴、爭辯的意思,"枉口拔舌"等詞無爭辯的含義,拔的本字不可能是駁。

　　掌握了拔、巴、八、白等字在一些方言中音同或音近的事實,還可以解決很多有關的
語言疑難。

　　《詞話》第六十五回:"這邊把花與雪柳爭輝,那邊寶蓋與銀幢作隊。"梅節(第302
頁):"'把',古、劉改'綵',應爲'荷'字形訛。"綵、荷與把形音相遠,無由致誤。王夕河
(第403頁):"'把'字應是'百'的借音字。"近是而未確。這兩句描寫的是參加喪葬儀
式的隊伍。"把"應爲"白"之音借,喪葬用白花,至今猶然。"雪柳"指用白紙剪成柳條狀
掛在木棍上的喪儀用品,"白花與雪柳爭輝"文意和諧。

　　《詞話》第十九回:"不消兩日,管情穩扣扣教你笑一聲。""扣扣"一般校作"拍拍",
這固然是對的,然猶未盡。"拍拍"即常見後綴"巴巴","巴"作"拍",猶"仰八叉"作"仰
拍叉"。張汝漪《景縣志》卷六(1931年鉛印本):"巴巴,俗語形容之詞,又(有)甚極之
義,如多言曰口巴巴(《渭南集·大慧贊》),物之極乾者曰焦巴巴見(兒)(《埤雅》),又元人
小説言期望之極曰眼巴巴。""巴巴"有强調程度重的作用,如"老實巴巴、死巴巴、呆巴
巴、皺巴巴"等。"穩拍拍"義爲穩穩地。趙學林《雌蜂》(大衆文藝出版社2006年,第34
頁):"我只要經常陪有關人員喝酒吃飯,一年穩巴巴地淨賺十幾萬呢!"

　　利用音借或音轉疏通詞義,前提是原字無法講通,若原字可通,一般不能再用改字爲
訓的辦法。"把戲"一詞的理據前人有兩種解釋。有人認爲是"百戲"的音轉。黃侃(第
436頁):"把戲,當作'百戲'。"曾昭聰、劉玉紅(第151頁):"'把戲'一詞理據不明,如黃
侃之説則明。即'把戲'是'百戲'的方言音轉。'百戲'是古代樂舞雜技的總稱,《後漢
書·安帝紀》:'乙酉,罷魚龍蔓延百戲。'音轉爲'把戲'則首見於《元史·百官志》,後又引
申出能耐、手段、亂子等義。"有人認爲是"花戲"的音轉。章太炎《新方言·釋言第二》:
"其謂幻戲曰把戲,或曰花把戲,把即葩字。"羅翽雲《客方言》卷二《釋言》"亦曰撮"條:

"把戲者,花戲也。花、虧古今字。……古無輕脣,讀花如葩,轉上聲爲把。"

"把"有把玩、玩弄的意思。五代靜筠《祖堂集》卷七:"門前把弄,不如老僧。入理之譚,欠他三步。"明張時徹《芝園定集》(嘉靖刻本)卷三十七《張尚書傳》:"時瑾日把弄威福,數微文以法縉紳。"元董君瑞《哨遍·硬謁》套曲:"謾把猾,枉占奸。"《漢語大詞典》:"把猾,狡猾。"未確。王學奇、王靜竹(第25頁):"把猾,謂耍猾、使手段。"甚是。明羅貫中《三國演義》卷十:"你們把出這等毒手來,只好瞞曹操,也須瞞我不得。"此"把"亦爲玩弄之義。

"把戲"一詞最早見於宋金時期。宋妙源《虛堂和尚語録》卷八:"笑翁面裏常有刀,豈容藏鋒歛鍔。別浦船上肯攬載,必不帶水拕泥。若教把戲當場,管取光前絶後。"金馬鈺《洞玄金玉集》卷十《傀儡諭》(《正統道藏·太平部》):"養贍渾家,貪求活路,身如傀儡當場。被他名利,把戲引來忙。牽惹千頭萬緒,使作得、舉指倡狂。誇體段,搖頭弄影,馳騁好容光。"金于道顯《離峰老人集》卷下《贈高姑》(《正統道藏·正乙部》):"誰識當場傀儡身,一重皮肉一堆塵。百年線斷無消息,去了當場把戲人。"元牧常晁《玄宗直指萬法同歸》卷五《禪宗公案三十則》(《正統道藏·太玄部》):"磨磚作鏡豈無因,打動南鄰震北鄰。試把戲毬輕拶轉,金毛獅子便翻身。"這些用例中的"把戲"都是把弄戲耍的意思,是動詞。轉指戲耍的整個表演,即雜耍、雜技。又轉指戲耍的手段,即花招、本事。可見"把戲"自有理據,無需求助於音轉。"百戲"是樂舞雜技的總稱,雜耍義的"把戲"只是"百戲"的一種,未可混同。用音轉解釋"把戲"理據,其實也是孤立求解的結果。

二、形變字詞的系統考察

形變字詞指字形發生了訛變的字詞。解讀這類字詞須將形變字詞還原,但形變字詞的還原並非只有一種可能,只有系統考察才能判别哪一種訛變可能性最大。

兩字的形變

"兩"俗字作刄、刅、ㄎ等形(參劉復、李家瑞第119頁)。明李春熙《道聽録》卷三:"至漢則又易爲真草行書,後世又易爲省文,或借同音,或止書邊旁,甚者萬之作万,両之作刄,錢之作ㄡ,不知何始。"清端方《陶齋臧石記》卷四十三:"今世斤兩之兩市井皆作刄,蓋因草書省半作ㄎ,展轉沿誤,遂成此形,金銀之銀亦皆省去金旁竟作艮字,觀於此碑,則知元時已然矣。"元至正元年《重修真武廟施地施米記》碑:"閻通、張魯、閆文章、崔奉、牛海、趙中、閆全、閆鐸、何保、張降,同長里善人田弼施艮十刄。""施艮十刄"即"施銀十兩"。掌握了兩字的這些俗字知識,就可以用來校正古籍中的有關訛誤,正確解讀文獻內容。

1. 兩爲刃之形誤

擬武松合依鬭毆殺人，不問手足、他物、金兩，律絞。（10）

“兩”介休本校改作“刃”，是。明劉惟謙《大明律》卷十九《刑律二·鬭毆及故殺人》：“凡鬭毆殺人者，不問手足、他物、金刃，並絞。”刃既是刃的俗字，又是兩的俗字，故轉抄者改換爲兩。梅節（第52頁）：“當是底本‘刃’誤‘刄’，繕抄上板返正作‘兩’。”未免繞道。

2. 兩爲辦之形誤

令郎兩入武學，正當努力功名，承其祖武。（69）

根據文意，“兩入武學”不能理解爲兩次進入武學，因爲文中並無此事。崇禎本改“兩”爲“既”，戴鴻森點校本從之，無理可説。梅節（第324頁）：“‘兩’應爲‘已’，音誤‘雨’；‘雨’不通，又改‘兩’。”迂曲牽強。王夕河（第437頁）謂兩爲刃的俗寫之誤，刃又爲認的借音，義爲辨識、承引。此解也文理不通。

今謂“兩”當爲“办”之形誤。明郭一經《字學三正》第一册《時俗杜撰字·去》（明萬曆辛丑年刻本）：“辦，俗作办。”《詞話》中“辦”常寫作“办”。第十四回：“西門慶那日也教吳月娘办了一張卓席，與他山頭祭奠。”第二十五回：“西門慶賞了他五兩，房中盤纏，又交他家中買办東西。”办誤作刄，刄又被改作兩。上文云：“小兒年幼優養，未曾考襲，如今雖入武學肄業，年幼失學。”王三官進入武學不是通過考試或因襲祖業，而是花錢進去的，故云“办入武學”。第四十八回：“夏提刑得了幾百兩銀子在家，把兒子夏承恩年十八歲幹入武學肄業，做了生員。”幹、办義同。第四十五回：“原來都是他弄鬼，如今又幹辦着送他去了。”“幹辦”同義連文。“幹入”即辦進、弄進，可與“办入”相比證。“办入”今言“辦進”。吳小霧《流木》：“你不想想她爲什麽要上班？在家待不住？酒吧幫忙去啊，幹什麽非得讓埋伏給她辦進機關。”

3. 兩誤作及

比及個並頭交股，摟抱片時，起來穿衣之際，婦人下牀欵剔銀燈，開了房門。（69）

梅節（第324頁）：“崇本無‘比及’二字，‘個’上有‘兩’字。‘比及’應在‘起來穿衣’之上。”校改非是。“及”爲“刄”之形誤，原文爲“比兩個並頭交股……之際”，義爲“到……之時”。

4. 兩誤作多

四間房子是少不得的，論着價銀，也得三四個多銀子。（56）

“三四個多銀子”不通。個爲佰之形誤。多爲兩之形誤，手書兩作 （唐楊凝式）、 （宋米芾），多作 （宋趙構）、 （明王鐸），二者形近。

5. 刅誤作梁

　　預備下熬的粥兒又不吃，忽剌八新梁興出來，要烙餅做湯。（11）

　　王利器（第 406 頁）：“新梁興出來，新主意生出來。”白維國（第 439 頁）：“新梁興，新産生（的念頭）。”岳國鈞（第 1502 頁）：“新梁興，搞出新花樣。”梅節（第 58 頁）：“‘梁’字崇本無。應爲‘娘’之音訛。一九九二年參加第二屆國際金瓶梅學術研討會，在棗莊向徐州學者請教，蒙以此見告。又謂同第八回【山坡羊】之‘纏得些娘大’之‘娘’均語氣詞。然顧起元《客座贅語》卷一《方言》，謂南京方言‘物之細小者曰些娘’。不知孰是。”劉敬林（第 44 頁）認爲梁是另的記音字，“新另興”即“剛另産生（的）”。王夕河（第 53 頁）：“‘新梁興’即指‘新名堂’或‘新想法’，此語可能源於歷史上的‘梁父吟’琴曲和《飛燕外傳》中的‘新興瞽’典故。”徐復嶺（第 1019 頁）：“梁，衍文。新興出來，即剛才産生出來（某個念頭）。”釋者大都不説依據，説了依據的也很牽强。

　　今謂梁原本當作刅或刅（刅之俗字），二字爲剏、創之異體。《説文》：“刅，傷也。從刀從一。創，或從刀倉聲。”明張自烈《正字通·刀部》：“刅，楚莊切，音窗。兩刃刀也。《説文》：傷也。通作創，俗作瘡。”“刅興”義爲創造、創設。唐慧祥《清涼傳》卷下：“因即創興梵宇，締搆佛宫。”宋李燾《續資治通鑑長編》卷三百十五：“凡有剏興未合典禮之事，因而講議不報。”明何喬遠《名山藏》卷二十四：“曩因廷臣之議咸稱七廟之文，是用創興以從周典。”明徐學聚《國朝典彙》卷一百十五《禮部》：“惟是創興之初，當時諸臣失於精考，昭穆之序稍有未順。”《詞話》“忽剌八新刅興出來”謂忽然出來一個新創意、新想法。第十八回：“好個刀鑽的强盜，從幾時新興出來的例兒？”“新興出來的例兒”謂新想出來的玩法，可與“新刅興出來”的説法相比證。刅、刅之所以寫成梁，是因爲刅、刅又爲兩之俗字。明郭一經《字學三正·古文異體·養韻》：“㒳、刅、兩。”我們曾指出，《詞話》的部分底本是聽録來的文本。蓋《詞話》説書人誤將話本之刅讀作爲兩，而聽録者記作梁。

挑嘴吃

　　來安道：“他來望爹來了。”月娘道：“那個弔下炕來瞭望？没的扯臊淡，不説來挑嘴吃罷了。”（35）

　　“挑嘴吃”主要有騙吃、蹭吃兩種解釋。

　　釋爲騙吃者，有的不説依據。陸澹安（第 376 頁）：“挑嘴吃，騙東西吃。”《漢語大字典》：“挑 guāng，哄騙。……按：今本《金瓶梅》‘挑’作‘騙’。”《漢語大詞典》：“挑

guāng,誆,哄騙。"有的認爲挄是誆的借字。李申(第 440 頁):"挄嘴吃,騙吃騙喝。挄,是'誆'的記音字。今魯南、蘇北仍流行此語。"白維國(第 850 頁):"挄嘴,同'誆嘴'。挄,'誆'的借字。"有的認爲挄是幌的借字。許少峰(第 799 頁):"挄嘴,挄:借作'幌',誆騙。騙吃騙喝。"

釋爲蹭吃者,有的認爲挄是抹字之誤。張惠英(第 167 頁):"挄嘴吃,是'抹嘴吃'。⋯⋯'挄、抹'字形相近。字書無'挄'。"有的認爲挄有抹義。于銀如、李青松(第 117 ～ 118 頁):

> 晉北方言"挄嘴"指"利用別人吃飯時客氣禮讓的心理,白吃別人的好飯食,吃飽後抹一抹嘴走人"的意思,即今之"蹭飯"。如:"李四不待做飯(懶得做飯),一到晌午就這家那家的串門兒挄嘴頭子。"⋯⋯"挄",《説文》寫作"柷":"柷,充也。從木光聲。"《字彙》"挄"是"撗"的異寫,《康熙字典》引《字彙》並聲明此字改作"挄"。《集韻》《五音集韻》"撗"同"橫",均爲"古曠切,充也"。由此可知"挄"與"撗"當是異體關係。後來,該詞引申爲"來回平抹"的意思,如《蒲松齡集·日用俗字·泥瓦章》:"墁牆泥版撗三遍,擊炕瓦刀壓幾回。"今晉北方言猶有用"撗"表示"來回平抹"的動詞用法,如"撗炕""拿泥抹把往開撗撗"。

上面這些解釋都是孤立求解,均未允洽。第五十八回中説:"俺娘那老貨又不知道,慌他那嘴吃,教他那(拿)小買手(了)。""慌他那嘴吃"與"挄嘴吃"無疑是同義的説法,"慌他那嘴吃"理解爲哄騙或蹭她自己的嘴吃顯然不通。挄爲抹之形誤雖然説得過去,但抹不可能誤爲慌,所以形誤説也不可取。説充滿義的柷引申爲來回平抹,未見其理。

其實,挄在明清時期是晃的俗字,義爲搖晃、晃動。明張雲龍《廣社·去聲》:"挄,搖動。"音户廣切。明朱國禎《皇明大訓記》卷九:"玄宗雖挄然悟悔,亦以晚矣。"清雲遊道人《燈草和尚》第一回:"婆子把手向長姑身上一挄。"也寫作撠。明施耐庵《水滸傳》第三十八回:"兩隻腳把船隻一撠,船底朝天,英雄落水。"《西遊記》第十五回:"鬥不數合,小龍委實難搪,將身一撠變作一條水蛇兒。"《詞話》第二十七回:"於是一壁撠着他心子。"搖晃用手,故字寫作撠,挄是撠的簡化寫法。"挄嘴吃"義爲鼓動嘴巴吃。第十二回有"掉嘴吃"的説法,掉也是搖動的意思,可與"挄嘴吃"相比證。文言的説法是"朵頤"(鼓腮嚼食)。《易經·頤》:"舍爾靈龜,觀我朵頤。"孔穎達疏:"朵是動義⋯⋯今動其頤,故知嚼也。"當然,在"不説來挄嘴吃罷了"的語境中,籠統地説"挄嘴吃"指混吃或蹭吃也未嘗不可,但這不是直接含義。

汗邪 / 汗歪 / 漢子邪了

鄭香兒道:"應二花子,汗邪了你,好罵。"(32)

王利器(第147頁):"汗邪,患汗病(傷寒)發燒的人,往往説胡話,所以罵人胡言亂語爲汗邪。《黃帝内經·素問》刺熱篇:'熱争則狂言。'"《漢語大詞典》:"汗邪,謂人高燒出汗,神智昏迷,語言錯亂的現象。俗謂中邪。多用來罵人頭腦不清,胡言亂語。"王解是,《大詞典》未確。汗邪是汗病中邪的意思,得了汗病的人惡寒無汗,所以也叫"汗鱉",義爲將汗憋在體内。清西周生《醒世姻緣傳》第四十九回:"呃,老鄒,你害汗病,汗鱉的胡説了,你搗的是那哩鬼話?"第八十四回:"他娘道:'孩子今年十二了,你一歲給我一兩五錢銀子罷。'寄姐道:'你汗鱉了?説這們些!'"徐復嶺(第301頁):"汗鱉,因汗病(傷寒病)症狀惡寒無汗、高燒譫語、昏頭昏腦,故謂之汗鱉。常用以罵人頭腦不清、胡説八道。"

《詞話》第五十二回:"賊們(狗)攮的,今日汗歪了你,只鬼混人的。"白維國(第153頁):"汗歪,猶'汗邪'。""汗歪"的説法僅此一見,作歪詞義不通,歪當因常説"歪邪"而一時筆誤,並非"汗邪"也可説成"汗歪"。

《漢語大詞典》:"汙邪,亦作'污邪'。謂着了邪氣,神志失常。《醒世姻緣傳》第八一回:'罷,怪丫頭!污邪了胡説的甚麼!'""污邪"並無神志失常義,此"污邪"爲"汗邪"之誤,《醒世姻緣傳》清同德堂刻本污作汙,汙爲汗之誤刻。

古典文學出版社1956年繁體豎排本明東魯古狂生《醉醒石》第十五回:"無恥汙邪的,你怎麼串人來局賭?"上海古籍出版社1985年簡體排印本作"无耻污邪的"。查《醉醒石》覆刻本(《古本小説集成》),作:"無恥汗邪賤人,怎麼串人來局賭?"可知排印本"汙(污)邪"應爲"汗邪",蓋爲點校者誤改。

《詞話》第七十六回:"那潘金蓮插燭也似與月娘磕了四個頭,跳起來赶着玉樓打值(罵)道:'漢子邪了,你這麻滛婦! 你又做我娘來了。'"梅節(第384頁):"漢子邪了,崇本作'汗邪了'。今本詞話誤以'汗'爲'漢',又增'子'字。"學人皆從崇禎本所改,未妥。原文當作"汗了邪了",是"汗邪"一詞的擴展説法,猶如"奇怪"説成"奇了怪了","邪門"説成"邪了門了"。先是"汗了"誤作"汗子","汗子"不通,又改汗爲漢。

三、義變詞語的系統考察

義變詞語指意義相同相近、一般包含共同語素的一組詞語,它們是相同或近似意思的不同表述,搜集義變詞語,通過它們之間的相互比照,相互印證,就可以找到破解疑難詞語的線索。

大滑答子貨 / 大謅答子貨 / 波答子

　　原來你是個大滑答子貨,昨日人對你説的話兒你就告訴與人。(23)

“大滑答子貨”主要有五種解釋。

A. 胸中不能存物的人。姚靈犀(第169頁):“大滑答子貨,謂胸無一物,些子不能容存者。又謂健忘之人。”

B. 靠不住的人。陸澹安(第59頁):“大滑答子貨,靠不住的家夥。”王利器(第28頁):“大滑答子貨,靠不住的家夥。烙煎餅時,由於開始火候難於掌握,最初幾張總烙不好,這種又厚又破的煎餅叫做‘滑答子’。魯南群衆常拿來比喻行爲不端的人。”

C. 滑頭。田宗堯(第103頁):“大滑答子貨,滑頭。‘滑答’即‘滑達’,泥滑的意思,所以可以解釋成‘滑頭’。”白維國(第169頁):“滑答子,滑頭;説話没準兒的人。答子,詞尾。”孫遜(第328頁):“大滑答子貨,油滑的家夥,靠不往的家夥。‘答子貨’是‘家夥’的意思,帶貶義,加一‘大’字,加重語氣。中間所嵌字表明是什麽樣的(家夥),如‘大謅答子貨’(見第三十九回)等。”

D. 行爲不端的人。張遠芬(第91頁):“大滑答子貨,壞東西。嶧縣一帶,人們多以煎餅爲主食。烙煎餅時,由於開始火候難於掌握,最初幾張總烙不好,這種又厚又破的煎餅叫做‘滑答子’。當地群衆常拿來比喻行爲不端的人。”

E. 不頂用的東西。徐復嶺(第326頁):“滑答子貨,烙煎餅時烙出的第一張煎餅多不能食用,稱爲‘滑答子’。滑答子貨,指不頂用的東西。”

這些解釋中,A解没有依據,屬於隨意猜測,姑置勿論。其他四種解釋提供了兩種依據,即“滑答子”爲魯地煎餅説及“答子”爲詞尾説。詞尾説没有進一步的論證,很少有人采信。煎餅説有現代民俗及方言作支撐,采信者衆多。

我們不能孤立地看問題。《詞話》中還有一些與“大滑答子貨”有關的説法,應該聯繫起來通盤考慮。第三十九回:“西門慶道:‘早是你題起來,我許下一伯廿分醮,我就忘死了。’月娘道:‘原來你這個大謅答子貨,誰家願心是忘記的。你便有口無心許下,神明都記着。’”第七十二回:“你這波答子爛桃行貨子,豆芽菜有甚正條綑兒也怎的。老娘如今也賊了些兒子。”“大謅答子貨”“波答子”跟“大滑答子貨”一樣都是駡人的稱謂,謅、波與滑形音都無關聯,這表明將“滑答子”指認爲魯地現代方言是行不通的。這些稱謂中,“答子”分明是一個獨立的單位,滑、謅、波都是“答子”的修飾語,只要弄清了“答子”的含義,其他就迎刃而解了。

我們認爲“答子”即“達子”,亦作“韃子”,原是漢人對北方遊牧民族的稱呼。明施耐庵《水滸傳》第一〇八回：“宋先鋒是朝廷良將,殺韃子,擒田虎,到處莫敢攖其鋒。”明湯顯祖《牡丹亭》第二十三齣：“因陽世趙大郎家和金達子爭占江山,損折衆生,十停去了一停。”引申泛指被貶斥的人。《紅樓夢》第四十九回：“黛玉先笑道：‘你們瞧瞧,孫行者來了。他一般的拿着雪褂子,故意妝出個小騷達子樣兒來。’”明余繼登《典故紀聞》卷十二：“正統十四年,降虜之編置京畿者,因虜入寇,遂編髮胡服肆掠,人目爲家達子。”“家達子”謂家裏的達子,今北京話中仍在使用,詞義有引申。許寶華、宮田一郎(第5159、2126、3132頁)：“家達子,遊手好閑的公子哥兒。北京官話。北京。”“殺家達子,敗家子。”“直眼達子,目光呆滯的人;不善於四面審視的人。”因此,“大滑答子”就是很油滑的人,相當於“大滑頭”,“大謅答子”就是信口胡謅的人,“貨”義爲“東西”,也是對人的貶稱。

　　“波答子”的解釋五花八門。姚靈犀(第223頁)：“這波答子,即這般也,一波未平,一波又起,故俗云一度爲一波。”傅憎享(第171頁)：“‘波答子’從字面上無從索解,以‘反切’急讀合音則爲‘巴子’。東北方言今仍稱‘巴子’。”張惠英(第254頁)：“波答子,罵人話。當是‘滑答子’的形訛。”白維國(第28頁)：“波答子,破爛貨。波,疑應作‘破’;答子,詞尾。”諸説未得。波不是潑的音誤就是簡體泼的形誤(明董其昌潑作)。潑有卑劣、可惡的意思,常用來貶斥人,如“潑皮、潑才、潑男女”等,“潑答子”與此同類。

謙兒李兒

　　　西門慶道：“他兩個叫韓佐,一個叫邵謙。”月娘道：“誰曉的他叫什麼謙兒李兒。”（73）

　　“謙兒”是順着上文“邵謙”說的,但“李兒”無所承接,何以説“李兒”,有三種解釋。

　　A. 表現了月娘對西門慶對李瓶兒一往情深的妒意。孫遜、詹丹(第87頁)：“月娘的話,説明她也是有妒意的,只不過隱伏得比較深,所以在她説話時,李瓶兒之‘李’不但跟李子之‘李’混淆了,並且還藏在一個似乎毫無意義的語詞後綴裏。而潘金蓮正是敏鋭地捕捉到了這一信息,一方面她繼續挑明她的妒意,另一方面,又利用月娘這隱含的妒意,掀風作浪,挑動吳月娘跟西門慶嘔氣以使自己來坐收漁翁之利。”

　　B. 李是順着謙(錢)説的。甘振波(第607頁)：“月娘所説的‘謙’應爲‘錢’。月娘是大家閨秀,有一定的文化,他把‘謙’聽成了‘錢’(人名用字憑耳聽是很難判斷是什麼字的),於是聯想到‘趙錢孫李’的《三字經》,才説出：‘誰曉的他叫什麼錢兒、李兒!’”

　　C. 李是《詞話》中仿詞的通用符號。崔山佳(第625頁)：“《金瓶梅詞話》中常用‘李’來代替所‘仿’的那個詞。”除了此例外,另舉兩例：第七十五回：“婦人(指孟玉樓)道：‘由他去,請甚麼任醫官李醫官,教劉婆子來,吃他服藥也好了。’”又同回：吳月娘説：“氣的我身子軟癱兒熱化,什麼孩子李子,就是太子也成不的。”

　　A、B兩解只是針對"謙兒李兒"的個例,無法解釋"李醫官"和"李子"兩例,綜合來看,還是C解合理。第七十三回中還有一個類似用例:"正景姐姐分付的曲兒不教他唱,平白胡枝扯葉的教他唱什麼《憶吹簫》《李吹簫》。"這裏的李也是仿詞的通用符號。但仿詞的通用符號爲什麼用李,C解沒有進一步的闡釋。我想這可能跟一些成語及熟語中,李經常在兩個對應事物中出現在後項的現象有關,如"張三李四、張冠李戴、投桃報李、浮瓜沉李、張家長李家短、張公吃酒李公醉"等,《詞話》的三條用例中李也都是作爲後項出現的。而李之所以排列在後,是遵循調序原則的結果。

　　張惠英(2016年,第48頁):"'孩子'和'李子'並列在一起,在意義上沒有什麼關聯,因而顯得搭配不當。實際上,這兒的'孩子'是'杏子'的諧音,這樣,'孩子(杏子)、李子'才會産生諧謔的趣味。今浙江温州話古梗攝二等字,今讀音失落舌根鼻音韻尾,和'孩'字韻母相近。於是,'孩、杏'聲母相同,韻母相近,聲調單念時不同,連讀時也相近,故能諧音(鄭張尚芳告知)。"此説也是孤立求解,不免鑽入牛角尖。若説"孩子"和"李子"在水果義上有關聯,那下文的"太子"又如何關聯呢?

少椒末

　　還是這孩子有福,若是別人家手裏,怎麼容得? 不罵奴才,少椒末兒? 又肯擡舉他? (76)

　　賁四的女兒瑞雲賣到夏提刑家作婢女,夏家善待瑞雲,上文是西門慶對瑞雲的評議。其中的"少椒末兒"不好理解。

　　姚靈犀(第226頁):"少椒末兒,待考,疑爲吃辛受辣。"

　　魏子雲(下册第113頁):"少椒末兒,此一形容詞,似是指的胡椒末兒,在菜蔬間是可有可無,不值得看重之意:'若是別人家手裏,怎麼容得! 不罵奴才,不説是少你這椒末兒嗎?' 但亦可作爲苦辣吃的意思看。"

　　田宗堯(第995頁):"椒末兒,這是辛辣的東西,所以可以引申成'打罵'。"

　　梅節(第388頁):"'少'應爲'撒'音近之誤。'撒椒末兒'意指施辣手。"

　　白維國(第194頁):"椒末兒,比喻辛辣的語言。"

　　各家孤立求解,均未得其義。要弄清"少椒末兒"的含義,還須聯繫《詞話》中的另外兩個句式來看。

　　其一,《詞話》中的"不打罵某人,XX"都是反問句,表示必然或理當打罵。例如第二十四回:"不罵你罵誰?"第四十一回:"誰教你説話不着個頭頂兒就説出來? 他不罵你罵狗?"第七回:"不打他打狗不成?"第五十三回:"不打你却打誰?"

　　其二,在上面的句式中,與"罵誰、罵狗"相當的一種變化説法是"嫌腥"。第七十五回:"誰教他挈斑兒做勢的? 他不罵的(呵)他嫌腥?"陳詔、黃霖(第1222頁):"嫌腥,此處係反話,腥指不潔、腥穢之物。此詞今存粵語,如:'錢都不要,嫌腥?'"劉敬林(第226頁):"'嫌腥'一語在吾鄉南陽方言中,今天仍常説,如四人在一起打麻將,甲出一牌,丙説'碰',乙問:'你碰?'丙接着會説:'不碰嫌腥?''不碰嫌腥'在話中爲反語,言不碰是怕沾上腥臭? 再如一個年齡稍大點孩子同一個年歲較小的孩子打架,年齡稍大的孩子一點都不謙讓年歲小的。別人勸架時就勸大的讓小的,而大的若不願意讓,就會説:'我不還手嫌腥?'言我不還打怕沾上腥臭? 此同《詞話》句例,可以説是'文同一律'。可供比證。""嫌腥"義爲嫌惡腥氣,用在反問句中表示不會因爲嫌腥而不做。《詞話》第七十三回:"金蓮笑道:'你問他敢打我不敢。'月娘道:'他不打你嫌? 我見你頭裏話出來的或〔忒〕緊了。常言漢子臉上有狗毛,老婆臉上有鳳毛。他有酒的人,我怕一時激犯他起來,激的惱了,不打你狗不成?'"戴鴻森點校本嫌下補腥,甚是。末句崇禎本作"不打你打狗不成",補打字,可從。

椒末指花椒粉,花椒在烹調中具有去腥的功效,缺少花椒就去不掉腥氣,所以"少椒末兒"是"嫌腥"基礎上的變化説法,"不罵奴才,少椒末兒?"意爲不斥罵奴才是因爲缺少除腥的花椒末? 表示肯定會斥罵奴才。

我們常説無獨有偶,這就是説事物都不是孤立的,因此,要正確認識某個體,必須聯繫系統中的其他相同或相關成員加以考察,這樣才有可能避免認知的片面和失誤,上面列舉的三類事例就是對這一理念的詮釋和印證。

參考文獻

白維國　《金瓶梅詞典》修訂本,綫裝書局2005年
———　《白話小説語言詞典》,商務印書館2011年
———　《近代漢語詞典》,上海教育出版社2015年
陳詔、黃霖注釋,梅節校訂　《金瓶梅詞話》,臺北里仁書局2020年
崔山佳　《現代漢語"潛顯"現象研究》,巴蜀書社2008年
傅憎享　《金瓶梅妙語》,遼海出版社2000年
甘振波　《金海拾貝》,《金瓶梅與臨清:第六屆國際金瓶梅學術討論會論文集》,齊魯書社2008年
黃　侃　《量守廬群書箋識》,武漢大學出版社1985年
李　申　《金瓶梅方言俗語匯釋》,北京師範學院出版社1992年
劉復、李家瑞　《宋元以來俗字譜》,歷史語言研究所1930年
劉敬林　《金瓶梅方俗難詞辨釋》,綫裝書局2008年
陸澹安　《小説詞語彙釋》,中華書局1964年

毛德彪、朱俊亭　《金瓶梅注評》,廣西人民出版社 1990 年

梅　節　《金瓶梅詞話校讀記》,北京圖書館出版社 2004 年

商務印書館辭書研究中心　《新華語典》,商務印書館 2014 年

孫　遜　《金瓶梅鑒賞辭典》,漢語大詞典出版社 2005 年

孫遜、詹丹　《金瓶梅概説》,上海古籍出版社 1994 年

田宗堯　《中國古典小説用語辭典》,臺北聯經出版事業公司 1985 年

王利器　《金瓶梅詞典》,吉林文史出版社 1988 年

王濤等　《中國成語大辭典》,上海辭書出版社 1987 年

王夕河　《金瓶梅原版文字揭秘》,灕江出版社 2012 年

王學奇、王靜竹　《宋金元明清曲辭通釋》,語文出版社 2002 年

魏子雲　《金瓶梅詞話注釋》,臺灣學生書局 1984 年

徐復嶺　《金瓶梅詞話、醒世姻緣傳、聊齋俚曲集語言詞典》,上海辭書出版社 2018 年

許寶華、[日]宮田一郎主編　《漢語方言大詞典》,中華書局 1999 年

許少峰　《近代漢語大詞典》,中華書局 2008 年

楊　琳　《漢語俗語詞詞源研究》,商務印書館 2020 年

姚靈犀　《瓶外巵言》,天津書局 1940 年

于銀如、李青松　《晉北方言所見金瓶梅詞語匯釋》,太白文藝出版社 2015 年

岳國鈞　《元明清文學方言俗語辭典》,貴州人民出版社 1998 年

曾　良　《明清小説俗字研究》,商務印書館 2017 年

曾昭聰、劉玉紅　《黃侃〈通俗編箋識〉研究》,暨南大學出版社 2019 年

張惠英　《金瓶梅俚俗難詞解》,社會科學文獻出版社 1992 年

———　《關於金瓶梅的語言》,《金瓶梅語言研究文集》,中國社會科學出版社 2016 年

張遠芬　《金瓶梅新證》,齊魯書社 1984 年

文獻語言學(17):167～173,2024

"選練"新詮①

卞仁海

(深圳大學人文學院,深圳,518060)

提　要:諸家將"選練"一詞解釋爲"選拔訓練"是望文生訓,誤。今謂"選練"實爲"選揀","練"和"揀"同從"柬"聲,聲近義通;"選練(揀)"爲同義連文,即"挑選、選擇"之義。

關鍵詞:選練;選揀;訓詁

對於"選練"一詞,《漢語大詞典》"選練"條下訓爲"選拔訓練",並列有三條書證:

《韓非子·和氏》:"不如使封君之子孫三世而收爵禄,絶滅百官之禄秩,損不急之枝官,以奉**選練**之士。"

《吕氏春秋·簡選》:"**選練**角材,欲其精也;統率士民,欲其教也。"

《漢書·李尋傳》:"宜少抑外親,**選練**左右,舉有德行道術通明之士,充備天官。"

此外,張覺《韓非子全譯》②、劉乾先等《韓非子譯注》③、周勛初修訂《韓非子校注》④、陳明、王青《韓非子全譯》⑤、高華平等譯注《韓非子》⑥、陸玖譯注《吕氏春秋》⑦、陳興安《吕氏春秋全譯》⑧、張玉春等《吕氏春秋譯注》⑨、張雙棣等《吕氏春秋譯注》⑩都將以上材料中的"選練"注釋或翻譯爲"選拔和訓練""選拔、培訓"。

---

① 國家社科基金年度項目"漢語避諱所致的常用詞演變研究"(18BYY148)階段性成果。本文曾受業師王彦坤先生啓發指導。
② 張覺《韓非子全譯》,貴州人民出版社 1990 年,第 188 頁。
③ 劉乾先等《韓非子譯注》,黑龍江人民出版社 2003 年,第 140 頁。
④ 韓非子校注編寫組編、周勛初修訂《韓非子校注》,鳳凰出版社 2009 年,第 100 頁。
⑤ 陳明、王青《韓非子全譯》,四川出版集團 2008 年,第 152 頁。
⑥ 高華平、王齊洲、張三夕《韓非子》,中華書局 2010 年,128 頁。
⑦ 陸玖《吕氏春秋》,中華書局 2011 年,第 235 頁。
⑧ 陳興安《吕氏春秋全譯》,巴蜀書社 2004 年,第 82 頁。
⑨ 張玉春《吕氏春秋譯注》,黑龍江人民出版社 2003 年,第 189 頁。
⑩ 張雙棣、張萬彬、殷國光、陳濤《吕氏春秋譯注》,北京大學出版社 2000 年,第 190 頁。

今按:以上諸家將"選練"解釋爲"選拔訓練(培訓)"是望文生訓,均誤。今謂"選練"實爲"選揀","練"當讀爲"揀";"選練(揀)"爲同義連文,即"挑選、選擇"之義。"選練之士"當解釋爲"精挑細選的人才";以上相關諸家還將"士"釋爲"武士",是拘泥於"訓練"之誤訓,從全文主旨看,作者主張選拔人才,不僅僅指武士,"士"當指文武之士。"選練角才"和"統率士民"爲對文,"統率"爲同義連文(《詩》朱熹集傳:"率,統率之也。"《廣韻》:"率,領也。"《慧琳音義》:"統,領也。"),與之相對的"選練"也當爲同義連文。"選練角才"應譯爲"挑選拔尖人才"。"選練左右"和下文"舉有德行道術通明之士"相對應,當解爲"挑選近侍之臣",其"選擇"義也可從與下例比較中看出:

> 《大戴禮記·保傅》:王左右不可不練也。(王聘珍解詁:"《埤蒼》:'練,擇也。'練與揀音義同。")

"選練"最早見於馬王堆帛書《老子》乙本卷前古佚書《經法·君正》,作"巽練":

> 號令者,連爲什伍,**巽練**賢不宵(肖)有別殹(也)。

"巽練"即"選練",王輝《古文字通假字典》:"巽,讀爲選。"陳鼓應將"巽練"翻譯爲"挑選"[1],甚確。

《説文》系部朱駿聲《説文通訓定聲》:"選,叚借又爲柬。""柬",《爾雅·釋詁》:"柬,擇也。""柬"即"揀"的古字,《慧琳音義》:"揀,《説文》作柬,分別簡之也。"《文字集略》:"揀,選也,亦擇也。"古之從"柬"得聲之字,多具有"選擇"義,如"煉",《説文》:"煉,鑠冶金也。"段玉裁注:"鑠冶者,鑠而冶之,愈消則愈精。""湅",《説文》:"湅,澗也。"段玉裁注:"湅之以去其瑕,如瀾米之去康粊。"楊樹達亦謂:"柬聲及簡聲字皆含去惡存善之義,如瀾、湅、煉、練、鍊、諫皆怡然理順。"[2]以上諸字聲近義通,是同源字,具有共同的語源義"選擇"。

"選揀"作爲同義連文,其用例再如:

> 《舊唐書·懿宗紀》:邊方未靜,深藉人才,宜令徐泗團練使選揀召募官健三千人,赴邕管防戍。

> 元楊果《許衡爲懷孟教官制》:可令於懷孟等處,選揀子弟俊秀者,舉歸教育,取作

---

[1] 陳鼓應譯文:(要想在第四年)有效地發號施令,使民聽命,就要按照嚴密的單位形式把人民組織起來,並挑選人才去管理他們,使賢與不賢的人們各有差異(《黃帝四經今注今譯》,商務印書館 2007 年,第 57 頁)。

[2] 楊樹達《積微翁回憶録》,北京大學出版社 2017 年,第 184 頁。

範模。

"選揀"在方言中也有用例,《漢語方言大詞典》:"選揀:選擇,閩語。海南海口,瓊山。"

"選揀"既爲同義複語,又寫作同素異序的"揀選",也是"挑選、選擇"之義,如:

漢蔡邕《幽冀二州刺史久缺疏》:三公明知二州之要,尤宜揀選。

唐韓愈《石鼓歌》:從臣才藝咸第一,揀選撰刻留山阿。

《二刻拍案驚奇》卷七:慢慢揀選一個佳婿與他,也完我做親眷的心事。

"練"常用爲"選擇"義,朱駿聲《説文通訓定聲·乾部》:"練,叚借爲柬。"《正字通·系部》:"練,選擇也。"其例如:

《六韜·練士》:練士之道奈何?(盛冬鈴注:練通"揀",簡練,挑選。)

《漢書·鄒陽傳》:今吳楚之王練諸侯之兵。(顏師古注:練,選也。)

《漢書·禮樂志》:練時日,侯有望。(顏師古注:練,選也。)

《文心雕龍·練字》:綴字屬篇,必須練擇。(范文瀾題注:練訓"簡"、訓"選",訓"擇"。)

蘇州吳方言《吳歌新集》:"姐在田裏練荸薺,練着一個大荸薺。"[1]

以上最後一例中,吳方言的"練荸薺"其實就是"揀荸薺"。"練、揀"是同從"柬"聲的諧聲字,"練"上古屬元韻、來母,"揀"屬元韻、見母,古來母和見母相近,甚至有人認爲同屬一紐[2]。因此,"練、揀"疊韻、旁紐,古音近義通,文獻中"練"常通作"揀",如以下對文或異文:

《魏受禪表》:練吉日。

魏應瑒《西狩賦》:既乃揀吉日,練嘉辰[3],清風矢戒,屛翳收塵。

柬(揀)也可通作"練",如郭店楚簡《五行》簡三九~四〇:"柬(柬)之爲言猷(猶)練也,大而晏者也。""練"也可通作"闌",如《王兵》簡:"春秋殼(角)試,以闌(練)精才。"

"練"用爲"選擇"義時經常和"選"形成對文,如:

---

① 許寶華等《漢語方言大詞典》,中華書局1999年,第3778頁。

② 馬建東《甘穀方言與〈説文解字〉同聲字説明的問題——古音見母、來母或同紐系列文章之二》,《天水師範學院學報》2010年第1期。

③ 這裏"揀、練"對文,爲變文避複,下文的"簡兵練卒"中"簡、練"也同此。

《古文苑》卷四揚雄《蜀都賦》:練時選日,瀝豫齊戒。

《吕氏春秋·愛類》:王也者,非必堅甲利兵選卒練士也,非必隳人之城郭、殺人之士民也。

《文選·謝莊〈月賦〉》:於是弦桐練響,音容選和。(李善注:"《埤蒼》:'練,擇也。'練與揀音義同。")

謝莊《太子元服上太后表》:練日簡辰,昭備元服。

《通典》引孫武《兵法》:簡兵練卒,或出或守。

以上前三例中,"練、選"對文,爲選擇義。後二例中,"練、簡"對文,也爲"選擇"義,《爾雅》:"簡,擇也。"朱駿聲《説文通訓定聲·乾部》:"簡,叚借爲柬。"《説文》段注:"凡言簡練、簡擇、簡少者,皆借簡爲柬也。"古書中用作"選擇"義的"練、簡、揀"常互通。

經過挑選的事物當然精核、上乘,因此,用作"選擇"義的"練"作爲語素和其他語素組合時,所具有的"精選、美好、高檔"等意義是其"選擇"義的自然引申,如:

練材,即英才,拳勇有力之材。

《吕氏春秋·簡選》:老弱罷民,可以勝人之精士練材。(高誘注:"練材,拳勇有力之材。")

練甲,即精兵。

《韓非子·十過》:秦得韓之都一,驅其練甲,秦韓爲一以南鄉楚,此秦王之所以廟祠而求也。(《漢語大詞典》"練甲"條:精兵。)

練色,即美色。

枚乘《七發》:練色娛目,流聲悦耳。(《漢語大詞典》"練色"條:美色。)

《莊子·秋水》:"夫鵷鶵發於南海,而飛於北海,非梧桐不止,非**練實**不食,非醴泉不飲。"其中"練實"一詞,千百年來,多有聚訟。唐人成玄英疏"練實"爲"竹實"爲多家因襲,艾白薇則釋"練實"爲"楝實"[1]。高勇《"練實"別解》提出異議[2],認爲"竹實"之訓没有將"竹"和"練"聯繫起來,而艾氏所訓的"楝實"之産地、成熟的季節又與文意不符,其説當是。而且,這種味苦、性寒、有毒的楝實是不能作爲食物的,《神農本草經》:"楝實,味苦,寒。"《湯液本草》:"氣寒,味苦,平,有小毒。"可入中藥,《本草綱目·木二·楝》:"楝

[1] 艾白薇《"練實"就是"楝實"》,《中國語文》1979年第4期。
[2] 高勇《"練實"別解》,《文學遺産》1985年第2期。

實導小腸、膀胱之熱,因引心包相火下行,故心腹痛及疝氣爲要藥。"同時,楝實具有季節性,《淮南子·時則》高誘注:"楝實秋熟,故其樹楝也。"既然"非練實不食",不結楝實的季節鴝鶵將無食物可吃,這也不合情理。但高文以"練"初義爲白色的絲帛爲依據,將"練實"解釋爲"象練一樣純淨的果實",則是望文生訓,亦誤。從文意上看,鴝鶵作爲高貴的鳳凰之鳥,是不會吃"腐鼠"等低端食物的,即在飲食上有所選擇:所飲爲"醴泉",所食爲"練實"。因此,"練實"和以上"練材、練甲、練色"相類,當讀爲"揀實",即經過精心挑選的上乘果實。

《宋史·志第一百四十七·兵八》:諸禁軍中老疾者衆,蓋久從征戍,失於揀練,每抽替至京,雖量加閱視,亦止能去其尤者。今多已抽還,宜乘此息兵,精加選揀。

上例中的"精加選揀"又多作"精加選練",如以下二例:

清阮元《揅經室集》:今遇警即請禁兵,以致勞師靡餉,宜專責成各督撫提鎮標兵,精加選練。

清王拯《龍壁山房文集》:所專用以剿賊者,唯募精勇爲尤宜。傳聞粵中殺賊,官兵弗如鄉團,鄉團弗如壯勇。果於壯勇精加選練,不過一二千人。

唐元稹《唐故工部員外郎杜君墓志銘》:"是後,詩人繼作,歷夏、殷、周千餘年,仲尼緝拾**選練**,取其干預教化之尤者三百篇,其餘無聞焉。"其中的"選練",載此銘文的諸家版本一作"選練",一作"選揀",列表比較如下:

表一　《唐故工部員外郎杜君墓志銘》中"選練"之異文比較

作"選練"	作"選揀"
1.《杜工部集》宋刻本	1.《舊唐書》清乾隆武英殿刻本
2.《杜詩詳注》清康熙刻本	2.《李太白詩集注》文淵閣四庫全書本
3.《元氏長慶集》明嘉靖本	3.《歷代名賢確論》文淵閣四庫全書本
4.《苕溪漁隱叢話前後集》清乾隆刻本	4.《駢志》文淵閣四庫全書本
5.《唐詩紀事》明嘉靖本	5.《唐書合鈔》清嘉慶十八年海寧查世倓刻本
6.《詩人玉屑》清文淵閣四庫全書本	
7.《唐文粹》明覆宋刻本	
8.《全唐文》清嘉慶内府刻本	
9.《石洲詩話》清粵雅堂叢書本	
10.《楚寶》明崇禎十四年刻本	

"選練"在各類典籍中的分布如下表①:

---

① 根據北大 CCL 語料庫和"中研院"漢籍電子文獻資料庫所作的檢索。

表二　"選練"分布簡表

	管子	韓非子	吕氏春秋	史記	漢書	後漢書	宋史	金史	舊五代史	元史	明史	朝鮮王朝實録	清史稿	大正新修大藏經	龍興祥符戒壇寺志
選練	1	1	1	1	2	1	1	2	1	2	3	8	28	2	1

上表所列各例都應讀作"選揀",不宜解釋爲"選拔訓練";其中有二例可以討論:

《管子·地圖》:繕器械,選練士,爲教服,連什伍,徧知天下,審禦機數,此兵主之事也。

《管子》中的"選練"還不算是同義連文。"選練士"和"繕器械、爲教服、連什伍"對文,當讀爲"選練士","練士"和以上"練甲"相類,同爲"精兵"之義。

《漢書·晁錯傳》:士不選練,卒不服習,起居不精,動靜不集。

《漢書注譯》把"士不選練"注釋爲"士兵不經過選拔訓練"[1],亦誤。這裏"選練"和"服習"對文。"服習"是同義連文,"習"爲學習,"服"也有學習義,《廣韻》屋韻:"服,習也。"《禮記·孔子閒居》"何爲其然也,君子之服之也,猶有五起焉"鄭玄注:"服,猶習也。"《韓非子·顯學》:"藏書策,**習**談論,聚徒役,**服**文學。"其中"服、習"對文,都爲"學習"義。"服習"就是學習,對於士兵而言就是"練習、訓練"。與"服習"形成對文的"選練"亦當是同義連文。"選練"即是"選揀、挑選"之義。"士不選練,卒不服習"當譯爲"士兵不經過精挑細揀,也不是訓練有素"。

我們還用上述語料庫作統計,發現"選練、練選"用例有 87 例[2],而"選揀"或"揀選"有 281 個用例,遠多於前者。這是因爲,"練、揀"均爲"柬"的分化字,最初都可以用爲"選擇"義,但在後來的使用過程中逐漸形成了分工,"練"常用爲"訓練、練習"義,"揀"常用爲"挑選、選擇"義,詞義的聚合效應帶來"選、揀"的更多組合,使得人們表達選擇義多選用"選揀"或"揀選",而少用"選練"或"練選"。再比較:

《左傳·襄公三年》:三年春,楚子重伐吳,爲簡之師。晉杜預注:"簡,選練。"

《漢書·馮奉世傳》:守戰之備久廢不簡。唐顔師古注:"簡,謂選揀。"

---

[1] 張烈《漢書注譯》,海南國際新聞出版中心 1997 年,第 2393 頁。

[2] 此數據和上表有出入,是因爲表中排除了類書、叢書中轉引的重複用例。

以上"選擇"義的"簡"字,晉杜預注爲"選練",到唐代顔師古注爲"選揀",不僅説明"選練"即"選揀",也反映了"練、揀"的分工變化。在現代漢語中,"練"用爲"訓練、練習"義,幾乎不用作"選擇"義,這也是多家在注釋"選練"時以今律古、誤釋爲"選拔訓練"的原因。

參考文獻

張 覺 《韓非子全譯》,貴州人民出版社 1990 年

韓非子校注編寫組編,周勛初修訂 《韓非子校注》,鳳凰出版社 2009 年

陳明、王青 《韓非子全譯》,四川出版集團 2008 年

高華平、王齊洲、張三夕 《韓非子》,中華書局 2010 年

陸 玖 《吕氏春秋》,中華書局 2011 年

陳興安 《吕氏春秋全譯》,巴蜀書社 2004 年

張玉春 《吕氏春秋譯注》,黑龍江人民出版社 2003 年

張雙棣、張萬彬、殷國光、陳濤 《吕氏春秋譯注》,北京大學出版社 2000 年

陳鼓應 《黄帝四經今注今譯》,商務印書館 2007 年

楊樹達 《積微翁回憶録》,北京大學出版社 2007 年

許寶華、[日]宫田一郎 《漢語方言大詞典》,中華書局 1999 年

艾白薇 《"練實"就是"楝實"》,《中國語文》1979 年第 4 期

高 勇 《"練實"别解》,《文學遺産》1985 年第 2 期

張 烈 《漢書注譯》,海南國際新聞出版中心 1997 年

文獻語言學(17):174 ～ 188,2024

日本蓬左文庫藏《釋文論語音義》的
文獻學與語言學價值考論①

于芝涵

華中師範大學文學院,武漢,430079

提　要:日本蓬左文庫藏《釋文論語音義》作爲存世的稀見單刻本《論語音義》,具有重要的文獻學和語言學價值。文章從出字、注音、釋義三方面,將其與合刻的宋元遞修本、清代通志堂本和抱經堂本《經典釋文·論語音義》進行了比較,輔參以宋刻蜀大字本《論語注疏》和宋劉氏天香書院本和元盱郡覆宋本《論語集解》附音義,對蓬左文庫藏本的文獻異相進行了描寫和分析。在此基礎上,論述了其校勘諸合刻本《經典釋文·論語音義》的文獻學價值和反映宋元時期實際文字使用及語音演變的語言學價值。

關鍵詞:《釋文論語音義》;文獻面貌;校勘價值;語言學價值

　　日本蓬左文庫藏元貞二年平陽府梁宅《釋文論語音義》(下文簡稱 "蓬左文庫本")和《纂圖》各一卷,共計 23 葉,25.5×17.8 釐米②。單經別行的蓬左文庫本和合刻的宋元遞修本《經典釋文·論語音義》(下文簡稱 "宋元遞修本")以及清代通志堂本、抱經堂本《經典釋文·論語音義》(下文簡稱 "通志堂本" 和 "抱經堂本")音義數量一致③。差異主要表現在部分音義的刊刻用字有所不同。

---

① 華中師範大學中央高校基本科研業務費項目 "冷門絶學重大項目培育專項" (CCNU22LM002)階段性成果。蒙《文獻語言學》編輯部惠賜匿名外審專家之修改意見,謹致謝忱。

② 顧永新曾對《釋文論語音義》的物理特徵及其與元貞本《論語注疏解經》的綴合過程進行過考證,認爲《釋文》是集中附於卷五之後,並不是分散在各卷之後。詳參顧永新《元貞本〈論語注疏解經〉綴合及相關問題研究》,《版本目録學研究》2010 年第 2 輯。

③ 總數量相同,但略有差異:蓬左文庫本《季氏》"後世必爲子孫憂" 後少了一條音義:"疾夫,音符" (抱經堂本也没有),但《子張》的兩个音義 "厲,如字,下 '厲己' 同" 和 "厲己,王云 '病也',鄭讀爲 '賴',恀賴也'。己,居止反,下同" 在宋元遞修本和通志堂本中並爲一個:"厲,如字,下 '厲己' 同。王云 '病也',鄭讀爲 '賴',恀賴也'。己,居止反。下同。"

一、出字差異

（一）出字單位的差異

與對應的合刻本《經典釋文·論語音義》相比較,蓬左文庫本的出字單位存在"脱、衍"或"減省、拆分"的情況。

1.脱、衍

（1）蓬左文庫本《憲問》:"子曰衛靈公之無,一本作'子言',鄭本同。"

宋元遞修本:"子曰衛靈公之無道,一本作'子言',鄭本同。"通志堂本、抱經堂本同宋元遞修本。

（2）蓬左文庫本《憲問》:"恚子路,一睡反。"

宋元遞修本:"恚子,一睡反。"通志堂本、抱經堂本同宋元遞修本。

案:和合刻本對應的出字相比,蓬左文庫本(1)爲"脱",(2)爲"衍"。但"脱"或"衍"的文字皆爲音義對象的附屬或黏連,故不影響音義對象。

2.減省、拆分

（3）蓬左文庫本《先進》:"閒,閒厠之閒,注同。"

宋元遞修本:"人不閒於其父母昆弟之言,閒厠之閒,注同。"通志堂本、抱經堂本同宋元遞修本。

（4）蓬左文庫本《先進》:"康子,一本作季康子,鄭本同。好,呼報反。"

宋元遞修本:"康子問弟子孰爲好學,呼報反;一本作季康子,鄭本同。"通志堂本、抱經堂本同宋元遞修本。

案:和合刻本對應的冗長的出字相比,蓬左文庫本(3)出字僅保留了音義對象。(4)在"減省"出字的基礎上,將其拆分爲異文出字和注音出字,相對應地,音義內容也進行了調整。

（二）出字對象的差異

與對應的合刻本《經典釋文·論語音義》相比較,蓬左文庫本的出字形體與之不同,根據字際間的形、音、義、用關係,二者爲同詞異字。包括以下兩類:

1. 出字爲通假關係

（5）蓬左文庫本《先進》：“叛，普半反，本今作‘畔’。”

宋元遞修本：“叛，普半反，本今作‘畔’。”通志堂本同宋元遞修本，抱經堂本同蓬左文庫本[1]。日本宮內廳書陵部藏蜀大字本《論語注疏》[2]（下文簡稱“蜀大字本《注疏》”）附音義：“畔，普半反，本於作‘叛’。”正平本《論語集解》（《論語集解》下文簡稱《集解》）作“叛”，劉氏天香書院本和盯郡覆宋本《集解》作“畔”。《説文》有“畔、叛”，無“叛”。叛，《廣韻》換韻：“失容也。”《先進》篇“由也喭”，《集解》引鄭注：“子路之行失於畔喭。”邢疏：“舊注作‘叛喭’，字書：‘叛喭，失言也。’言子路性行剛强常失於禮容也。今本‘叛’作‘畔’。”則“叛”爲本字本用，“畔”或“叛”皆爲假借字。

（6）蓬左文庫本《子罕》：“多技，其綺反。”

宋元遞修本：“多伎，其綺反。”通志堂、抱經堂本：“多伎，其綺反。”蜀大字本《注疏》附釋音：“技，其綺反。”（原文作“技”）劉氏天香書院本《集解》作“技”，盯郡覆宋本《集解》作“技”。《説文》兼收“技、伎”二字。技，《説文》手部：“巧也。”段注：“工部曰：‘巧者，技也。’二篆爲轉注。古多段‘伎’爲‘技能’字。人部曰：‘伎，與也。’”伎，《説文》人部：“與也。”段注：“舁部曰‘與者，黨與也。’此伎之本義也。《廣韻》曰：‘侣也。’不違本義，俗用爲技巧之技。”《子罕》篇“吾不試故藝”，《集解》引鄭注：“孔子自云我不見用，故多技藝。”則“技”爲本字本用，“伎”爲假借，“伎”爲“伎”誤字。

2. 出字爲異體關係

根據異體形成的原因，蓬左文庫本出字與對應的合刻本《經典釋文·論語音義》的形體差別，可以分爲三小類：

第一類：因筆畫的有無、位置以及貫通與否不同形成異體。

（7）蓬左文庫本《爲政》：“寡尤，于求反。”

---

[1] 黃焯匯校：“叛，宋元遞修本同。盧本改作‘叛’。《考證》云：‘叛，舊作叛，是因偏旁相近而誤，邢作畔，非。’案：‘作叛、作畔，皆爲不誤。’叛喭，聯綿字，《詩·皇矣》作‘畔’，援《玉篇》作‘伴换’，《漢書》序傳作‘畔换’，即‘跋扈’之意。”參見黃焯《經典釋文匯校》第 707 頁，中華書局 2006 年。

[2] 日本宮內廳書陵部所藏蜀大字本《論語注疏》爲十卷，保了了《論語正義》單疏本的卷次，其所附《論語音義》和經、注、疏的順序是“經文—注文—疏文—音義”格局。張麗娟根據刊刻風格、缺筆、避諱等特徵推測其刊刻時間爲“南宋光宗紹熙時期”。參見張麗娟《宋代經書注疏刊刻研究》第 323、390～391 頁相關內容，北京大學出版社 2013 年。

宋元遞修本:"寡尢,下求反。" 通志堂本、抱經堂本出字同蓬左文庫本[①]。蜀大字本《注疏》、劉氏天香書院本和盱郡覆宋本《集解》作 "尢",同蓬左文庫本。

(8)蓬左文庫本《憲問》:"公孫抜,皮八反。"

宋元遞修本:"公孫拔,皮八反。" 通志堂本、抱經堂本同宋元遞修本。蜀大字本《注疏》、劉氏天香書院本和盱郡覆宋本《集解》作 "拔",同宋元遞修本。

(9)蓬左文庫本《爲政》:"孫毳,直例反。"

宋元遞修本:"孫毳,直例反。" 通志堂本、抱經堂本同宋元遞修本。蜀大字本《注疏》作 "毳",同蓬左文庫本。劉氏天香書院本和盱郡覆宋本《集解》作 "毳",同宋元遞修本。

第二類:因隸變、楷變造成構件書寫不同形成異體。

(10)蓬左文庫本《鄉黨》:"偘偘,苦旦反。"

宋元遞修本:"侃侃,苦旦反。" 通志堂本、抱經堂本同宋元遞修本。蜀大字本《注疏》附音義:"偘,苦旦反。" 同蓬左文庫本。劉氏天香書院本和盱郡覆宋本《集解》附音義:"侃,苦旦反。" 同宋元遞修本。

第三類:因筆畫黏連、拆分等導致構件或漢字混訛形成異體。

(11)蓬左文庫本《陽貨》:"愽弈,音亦。"

宋元遞修本:"博弈,音亦。" 通志堂本、抱經堂本同宋元遞修本。蜀大字本《注疏》和劉氏天香書院本《集解》作 "愽弈",同蓬左文庫本。盱郡覆宋本《集解》作 "博弈",同宋元遞修本。

(三)出字與異文調换[②]

出字與異文調换,是蓬左文庫本與對應合刻本《經典釋文·論語音義》明顯的差異。調换後,蓬左文庫本的出字與宋元刻《論語》經注相同。根據差異的具體區别,包括以下

① "尢" 注音當爲 "于求反",宋元遞修本、通志堂、抱經堂本注音刻字訛誤。

② 本節所言的 "出字與異文調换",不含諸本刊刻錯誤的情況。如蓬左文庫本《鄉黨》:"居不客,苦百反,本或作 '容',羊凶反。" 宋元遞修本作:"居不容,苦百反,本或作 '容',羊凶反。" 宋元遞修本出字和異文同爲 "容",屬於刊刻錯誤。"苦百反" 爲 "溪母陌韻",爲 "客" 注音;"羊凶反" 爲 "以母鍾韻",爲 "容" 注音。蓬左文庫本《述而》:"鞭,必綿反,或作 '鞭',音 '吾孟反',非也。" 宋元遞修本:"執鞭,必緜反,或作 '硬',音 '吾孟反',非也。" 通志堂本、抱經堂本同宋元遞修本。

四類^①:

1.出字與異文調換,其他音義信息相同。

（12）蓬左文庫本《季氏》:“楯,又作‘盾’,並食允反。”

宋元遞修本:“盾,又作‘楯’,並食允反。”通志堂本、抱經堂本同宋元遞修本。蜀大字本《注疏》附音義:“楯,又作‘盾’,並食允反。”劉氏天香書院本和旴郡覆宋本作“楯”,附音義:“楯,食允反。”

此外,蓬左文庫本《學而》:“磨,一本作‘摩’,朱多反。”《子路》:“繈,居丈反,又作‘襁’同。”和《陽貨》:“穿窬,音瑜,本又作‘踰’,音同。”宋元遞修本分別作:“摩,一本作‘磨’,末多反。”“襁,居丈反,又作‘繈’同。”“穿踰,音瑜,本又作‘窬’,音同。”通志堂本、抱經堂本皆同於宋元遞修本。但是,蜀大字本《注疏》、劉氏天香書院本和旴郡覆宋本《集解》的用字同蓬左文庫本出字。

2.出字與異文調換,異文的用語不同。

（13）蓬左文庫本《子路》:“先導,本亦作‘道’。”

宋元遞修本:“先道,道,導也。本今作‘導’。”通志堂本、抱經堂本同宋元遞修本。蜀大字本《注疏》附音義:“導,本亦作‘道’。”劉氏天香書院本和旴郡覆宋本《集解》作“導”,未附音義。

（14）蓬左文庫本《季氏》:“於柙,户甲反,本亦作‘匣’。”

宋元遞修本:“於匣,户甲反,本今作‘柙’。”通志堂本、抱經堂本同宋元遞修本。蜀大字本《注疏》附音義:“押,户甲分,本亦作‘匣’。”（文本作“柙”）劉氏天香書院本和旴郡覆宋本《集解》附音義:“柙,户甲反。”

此外,蓬左文庫本《陽貨》:“莞爾,華板反,本亦作‘莧’。”宋元遞修本作:“莧爾,華版反,本今作‘莞’。”通志堂本、抱經堂本同宋元遞修本,蜀大字本《注疏》附音義:“莞,華板反,本亦作‘莧’。”劉氏天香書院本和旴郡覆宋本《集解》附音義:“莞,華板反。”亦是此類。

---

① 個別調換是因爲刊刻失誤所導致。如蓬左文庫本《述而》:“無悔,魯讀爲‘悔’字,今從古。”宋元遞修本:“無誨,魯讀爲‘悔’字,今從古。”通志堂本、抱經堂本同宋元遞修本。表面上看,蓬左文庫本與宋元遞修本、通志堂本出字不同,但陸德明《經典釋文》中,凡言“魯讀爲‘X’字,今從古”,則出字與“X”決然不同,必是“X”不同版本的異文。蜀大字本《注疏》附音義:“誨,魯讀爲‘悔’字,今從古。”劉氏天香書院本和旴郡覆宋本《集解》皆作“無誨”。故蓬左文庫本的出字當爲“誨”,與宋元遞修本等合刻本完全相同。

3. 出字與異文調換，音義及異文的順序不同。

（15）蓬左文庫本《季氏》："伏，本亦作'宓'，音密，又音伏。"

宋元遞修本："宓，音密，又音伏，本亦作'伏'。"通志堂本、抱經堂本同宋元遞修本。蜀大字本《注疏》附音義："伏，本亦作'宓'，音密，又音伏。"劉氏天香書院本和盱郡覆宋本《集解》作"伏羲"，未附音義。

（16）蓬左文庫本《陽貨》："如向，又作'鄉'，同。許亮反。"

宋元遞修本："如鄉，許亮反，又作'向'，同。"通志堂本、抱經堂本同宋元遞修本。蜀大字本《注疏》附音義："向，又作'鄉'，同，許亮反。"劉氏天香書院本和盱郡覆宋本《集解》作"向"，未附音義。

4. 出字與異文調換，異文內容略有差異。

（17）蓬左文庫本《陽貨》："賊亂，或作'敗亂'。"

宋元遞修本："是敗亂，'敗'或作'賊'字。"通志堂本、抱經堂本同宋元遞修本。蜀大字本《注疏》附音義："賊亂，或作'敗亂'。"劉氏天香書院本和盱郡覆宋本《集解》作"賊亂德也"，未附音義。

此外，蓬左文庫本對調出字和異文也會出現齟齬，即宋人已經以"本今作"調和了出字和經注用字的不協調，但蓬左文庫本在此基礎上再進行對調，反而導致表述不準確。如下例（僅此一例）：

（18）蓬左文庫本《衛靈公》："問陳，直刃反，注同，本今作'陣'。"

宋元遞修本："問陣，直刃反，注同，本今作'陳'。"通志堂本、抱經堂本同宋元遞修本。蜀大字本《注疏》作"問陳"，附音義："陳，直刃反，注同，本亦作'陣'。"劉氏天香書院本和盱郡覆宋本《集解》作"問陳"①。即出字"問陳"是蓬左文庫本根據當時經注實際用字調整了出字和異文，以至於出現"本今作'陣'"這種與當時實際經注用字又矛盾的表述。

---

① 劉氏天香書院本附音義："陳，直刃切，住〔注〕同。"盱郡覆宋本附音義："陳，直刃反。"二書反切用字相同，切語一爲"切"，一爲"反"。

二、注音字差異

（一）注音字爲異詞異字①

蓬左文庫本注音字與對應的合刻本《經典釋文·論語音義》爲異詞異字關係，根據反切拼合的音韻地位是否等值，可以分爲兩類：

1. 注音字不同，音韻地位不同

注音字不同，音韻地位不同，除有一例是音義順序刊刻訛誤外②，其他皆因字形相似，蓬左文庫本刊刻訛誤。

（19）蓬左文庫本《學而》："磋，之多反，治象曰磋。"

宋元遞修本："磋，七多反，治象曰磋。"通志堂本、抱經堂本同宋元遞修本。蜀大字本《注疏》附音義："治象曰磋，磋，七多反。"劉氏天香書院本和盱郡覆宋本《集解》附音義："磋，七多反。""之"爲章母，"七、磋"爲清母。蓬左文庫本刊刻錯誤。

（20）蓬左文庫本《八佾》："躋僖，于兮反。"

宋元遞修本："躋僖，子兮反。"通志堂本、抱經堂本同宋元遞修本。蜀大字本《注疏》附音義："躋，子兮反。""于"爲云母，"子、躋"爲精母。蓬左文庫本刊刻錯誤。

除以上兩例，蓬左文庫本其他注音字刊刻錯誤，參見下表。

出處	出字	蓬左文庫本	宋元遞修本	通志堂本抱經堂本	宋、元刻《論語》經注附音義	音理判斷	正確注音
學而	汎愛	兮劍反	孚劍反	孚劍反	蜀大字本《注疏》作"敷劍反"。劉氏天香本《集解》作"孚劍反"	"兮(兮)"爲匣母，"孚、敷、汎"爲滂母	孚劍反

① 蓬左文庫本除了以"力讓反"改"音亮"爲"量"注音（《子張》出字"不知量"，《堯曰》出字"權量"），改變了注音方式，其餘皆是同一注音方式下的注音字不同。"亮"和"力讓反"皆爲來母漾韻，注音方式不同，音韻地位相同。

② 蓬左文庫本《衛靈公》："絶糧，音粳，鄭本作'粮，音張，云糧也'。"宋元遞修本："絶糧，音粮，鄭本作'粳，音張，云糧也'。"通志堂本、抱經堂本同宋元遞修本。蜀大字本《注疏》附音義："糧，音粮，鄭本作'粳，音張'。"《説文》米部有"糧、粳"無"粮"，前兩字分別釋爲"穀也"和"食米也"。《廣韻》陽韻"粮"下云："同'糧'。""粮"爲"糧"的異體字，來母陽韻，"粳"和"張"爲知母陽韻。蓬左文庫本因刊刻順序錯誤，導致注音錯誤。

續表

出處	出字	蓬左文庫本	宋元遞修本	通志堂本、抱經堂本	宋、元刻《論語》經注附音義	音理判斷	正確注音
學而	磨/摩	朱多反	末多反	末多反	蜀大字本《注疏》、劉氏天香本和盱郡覆宋本《集解》皆作"末多反"	"朱"爲章母，"磨、摩、末"爲明母	末多反
八佾	瞰如	古子反	古了反	古了反	蜀大字本《注疏》、劉氏天香本和盱郡覆宋本《集解》皆作"古了反"	"子"爲止韻，"瞰、了"爲篠韻	古了反
憲問	其言之不怍	才活反	才洛反	才洛反	蜀大字本《注疏》作"才洛反"	"活"爲末韻，"怍、洛"爲鐸韻	才洛反
衛靈公	在處	呂慮反	昌慮反	昌慮反	蜀大字本《注疏》作"昌慮反"	"呂"爲來母，"處、昌"爲昌母	嘗慮反
季氏	忿	芳衒反	芳吻反	芳吻反	蜀大字本《注疏》、劉氏天香、盱郡重刊本《集解》皆作"芳粉反"	"忿、粉、吻"爲吻韻。"衒"，韻書、字書少見	芳吻反
子張	後倦	其春反	其眷反	其眷反	蜀大字本《注疏》和劉氏天香本《集解》作"其眷反"	"春"爲諄韻，"倦、眷"爲線韻	其眷反

2. 注音字不同，音韻地位相同

注音字不同，音韻地位相同，根據對應的注音字之間的關係，可以分爲兩小類：

第一類：注音字的形體無關，但聲類、韻部歸屬相同，注音相同。

（21）蓬左文庫本《鄉黨》："踧踖，上子叔反，下子亦反。踧踖，恭和貌。"

宋元遞修本："踧踖，上子六反，下子亦反。踧踖，恭和貌。"通志堂本、抱經堂本同宋元遞修本。蜀大字本《注疏》、劉氏天香書院本和盱郡覆宋本《集解》附音義："踧，子六反。踖，子亦反。""六、叔"皆爲屋韻，即"子六反"和"子叔反"同爲精母屋韻。但《經典釋文》僅以"子六反"爲"踧"注音。宋代韻書、字書，如《廣韻》《玉篇》《類編》等皆以"子六反"爲"踧"注音，未見"子叔反"。

第二類：注音字的聲符相同，注音相同。

（22）蓬左文庫本《學而》："無詔，勑撿反。"

宋元遞修本："無詔，勑檢反。"通志堂本、抱經堂本同宋元遞修本。蜀大字本《注疏》附音義："無詔，勑檢反。"同宋元遞修本。但《八佾》出字"爲詔"，蓬左文庫本與宋元遞

修本等合刻本皆以 "勅檢反" 注音。"檢、撿" 二字形旁相似,聲符相同,皆爲 "琰" 韻。

（23）蓬左文庫本《子罕》:"齊,音姿。"

宋元遞修本:"齊,音咨。" 通志堂本、抱經堂本同宋元遞修本。蜀大字本《注疏》、劉氏天香書院本和盱郡覆宋本《集解》所附音義皆作 "齊,音咨",同宋元遞修本。《鄉黨》出字 "攝齊",蓬左文庫本和宋元遞修本等合刻本皆作 "音資,裳下也,篇末皆同"。蜀大字本《注疏》附音義:"音咨,篇末皆同。" 盱郡覆宋本《集解》附音義:"音資。" "姿、咨、資" 三字聲符相同,皆爲 "脂" 韻。

此外,《八佾》出字 "喻美女",蓬左文庫本以 "如字,又夷注反" 注音,宋元遞修本以 "如字,又夷住反" 注音,通志堂本、抱經堂本及蜀大字本《注疏》附音義皆同宋元遞修本。《衛靈公》出字 "蠻貊",蓬左文庫本以 "亡百反" 注音,宋元遞修本以 "亡白反" 注音,通志堂、抱經堂本及蜀大字本《注疏》附音義皆同宋元遞修本,亦是此類。

（二）注音字爲同詞異字

蓬左文庫本注音字與對應的合刻本《經典釋文·論語音義》爲同詞異字關係,根據字際間的形、音、義、用關係,包括以下兩類:

1. 注音字爲繁簡關係

（24）蓬左文庫本《學而》:"遠恥,于万反。"

宋元遞修本:"遠恥,于萬反。" 通志堂本、抱經堂本同宋元遞修本。劉氏天香書院本和盱郡覆宋本《集解》附音義:"遠,于萬反。" 同宋元遞修本。萬,《説文》内部:"蟲也。從厹,象形。" 段注:"叚借爲十千數名,而十千無正字,遂久叚不歸。學者昧其本義矣,唐人十千作万,故《廣韻》万與萬別。"《玉篇》方部:"万,俗萬字,十千也。"《集韻》願韻:"万,數也,通作 '萬'。" 即 "萬" 本義爲蟲名,但被借用表達數量 "十千",導致 "萬" 本義廢棄,後又出現形體更簡單易寫的 "万",二者在表達 "十千" 義上成爲繁簡字,且 "萬" 和 "万" 的繁簡關係進一步得擴展①。

2. 注音字爲異體關係

根據異體形成的原因,蓬左文庫本注音字與對應的合刻本《經典釋文·論語音義》的形體差異,可以分爲四小類:

---

① 以 12 本雜劇、通俗小説爲統計範圍的《宋元以來俗字譜》,"萬" 爲正楷字,諸本小説皆寫作 "万",説明形體簡單的 "万" 是當時民間的通用字。詳參劉復、李家瑞《宋元以來俗字譜》第 100 頁,文字改革出版社 1957 年。

第一類：再造新字，構件不同，形成異體。

（25）蓬左文庫本《學而》："好色，呼報反，下至'好孝'，同。"

宋元遞修本："好色，呼報反，下至'好學'，同。"通志堂本、抱經堂本同宋元遞修本。《八佾》出字"子曰三年無改於父之道可謂孝矣"，蓬左文庫本："此章與《孝而》篇同，當是重出，《學而》是孔注，今此是鄭注，本或二處皆有集解，或有無者。"兩處"學而"，分作"孝"和"學"，宋元遞修本等本則皆作"學"。

第二類：因筆畫有無、位置以及貫通與否不同形成異體。

（26）蓬左文庫本《季氏》："羲，許宜反。"

宋元遞修本："羲，許宜反。"通志堂本、抱經堂本同宋元遞修本。蜀大字本《注疏》附音義："羲，許宜反。"同蓬左文庫本。

第三類：因隸變、楷變造成構件書寫不同形成異體。

（27）蓬左文庫本《述而》："蒯，苦怪反。聵，五怪反。"

宋元遞修本："蒯，苦恠反。聵，五恠反。"通志堂本："蒯，苦怪反。聵，五恠反。"前作"怪"，後作"恠"。抱經堂本："蒯，苦怪反；聵，五怪反。"同蓬左文庫本。蜀大字本《注疏》附音義："蒯，苦恠反。聵，五恠反。"同宋元遞修本。"恠、怪"形體之所以不同，源於構件"又"的隸變、楷化有差異。

第四類：因筆畫黏連、拆分等導致構件混訛形成異體。

（28）蓬左文庫本《八佾》："而飲，王'於鴆反'，注同，又如字。"

宋元遞修本："而飲，王'扵鴆反'，注同，又如字。"通志堂本、抱經堂本同蓬左文庫本。"於"和"扵"爲部首混訛異體字。

此外，蓬左文庫本《八佾》："盼兮①，普莧反，動目貌。……又疋簡反，又疋莧反。"宋元遞修本："盼兮，普莧反，動目貌。……又匹簡反，又匹莧反。"通志堂本、抱經堂本同宋元遞修本。蜀大字本《注疏》附音義："盼，普莧反。……又疋簡反，又匹莧反。""匹"與"疋"也是混訛異體字②。

---

① 蓬左文庫本《八佾》"倩兮"之"兮"作"丂"，其"倩兮"與"盼兮"兩"兮"字形體不一。宋元遞修本"倩兮"和"盼兮"則統一用"兮"。"兮、丂"異體。

② 根據孟蓬生的研究，"匹"與"疋"混訛大致始於西漢中期。具體論證參見孟蓬生《"匹、正"同形與古籍校讀》，《中國語文》2021年第1期。

三、釋義字差異

（一）釋義用字爲同詞異字

蓬左文庫本釋義用字與對應的合刻本《經典釋文·論語音義》爲同詞異字關係，根據字際間的形、音、義、用關係，包括以下兩類[①]：

1. 釋義用字爲繁簡關係

（29）蓬左文庫本《爲政》："五常，謂仁義礼智信。"

宋元遞修本："五常，謂仁義禮智信。"通志堂本、抱經堂本及蜀大字本《注疏》附音義同宋元遞修本。"禮、礼"爲繁簡字關係。

2. 釋義用字爲異體關係

（30）蓬左文庫本《八佾》："哀而，如字，《毛詩箋》改'哀'爲'衺'。"

宋元遞修本："哀而，如字，《毛詩箋》改'哀'爲'衺'。"通志堂本、抱經堂本及蜀大字本《注疏》爲"衰"。"衺、衺"和"衰"爲異體字。

（二）釋義術語用字訛誤

（31）蓬左文庫本《爲政》："錯，七路反，注同，置也。鄭云作'措，投也'。"

宋元遞修本："錯，七路反，注同，置也。鄭本作'措，投也。'"通志堂本、抱經堂本和蜀大字本《注疏》附音義同宋元遞修本。案：《論語音義》引鄭注釋義，一般用術語"鄭云"（約44處）；説明鄭注異文，則用術語"鄭本作"（約18處），涉及的鄭注釋義和異文術語，界限清晰不混。

（32）蓬左文庫本《八佾》："從之，何謂爲'縱'，子用反，放縱也。鄭云'八音皆作'。"

[①] 字形不同，除了具有歷時或共時關係的同詞異字，諸如"繁簡字、異體字"外，還可能存在"訛誤字"。但是，除了蓬左文庫本《爲政》"三綱，謂父子夫婦君目(臣)是也"釋義中，"臣"和"目"形體類似，有混訛的嫌隙，釋義用字無錯訛。僅有一處異文刊刻錯誤，蓬左文庫本《爲政》："柅，音厄，又作'軌'。"宋元遞修本："柅，音厄，又作'軛'。"通志堂本、抱經堂本同宋元遞修本，此處蓬左文庫本誤將異文"軛"刻作"軌"。《鄉黨》"柅，於革反，本今作'軛'"和《衛靈公》"柅，音厄，本今作'軛'"，蓬左文庫本和宋元遞修等合刻本的異文皆作"軛"。

宋元遞修本:"從之,何讀爲'縱',子用反,放縱也,鄭云'八音皆作'。"通志堂本、抱經堂本同宋元遞修本。蜀大字本《注疏》附音義:"從,何子用反,放縱也,鄭云'八音皆作'。"無通假術語。案:《論語音義》以"讀爲"説明本字,共5處(3處"魯讀爲"、1處"何讀爲"、1處"鄭讀爲"),無"謂爲"一説。

四、文獻校勘和語言學價值

(一)文獻校勘價值

1. 校正清代通志堂本、抱經堂本誤字[①]

(33)通志堂本、抱經堂本《鄉黨》:"人儺,户多反。"

蓬左文庫本、宋元遞修本:"人儺,乃多反。""户"爲匣母。"儺、乃"爲泥母。通志堂本和抱經堂本誤。

(34)通志堂本、抱經堂本《先進》:"鈍也,徒頓反。"

蓬左文庫本、宋元遞修本、蜀大字本《注疏》附音義:"鈍也,徒遜反。"儘管"鈍、遜"同爲慁韻,"徒頓反"和"徒遜反"爲"鈍"注音,音韻地位相同,但從文獻傳承角度而言,通志堂本和抱經堂本不符合原本面貌。

2. 校正宋元遞修本誤字

(35)宋元遞修本《子路》:"木訥,奴忽反。"

蓬左文庫本、通志堂本和抱經堂本:"木訥,奴忽反。""忽"爲東韻,"訥、忽"爲没韻。宋元遞修本誤。

(36)宋元遞修本《先進》:"殖焉,市力反。"

蓬左文庫本、通志堂本和抱經堂本:"殖焉,市力反。""巿"爲幫母,"市、殖"爲常母。宋元遞修本誤。

3. 校正宋元遞修本、通志堂本和抱經堂本誤字

(37)宋元遞修本、通志堂本、抱經堂本《先進》:"賦税,如鋭反。"

---

① 通志堂本中的一些錯誤注音字,抱經堂本已進行了校改,如通志堂本《八佾》"木鐸,直畧反",抱經堂本經盧文弨校改爲"木鐸,直洛反",蓬左文庫本、宋元遞修本皆作"木鐸,直洛反"。

蓬左文庫本："賦稅,始鋭反。"蜀大字本《注疏》附音義："稅,始鋭反。"同蓬左文庫本。"如"爲日母,"稅、始"爲書母。宋元遞修本、通志堂本和抱經堂本皆誤。

（38）宋元遞修本、通志堂、抱經堂本《爲政》："寡尢,下求反"。

蓬左文庫本："寡尢,于求反。"蜀大字本《注疏》附音義："尢,于求反。"同蓬左文庫本。"下"爲匣母,"于、尢(尤)"爲云母。宋元遞修本、通志堂本和抱經堂本皆誤。

（二）語言學價值

1. 文字學價值:反映宋元時期坊刻典籍的文字使用

漢字的發展演變導致形體異寫、異構現象叢生,儘管唐代《干禄字書》等字樣書對字形進行了"正、通、俗"的區别,但宋元時期民間實際的文字使用,並不全然合乎前代字樣書的規定。

坊刻典籍中偶有通行的簡體字混入,比如,例(29)《爲政》："五常,謂仁義禮(礼)智信。"蓬左文庫本作"礼",合刻本以及宋元刻《論語》經注作"禮"。敦煌寫本S.388《正名要録》："禮礼:右字形雖别,音義是同。古而典者居上,今而要者居下。"《干禄字書》標注"禮礼"爲:"並正,多行上字。"但在敦煌寫本《顔淵》"尅(克)己復禮(礼)爲仁"一句,P.3402、P.2687A、P.2620、P.3192等皆用簡體字"礼",甚少見到"禮"。《宋元以來俗字譜》的正楷字標爲"禮",各本皆作"礼"(第86頁)。説明簡體的"礼"是當時民間的通用字。例(24)《學而》"遠恥,于萬(万)反"亦是此類。

另外,坊刻典籍中存在大量非正體的異體字,如例(7)《爲政》出字"寡尢(尤)"、例(8)《憲問》出字"公孫**拔**(拔)"、例(9)出字"孫**聂**(聶)";因筆畫黏連等導致部首混訛異體,如例(11)《爲政》"博(博)弈";因再造新字,構件不同形成異體字,如例(25)《學而》"好色,呼報反,下至'好孝(學)',同";因隸變、楷變造成構件書寫不同形成的異體字,如例(27)《述而》"蕭,苦恠(怪)反"等異體,早自漢魏六朝碑刻[①]、敦煌寫本中已經存在[②],宋元時期典籍刊刻亦在使用。

---

① 《漢魏六朝碑刻異體字字典》第10頁、第1111頁"拔"和"尢"的點的位置及有無並不固定。毛遠明在第53頁"博"下案語:"因構件'十、忄'形近訛誤,'博'又作'博'。"第238頁"怪"字頭下,碑刻拓片多作"恠"。第1018頁"學"下則有新的俗體字"孝"。

② 《敦煌俗字典》第509～510頁**尢**下引S.388《正名要録》:"尢,右不須點。"後言:"俗字'尢其'之'尢'多可無'、'。"第136～137頁"怪"字頭下的抄本形體多類似"恠"。黄征在第29～30頁"博"下加按語:"敦煌寫本'博'字多作此形,左邊應從'十'而改從'忄'。考敦煌寫本俗字之用字習慣,乃有'十、忄'對換規律。……唐碑亦同。"第468頁"學"與"孝"則皆見收録。

2. 音韻學價值:提供宋元時期語音演變線索

（39）蓬左文庫本《鄉黨》:"躩如,駒若反,盤辟貌。"

宋元遞修本:"躩如,駈碧反,盤辟貌。" 通志堂本、抱經堂本同宋元遞修本。蜀大字本《注疏》附音義:"躩,駒若反。" 同蓬左文庫本。劉氏天香書院本附音義:"躩,驅畧反。" 盱郡覆宋本附音義:"躩,驅若反。"《五經文字》:"躩,驅碧反。" "驅、駈" 爲異體字①,《廣韻》藥韻:"躩,丘縛切。"《玉篇》足部:"躩,丘縛、居縛二切。" 反切下字 "碧" 的中古音爲陌韻,"若、略(畧)、縛" 皆爲藥韻。反切上字 "駒、居" 爲精母,"驅(駈)、丘" 爲溪母,發音部位相同,發音方法不同(區別在於是否送氣),説明至晚北宋時期,"躩" 已經從陌韻轉變爲藥韻,且聲母送氣與否不區別詞義。

五、結　語

通過和合刻本《經典釋文·論語音義》、蜀大字本《論語注疏》及劉氏天香書院本和盱郡覆宋本《論語集解》附音義進行對比,日本蓬左文庫藏平陽府梁宅《釋文論語音義》的文獻異相主要表現在:一、出字差異:1. 蓬左文庫本個別音義的出字單位存在 "脱衍" 或 "減省、拆分" 情況;2. 蓬左文庫本個別音義的出字與合刻本爲通假字或異體字關係;3. 蓬左文庫本部分音義的出字與異文發生調換,調換後的出字皆與宋元刻《論語》經注用字相合。二、注音字差異:1. 蓬左文庫本部分注音字刊刻錯誤,影響注音的準確性;另有個別注音字被刊刻成了同聲符的形似字;2. 蓬左文庫本個別注音字與合刻本爲繁簡字或異體字關係。三、釋義字差異:1. 蓬左文庫本個別釋義用字與合刻本爲繁簡字或異體字的關係;2. 蓬左文庫本個別釋義術語用字訛誤。

作爲尚存世的稀見單刻本《論語音義》,蓬左文庫本可以爲恢復文獻原貌提供旁證,用以校勘合刻本《經典釋文·論語音義》(含宋元遞修本,清代通志堂、抱經堂本)的訛誤。此外,蓬左文庫本中的異體字現象(包括:1. 再造新字,構件不同形成的異體;2. 筆畫有無、位置以及貫通與否等不同形成的異體;3. 隸變、楷變造成構件書寫不同形成的異體;4. 筆畫黏連等導致構件或漢字混訛形成的異體),反映了宋元時期民間坊刻典籍的實際用字,個別注音字的變動、更改則爲考察宋元時期語音的歷時演變提供了線索。

---

① 驅,《説文》馬部:"馬馳也。從馬區聲。" 段注:"各本作馬馳也,今正。……俗作 '駈'。"

參考文獻

(清)段玉裁　《説文解字注》,上海古籍出版社 1988 年

顧永新　《元貞本〈論語注疏解經〉綴合及相關問題研究》,《版本目録學研究》2010 年第 2 輯

黄　征　《敦煌俗字典》,上海教育出版社 2005 年

黄　焯　《經典釋文匯校》,中華書局 2006 年

劉復、李家瑞　《宋元以來俗字譜》,文字改革出版社 1957 年

毛遠明　《漢魏六朝碑刻異體字字典》,中華書局 2014 年

(清)阮元　《十三經注疏》,上海古籍出版社 1997 年

張麗娟　《宋代經書注疏刊刻研究》,北京大學出版社 2013 年

文獻語言學（17）:189～198,2024

日本金剛寺、七寺、興聖寺古寫本《續高僧傳》卷四的異文考察①

辛睿龍 1、2

（1. 湖南師範大學文學院，湖南長沙 410081；

2. 山西大學語言科學研究所，山西太原 030006 ）

提　要:《續高僧傳》是唐代南山律宗開山之祖道宣繼梁慧皎《高僧傳》而撰的一部佛教僧傳類著作。該書現存版本較多,根據其保存形態、經文内容和流傳地區,主要可以分爲中國、朝鮮刊本大藏經系統和日本古寫經系統兩大類。日本古寫經本《續高僧傳》中,流傳較廣、利用較多、價值較大、保存較好的主要是金剛寺本、七寺本和興聖寺本。以郭紹林點校的《續高僧傳》爲基礎工作本,充分參考《續高僧傳》歷代刻本的經文用字情況,重點利用唐慧琳、五代可洪爲《續高僧傳》所作的佛經音義,綜合運用文字學、訓詁學、文獻學等方面的知識,試對金剛寺本、七寺本和興聖寺本《續高僧傳》卷四的異文情況進行考察。

關鍵詞:日本古寫經;《續高僧傳》;佛經音義;異文

一、日本古寫經本《續高僧傳》概述

漢文佛典文獻從歷時的編纂順序來看,可以分爲寫本佛經、刻本佛經和現代印刷本佛經。漢文寫本佛經主要包括敦煌寫經、西域古寫經和日本古寫經②。由於敦煌寫經文獻内容的豐富性、經文内涵的廣博性,尤其是收藏單位的國際性,使得“敦煌學”一誕生就成爲了一門世界顯學,作爲“敦煌學”的研究對象,多年來,敦煌寫經文獻一直受到國内外學者的持續性關注。同樣作爲寫本佛經重要組成部分的日本古寫經實際與敦煌寫經

---

① 國家社科基金專項“西域古寫經文獻漢字的整理、考釋與研究”（21VXJ020）、中國博士後科學基金特別資助項目“日本古寫經與中國唐五代佛經音義經文用字比較研究”（2023T160212）階段性成果。

② 西域古寫經主要指起自西晉,經高昌國、唐朝、回鶻汗國,至西州回鶻,在新疆吐魯番、庫車、和田等地區出土的漢文佛教寫本文獻。西域古寫經的文字文獻也亟需關注,筆者將另作研究。

在文獻所處時代上大約有四五百年的交集,然而由於日本古寫經深藏於日本的寺院、高校圖書館、地方機關、各大文庫等,多數資料尚未批量付梓刊行,加之近年研究日本古寫經者多爲日本佛教史或日本語研究者,極少專攻佛教文字文獻者,種種原因使得日本古寫經一直以來並未得到學界應有的關注和研究。所謂日本古寫經,主要指起自奈良朝,經平安時代,至鎌倉時期,即刊本大藏經以前在日本書寫或者轉寫的佛經資料。從書寫年代來看,日本古寫經主要包括奈良寫經、平安寫經、鎌倉寫經。從收藏單位來看,日本古寫經主要包括正倉院聖語藏、法隆寺一切經、石山寺一切經、中尊寺一切經、金剛寺一切經、七寺一切經、興聖寺一切經、妙蓮寺藏松尾社一切經、名取新宮寺一切經、西方寺一切經、大門寺一切經、德運寺一切經等。

　　《續高僧傳》是唐代南山律宗開山之祖道宣所撰的一部佛教僧傳類著作。該書是道宣繼梁慧皎《高僧傳》而作,沿用《高僧傳》十科僧傳體例,經文標題每科加"篇"字,全書 30 卷,共 10 篇,即譯經篇、義解篇、習禪篇、明律篇、護法篇、感通篇、遺身篇、讀誦篇、興福篇、雜科聲德篇。《續高僧傳》現存版本較多,根據其保存形態、經文內容和流傳地區,主要可以分爲中國、朝鮮刊本大藏經系統和日本古寫經系統兩大類。日本古寫經本《續高僧傳》中,流傳較廣、利用較多、價值較大、保存較好的主要是金剛寺本、七寺本和興聖寺本。金剛寺位於日本大阪府河內長野市,金剛寺一切經以日本平安至鎌倉時代金剛寺爲中心抄寫的佛經文獻爲主,此外還包括了野大明神一切經、八田寺一切經等在其他地方抄寫的經典。金剛寺本《續高僧傳》今存 28 卷,缺卷 10、21,卷 12 破損嚴重無法開卷。七寺位於日本愛知縣名古屋市,七寺一切經是承安五年(1175 年)至治承二年(1178 年)間因尾張當地官員大中臣安長發願而書寫、校對所成。七寺本《續高僧傳》全帙保存相對完整,僅卷 2、12、13、29 有些許破損。興聖寺位於日本京都府京都市,興聖寺一切經以丹波西樂寺一切經爲底本,長寬元年(1163 年)至嘉應元年(1169 年)間抄寫的丹波西樂寺的一切經於鎌倉時代捐贈給海住山寺,慶長年間(1596～1615 年)海住山寺將此一切經轉讓給興聖寺,之後又經過數次補寫。興聖寺本《續高僧傳》全卷保存完備,未見破損。

　　日本古寫經文獻長期以來主要用作《大日本佛教全書》(1912～1922)、《大正新修大藏經》(1922～1934)等鉛印本佛經文獻的對校本、參校本,而其文獻本身的學術資料價值並未得到應有的關注。20 世紀 90 年代以後,以牧田諦亮、落合俊典編輯出版《七寺古逸經典叢書》爲開端[①],對日本各地寺院所存藏寫本佛經進行考察、編目,並從佛教學角度進行實證性研究,取得了豐碩成果。日本學者池麗梅、齊藤達也較早對日本古

---

① (日)牧田諦亮監修,落合俊典主編《七寺古逸經典叢書》,大東出版社 1994～1998 年。

寫經本《續高僧傳》給予關注,並做了持續性研究。池麗梅《興聖寺一切經本〈續高僧傳〉——刊本大藏經と日本古寫經本の交差》以興聖寺本《續高僧傳》爲例討論了刻本大藏經與日本古寫經的聯繫與區別①;《〈續高僧傳〉的文本演變——七至十三世紀》討論了《續高僧傳》的刊本系統和日本古寫經系統,梳理了不同系統《續高僧傳》文本演變的歷史過程②;《道宣の前半生と〈続高僧伝〉初稿本の成立》一文③,基於日本古寫經本系統,討論了道宣《續高僧傳》初稿本的形成過程;《〈續高僧傳〉在日本的流傳》詳述了日本古寫經金剛寺、七寺、興聖寺本《續高僧傳》的發現始末④。齊藤達也《金剛寺本〈續高僧傳〉の考察——卷四玄奘傳を中心に》以《續高僧傳》卷四所收《玄奘傳》爲例討論了金剛寺本《續高僧傳》的文獻貯存情況及其文獻資料價值⑤。

　　本文專門對日本古寫經本《續高僧傳》卷四的異文情況進行語言文字學考察,主要出於以下兩點考慮:第一,日本古寫經本《續高僧傳》已有研究討論的異文多爲佛教文獻學視野下的實質性異文,而語言文字學視野下的非實質性異文研究工作還未展開⑥。日本古寫經本《續高僧傳》實質性異文研究有助於窺探道宣《續高僧傳》初稿本的原始文獻面貌、歷代刻本的文本流傳情況等,而非實質性異文研究直接可以幫助我們發現和歸納日本古寫經文獻楷書漢字的形體演變規律與書寫用字習慣。第二,《續高僧傳》原始資料的公布與點校整理本的出版有助於確立異文研究的工作底本和主要對校本。2014年,日本國際佛教學大學院大學日本古寫經研究所編輯出版《日本古寫經善本叢刊第八輯:〈續高僧傳〉卷四·卷六》,首次公布了日本金剛寺本、七寺本、興聖寺本《續高僧傳》卷四和卷六的全部書影⑦。同年,中華書局"中國佛教典籍選刊"出版了郭紹林點校的《續高僧傳》⑧,郭氏以磧砂藏爲底本,以興聖寺本、高麗新藏本、趙城金藏本爲參校本。本文

---

① （日）池麗梅《興聖寺一切經本〈續高僧傳〉——刊本大藏經本と日本古寫經本との交差》,《日本古寫經善本叢刊》第8輯,株式會社高山2014年。
② （日）池麗梅《〈續高僧傳〉的文本演變——七至十三世紀》,《漢語佛學評論》2014年第1期。
③ （日）池麗梅《道宣の前半生と〈続高僧伝〉初稿本の成立》,《日本古寫経研究所研究紀要創刊號》,株式會社三陽社2016年。
④ （日）池麗梅《〈續高僧傳〉在日本的流傳》,《漢語佛學評論》2017年第1期。
⑤ （日）齊藤達也《金剛寺本〈續高僧傳〉の考察卷四玄奘傳を中心に》,《日本古寫經善本叢刊》第8輯,株式會社高山2014年。
⑥ 關於"實質性異文"與"非實質性異文"的界定,參馮國棟《"活的"文獻:古典文獻學新探》,《中國社會科學》2020年第11期。
⑦ 筆者已梳理和考證了《日本古寫經善本叢刊》第5至9輯所收的全部寫經文獻,參辛睿龍《日本古寫經文獻的編輯出版實踐與策略——以〈日本古寫經善本叢刊〉爲例》,《日本問題研究》2021年第1期。
⑧ （唐）道宣撰,郭紹林點校《續高僧傳》,中華書局2014年。

即以郭紹林點校的《續高僧傳》爲基礎工作本(隨文標注頁碼),對《日本古寫經善本叢刊》第 8 輯公布的日本古寫經金剛寺、七寺、興聖寺本《續高僧傳》卷四進行異文考察。

二、日本古寫經本《續高僧傳》卷四的異文考察

充分參考《續高僧傳》歷代刻本(毗盧藏、思溪藏、高麗舊藏、高麗新藏、磧砂藏、普寧藏、永樂南藏、龍藏等)的經文用字情況,重點利用唐慧琳、五代可洪爲《續高僧傳》所作的佛經音義①,綜合運用文字學、訓詁學、文獻學等方面的知識,試對日本金剛寺本、七寺本和興聖寺本《續高僧傳》卷四的異文情況進行考察。

(1)《續高僧傳》卷四:"沙門慧休,道聲高邈,行解相富,夸罩古今。"(97)郭注:"富:原作'當',據高麗藏校改。"(132)

按:"行解相富"之"富",日本金剛寺本、七寺本皆作"副",興聖寺本作"畐",高麗舊藏作"畐",高麗新藏作"富",毗盧藏、思溪藏、普寧藏、徑山藏皆作"當"。此當依金剛寺本、七寺本,以"副"字爲是。"行解相副"猶言"行解相符",即修行與悟解相符,"相副"當"相符、相稱"講。漢王充《論衡·案書》:"薄厚不相勝,華實不相副,則怒而降禍。"《續高僧傳》卷一二有"聲名相副"語,卷一九有"名實相副"語,卷二三、二四有"唇齒相副"語,文例可參證。"行解",佛教語,謂修行、悟解,道宣文獻中習見。《續高僧傳》卷九有"行解相貫"語、卷二一有"行解相兼"語、卷二二有"行解相冠、行解相扶"語,凡此皆與"行解相副"相類,文例可參比。高麗舊藏"畐"、興聖寺本"畐"皆當爲"畐"字小變,"畐"當爲"副"之殘誤,高麗新藏"富"當爲"畐"之形誤,諸本"當"又爲"富"之訛,乃"畐"字輾轉之誤。

"夸罩古今"之"罩"②,刻本藏經未見異文。日本金剛寺本作"窂(窂)"、七寺本作"昌",興聖寺本作"罩"、可洪所據本作"罩"(夸罩,上苦花反,下知孝反)。毗盧藏《續高僧傳》卷四音義:"夸罩,上誇字,下竹孝反。"思溪藏、磧砂藏隨函音義同。此當從諸本,以"罩"字爲是。"夸罩"僅見於《續高僧傳》,當屬道宣詞彙,謂誇讚談論寬廣宏大,還可寫作"誇罩"。除《續高僧傳》卷四"夸罩古今"外,卷五"自晉宋相承凡論議者,多高談

---

① 即慧琳《一切經音義》,以下簡稱《慧琳音義》;可洪《新集藏經音義隨函錄》,以下簡稱《可洪音義》。本文《續高僧傳》之外的佛經文獻,若不作版本説明,則皆以東國大學譯經院 1976 年版高麗大藏經再雕本(高麗新藏)爲工作本。

② 《慧琳音義》卷九一《續高僧傳》卷四音義:"跨罩,上誇化反,越也。下嘲教反,捕魚竹籠。"慧琳詞目作"跨罩",頗疑上字"跨"爲慧琳誤改,文獻中未見"跨罩"連用者。

大語,競相誇罩",卷一五 "誇罩蒙俗,陵轢往賢",文例可參比。"罩",從网卓聲。"网"用作表意偏旁時一般簡化作 "罒"①,俗寫或與 "宀、穴、冖" 相亂。金剛寺本 "窂(窂)" 訛從穴,興聖寺本 "窼"、可洪所據本 "冪" 訛從冖②,凡此皆當爲 "罩" 之俗作。"誇昌" 不辭,七寺本 "昌" 當爲 "罩" 之形誤。

（2）《續高僧傳》卷四:"中有末兔羅國,最饒蹤緒。"（103）郭注:"末兔羅國:高麗藏作 '末菟羅國'。案:玄奘《大唐西域記》卷四作秣兔羅國。"（133）

按:"末兔羅國" 之 "兔",日本金剛寺本、興聖寺本、高麗舊藏本、高麗新藏本作 "菟",日本七寺本作 "勉",毗盧藏、思溪藏、磧砂藏、普寧藏、徑山藏、龍藏皆作 "兔"。誠如郭紹林所言,"末菟羅國" 當讀作 "末兔羅國";而字作 "菟" 者似更接近經文原貌。《可洪音義》卷二七《續高僧傳》卷四音義:"末菟,上莫鉢反,下他故反。國名也。或云末吐羅,或云摩偸羅,或云摩度羅,唐言孔雀。" 可洪所據本亦作 "菟",音 "菟" 爲 "他故反",知可洪讀 "菟" 爲 "菟",此言甚是。"兔、勉" 形近相亂,異本 "菟" 當即 "菟" 之變,七寺本 "勉" 即 "兔" 之變。《大唐西域記》卷四:"秣菟羅國,週五千餘里。" 季羨林注:"秣菟羅國:梵文 Mathurā,俗語 Madhurā,巴厘文 Ma-dhūrā。阿爾伯魯尼《印度志》作 Māhūra, Mahura。亞里安及普林尼作 Methora,托勒密作 Madoura。舊譯摩偸羅、摩鍮羅、摩頭羅、摩突羅、摩度羅;意譯蜜善、美蜜、孔雀。在今朱木拿（Jumna）河西岸的馬特拉（Muttra）故城遺址較爲偏南。"③ 可知,"末兔羅、末菟羅" 爲音譯外來詞,"菟" 與 "兔、吐、偸、度、偸、鍮、頭、突" 功能相同,皆爲記音用字。又,《集韻》阮韻武遠切:"菟,人名。《莊子》有蔣閭菟。通作菟。"《莊子·天地》:"將閭菟見季徹。" 可知 "菟" 一身兼二任,一讀武遠切,爲人名用字,一讀他故反,爲 "菟" 之俗作。

（3）《續高僧傳》卷四:"中有三道階,南北而列,即佛爲母,忉利安居,夏竟下天,帝釋之所作也。"（103）

按:"南北而列" 之 "列",日本金剛寺本、七寺本、高麗舊藏皆作 "迺",興聖寺本作 "迺",其餘諸本皆作 "列"。"列、迺" 當 "排列" 講時,二者同字異體,經文 "南北而列" 正

---

① 裘錫圭《文字學概要》（修訂版）,商務印書館 2013 年,第 120 頁。
② 韓小荊曾考釋此字,正以 "冪" 爲 "罩"。參韓小荊《〈可洪音義〉研究——以文字爲中心》,巴蜀書社 2009 年,第 255 頁。又,《可洪音義》中 "窂" 還可作爲 "穿" 字俗訛。《可洪音義》卷二二《雜寶藏經》卷八音義 "開窂(窂),下音川",高麗新藏本《雜寶藏經》卷十對應作 "開穿",原文爲:"梟便於夜,知鳥眼闇,複啄群鳥,開穿其腸,亦複噉食。"
③ 季羨林注,范祥雍校《大唐西域記校注》,中華書局 2000 年,第 379 頁。

作此解。興聖寺本"辺"當即"迾"之俗作,金剛寺本等"迾"用與"列"同,竊以爲字作"迾"者似更接近經文原貌。可洪所據本亦作"迾",《可洪音義》卷二七《續高僧傳》卷四音義:"而迾,力結反,遮遏也。"然可洪釋義"遮遏也",知可洪讀"迾"之本音本義,此與經意不合。《説文》辵部:"迾,遮也。"大徐等注良薛切。《廣韻》薛韻良薛切:"迾,遮遏。"毗盧藏《續高僧傳》卷四作"列",毗盧藏《續高僧傳》卷四隨函音義作:"迾,列字。"思溪藏、磧砂藏隨函音義皆删去此條音義。可知毗盧藏隨函音義編者所據本仍作"迾",且給出了正確的説字意見"列字",後人刻經徑改作"列"。道宣《集神州三寶感通録》卷上:"南有小山,東西而列。"高麗新藏本"列",毗盧藏、普寧藏、徑山藏對應作"迾"。《可洪音義》卷二六《冬夏三寶感通録》卷上音義:"而迾,力哲反,遮遏也。"文例文意可相參比。

（4）《續高僧傳》卷四:"先有室商佉王,威行海内,酷虐無道,劉殘釋種,拔菩提樹,絶其根苗,選簡名德三百餘人留之,餘者並充奴隸。"（104）

按:"劉殘釋種"之"劉殘",日本金剛寺本作"**[字形]剾**殘"、七寺本作"**剾**殘"、興聖寺本作"創殘",毗盧藏、高麗舊藏作"剗殘",高麗新藏、思溪藏、磧砂藏、普寧藏、徑山藏、龍藏皆作"劉殘"。《慧琳音義》卷九一《續高僧傳》卷四音義:"剗殘,上章姚反。《古今正字》云:剗,剗也,剗也。從刀。形聲字也。"《可洪音義》卷二七《續高僧傳》卷四音義:"**劉**(劉)殘,上力由反。斯也,殺也,剠也。"從各本用字來看,經文此處的異文情況主要爲"劉殘"和"剗殘"。以經意考之,並參考字形,此當從日本七寺本、可洪所據本等,以作"劉殘"爲善,"劉殘"之"劉"當殺戮講。《爾雅·釋詁》:"劉,殺也。"《尚書·盤庚》:"重我民,無盡劉。"孔安國傳:"劉,殺也。"經文"劉殘釋種"猶言"虔劉釋種"。《續高僧傳》卷一:"先是,太武皇帝太平真君七年,司徒崔皓邪佞諛詞,令帝崇重道士寇謙之,拜爲天師,珍敬老氏,虔劉釋種,焚毀寺塔。"又同書卷二三:"重以孫皓苛虐,元熹不仁,擁寺列兵,虔劉釋種,平城之側,高尚覆屍,黃河之涘,梵僧捐寶,投骸靡厝,法律寧通!"文意可參比。日本七寺本"**剾**"、可洪所據本"**劉**"皆爲"劉"之俗作,可洪爲"劉"字注音"力由反",釋義"斯也,殺也,剠也",其説可從。慧琳所據本、毗盧藏、高麗舊藏"剗殘"之"剗"疑當爲"劉"之殘誤,文獻中未見"剗殘"語例,且慧琳引《古今正字》"剗"之"剗也,剗也"義不如"劉"之"殺"義更契合經意,慧琳之説恐不足信。日本金剛寺本作"**[字形]剾**殘","**剾**"即"剗",當爲"劉"之殘誤,"**[字形]**"似即"澂",當屬衍文。興聖寺本作"創殘","創殘"當爲"劉殘"之義近異文,"創"當創傷、傷害講。毗盧藏《續高僧傳》卷四隨函音義:"劉殘,上音留。殺也。或作剗,誤。"毗盧藏隨函音義編者所據本正作"劉殘",毗盧藏作"剗殘"。音義編者謂"或作剗",知其所見別本(或即毗盧藏本)作"剗"。音義編者爲"劉"字注音"音留"、釋義"殺也"、辨析異文以别本"剗"爲"誤",皆爲知言之選。思溪藏

《續高僧傳》卷四隨函音義:"劉殘,上音留。殺也。"磧砂藏隨函音義同。思溪藏、磧砂藏等後代刻本及隨函音義皆作"劉殘",當承自毗盧藏隨函音義。

　　(5)《續高僧傳》卷四:"頃之顧眄,但見荒城隤阤,純陀宅基,有標志耳。"(106)
郭注:"隤阤:高麗藏作'頹褫'。"(107)

　　按:"荒城隤阤"之"隤阤",日本金剛寺本作"頹𧚡",七寺本作"頯𧚡",興聖寺本作"頹𧛗",毗盧藏作"頹𧝏",高麗舊藏、高麗新藏作"頹褫",思溪藏、磧砂藏、普寧藏、永樂南藏皆作"隤阤",徑山藏、龍藏皆作"隤他"。慧琳所據本作"頹褫",《慧琳音義》卷九一《續高僧傳》卷四音義:"頹褫,上兌回反。《蒼頡篇》:墜落也。下池尔反。《說文》:奪衣也。從衣虒聲。虒,音天伊反也。"可洪所據本作"頯𧚡",《可洪音義》卷二七《續高僧傳》卷四音義:"頯𧚡,上徒迴反,下直尔反。"從字形出發,並參考文意,經文此處當以作"頹褫"爲善,上字異本字作"頹、頯、積"者皆與"頹"同字異體,下字日本古寫經本等字作"𧚡、𧚡、𧛗、𧝏、𧚡"者皆當爲"褫"之俗作。《廣韻》平聲灰韻杜回切("兌回反、徒迴反"與此音同):"積①,暴風也。頹,上同。"《廣韻》上聲紙韻池尔切("直尔反"與此音同):"褫,奪衣。《易》曰:以訟受服,終朝三褫之。"慧琳、可洪皆讀"頹"與"褫"之本音,注音可從。誠如慧琳所言,"頹"當訓作"墜落",而"褫"宜解作"奪衣"之引申義"廢弛"②,經文中"頹褫"猶言廢弛、頹敗。《魏書·元徽傳》:"時靈太后專制,朝綱頹褫。"《法華義疏》卷六《譬喻品三》:"又細無常如圮坼,麤無常如褫落。褫者頹褫,落者墜落。"文例可參比。高麗舊藏、高麗新藏"褫"當爲"褫"之形誤,從示之"褫"本訓福,與從衣"褫"之頹敗、廢弛義無涉,郭氏謂"高麗藏作'頹褫'",轉錄失真。

　　毗盧藏《續高僧傳》卷四隨函音義:"頹𧝏,二字正作隤阤。上徒回反,下直爾反,崩墜也。"毗盧藏與毗盧藏隨函音義編者所據本皆作"頹𧝏",毗盧藏隨函音義編者注音"上徒回反,下直爾反"、釋義"崩墜也",可從;說解字際關係謂"頹𧝏"二字正作"隤阤",後代刻本思溪藏、磧砂藏、普寧藏、永樂南藏等多承此說,經文徑改作"隤阤"。思溪藏《續高僧傳》卷四隨函音義:"隤阤,上徒回反,下直爾反,崩墜也。"磧砂藏隨函音義同。思溪藏、磧砂藏隨函音義詞目也徑改作"隤阤"。《廣韻》平聲灰韻杜回切(同小韻收"頹"):"隤,下墜也。"《廣韻》上聲紙韻池爾切(同小韻收"褫"):"阤,落也。《說文》云:小崩也。""頹褫、隤阤"音義皆同,同詞異形。徑山藏、龍藏作"隤他","他"則爲"阤"之形誤。

────────────

① "積"本當"頭髮脫落"講,俗或作"頹"。《說文》禿部:"積,禿皃。從禿貴聲。"段玉裁注:"此從貴聲,今俗字作頹,失其聲矣。"
②《荀子·非相》:"守法數之有司,極禮而褫。"楊倞注:"褫,解也。"王念孫《讀書雜志》:"褫之言弛也,言疲於禮而廢弛也。"

（6）《續高僧傳》卷四："其城即摩揭陀之正中，經本所謂王舍城者是矣。崇山四周，爲其外郭，上如陴堄，皆甎爲之。"（109）郭注："陴：原作'埤'，據高麗藏校改。"（110）

按："上如陴堄，皆磚爲之"，日本七寺本作"上加倪背僻軏爲之"。"陴堄"，日本金剛寺本、興聖寺本皆作"僻倪"，高麗舊藏作"俾倪"，高麗新藏作"陴堄"，毗盧藏作"睥堄"，思溪藏、徑山藏作"埤堄"，磧砂藏、普寧藏作"埋堄"。《慧琳音義》卷九一《續高僧傳》卷四音義："睥睨，上批閉反，下霓計反。《埤蒼》：邪視也。《説文》二字並從目，形聲字也。"《可洪音義》卷二七《續高僧傳》卷四音義："僻倪，上普米反，下五禮反。女牆也。"毗盧藏《續高僧傳》卷四隨函音義："俾倪，二字正作埤堄。上普米反，下語啟反。～～，城上短牆也。"思溪藏《續高僧傳》卷四隨函音義："埤堄，二字，上普米反，下語啟反。～～，城上短牆也。"磧砂藏隨函音義同。

從文意出發，並結合諸本異文情況，今考"俾倪、陴堄、睥堄、埤堄"等同詞異形，屬疊韻聯綿詞。其中，"僻倪"錫支陰入對轉疊韻，"俾倪、陴堄"皆支部疊韻，"睥堄、埤堄"皆霽韻疊韻。《廣雅·釋宮》："埤（普計反）堄（五計反）、堞，女牆也。"錢大昭疏義："此釋城上短牆也。埤堄，或作'睥睨'。《釋名·釋宮室》：'城上垣曰睥睨，言於其孔中睥睨非常也。亦曰陴，陴，裨也，言裨助城之高也。亦曰女牆，言其卑小，比之於城，若女子之於丈夫也。'埤，一作'陴'。《説文》'陴，城上女牆俾倪也'，籀文作'䩵'。杜預《左氏宣十二年傳》注：'陴，城上僻倪。'孔疏：'陴，城上小牆。俾倪者，看視之名。'埤堄、睥睨、俾倪、僻倪'，俱字異音同。"[①]誠如可洪所述，經文此當女牆講，即凹凸相連形的供窺視和射箭用的小牆。摩揭陀國故都舊王舍城（即上茅宮）位於群山環繞之中，亦名"群峰城"，固有"崇山四周，爲其外郭，上如陴堄，皆甎爲之"之説。《大智度論》卷三："（王舍城）有五山周匝峻固，其地平正，生草細軟，好華遍地，種種林木，華果茂盛，温泉浴池，皆悉清淨。"可參。較早的日本古寫經系統、可洪所據本皆作"僻倪"，頗疑"僻倪"更接近經文原貌。日本七寺本"上加倪背僻軏爲之"中，"加"當爲"如"字之訛，"僻、倪"位置錯亂，"背"當爲"皆"字之訛，"軏"當爲"甎"字之訛。磧砂藏、普寧藏"埋堄"之"埋"當爲"埤"字之訛。

（7）《續高僧傳》卷四："（葱）嶺據贍部洲中，南接雪山，北至熱海，東漸烏鍛，西極波斯，縱廣結固，各數千里。"（117）

按："烏鍛"，日本金剛寺本作"焉"，七寺本作"烏鏠"、興聖寺本作"烏鏠"，高麗舊

① 錢大昭撰，黃建中、李發舜點校《廣雅疏義》，中華書局 2016 年，第 501 頁。

藏、高麗新藏作"烏鑠",毗盧藏、思溪藏、磧砂藏、普寧藏、徑山藏、龍藏皆作"烏鍛"。《可洪音義》卷二七《續高僧傳》卷四音義:"烏**鑠**,音煞。"毗盧藏《續高僧傳》卷四隨函音義:"烏鍛,下所戒反。"思溪藏、磧砂藏隨函音義同。

從字形出發,並結合文意,此當以作"烏鍛"爲善。《續高僧傳》此言蔥嶺地理位置,相關内容亦見於《大唐西域記》。《大唐西域記》卷十二《二十二國·蔥嶺》:"蔥嶺者,據贍部洲中,南接大雪山,北至熱海、千泉,西至活國,東至烏鍛國,東西南北各數千里。"[①]又同書同卷《二十二國·烏鍛國》:"烏鍛國周千餘里。"季羡林注:"烏鍛國:關於烏鍛國的考訂,諸説紛紜。……而白鳥庫吉則認爲當爲莎車(葉爾羌)。赫爾曼(Herrmann)也持此説。……據《西域記》前文'從此東下蔥嶺東岡……行八百餘里,出蔥嶺'和下文'南臨徙多河',以及玄奘關於整個烏鍛國的描述來看,當以今莎車縣説爲允當。……"[②]依季氏之説,則烏鍛即莎車縣,莎車縣今隸屬新疆維吾爾自治區喀什地區[③]。"烏鍛"回鶻文作 ušar,"烏、鍛"皆當爲譯音用字。日本金剛寺本作"焉","焉"當爲"烏"字之訛,又脱下字"鍛"。"殺"或作"煞",高麗舊藏、高麗新藏"烏鑠"之"鑠"當即"鍛"之俗作。七寺本"**鏃**"、興聖寺本"**鈛**"、可洪所據本"**鐵**"亦當爲"鍛"之俗作,乃"鑠"字之變。《干禄字書》:"煞、**敦**、殺:上俗、中通、下正。"《干禄字書》通作字"**敦**"字形正可與七寺本"**鏃**"、可洪所據本"**鐵**"相參比。"煞"改變構件之間的相對位置,遂寫作"**敦**"形。興聖寺本"**鈛**"字形模糊,右旁亦當爲"煞"字之變。

三、結　語

初步對日本金剛寺本、七寺本、興聖寺本《續高僧傳·卷四》的異文情況進行考察,我們認爲:

第一,對以金剛寺本、七寺本、興聖寺本爲代表的日本古寫經本《續高僧傳》的異文情況進行系統梳理和研究,直接有助於《續高僧傳》語言文字的整理和文本内涵的解讀。目前來看,學界已有的《續高僧傳》整理研究成果多重校勘而輕注釋,重指異而輕辨析,對日本古寫經版本關注和利用不夠,對日本古寫經與歷代刻經之間存在的經文用字差異認識和研究不夠。日本古寫經保存了不同於中國、朝鮮所存任何一種版本的《續高僧傳》文本,保留了與通行刻本有差異或通行刻本没有的字句與文字,提供了校讀《續高僧傳》

---

① 季羡林注,范祥雍校《大唐西域記校注》,中華書局2000年,第964頁。

②《大唐西域記校注》,第990～991頁。

③ 岑仲勉亦有類似觀點,詳參《漢書西域傳地里校釋·各傳校釋·莎車》,中華書局1981年,第326～327頁。

不可多得的第一手資料,創造了域外佛經寫本文獻與中國刻本佛經文獻對讀與互校的機會,是研究道宣《續高僧傳》初稿本如何形成的重要學術資料。

　　第二,對日本古寫經本《續高僧傳》的異文用字信息進行深入挖掘和分析,勢必有助於日本古寫經文獻版本系統的探討以及漢字使用規律的歸納。日本古寫經文獻是由同屬漢字文化圈的日本本土僧俗對唐代漢文大藏經轉寫或抄寫而成。通過對日本古寫經本《續高僧傳》用字進行研究,我們發現,日本保存較爲完整的金剛寺本、七寺本、興聖寺本經文用字的内部一致性較強,應當屬於同一版本系統;日本古寫經佛經用字與我國歷代刻本佛經用字存在較大的差異,而與唐五代時期佛經音義書的詞目用字存在一定相似性。可以説,日本古寫經在一定程度上保存了唐代寫本佛經文獻的原始面貌。

　　第三,在對日本古寫經文獻的佛經用字進行梳理與研究時,還應重點參考與目標佛經同經異本的唐及唐以前的敦煌寫經、西域古寫經,唐五代時期編纂而成的早期佛經音義(如唐《慧琳音義》、五代《可洪音義》等),宋代的早期刻經(如毗盧藏、思溪藏、高麗藏、磧砂藏等)。敦煌寫經、西域古寫經材料所收中土撰述的佛經文獻較少(《續高僧傳》無敦煌寫經本、西域古寫經本);唐五代佛經音義詞目用字一般是音義編者所據本唐寫本佛經的直接摘録,一定程度上也可反映唐代寫本佛經的部分面貌;宋代的早期刻本佛經的保存下來的異文用字信息,無論信息的正確與否,都會對日本古寫經的用字研究提供重要的提示與參考,此外,宋以後南方系統的刻本佛經多保存了隨函音義,這些音義材料顯示了歷代注者對同一佛經的分析與理解,應當認真參考與利用。

參考文獻

馮國棟　《“活的”文獻:古典文獻學新探》,《中國社會科學》2020 年第 11 期

韓小荆　《〈可洪音義〉研究——以文字爲中心》,巴蜀書社 2009 年

季羨林注,范祥雍校　《大唐西域記校注》,中華書局 2000 年

錢大昭撰,黄建中、李發舜點校　《廣雅疏義》,中華書局 2015 年

辛睿龍　《日本古寫經文獻的編輯出版實踐與策略——以〈日本古寫經善本叢刊〉爲例》,《日本問題研究》2021 年第 1 期

域外漢籍珍本文庫編委會　《高麗大藏經初刻本輯刊》,西南師範大學出版社 2012 年

文獻語言學（17）:199～211,2024

《三朝北盟會編》異文考辨與漢語史研究①

許峻瑋　　徐多懿

（湖南大學中國語言文學學院,長沙,410082;

長沙理工大學文學與新聞傳播學院,長沙,410114）

提　要:《三朝北盟會編》卷帙浩繁、來源複雜、版本衆多,清代以前只有抄本流傳於世。各版本因所據底本不同、抄寫質量不同,造成版本之間異文情況嚴重。本文將許涵度刻本與中華再造善本影印的明抄本、日本京都大學藏舊抄本對勘,條舉諸本異文並加以考辨,據以糾正《近代漢語語法資料彙編·宋代卷》所摘録《會編》語料的諸多錯漏。同時,諸版本間的異文還能爲漢語史研究提供參考。目前學界廣泛使用的許涵度刻本存在大量臆改、誤改之處,絶不能説是漢語史研究的可靠資料。

關鍵詞:《三朝北盟會編》;版本;異文;漢語史

一、《三朝北盟會編》及其版本

《三朝北盟會編》（以下簡稱《會編》）成書於宋紹熙五年（1194 年）,是記載宋金和戰史料的重要著作。《會編》不僅在宋遼金史的研究中具有重要價值,還是我們今天研究宋代漢語的重要語料。《會編》有相當篇幅是關於宋金口頭談判的實録,徐氏徵引文獻秉持“其辭則因元本之舊,其事則集諸家之説,不敢私爲去取,不敢妄立褒貶”的原則,如實記録了其所見私家史料中的口語成分,因此是漢語史研究可用的口語語料。正如梅祖麟（1980/2000 年）所説:“《三朝北盟會編》不僅保存着不少基本的史料,而其中所轉録宋人和金人口頭談判的記載,又是研究北宋 1120 年左右口語的珍貴語料。”劉堅（1982 年）説:“徐夢莘《三朝北盟會編》網羅舊聞,拾掇各書,記述宋徽宗、欽宗、高宗三朝與金人和戰的始末,書中采用的《燕雲奉使録》《茆齋自敍》《靖康城下奉使録》《山西軍前和議奉使録》《秀水閑居録》等都有不少白話材料。”

《會編》未見宋元抄、刻本,僅有明清抄本和兩種清刊本流傳於世,即清末袁祖安活字

---

① 本文爲國家社科基金青年項目“語體視角下的《三朝北盟會編》語言研究”（23CYY012）階段性成果。

本和許涵度刻本。鄧廣銘、劉浦江(1998年,第93頁)開篇即指出"自此書問世八百年來,還始終沒有一個比較理想的善本",而鄧、劉二氏已經整理完成了《會編》的點校本,只可惜此點校本至今尚未見出版①。對《會編》這樣文獻來源複雜、版本衆多的古籍來説,文獻整理是首要工作。羅舒(2012年)通過書目查考和互聯網檢索,共檢得48種《會編》抄本(大陸各地圖書館所藏抄本39種,臺灣圖書館及傅斯年圖書館藏抄本8種,日本京都大學藏抄本1種),這些版本之間存在大量異文。通過考辨這些異文,有助於還原《會編》文本的本來面目。

二、《三朝北盟會編》異文考辨

《會編》也有數種現代選本,如劉堅《近代漢語讀本》《古代白話文獻選讀》摘録了《燕雲奉使録》《茆齋自敘》《靖康城下奉使録》《山西軍前和議録》四篇的部分語料,徐時儀《漢語白話史》摘録了《燕雲奉使録》《茆齋自敘》《采石戰勝録》的一小部分,總的篇幅不大。目前所見最好的《會編》選本是劉堅、蔣紹愚主編《近代漢語語法資料彙編·宋代卷》(以下簡稱爲"彙編本"),這個選本將《會編》中的《燕雲奉使録》《茆齋自敘》《靖康城下奉使録》《靖康大金山西軍前和議録》《紹興甲寅通和録》《采石戰勝録》六篇語料全部摘録出來加以點校,並以許涵度刻本爲底本,參校光緒四年袁祖安活字本、北京大學圖書館所藏舊抄本、四庫全書本,將校勘記附於篇末,極爲方便使用。彙編本糾正了許涵度刻本的一些錯訛,具有較高的價值。方一新(第360頁)評價爲:"劉堅、蔣紹愚主編的《近代漢語語法資料彙編·宋代卷》,不僅都把這幾篇文章收入其中,而且進行了詳盡的校勘,是可以放心利用的語料。"但是,彙編本用作底本的許涵度刻本、據以校勘的袁祖安活字本、四庫全書本均非善本,用作校勘的資料價值並不大,而且輯録出的文本仍存在一定的問題。本節將許涵度刻本與中華再造善本影印的明抄本(以下簡稱爲"明抄本")、日本京都大學藏舊抄本(以下簡稱爲"京大本")對勘,條舉諸本異文並加以考辨,據以糾正彙編本的諸多錯漏。以下分條闡述。

(1)阿骨打云:"言約已定,更不可改。本國兵馬已定八月九日到西京,使副到南朝,便教起兵相應。"(《會編》卷四)

許涵度刻本、彙編本作"書約",誤。當據明抄本、京大本改。"言約"猶"口頭約定",

① 據邱靖嘉(2018年),目前河北大學汪聖鐸正在進行《會編》的整理和點校,其所據底本爲國家圖書館藏明湖東精舍抄本。

用例如:

> 空自歎當時,言約無據。(宋柳永《洞仙歌》)
> 更向枕前言約,許我長相守。(宋趙長卿《簇水》)

《會編》此例出自趙良嗣《燕雲奉使録》,而趙良嗣此次出使金國,乃是“元奉密旨,上令面議,別不曾齎文字前去”,與阿骨打所議定之事也均爲口頭約定。將“言約”改爲“書約”,完全背離史實。《會編》亦用“説約”表示“口頭約定”:

> 良嗣對:“今日説約既定,雖未設盟誓,天地鬼神,實皆照臨,不可改也。”(《會編》卷四)

《漢語大詞典》《近代漢語詞典》等未收“説約”條目,可據《會編》補。此外,《會編》表示一般的達成約定,用“議約、要約”等:

> 以計議依祖宗朝故事買馬爲名,因議約夾攻契丹,取燕、薊、雲、朔等舊漢州復歸於朝廷。(《會編》卷四)
> 良嗣度其意欲以西京交割爲名,更改許燕之議,乃云:“本朝與貴國通好五六年,自貴國兵馬未到上京時,已有要約,今來却恁地翻變説話,是甚義理? (《會編》卷十一)

《漢語大詞典》“議約”條所引始見例證爲《清史稿》,可據《會編》將“議約”用例的始見年代大大提前。

　　(2)是日,已立契丹納跋行帳,前列契丹舊閤門官吏,皆具朝服引唱舞蹈,大作朝見儀禮。(《會編》卷十四)

　　彙編本作“是日已至契丹拔納行帳前,列契丹舊閤門官吏”,斷句和内容皆有誤。彙編本改“立”爲“至”,當據明抄本、京大本改。許涵度刻本、彙編本“拔納”有誤,當據明抄本、京大本改作“納跋”。“納跋”,“捺鉢”的別譯,即遼主的“行營”。

> 有遼始大,設制尤密。居有官衛,謂之“斡魯朵”;出有行營,謂之捺鉢。(《遼史·營衛志上》)
> 議者又謂往年遼國之君,春水、秋山、冬夏捺鉢,舊人猶喜談之,以爲真得快樂之趣,陛下效之耳。(《金史·梁襄列傳》)
> 國俗君臣尚獵,故有四時捺鉢。(《焚椒録》)

《會編》中另有一例"納跋(捺鉢)",可與卷十四此例互相佐證:

> 十一日,朝辭,阿骨打坐所得契丹納跋行帳,前列契丹舊教坊樂工作花宴。(《會編》卷十五)

彙編本此例正確録作"納跋",而白維國《近代漢語詞典》"行帳"條亦引此例作:

> 十一日朝辭,阿固達坐所得契丹巴納行帳前,列契丹舊教坊樂工作花宴。

將"阿骨打"改作"阿固達","納跋"改作"巴納",其所據當爲四庫本,應據明抄本、京大本改。

（3）良嗣云:"此去京師三十程,正月已終,何以往還? 臣等欲只至雄州,入遞繳奏,等候回降却來,庶可相及。"(《會編》卷十四)

許涵度刻本、彙編本作"三千里",誤。"程"爲表示距離的計量單位,猶言"驛程",以兩個驛站間的距離爲一程。《資治通鑑·晉海西公太和四年》:"琛兼程而進。"胡三省注:"程,驛程也。謂行者以二驛爲程,若一程而行四驛是兼程也。"《會編》中多用"程"來表示距離:

> 良嗣與某各携一從人,餘悉留於粘罕軍。遇夜,行五程,抵奉聖州見阿骨打。(《會編》卷十一)
> 步騎兵北去如飛,至巳時豁然一空,當日約行一程以上。(《會編》卷二百一十四)

至於一程所對應的具體距離,並不是固定的。《會編》卷二十所引許亢宗《宣和乙巳奉使行程録》有詳細記載:

> 今起自白溝契丹舊界,止於虜庭冒離納鉢,三千一百二十里,計三十九程。第一程自雄州,六十里至新城縣。……第二程至涿州古郡。……第三程至良鄉縣,地隸燕山府。……第四程至燕山府,府乃冀州之地。……第五程至潞州。……第六程自潞州,七十里至三河縣。(《會編》卷二十)

宋人著作中亦常見"程"表示距離的用例:

> 溯汴絶淮,泛大江,凡五千里,一百一十程,才至荆南。(《歐陽修集·書簡》卷九)
> 去春敵至延州,諸路發援兵,而河東、秦鳳各逾千里,涇原、環慶不減十程。(《宋史·張亢列傳》)

可知《會編》原文應作"此去京師三十程",改作"此去京師三千里"則完全不合史實。

（4）趙良嗣辭訖,虜酋遣高慶裔來,諭以:"寧术割係是近上大臣,知國事^①,見充西路都統,兼殺敗夏國,到貴朝,莫似尋常使人一般,請便依契丹舊禮相待。至於商量事節,便可以一面與決,兼盟誓務在長久,便請依草著誓。"（《會編》卷十四）

許涵度刻本此段疑有多處徑改而不出校,彙編本以許涵度刻本爲底本,保留了這些徑改之處:

> 趙良嗣辭訖,虜酋徑遣高慶裔來,諭以:"寧术割係是北朝皇帝最親任聽幹的近上的大臣,權最重,見知軍國重事,復充西路等處都統使,兼殺敗夏國,故特遣來到貴朝,莫比尋常使人一般將就簡待,致傷和氣,以生嫌隙,使數年往來計議千言萬語廢之一人身上。請便依契丹舊禮之例相待,看管朝夕便是。至於商量事節,便可以一面與決,兼盟誓務在長久,便請主上依草著誓。"（《會編》卷十四）

值得注意的是,許涵度刻本據以刊刻的底本是彭元瑞家藏本,這個版本也是乾隆五十二年覆校《四庫全書》時所用的底本。今查四庫本《會編》,發現文字與明抄本、京大本僅有兩處不同,而與許涵度刻本差別甚大:

> 趙良嗣辭訖,金主遣高慶裔來,諭以:"尼楚赫係是近上大臣,知國事,見充西路都統,兼殺敗夏國,到貴朝,莫似尋常使人一般,請便依契丹舊禮相待。至於商量事節,便可以一面與決,兼盟誓務在長久,便請依草著誓。"（《會編》卷十四）

清朝爲女真後裔,故四庫館臣將"虜酋"改作"金主"。而將"寧术割"改作"尼楚赫",則是四庫館臣據《欽定遼金元三史國語解》改動違礙字句的結果:

> 尼楚赫,滿洲語"珍珠"也。卷二十七作"銀术割"。（《欽定遼史語解》卷八）
> 尼楚赫,珍珠也。卷五十九作"銀术可",世宗子。（《欽定金史語解》卷一）
> 尼楚赫,珍珠也。卷二作"銀术可",又作"銀术哥",併改。（《欽定金史語解》卷八）

當據明抄本、京大本刪去許涵度刻本、彙編本改動的文字,恢復《會編》文本的本來面貌。

（5）又令:"自海上累年交好,自古所無,或欲做兄弟,或欲做叔姪,或欲爲知友。"

---

① 京大本作"國士",誤。

（《會編》卷十四）

許涵度刻本、明抄本、京大本均作“白”，彙編本據北京大學藏舊抄本的朱筆批校改“白”爲“北”。此處“白”或“北”皆文意不通，疑當爲“自”字之訛。“自海上”猶言“自海上結盟以來”，《會編》用例多見：

> 僕曰：“山後故地，自海上理會，使人豈敢言不要，但每言燕地，則西京在中矣。”（《會編》卷十四）
> 僕答：“朝廷自海上遣使，數年間使客往還與興起人馬，應副貴朝費用多少，本爲兩朝和好。”（《會編》卷二十二）
> 粘罕云：“更有甚事理會！爾南宋上皇數年前遣人自海上與大金結盟，共滅契丹。”（《會編》卷六十一）

明抄本亦有朱筆將此“白”字改爲“自”字，可從。

（6）先是，李嗣本、姚平仲軍交燕日，運糧夫奪女真牛馬，殺一女真。至是來整會，苗償人命及牛馬價錢，復爲平之。（《會編》卷十六）

許涵度刻本、彙編本作“整留會”，義不可通。應據明抄本、京大本改。“整會”義即“知會；正式通知”，例如：

> 無吾手押，不得承受回報。待吾急赴國朝整會割還土地。（《建炎以來繫年要錄》卷一百三十）
> 如有未明，許暫喚吏人整會。（《續資治通鑑長編》卷四百一十九）
> 夫又訴於御史臺，整會未竟，復失婦人。（《夷堅丙志》卷八）

另有“苗”字頗難解，許涵度刻本、彙編本徑刪此字，京大本作“苗”，明抄本墨筆改爲“描”。“苗”疑爲“求”義，《廣韻》宵韻“苗，又求也”。

（7）驚知主人以計殺之，勉力爬沙，竟渡。（《會編》卷二百四十二）

許涵度刻本、彙編本作“爬稍”。《會編》此例亦見於岳珂《桯史》：“驚知主人以計取之，勉力爬沙，儘得一渡。”（《桯史》卷九）

可知《會編》原文作“爬沙”不誤。“爬沙”義爲“爬行”：

> 其蓋有東坡小楷書銘云：“蟾蜍爬沙到月窟，隱避光明入岩骨。”（《春渚紀聞》卷九）
> 聞人聲則爬沙入海，海濱人謂之碑子魚。（《續夷堅志》卷三）

從今見蟆當好看,爬沙即上青雲端。(元好問《蟆池》)

今膠遼官話亦説"爬沙",如《漢語方言大詞典》(第3458頁):"爬沙:爬。膠遼官話。山東牟平:小孩滿場爬沙。"

由以上諸例可以看出,彙編本以清末許涵度刻本爲底本,沿襲了不少許涵度刻本的誤改之處,使用時應與質量較好的抄本互相對照,才能得到更爲準確的文本。此外,更爲重要的問題是,《會編》諸版本之間的異文是否對漢語史研究存在影響? 詳見下節論述。

三、《三朝北盟會編》口語語料異文與漢語史研究

上節已經指出,清末許涵度刊刻《會編》時有較多徑改誤改之處,而《會編》諸抄本之間存在相當的共性,可據以糾正許涵度刻本的諸多錯漏。前輩學者往往只使用許涵度刻本作爲研究的底本,因此對《會編》所反映的漢語史事實時有誤解。本節從"繫詞'是、係'""親屬稱謂詞'媳婦、兒媳婦'"兩個個案入手,分析《會編》異文對於漢語史研究的重要價值。

(一)繫詞"是、係"

《會編》中的繫詞主要爲"是"和"係",其中一例爲:

(1)阿骨打令譯者言云:"契丹無道,我已殺敗,應係契丹州域,全是我家田地。爲感南朝皇帝好意,及燕京本是漢地,特許燕雲與南朝,候三兩日,便引兵去。"(《會編》卷四)

彙編本校勘記指出:"'係',袁本作'是'。"而許涵度刻本、明抄本、京大本都作"係"。那麼,《會編》中的"係"和"是"是什麼關係? 爲什麼《會編》一部書中會出現兩種繫詞呢?《會編》中"係"的用法主要有五種。

1. 作繫詞,表示判斷

(2)良嗣徐語兀室云:"貴朝所須,本朝一一從了,却有山後西京地土人民,並係舊漢地,今燕京已了,若將西京一同割還,乃是契義。"(《會編》卷十四)

(3)良嗣曰:"馬擴係武舉。"(《會編》卷十五)

(4)對以:"自來國書,止是司分人修寫,拘於體例,自無惹筆,今係主上親寫,要見交待大國厚意。"(《會編》卷十五)

2. "係、是" 連用, 表示判斷

（5）兼沙漠之間, 係是韃靼、蒯古子地分。(《會編》卷九）

（6）諭以:"寧术割係是近上大臣, 知國事。"(《會編》卷十四）

（7）馬擴答以:"郭藥師、董麗兒係是契丹時投降過來, 却干貴朝甚事?"(《會編》卷十五）

3. "係官", 義即 "屬於官府的"

（8）兩國方以義理通好, 將來本朝取了燕京, 却要係官錢物。(《會編》卷四）

（9）所要係官財物, 曾思量來, 也是不係, 便待除去。(《會編》卷四）

（10）其係官錢物等, 及奚、契丹、渤海、西京、平、灤州並不在許與之數。(《會編》卷十一）

（11）如貴朝軍馬先入燕, 則本朝軍馬借路歸國, 仍要在燕係官錢物。(《會編》卷十一）

4. "收係", 義即 "拘收"

（12）兀室去, 再來云:"得聖旨, 將西京地土與貴朝, 所有人户本國收係。"(《會編》卷十四）

5. 表示 "牽涉;關聯"

（13）又傳虜酋之言:"信誓事須要便了, 此所係萬年永遠, 須是各説得重則好。"(《會編》卷十四）

（14）兩朝所係利害甚重。(《會編》卷十五）

可以看出, 《會編》中 "係" 主要作繫詞使用, 表示判斷。《會編》亦用 "是" 作繫詞, 如下文所引一段:

> 黼諭:"今來元約之外, 頓然後更要税賦, 本朝官員上下, 以至朝廷議論, 都不肯, 黼亦以此爲難。惟是上意要成交好, 特地允從。黼性明白, 自來不隱事, 人所共知, 自家心裏事, 亦須説與使人。且如初議取燕地, 本要復漢地、救漢民, 今來貴國却於元約之外, 生此税賦一事。且如自來與契丹五十萬銀絹, 已是瞭多, 今若更要税賦, 須是又添物事, 交如何出得? 委是難以依隨。若便斷絶, 即是許多年歲往來計議交好不成, 兩國如此, 各不穩便。今來選置官吏, 屯駐兵馬, 與貴國出地税, 有何所利? 實是止欲

成就交好。且如地税,自燕中計脚乘到貴國,如何搬運得,莫須別以銀絹代税賦?"靖云:"如此則甚好,却是省力,不知待着多少銀絹代税賦?"黼對以:"燕地税賦,自來素有定數,已得聖旨,令趙龍圖等前去議定。"(《會編》卷十三)

《會編》中繫詞"是"的用例遠多於"係",如僅此一段中即出現"是"7例。值得注意的是,這7例"是"之前均有副詞作爲修飾語。刁晏斌(第172～173頁)統計了《會編》中帶修飾語的"是"的數量,指出在193個"是"的用例中,帶各種副詞修飾語的就有103個,超過"是"用例的一半。而且,《會編》中帶修飾語的"是",往往不是單純表示判斷,如此段中"惟是、已是、須是、委是、即是、實是、却是"諸例,除了表示判斷外,語義上還有强調的意味。刁晏斌指出:"本書中'是'字運用的另一個特點是超出了表示判斷的範圍,虛化爲詞綴,而且這樣的詞綴本身還有些許實義,有時又與表示判斷的'是'糾纏不清。"這種觀察是極爲敏鋭的。從《會編》中"是"和"係"的具體用例來看,我們認爲"是"和"係"是有分工的,"是"多使用在表示强調的場合,常常帶有副詞、連詞等修飾語,語氣較强烈;而"係"多使用在表示一般判斷的場合,如例(3)"馬擴係武舉"等。從數量上看,《會編》中"是"有修飾語和無修飾語的比例是103:90,有修飾語的例子略多於無修飾語的例子。而"係"有修飾語和無修飾語的比例是9:16,無修飾語的數量接近有修飾語的兩倍。這充分反映出《會編》口語語料中"是""係"兩種繫詞的分工不同。如下表:

	有修飾語:無修飾語
"是"的使用情況(刁晏斌統計)	103:90
"係"的使用情況(本文統計)	9:16

而從"是、係"的始見年代來看,"係"的出現晚於"是",大約始見於宋代,香坂順一(第131頁)也説:"'係'字作繫詞用比起'是'來要晚得多。從《近思録》裏大量使用來看,這用法是從宋代興起的。"《漢語大詞典》"係"的繫詞用法首引書證爲《水滸傳》第三回:"捕捉打死鄭屠犯人魯達,即係經略府提轄。"時代過晚。從《會編》中繫詞"係"的組合搭配關係來看,"係"在宋代已經發展成熟,而前輩學者對於漢語繫詞的研究,常常忽略了"係"。如王力(第347～356頁)專門討論"繫詞的産生及其發展",認爲"'是'字是由指示代詞發展爲繫詞的",而未提及繫詞"係"。此後潘允中(1982年),志村良治(1984年),孫錫信(1992年),楊伯峻、何樂士(2001年),張赬(2016年)等古漢語語法研究著作也僅討論了繫詞"是",而没有注意到近代漢語階段新産生的繫詞"係"。甚至專門研究近代漢語語法的著作,如趙克誠(1987年),祝敏徹(1996年),蔣冀騁、

吴福祥(1997年),俞光中、植田均(1998年),袁賓(1998年),魏達純(2004年),吴福祥(2015年)等也幾乎未見對於"係"的介紹與研究。

綜上,《會編》口語語料中的繫詞"是、係"存在兩個方面的不同:從始見年代來看,"係"的出現晚於"是",大約是從宋代才開始使用的,"係"爲新興的繫詞。從分工來看,"是"多使用在表示強調的場合,常常帶有副詞、連詞等修飾語,語氣較强烈;而"係"多使用在表示一般判斷的場合。這是《會編》中"是、係"兩種繫詞並存的原因。

(二)親屬稱謂詞"媳婦、兒媳婦"

(15)及令上京俘獲契丹吴王妃作舞獻酒(妃初已配吴王,既而延禧私納之,又與其下犯法,故幽囚於上京),且言:"此是契丹兒媳婦,且教與自家勸酒,要見自家兩國歡好。"(《會編》卷四)

許涵度刻本、彙編本皆作"男婦媳",張頹(第283頁)亦引作"男婦媳"。羅舒(2012年)因此認爲"男婦媳"爲金人口語詞,可以作爲"漢兒言語"的例子。那麽,《會編》原文是否作"男婦媳"? "男婦媳"又是否可以作爲"漢兒言語"的例證呢? 我們將《會編》抄本與許涵度刻本對勘,發現諸抄本没有作"男婦媳"的。袁祖安活字本作"兒媳",浙江圖書館藏明抄本、敦詩書閣清抄本、嘉業堂舊藏清抄本作"兒婦媳",而明抄本、京大本作"兒媳婦"。楊仲良《續資治通鑑長編紀事本末》亦有此段文字,只是口語化程度不如《會編》,可以與《會編》此段互爲參考。

此契丹兒婦也,今作奴婢,爲使人歡。(《續資治通鑑長編紀事本末》卷一百四十二)

《會編》中另有"媳婦"一例,表示"兒媳婦":

父子雖外示儉樸,而内爲淫洗,以獻女獻妻、進婢進妹得差遣,如高立之、宋楫者,紛紛皆是。如廉公謹,以女奉麟,以媳婦伴送麟,麟以二人進豫。(《會編》卷一百八十一)

中古近代漢語中"兒婦"爲書面用語:

婦人之性,率寵子婿而虐兒婦。(《顏氏家訓·治家》)

小姑者獨不爲舅姑所喜,此固舅姑之愛偏然,爲兒婦者要當一意承順。(宋袁采《袁氏世範》卷一)

薛婆老亦多病,於錦繡無用,只是兒婦輩或恐有所要,臨時奉煩爾。(宋歐陽修

《與王懿敏公(仲儀)十七通》)

而表示"兒媳婦"義的"息婦"和"媳婦"則是始見於唐末五代,史文磊(2008 年)所引兩例如下:

> 大家見之,即不忘息婦。(《太平廣記》卷一百二十二引唐温庭筠《陳義郎》)
> 晉室皇太后媳婦李氏妄言。(《舊五代史·晉書·后妃列傳》)

其他例證如:

> 方八九歲時,一嫗至門,呼爲己媳婦。(《癸辛雜識別集》卷下)
> 若相媳婦,即男家親人或婆往女家看中,即以釵子插冠中,謂之"插釵子"。(《東京夢華録·娶婦》)
> 翁對以:"息婦夜生一男。"(《括異志·僧緣新》)
> 乃詔子婦詰之,云:"老嫗言來日郎君欲就息婦房中宴飲,方責其妄語,即便走出。"(《括異志·孫翰林》)

經仔細檢索,唐宋間並没有"婦媳、兒婦媳、男婦媳"的可靠用例,許涵度刻本將"兒婦媳"改爲"男婦媳",浙江圖書館藏明抄本、敦詩書閣清抄本、嘉業堂舊藏清抄本作"兒婦媳",均不知何故。

此外,羅舒(2012 年)認爲"兒媳婦"始見於元代。實際上,舊話本集《清平山堂話本》中即有"兒媳婦"的用例:

> 兩個老的休得罵,且聽媳婦來稟話:"你兒媳婦也不村,你兒媳婦也不詐。"(《清平山堂話本·快嘴李翠蓮記》)

關於《快嘴李翠蓮記》的年代問題,各家觀點略有分歧。胡士瑩(第 290 ~ 291 頁)、石昌渝(第 192 頁)等將《快嘴李翠蓮記》看作元人作品,鄭振鐸(第 100 ~ 101 頁)、常金蓮(2003 年)、譚正璧(第 11 頁)等認爲《快嘴李翠蓮記》是宋人話本無疑。劉堅(2019 年,第 207 頁)的態度比較謹慎,認爲:"它(指《快嘴李翠蓮記》)的時代頗不容易確定。從内容上看,其中涉及的結婚禮節,如念詩賦及坐床撒帳等,與《東京夢華録》及《夢粱録》所載都相符。但從語言看,又有明顯的元明語言特點,如'就'字用作關係副詞(= '便')等。大約這篇作品本來是以宋人作品爲基礎,經過元明人最後寫定的。"本文認同常金蓮(2003 年)的看法:"《快嘴李翠蓮記》保留了許多宋代生活習俗,且作品開頭又有一句顯示南宋人口吻的話,所以,本篇儘管偶有元明人修訂的痕跡,但主體應屬南宋話本。"則"兒媳婦"始見於宋代,且並非僅出現於金人之口,羅舒(2012年)將其視作金人口語詞並不妥當。

四、結　語

綜上,我們將許涵度刻本與中華再造善本影印的明抄本、日本京都大學藏舊抄本對勘,條舉諸本異文並加以考辨,據以糾正《近代漢語語法資料彙編·宋代卷》所摘録《會編》語料的諸多錯漏。同時,諸版本間的異文還能爲漢語史研究提供參考。這充分説明,只依據許涵度刻本進行研究是很危險的,如果對《會編》中的語言成分不加以仔細鑒別、不利用其他《會編》抄本進行對勘,很容易在漢語史某現象的産生年代等問題上産生誤解。

參考文獻

白維國　《近代漢語詞典》,上海教育出版社 2015 年

常金蓮　《〈六十家小説〉研究》,山東大學博士學位論文 2003 年

鄧廣銘、劉浦江　《〈三朝北盟會編〉研究》,《文獻》1998 年第 1 期

刁晏斌　《〈三朝北盟會編〉語法研究》,河南大學出版社 2007 年

方一新　《中古近代漢語詞彙學》,商務印書館 2010 年

胡士瑩　《話本小説概論》,中華書局 1980 年

蔣冀騁、吳福祥　《近代漢語綱要》,湖南教育出版社 1997 年

劉　堅　《古代白話文獻簡述》,《語文研究》1982 年第 1 期

───　《近代漢語讀本》(修訂本),上海教育出版社 2019 年

劉　堅、蔣紹愚　《近代漢語語法資料彙編·宋代卷》,商務印書館 1992 年

羅　舒　《〈三朝北盟會編〉文獻與語言研究》,四川大學博士學位論文 2012 年

梅祖麟　《〈三朝北盟會編〉裏的白話資料》,《書目季刊》第 14 卷第 2 期

潘允中　《漢語語法史概要》,中州書畫社 1982 年

邱靖嘉　《國家圖書館藏〈三朝北盟會編〉明抄本考略──兼與許刻本相較》,《文史》2018 年第 3 輯

石昌渝　《中國古代小説總目》(白話卷),山西教育出版社 2004 年

史文磊　《論"媳婦"的形成過程》,《語言科學》2008 年第 2 期

孫錫信　《漢語歷史語法要略》,復旦大學出版社 1992 年

譚正璧　《話本與古劇》,上海古籍出版社 2012 年

王　力　《漢語史稿》(修訂本),中華書局 1980 年

魏達純　《近代漢語簡論》,廣東高等教育出版社 2004 年

吳福祥　《近代漢語語法》,中國社會科學出版社 2015 年

香坂順一 《白話語彙研究》,中華書局 1997 年

許寶華、(日)宫田一郎 《漢語方言大詞典》,中華書局 1999 年

楊伯峻、何樂士 《古漢語語法及其發展》(修訂本),語文出版社 2001 年

俞光中、(日)植田均 《近代漢語語法研究》,學林出版社 1998 年

袁　賓 《近代漢語概論》,上海教育出版社 1998 年

張　赬 《漢語簡史》,北京語言大學出版社 2016 年

趙克誠 《近代漢語語法》,陝西師範大學出版社 1987 年

鄭振鐸 《西諦書話》,三聯書店 1983 年

(日)志村良治著,江藍生、白維國譯 《中國中世語法史研究》,中華書局 1984 年

祝敏徹 《近代漢語句法史稿》,中州古籍出版社 1996 年

文獻語言學(17):212～227,2024

徐昌祚《燕山叢録·長安里語》南北音解①

王　棟　蔣冀騁

(北京師範大學文學院,北京,100875;湖南師範大學文學院,長沙,410006)

提　要:徐昌祚的《燕山叢録·長安里語》是記録明代晚期北京話的一部重要文獻,其中93 條音注材料反映了當時南、北語音的特點。通過對材料的分析和比證,文章認爲作者所謂"長安里語"實際包括北音和吳音兩種,北音反映的是北京土話,吳音特點則和燕王遷都、吳語區移民有關。而"南音"是一種層次複雜的讀書音系,主體框架是《洪武》的音系,同時摻雜《禮部韻略》等傳統韻書和一點時音的成分。

關鍵詞:明代;徐昌祚;長安里語;南音;北音

一、引　言

　　徐昌祚,江蘇常熟人,生卒年不詳,約明神宗萬曆三十年(1602 年)前後在世。著有《燕山叢録》(1602 年),該書有《四庫存目叢書》影國圖藏明萬曆三十年徐昌祚自刻本、美國華盛頓國會圖書館藏明萬曆三十年徐昌祚自刻本兩種。其中第二十二卷《長安里語》收録在周建設主編《明清民國時期珍稀老北京話歷史文獻整理與研究》叢書裏。筆者拿兩個本子對勘,除《四庫存目》本更加清晰外,其餘基本全同。對漢語史研究而言,《燕山叢録》第二十二卷《長安里語》最具研究價值。日本學者波多野太郎認爲《長安里語》收録的是 "充滿漢味的庶民的語言",具有 "出類拔萃的、進步的" 語言觀(汪維輝、許峻瑋 2018 年)。《長安里語》把 300 多條詞語按意義分 23 類:天時、地理、人事、人倫、花木、鳥獸(雜蟲類)、身體、宮室、器用、飲食、人物、言語、姓氏、通用、數目、蔬菜、貧富、珍寶、顏色、官職、刑獄、罵詈、兒戲。這些詞條對研究 500 年前北京話詞彙面貌和南、北音系特點有重要的史料價值。日本太田辰夫(1994 年)和國內學者汪維輝、許峻瑋(2018年)已從詞彙學角度對它進行了研究,而其中與語音有關的共 93 條,反映了當時京畿地區的語音狀況,目前尚未見到有學者討論,筆者不揣淺陋,試爲解說。

　　《長安里語·卷首序》:"五方之人,言語不通。《周禮·小司徒》:'屬象胥諭言語,協辭

---

① 國家社科基金重點項目 "現代辭書漢字注音研究"(19AZD041)階段性成果。

命.' 然則語言亦辨方者所不廢也。京師爲四方之極,其語爲海内共傳。然中淪左衽,不無一二侏儒。余踥踥長安,日耳於市廛間語,得其可笑及與南音異者,輒録之如是。久之,不覺卷成。《燕山叢録》就梓,因綴其末,以附楊子《方言》之義。" 這裏作者提到的"長安" 指的是北京長安街,始建於明永樂十八年(1420 年)。"長安" 即指代 "京師"。從這篇題記看,作者客居北京期間,效法揚雄《方言》記録了當時北京地區的坊間俚語。他説 "京師語爲海内共傳",按道理是把北京音作爲正音的,但後邊接着提到 "及與南音異者録之",又似是以南音爲正。這是什麽緣故? 進一步説,徐氏所謂南音是哪個地區的語音? 南音和北音的差異在哪兒? 這幾個問題都需要通過分析材料來解答。但也不妨先做一些合理推測,譬如當時北京城裏上流社會的 "正音" 可能是南京地區的官話,是燕王遷都帶到北京來的,這 "正音" 和北京城裏的土著百姓説的音不是一回事兒,因此作者才有記録的想法。下文主要考察南、北音的音系特點,最後總結其性質。

二、《長安里語》反映的南北音聲母特點

(一)北音禪母平聲讀塞擦音、南音讀擦音

【天時】辰曰陳。

按:辰(真禪) = 陳(真澄),這是説北音禪母平聲字讀送氣塞擦音 [tʂ'],而南音讀擦音 [ʂ]。明張位《問奇集·三十六字母切韻法》(1538 ~ 1605) "辰常禪" 三字下注音時連切,又《好雨詩切字例》"時" 字下注音辰之切,辰神禪時四字同聲母。可知當時正音系統 "辰" 字確實讀擦音。宋元以後,禪母平聲字在南、北方的發展方向不同,北方方言絶大部分讀作塞擦音,南方方言多讀擦音。如今 "常嫦純晨辰嘗償醇" 等禪母平聲字普通話讀塞擦音,西南官話基本上讀擦音 s/ʂ。

(二)北音禪日二母少數字相混、吳音不分、南音不混

【天時】時曰如;【飲食】豬羊肉曰受;【數目】十曰汝。

按:這 3 條材料要分兩類處理。第 1 類 "時曰如" 和 "十曰汝" 兩條,時(之禪) = 如(魚日),十(緝禪) = 汝(語日)。聲母層面表示北音讀禪爲日。韻母層面,這是把 i 讀成 u,《中原音韻》時 [ʂ]、十 [ʃi][1]。作者説這是北京話,筆者倒覺得是吳語的特點。據馮蒸(1989 年),禪日合流是吳語的特徵之一。而且吳方言止攝章組字也多讀撮口,"時如" 二字蘇州同讀 [zʮ]。

---

① 本文依據的是寧忌浮《中原音韻表稿》的擬音,下文同此。

　　吳語的特徵爲什麼出現在北京話裏？帶着疑問，我們查了一些明清南北音的資料，發現這種情況並不鮮見。據韓曉雲（2015年）和全正濤（2020年），清代河北地區方言志裏就有“禪日混讀”的記録，如《靈壽縣志》（1686年）：“蜀熟屬贖述秫菽讀俱近南音儒。”韓曉雲（第40頁）認爲：“這條材料中與‘蜀熟屬贖述秫菽’同音的並不是北方方言中的‘儒’，而是‘南音儒’，正反映了南音‘日禪合併’的現象。”而全正濤（第72頁）通過現代蘇州話和一百年前傳教士記録的寧波方言考證“南音儒”的音值爲 [ʰzy]，推測靈壽方言“蜀熟屬”等字的聲母音值爲 z，肯定陸氏的記録就是反映“北方官話方言中存在禪日相混的方言現象”。另據高龍奎（2007年）、陳寧（2013年）、李超（2021年）的研究，清代王鶖《中州音韻輯要》也有這種情況：“辱，北音樹；入，北音樹；弱，北音紹；熟，北音柔；肉，北音售。”高龍奎（2007年）以現代北方方音無禪日合流的現象而吳語有，認爲“可能是作者不能分辨日母和禪母，才形成了‘辱，北音樹’的局面”。陳寧（第270頁）認爲：“（王鶖）這裏注音的意圖主要是表明入聲字的北音讀法，韻母由入聲變爲舒聲 [u][əu]。這不是北音的實録，而是以吳語爲母語的人眼中的‘北音’。北音無入聲是作者所知曉的，而北音中禪日不混卻是他未曾體察的。禪日相混是作者在‘北音’的注音中不自覺流露出來的‘南音’。”李超（2021年）在二人的基礎上全面考察了《音韻輯要》的南北音差別，增補了兩例北音“禪日合流”的例字：“杓，穰鑠切，北音韶又音標；熟孰塾蜀蠋薥贖淑婑，北音柔。”並作出解釋：“按理，禪日相混是南音的典型特點，但是現在表現在北音上，似乎不太合理，這倒爲北音深受吳越影響提供了一個側面的證據。”筆者認爲，北音是否存在禪日相混的音變和上述材料是否能代表北音禪日相混是兩個問題。理由有三：1. 上述材料中的例子基本上都是入聲字，而且作者都是吳人，這極容易使我們想到吳方言禪日不分，所以把這些例字當作辨別入聲舒化後韻母讀音差異更加合理；2. 即便認爲上述例字是吳音的“不經意流露”，也不能斷定北音沒有禪日合流的音變，如下文即將討論到的“豬羊肉曰受”正是北音禪日混讀的鐵證，而且今北京話及河北方言“甚、瑞、輸”等古禪母字多有讀 z 母的情況（李旭2008年，第31頁）；3. “時、如”不是入聲字，徐氏自己可能禪日不分，這可理解爲辨韻，“十曰汝”同理。就辨韻來説，也不似北音的特點（放到韻母部分再講）。

　　第2類“豬羊肉曰受”，肉(屋日) ＝ 受(有禪)，聲母上日母讀作禪母，韻母上入聲舒化讀作魚模韻。這是北音禪日混同的真實記録，文獻和方言都有證據，《中原雅音》“肉”字有“而六切”和“更音獸”兩種讀音（邵榮芬1981年，第146頁），今河北內邱方言南賽鄉“肉”字聲母就讀 [ʂ]（和立貞2013年，第18頁），證據確鑿。如此看，上文提到的王鶖《音韻輯要》“肉，北音售”倒是北音的實録了。或許真如李超（2021年）所説，晚明因爲政治中心由南京轉移到北京，河北方言確實受到了吳越語的影響。

（三）北音知莊章三母合流、南音仍有區別

【天時】初曰樞;【器用】箏曰征;【通用】生曰升;之枝皆曰知。

按:初(魚初)＝樞(虞昌),南音二字一定不同音。《中原音韻・魚模韻》"初"字 [ʈʂʻu]、"樞"字 [ʈʃʻiu],張位《問奇集・好雨詩切字例》"春,樞倫切",徐孝《合併字學集韻》（1606 年）"初"在都韻 [ʈʂʻu]、"樞"在居韻 [ʈʂʻy]①,均不同音。"初曰樞"應該是辨別聲母,北音昌初合流,南音分立;箏(耕莊)＝征(清章),《中原音韻》庚清韻"知₂莊""知₃章"不混,徐孝《合併集韻》章莊合流。南音二字不同音,可能是 tʂ 和 tʃ 的分別,也可能是 ts 和 tʂ 的不同,存疑;生(庚山)＝升(蒸書),《中原音韻》庚清韻平聲"生" [ʂəŋ]、"升" [ʃiəŋ]。北音章莊合流,曾攝章組韻母失落 i 介音和梗攝二等莊組合流讀 [ʂəŋ]。這是辨聲母②,書、山二母在南音裏仍有分別;之(之章)枝(支章)＝知(支知),《中原音韻》支思韻知莊章已經合流,"之枝"音 [ʈʂʅ],但"知"字尚在齊微韻,音 [ʈʃi]。這裏顯示北音知莊章合流,南音還有區別。

（四）北音泥來二母少數字混淆、南音不混

【身體】背心曰濟孃(實脊梁也);赤身曰精了濟孃(即脊梁二字),赤腿赤腳亦然;【宮室】賃房曰吝房。

按:孃(陽泥)＝梁(陽來)、賃(沁泥)＝吝(震來),這是北音 n/l 相混。"脊梁"的"梁"讀作"孃"估計是受到了韻尾的同化作用。"賃"字音來母讀法的記錄是目前見到文獻中最早的,比徐孝《合併集韻》（1606 年）"柳進切"、喬中和《元韻譜》（1611 年）"三印韻・剛呂・林母"下"賃,以財顧物,今音"還早。

（五）北音微疑云三母併入零聲母、南音微疑匣三母分立、吳語匣喻不分

【天時】戊曰戶;【人事】換曰玩;【宮室】衛曰未。【通用】晚曰挽;無曰吳;微曰回;未曰謂。【數目】萬曰幻;【官職】文曰渾;武曰伍。

按:上面 10 條材料需要分成五類討論。
第 1 類"戊曰戶、微曰回、萬曰幻、文曰渾"4 條,前字都是明(微)母,後字都是匣母。

---

① 下文簡稱 "徐孝《合併集韻》",擬音依據周賽華《〈合併字學篇韻便覽〉研究》,下文同此。
② 也有可能是辨韻母,張位《問奇集・相近字音》:"痕有莖,生有升,礽有寧,魂有橫。"四條都是辨韻尾 -n 和 -ŋ 的區別,"生有升"這條是張位在周德清《中原音韻・正語作詞起例》第 21 條基礎上新增的,在周德清的時代"生、升"聲、韻均不同,但在張位這裏只有韻尾的差別。如果我們把徐昌祚、張位放在一起討論,同一時代對南音的認識就該相同,那麼這裏"生曰升"可能是在批評"北音"把"生"字讀 -ŋ 尾。

戊(候微)＝户(姥匣)，《中原音韻》戊、務 [wuˀ] 已同音讀成微母了，明張位《問奇集·訛習已久難改字音》："戊，原音茂，今務。" 也指出這個音變問題；微(微微)＝回(灰匣)，《中原音韻·齊微韻·陽平》微 [ʋui]、回 [ₒxui]；萬(願微)＝幻(襉匣)，《中原音韻·寒山韻》萬 [ʋuanˀ]、幻 [xuanˀ]；文(文微)＝渾(魂匣)，《中原音韻·真文韻》文 [ʋuən]、渾 [ₒxuən]。這 4 條按 "某曰某" 常規音注規則來理解是把微母讀成了匣母，這和北京話微母後來併入零聲母的趨勢不合。吳語倒是 "黃王不分"，但它是把匣母讀成零聲母，不是把微母讀成匣母。從漢語方言情況來看，hw → w 音變是很常見的，除吳語外，粵語裏把 "芝麻糊" 讀成 "芝麻無"、"蘆薈" 讀成 "蘆未"、"皮滑" 讀成 "皮娃"，反觀 w → hw 的情況筆者見得不多。關於北音 "讀微入匣" 的現象，明清時期還有一些文獻記録，明沈寵綏《度曲須知·俗訛因革》（1645 年）："乃弦索曲中，又有萬字唱患、望字唱旺、問字唱混、文字唱魂、武字唱五、微字唱圍之類，北方認爲正音，江南疑爲土音。" 又《方音洗冤考》："如忘、無、文、萬諸字，中土呼爲王、吳、渾、患，吳下音同房、扶、焚、範，此笑彼爲土語，彼嗤此爲方言。" 關於沈氏 "以微爲匣" 的説法，何大安（2008 年）認爲吳語中匣喻同音都是 ɦ 聲母，沈寵綏根據王世貞 "以物作護" 這條注音把微母和匣母字聯繫起來，以爲北音微母和匣母都讀零聲母，這是反切系聯法的過度推理，並不是北音的實際讀音。沈氏的説法雖不可靠，但他的學説卻影響了後來的學者。如清沈乘麐《韻學驪珠》（1746 年）："萬駿，佛汗切，北叶幻而清音。文汶紋紊蚊雯閿閺，物痕切，北叶魂而清音。" 陳寧（第 218、233 頁）考察沈氏 "清濁" 術語的含義是指送氣不送氣，清音就是不送氣聲母，包括零聲母，濁音是送氣聲母，包括舌根擦音聲母。所以這裏的渾、幻實際代表的是零聲母。又清劉禧延《中州切音譜贅論》（1901 年）："唇音之奉微，喉音之匣喻，吳音清濁不分，中州則截然各異。且北人呼微母混作喻母，吳人土音又歸明母。……（北人）呼微如喻，如忘作王，微作爲，無作胡清音，文作渾清音，萬作患清音，物作活清音，襪作滑清音之類。" 劉氏所謂喻母實際包括匣喻兩類，正是吳語中匣喻不分的體現。徐昌祚這裏 "以微爲匣" 正和上面這些材料的記録一致，也是囿於鄉音的結果。這 4 條材料主觀上是要指出北音微母讀同零聲母、南音微匣二母獨立，客觀上卻透露出吳語匣喻不分的語音事實。

　　第 2 類 "衛曰未" 和 "未曰謂" 2 條，衛(祭云)＝未(未微)，未(未微)＝謂(未云)。《中原音韻·齊微韻》"衛謂" 是影母 [ø]、"未" 是微母 [ʋ]。徐孝《合併集韻》微母讀入影母。通過這兩條材料，我們知道 "某曰某" 的注音格式並不表示音值的走向，只能説明前後二字同音。北音後來微母讀入零聲母，這裏顯然是在記録微→影的音變現象。不過這是就普通話來説的，其實微影合流後的音值還可能是 [v]。據胡明揚（第 144 頁），北京話的聲母 [w] 在高母音前讀 [v]（如文、翁、爲等）。總之，這裏表明北音微影已經合流，南音保留微母 [v]。

　　第 3 類 "無曰吴" 和 "武曰伍" 2 條,無(虞微)＝ 吴(模疑),武(麌微)＝ 伍(姥疑)。《中原音韻·魚模韻》無 [ᵤʋu]、吴 [ᵤu],武 [ᶜʋu]、伍 [ᶜu]。這是説北音微、疑二母都變讀零聲母了,南音疑、微是兩個聲母。

　　第 4 類 "换曰玩",换(换匣)＝ 玩(换疑)。《中原音韻·桓歡韻》换 [ᶜnou]、玩 [uɔn]。徐孝《合併集韻》"换" 是曉母,"玩" 是影母。聯繫到上面第 1 類徐昌祚匣喻不分的情况,這條其實就是説明 "玩" 字北音已讀零聲母。沈寵綏《度曲須知·同音異字考·寒山》"换非玩" 下小字注:"换,黄貫切。玩翫浣,王貫切。" 沈氏以中州音爲準加注反切,爲的是正吴音匣喻不分。事實上,徐氏眼裹的北音是 "换 = 玩 =[w]",南音是 "换 [w] ≠ 玩 [ŋ]"。實際的北音卻是 "换 [h] ≠ 玩 [w]",徐氏鄉音把匣母字讀成零聲母,這才以爲北音 "换完同音"。總之,這條仍然表明北音疑母讀成零聲母,而南音匣、疑是兩個聲母,没有混同。

　　第 5 類 "晚曰挽",晚(阮明)＝ 挽(阮明),《廣韻》同小韻,《中原》同紐,没有區别。但在徐氏的眼中是有區别的,沈寵綏《度曲須知·方言洗冤考》:"又韻中(注:指《中原音韻》)晚、挽二字同收一處,並無兩音。若晚字應作煩字上聲唱,則挽字亦不應唱灣字上聲,乃今人 '晚' 則偏執南音,'挽' 則仍效北人口吻,豈非自相矛盾乎?" 可見南音晚字聲母是 f、挽字聲母是零聲母,這條是在批評北音把 "晚 f" 字讀成零聲母。

(六)北音梗開二牙喉音齶化,南音不齶化

　　【人事】耕曰經。

　　按:耕(耕見)＝ 經(青見),梗開二見母字變讀細音,徐孝《合併集韻》:"耕,堅英切,耕構。" 今北京、濟南白讀都是 [ᵤtɕiŋ],《切韻》梗開二見母字是否變讀細音是宋元以來北音(北京／冀魯／東北)、南音(中原／江淮)相區别的重要語音特徵(王洪君 2017 年)。這種現象是如何形成的呢? 據薛鳳生(1999 年)的設想,梗攝二等牙喉音字的齶化現象是由北(北京一帶)向南傳播,而曾、梗攝合流並等的音變是由南(洛陽、開封一帶)向北傳播。當梗開二牙喉音齶化的音變傳播到南方時,南方地區梗攝二等早已併入一等,所以不能再齶化,這一變化的結果被《洪武正韻》記録下來;當南方地區曾、梗攝合流並等的音變擴散到北京地區時,這裹的梗開二早已齶化,只能是二等入三等而無法併入一等了,這樣的結果被《中原音韻》記録下來。這兩種音變的時空交互作用就造成了南、北音在梗開二見母字上的讀音分歧。作者以 "耕曰經" 斥爲 "可笑",顯然是以南音的立場來看北音的變化。

三、《長安里語》反映的南北音韻母特點

（一）吳語止開三讀入遇合三，南北音不混

【天時】時曰如；【身體】指頭曰主頭；死屍曰書；【器用】紙牌曰主牌；【人物】師父曰書父。【姓氏】氏曰樹；【數目】十曰汝。

按：時(之禪)＝如(魚日)、指(旨章)＝主(虞章)、屍(脂書)＝書(魚書)、紙(紙章)＝主(虞章)、師(脂山)＝書(魚書)、氏(紙禪)＝樹(遇禪)、十(緝禪)曰汝(語日)。以上，除末一條，都是把止開三章組字讀成遇合三章組字，末條"十"字雖然不是止攝字，但在入聲韻舒化後讀入齊微韻，其實同止攝字的演化方向一致。從音值的變讀方向看，是把開口的 i 韻母讀成了合口或撮口的 iu 或 y。北京話是沒有這個特點的，而吳語正巧具備。現代吳方言，據《漢語方音字彙》"時如"二字蘇州同讀 [ᶻʑʮ]；"指主"二字蘇州同讀 [ᶜtsʮ]；"屍書"二字蘇州同讀 [ᶜsʮ]；"紙主"二字今蘇州 [ᶜtsʮ][ᶜtsʮ] 不同音，但據錢乃榮《當代吳語研究》，衢州二字同讀 [tʃʅ⁴⁵]；"師書"二字蘇州讀 [ˌsʅ][ˌsʮ]，不同音，據錢乃榮（1992 年）吳語其他地區 "師" 字也沒有讀合口的情況；"氏樹"二字，"氏" 字兩種材料都沒收，同紐的 "是" 字吳語裏也沒有讀合口的情況，"樹" 字蘇州讀 [zʮ²]；"十" 字在今吳語中沒有讀合口的，"汝" 非常用字，不見於字表。雖然後邊的這三對誤讀方言裏沒有支撐材料，不能否定歷史上曾經發生過這樣的音變，畢竟前四組已經得到了驗證。其實，文獻中也有吳語 "止開三讀入遇合三" 的記錄。如明沈寵綏《度曲須知·北曲正訛考》："犀，不作須。罹，非呂平聲。履，不作呂。壻，不作絮。"犀(齊心)＝須(虞心)、罹(支來)＝呂(語來)、履(旨來)＝呂(語來)、壻(霽心)＝絮(御心)，這説明當時吳語把蟹開四、止開三部分字讀入了遇合三，今普通話 "履" 字讀撮口，可能就是吳方言的借音。可惜這種例子太少，上面的條目局限於精組和來母，未見有章組字。吳語之外，還有更早的例子，據蔣冀騁（第 69 頁）的研究，《敦煌變文集》反映的唐五代西北方音就有魚模、支微（開口）通押的例證。例如：飛廬麾諸屍威（蔣冀騁，第 125 頁）、步去土五雨紙語府處（蔣冀騁，第 251 頁）、已書死（蔣冀騁，第 860 頁），下加點的是止攝章組字。既然徐昌祚的書是記錄北京市井俚語的，怎麼會出來吳語的特點呢？筆者推測，大概當時北京城裏南來的吳人比較多，徐氏以揚雄自比，記錄四方之音也在情理之中。

（二）北音入聲韻舒化，南音還有入聲韻

【天時】成（戌）曰醋；甲曰假；乙曰以；【鳥獸】鹿曰櫓；蟬曰唧（平聲）嘹。【身體】足脛曰懷子古（實骨字）；腳曰矯；婦人陰曰尻鍬，又曰豆角（音矯）兒；【宮室】宅曰寨（平

聲);【飲食】麪曰去(上聲);飲水飲酒曰呷(讀作喝);豬羊肉曰受;【姓氏】陸曰露;翟曰在;郝曰好;郭曰古;客曰茄;霍曰火(上聲)。【通用】得曰對(上聲);北曰彼;【數目】一曰衣;六曰溜;七曰妻;八曰叭;百曰擺;【蔬菜】波菜曰赤(音侈)根菜;【顏色】綠曰慮;白曰擺;黑曰匯。【官職】經歷曰經利;【刑獄】獄曰禦。

按:以上共 32 條材料,反映了北音入聲韻全面舒化的現象,分咸深、山臻、宕江、曾梗、通攝五類。

第 1 類:咸深攝入聲韻

【天時】甲曰假;【飲食】飲水飲酒曰呷(讀作喝)。

按:甲(狎見) = 假(馬見),咸開二入聲狎韻讀入家麻韻;呷(狎曉) = 喝(曷曉),-p 尾、-t 尾合流,"喝" 讀什麽音? 作者 "某讀作某" 的後一字當是他認可的南音讀法,而我們下邊的分析可以看到南音裏還有入聲,難道 "呷" 字北音讀入聲嗎? 那 "甲" 字舒化怎麽解釋? 我們懷疑這一條表明了南音裏 "喝" 字已經舒化,與 "呷" 字的北音讀法同,而 "呷" 字南音裏尚讀入聲。

第 2 類:山臻攝入聲韻

【天時】戌(戌)曰醑;乙曰以;【鳥獸】蟬曰唧(平聲)嘹;【身體】足脛曰懷子古(實骨字);【數目】一曰衣;七曰妻;八曰叭。

按:戌是戌字之誤,《廣韻》"戌,辰名" 與標題 "天時" 相合。戌(術心) = 醑(語心),臻合三入聲術韻讀入魚模韻;乙(質影) = 以(止餘)、一(質影) = 衣(微影)、七(質清) = 妻(齊清),臻開三入聲質韻讀入齊微韻;蟬曰唧(平聲)嘹,用唧(質精)來模仿蟬鳴,蟬鳴不是促音,可知臻開三入聲質韻 -t 尾已失落;古(姥見) = 骨(沒見),臻合一入聲沒韻讀入魚模韻;八(黠幫) = 叭,叭字不能取《集韻》普八切,當音 [ₐpa],山開二入聲黠韻讀入家麻韻。

第 3 類:宕江攝入聲韻

【身體】腳曰矯;婦人陰曰屄鍬,又曰豆角(音矯)兒;【姓氏】郝曰好;郭曰古;霍曰火(上聲)。

按:腳(藥見) = 矯(小見),宕開三入聲藥韻舒化讀入蕭豪韻;角(覺見) = 矯(小見),江開二入聲覺韻舒化讀入蕭豪韻;郝(鐸曉) = 好(皓曉),宕開一入聲鐸韻舒化讀入蕭豪韻;郭(鐸見) = 古(姥見),宕合一入聲鐸韻舒化讀入魚模韻,和《中原音韻》讀入蕭豪韻、今讀歌戈韻均不同,存疑;霍(鐸曉) = 火(果曉),宕合一入聲鐸韻舒化讀入歌戈韻。

　　第 4 類:曾梗攝入聲韻

　　【宫室】宅曰寨(平聲);【姓氏】翟曰在;客曰茄;【通用】得曰對(上聲);北曰彼;【數目】百曰擺;【蔬菜】波菜曰赤(音侈)根菜;【顔色】白曰擺;【顔色】黑曰匯;【官職】經歷曰經利。

　　按:宅(陌澄) = 寨(夬崇)。《中原音韻》宅 [ˌʂai],徐孝《合併集韻》"宅"是"如聲·十六宅"韻目 [ˌʂɛ],可見徐孝以此爲正音,同時在"六孩"下收"直柴切"[ˌʂai] 又讀。徐昌祚這裏説"宅曰寨"是鄙俗之語,他眼中的南音應該和徐孝"正音"相同。《中原音韻》梗開二陌韻有皆來、車遮異讀,北音梗開二入聲陌韻舒化讀入皆來韻,南音應該讀車遮韻,結合南音保留入聲的特點,這裏的"宅"或許讀 [ˌʂɛʔ];翟(陌澄) = 在(海從),北音梗開二入聲陌韻舒化讀入皆來韻,但聲母和聲調與今讀不同;百(陌幫) = 擺(蟹幫)、白(陌並) = 擺(蟹幫),北音梗開二入聲陌韻舒化讀入皆來韻;客(陌溪) = 茄(戈群),《中原音韻》"客"[ˈkʻiai][ˈkʻiɛ] 二音。徐孝《合併集韻》"客"謙鮮 [ˈkʻiai]、羌且 [ˈkʻiɛ]、愷黑 [kʻɛˊ]、欺歇 [kʻiɛ] 四切,"茄"字奇協切 [ˌkʻiɛ]。這表示北音梗開二入聲陌韻舒化後有些字也讀入車遮韻,今北京話"客"字白讀 [ˈʦʻie],與此相合;得(德端) = 對(隊端)、黑(德曉) = 匯(胡罪),北音曾合一入聲德韻舒化讀入齊微韻,《中原音韻》"黑"讀 [ˈxei],聲調和開合都不同①;北(德幫) = 彼(紙幫),《中原音韻》北、彼二字都在齊微韻上聲讀 [ˈpui],説明北音曾合一入聲德韻舒化讀入齊微韻合口;赤(昔昌) = 侈(紙昌),梗開三入聲昔韻舒化讀入齊微韻;曆(錫來) = 利(至來),梗開四入聲錫韻舒化讀入齊微韻。

　　第 5 類:通攝入聲韻

　　【鳥獸】鹿曰櫓;【飲食】麴曰去(上聲);【飲食】豬羊肉曰受;【姓氏】陸曰露;【數目】六曰溜;【顔色】緑曰慮;【刑獄】獄曰禦。

　　按:鹿(屋來) = 櫓(姥來),通合一入聲屋韻舒化讀入魚模韻;曲(屋溪) = 去(御溪)、陸(屋來) = 露(暮來)、緑(燭來) = 慮(御來)、獄(燭疑) = 禦(御疑),通合三入聲屋韻舒化讀入魚模韻;肉(屋日) = 受(有禪)、六(屋來) = 溜(宥來),通合三入聲屋韻舒化讀入尤侯韻。

　　以上 5 類關於入聲韻的分析,看來北音已經全部舒化併入陰聲韻,而南音仍然保留入聲韻。

────────

①《中原音韻》"黑"讀 [ˈxei]、"匯"字未見,徐孝《合併集韻》"黑"[xɛˊ][xei] 二音,"匯"有烘腿 [ˈxuei]、烘退 [xueiˊ] 二切。徐昌祚記録"黑"字讀合口,與《中原音韻》及現代北京話都不同。但明清一些曲韻著作均有這樣的注音,如沈寵綏《度曲須知·北曲正訛考·齊微》:"黑,亨美切。"王鵕《音韻輯要·歸回韻·入聲作上聲》:"黑,亨克切,北叶亨美切。"又《歸回韻·上聲》:"彼,奔美切,北音鄙。"彼美互注,可證"美"字韻母是 ui,因此"黑"字北音確實有可能讀合口。

（三）止開三脣音韻母北音讀 ei，南音讀 i

【通用】北曰彼。

按：上文談到 “彼” 字北音 [ˊpui]，由此可反推南音必不讀 [ˊpui]。《廣韻》止開三脣音字今讀有 ei/i 兩種讀法，没有明顯的分化條件。“彼” 今讀 bǐ，不是北音，可能是南音。明沈寵綏《度曲須知·北曲正訛考·齊微》：“彼，叶比，非卑上聲。” 沈氏以中州韻爲正批評吴音，中州音 “彼” 音 “比”，可見是讀 [ˊpi]。明張位《問奇集·各地鄉音》：“燕趙：北爲卑；齊魯：北爲彼。” 燕趙和齊魯的 “北” 字聲調有平上的差别，韻母是一致的。今北京話 “北” 讀上聲，濟南讀陰平，調類正好反過來，不知什麽原因。總之，卑、彼二字韻母在南音中相同，吴音讀 “卑上聲”，大概也是 [ˊpui]。到清代 “彼” 字讀音有了變化，王鵕《中州音韻輯要·歸回韻·上聲》：“彼，奔美切，北音鄙。” 這裏變成中州音、南音讀 [ˊpui]，北音讀 [ˊpi]。這能解釋今普通話讀 [ˊpi] 的由來，但是南音和中州音讀 [ˊpui] 和沈寵綏的記録衝突，不知什麽原因。

（四）北音山删重韻合流，南音尚能區别

【地理】山曰删。

按：山(山山)＝ 删(删山)，山攝二等重韻早就合流。沈寵綏《度曲須知·同聲異字考·寒山》 “山非珊” 下小字注：“山删同音。” 沈氏以中州音來正吴音，説明中州音山、删無别。徐昌祚這裏反而不同音，他所根據的南音似乎是《廣韻》《集韻》或者《禮部韻略》。

（五）北音皆來韻牙喉音失落韻尾，南音保留

【地理】大街曰佳。

按：街(佳見)＝ 佳(佳見)，《中原音韻》“街” 在皆來韻 [ˌkiai]、“佳” 在家麻韻 [ˌkia]。徐孝《合併集韻》“街” 在咍、灰兩韻，“佳” 在咍、他兩韻。從今天北京話的讀音來看街、佳不該同音，看樣子徐氏的南音也是分兩讀。南音裏 “佳” 字應該已經讀入家麻韻 [ˌkia]，而 “街” 字仍讀 [ˌkiai]，和《中原音韻》的格局相同。如果徐昌祚的記載不誤，此時北京城裏 “街” 應該是已經失落韻尾讀 [ˌkia]，與南音的 “佳” 字同音。清徐鑑《音泲》（1817 年）：“街，音佳。四通道也。又音皆，今此音讀雞些切。” 可知在徐鑑的時代 “街音佳” [ˌkia] 已經成爲正音，俗讀則進一步齶化爲 [ˌtɕiɛ]。

（六）北音 –m 尾讀入 –n 尾，南音仍保留 –m 尾

【宫室】賃房曰厾房；【人事】做事不成曰扯淡（讀作但）。

按:賃(沁泥)＝旮(震來),深開三讀成臻開三;淡(敢定)＝但(旱定),咸開一讀作山開一。這兩條表示北音咸攝 -m 尾消變爲 -n。楊耐思(1981 年)認爲近代漢語官話 -m 的全部轉化不晚於 16 世紀初葉,麥耘(1991 年)則認爲漢語共同語 -m 在 16、17 世紀,甚至到 18 世紀初仍然保存着。從徐昌祚的記録看,17 世紀初南音確實保留 -m 尾。

四、《長安里語》反映的南北音聲調特點

(一)北音清入歸上聲和平聲,南音仍讀入聲

【天時】戌(戌)曰醑;甲曰假;乙曰以;【人事】事不諧曰不合節(上聲);與人説話其人不理曰白(平聲)汲(上聲)扯的;【人倫】稱妻曰媳(上聲)婦子。【花木】折花曰屈(讀作上聲)花;【身體】足脛曰懷子古(實骨字);腳曰矯;婦人陰曰尻鍬,又曰豆角(音矯)兒;【飲食】麪曰去(上聲);【姓氏】郝曰好;霍曰火(上聲);【通用】得曰對(上聲);北曰彼;【數目】百曰擺;【蔬菜】波菜曰赤(音侈)根菜;【顏色】紅曰侈。

按:戌(術心)＝醑(語心)、甲(狎見)＝假(馬見)、乙(質影)＝以(止餘)、節(屑精)注上聲、汲(緝見)注上聲、媳(職心)注上聲[1]、屈(物溪)注上聲、古(姥見)＝骨(没見)、腳(藥見)＝矯(小見)、角(覺見)＝矯(小見)、麪(屋溪)＝去(禡溪)、郝(鐸曉)＝好(皓曉)、霍(鐸曉)＝火(果曉)、得(德端)＝對(隊端)、北(德幫)＝彼(紙幫)、百(陌幫)＝擺(蟹幫)、赤(昔昌)＝侈(紙昌)、紅＝赤(昔昌)＝侈(紙昌)[2],以上 18 條材料,古清聲母入聲字北音都讀入上聲,《中原音韻》"乙"在齊微韻去聲,這裏也和上聲字互注,説明《中原音韻》清入歸上確實有真實的語言基礎。這些字在徐氏的南音裏仍然讀入聲。

【鳥獸】蟬曰唧(平聲)嘹;【言語】話不誠曰溜答(平聲);【數目】一曰衣;七曰妻;八曰叭。

按:唧(質精)注平聲、答(合端)注平聲、一(質影)＝衣(微影)、七(質清)＝妻(齊清)、八(黠幫)曰叭,這 5 條材料,《中原音韻》"唧一七八"四個字都讀上聲,"答"字不收,這裏都讀入平聲,可能與河北方言清入歸陰平有關。這些字在徐氏的南音裏仍然讀入聲。

(二)北音全濁入歸平聲,南音仍讀入聲

【人事】與人説話其人不理曰白(平聲)汲(上聲)扯的;【宮室】宅曰寨(平聲);【飲

---

① 媳字,《廣韻》《集韻》不載,《大字典》(第 1147 頁):"媳,《改並四聲篇海》引《俗字背篇》音息。"息,《廣韻》心母職韻,徐氏注讀上聲,可知清入歸上。
② 紅曰侈,這裏的"侈"其實就是上邊"赤根菜"的"赤"。

食】水和麪曰白(平聲)切;【顔色】白曰擺;【蔬菜】塔窠菜曰老根子白(平聲)菜。

按:白(陌並)注平聲、宅(陌澄)＝寨(夬崇)(平聲)、白(陌並)注平聲、白(陌並)＝擺(蟹幫)①、白(陌並)注平聲,這5條材料表明,古全濁聲母入聲字北音讀入平聲,南音仍讀入聲。

（三）北音次濁入歸去聲和上聲,南音仍讀入聲

【姓氏】陸曰露;【數目】六曰溜;【顔色】綠曰慮;【官職】經歷曰經利;【刑獄】獄曰禦。

按:陸(屋來)＝露(暮來)、六(屋來)＝溜(宥來)、綠(燭來)＝慮(禦來)、曆(錫來)＝利(至來)、獄(燭疑)＝禦(御疑),以上5條材料表明,北音古次濁聲母入聲字讀入去聲,南音仍讀入聲。

【鳥獸】鹿曰櫓。

按:鹿(屋來)＝櫓(姥來),這條比較特別,表示古次濁聲母入聲字讀入上聲。《中原音韻·魚模韻》"鹿"字讀入去聲,今普通話也是去聲。這裏"櫓"字不像訛字,或許北音當時"鹿"字也讀上聲。南音仍讀入聲。

五、《長安里語》反映的特殊讀音

【地理】泥濘曰泥農(讀去聲)。

按:濘(徑泥)＝農(冬泥)(讀去聲),濘字讀農,今北京土語"泥濘"一詞還説 ní nèng (陳剛,第202頁)。

【人事】物不新曰糟(讀作曹);常來纏擾曰嬲(音凹);拔鞋跟曰體體(實提字);幾人嘈雜曰譑(音草)。

按:物不新曰糟(讀作曹),作者認爲本字是"糟",注音"曹",可見北音"糟"聲母是念 tsʰ,聲調不知是陰平還是陽平;常來纏擾曰嬲②(音凹),《廣韻》"嬲"奴鳥切,按例讀 niǎo。《中原音韻》凹 [ˌau][auˉ][uaˊ] 三音,不知讀哪個;拔鞋跟曰體體(實提字),提(齊定)＝體(齊透),濁平變讀上聲;幾人嘈雜曰譑(音草),譑(小見)＝草(皓清),徐氏認爲本字是譑,其實可能是"嘈"字,如此則濁平讀上聲,與上條同,但不合規律,存疑。

---

① 擺字是上聲,和前後兩條讀平聲不合,懷疑作者誤把"白"字作"百"來注音。
② 明顧起元《客座贅語·卷一·詮俗》:"群口而嬲其人曰嘈。"

【人倫】父曰爹呀，又曰別（平聲）；母曰媽（讀作麻）；（兒婦）稱姑曰媽（音麻）。

按：父曰爹呀，又曰別（平聲）。別(薛並)，《中原音韻》[ᵖiɛ] 和 [piɛ˗] 二音，徐孝《合併集韻》哲韻兵結切 [piɛ]、宅韻鼻桀切 [ᵖiɛ]。這個“別”的本字或許是“伯”；母曰媽（讀作麻）、（兒婦）稱姑曰媽（音麻），《廣韻》“媽”莫補切，按例讀 [muˀ]。徐氏注讀作麻，讀陽平。徐鑑《音泹》：“媽，音姥，母也。又爲牝馬。俗讀莫沙切以呼母。”讀陰平。媽字讀陰平和陽平在漢語方言中都有，今普通話讀平調，筆者家鄉高密方言讀升調。作者聽到的可能是個升調，所以才用“麻”字來注音。

【身體】臂膊曰哥巴（叶平聲），臂膊灣處曰哥巴肘子；足脛曰懷子古（實骨字）；地角曰下渴（平聲）兒；男子勢曰彈，又曰蔦（雕讀上聲）；搔癢曰快癢癢的。

按：臂膊曰哥巴（叶平聲），臂膊灣處曰哥巴肘子。“哥巴”即“胳膊”的記音，《中原音韻》哥巴 [ᵏɔ ᵖua]，徐孝《合併集韻》哥巴 [ᵏo ᵖua]。今太原話胳膊 [kəˀ paˀ][1]，比較相近；足脛曰懷子古（實骨字），懷(皆匣)＝踝(馬匣)，這是踝字讀 [xuai] 最早（1602 年）的記録，比徐孝《合併集韻》（1606 年）“胡牌切”還要早 4 年；地角曰下渴（平聲）兒，地角指下巴，又叫下頦、下頜。渴(曷溪)＝頦(海見／咍匣)，北京、濟南兩地“頦”今讀 [kʼɤr][2]，與徐氏的記録正合；男子勢曰彈，又曰蔦（雕讀上聲）。蔦即鳥(都了切)字，今寫作屌；搔癢曰快癢癢的，快的本字是攞，《廣韻》苦淮切“揩摩”，《現代漢語詞典》：“攞，kuǎi。〈方〉。用指甲抓；搔：攞癢癢│攞破了皮。”據《漢語方言大詞典》（第 3283 頁）“攞”字第 2 義項“用指甲抓；搔”，在東北、北京、冀魯、中原、膠遼、江淮各大官話區都有用法，其中 1936 年《牟平縣志》：“爪搔曰撓又曰攞。”可見這個詞是北方方言常用詞。網上還有一個歇後語：隔着褲子撓癢癢——外攞（這裏的外攞指外行）。

【器用】鬏髻曰提弟。

按：鬏髻 [dí jì] 是女子戴在髮髻上面的髮罩。鬏髻爲什麼讀作“提弟”，不太清楚。

【器用】盤欒曰頗羅。

按：《漢語大詞典》：“頗羅，口敞底淺的飲酒器。亦泛指酒杯。”又寫作“叵羅”，李白《對酒》：“葡萄酒，金叵羅。吳姬十五細馬馱，清黛畫眉紅棉靴。”盤(桓並)＝頗(戈滂)，欒(桓來)＝羅(歌來)，這是歌戈與寒桓陰陽對轉。“盤欒”的出處，筆者檢索多方資料未有線索，存疑。

---

① 取自《普通話基礎方言基本詞彙集》第 2561 頁。
② 取自《漢語方言詞彙》第 251 頁。

【言語】語瑣碎曰饒道(音倒)。

按:"繞道"是記音字,可能就是現在的"嘮叨",河北方言多有 ẓ/l 混讀的情況,如"扔[zən]讀[lən]。

【姓氏】何曰呵。

按:何(歌匣) = 呵(歌曉),這是説濁平字讀同清平聲。

【通用】飛曰伾;大曰代;稱我曰咱;怎麼曰咱的。

按:飛(微幫) = 伾(脂滂),《中原音韻》"飛"[ᵴfui]、"丕"[ᵴpʻui],這是把幫(非)母讀成滂母;大(泰定/簡定) = 代(代定),北音取徒蓋切,南音取唐佐切;稱我曰咱、怎麼曰咱的,《中原音韻·家麻韻》平聲陽"咱"[ᵴtsa],今北方大多數地區仍用此音,"咱的"即"咋地"。

【罵詈】賊(音隨)囚;花子奴(合口讀)才;忘(讀作王)八羔子。

按:賊(德從) = 隨(支邪),《中原音韻·齊微韻》"賊"[ᵴtsei]、隨[ᵴsui],徐孝《合併集韻》同。北音把"賊"讀成"隨",與今北京音不合,存疑;奴(合口讀),奴字《廣韻》本即合口,《中原音韻》同。這裏注明合口,難道作者口語裏讀開口或撮口? 存疑。忘(讀作王),《廣韻》《中原》"王"字平去兩讀,這裏讀去聲。

六、《長安里語》南北音性質分析

1.**北音**:(1)禪母平聲字讀塞擦音;(2)禪日二母少數字相混;(3)知莊章三組聲母合流;(4)泥來二母少數字相混;(5)微云疑合流作零聲母;(6)梗開二舒聲見組字齶化;(7)止開三≠遇合三;(8)入聲韻舒化併入陰聲韻;(9)止開三唇音韻母讀 ei;(10)山攝二等重韻合流;(11)皆來韻見系字失落韻尾 i;(12)-m 尾讀入 -n 尾;(13)古清聲母入聲字派入上聲和平聲;(14)古次濁聲母入聲字派入去聲和上聲;(15)古全濁聲母入聲字派入平聲。

2.**吳音**:(1)禪日混同;(2)匣喻混同;(3)止開三(章組)讀入遇合三。

3.**南音**:(1)禪母平聲字讀擦音;(2)禪日二母各自分立;(3)知莊章三組聲母分立;(4)泥來二母各自分立;(5)微疑匣各自分立;(6)梗開二舒聲見組字不齶化;(7)止開三≠遇合三;(8)仍然保留獨立入聲韻;(9)止開三唇音韻母讀 i;(10)山攝二等重韻有區別;(11)皆來韻見系字保留韻尾 i;(12)尚保存 -m 韻尾;(13)保留入聲調不分化。

　　通過前面的討論，我們知道徐昌祚記錄的北京城"俗音"實際包括北音、吳音兩種。爲什麼會有吳音的特點？這一方面和燕王遷都，南方吳語區的移民有關係。另一方面因爲作者自己就是吳人，在某些詞條的注音上流露出了吳語的特點。不過，在徐氏眼裏，北音和吳音都不是正音，他認可的正音是"南音"。以上我們總結出南音 13 條音系特點，我們拿它和明代反映官話和南方方言音系的文獻（參考蔣冀騁《近代漢語音韻研究》）相比照，看看到底是哪一種南音。通過比對，我們發現這 13 點特徵和《洪武正韻》最相像。

　　1.《洪武·真韻》"辰"字丞真切，"丞"時征切，辰丞時都是禪母平聲字，讀擦音；

　　2.《洪武》禪日二母分立；

　　3.《洪武》知莊章三母已經合流爲一組；

　　4.《洪武》泥來母不混，"賃"字《沁韻》女禁切；

　　5.《洪武》微疑匣三母不混；

　　6.《洪武》梗開二舒聲見組字不齶化，"耕"字《庚韻》"古衡切"；

　　7.《洪武》止開三 ≠ 遇合三；

　　8.《洪武》仍然保留獨立入聲韻 -p、-t、-k 三種韻尾；

　　9.《洪武·紙韻》"彼"字補委切 [ˈpui]，切下字"委"字在賄韻，80 韻本移入賄韻；

　　10.《洪武》山攝二等重韻合流；

　　11.《洪武》皆來韻見系字保留韻尾 i；

　　12.《洪武》尚保存 -m 韻尾；

　　13.《洪武》保留入聲調不分化。

　　其中第 3、8、9、10 條與南音不合，關於第 8 點，《洪武》雖保留 -p、-t、-k 三種韻尾，但實際口語中可能只是一個喉塞尾 -ʔ，這是口語和韻書不同的地方。上文討論的時候我們曾推測南音入聲尾可能是 -ʔ，所以可以把這點去掉。關於南音第 3、9、10 點，似乎又是根據《禮部韻略》來作區分，《洪武》早已沒有這些區別。或許我們可以這樣認爲，徐昌祚所謂的"南音"主體框架是《洪武》的音系，同時摻雜《禮部韻略》等傳統韻書和一點時音的成分（如入聲韻尾 -ʔ），是一種層次複雜的讀書音系。

參考文獻

北京大學中國語言文學系語言學教研室　《漢語方言詞彙》，語文出版社 1995 年、2003 年第二版重排本

陳　剛　《北京方言詞典》，商務印書館 1985 年

陳　寧　《明清曲韻書研究》，華中師範大學出版社 2013 年

陳章太、李行健　《普通話基礎方言基本詞彙集》，語文出版社 1996 年

馮　蒸　《歷史上的禪日合流與奉微合流兩項非官話音變小考》,《漢字文化》1989 第 3 期

高龍奎　《〈音韻輯要〉中的南北音差別》,《語言科學》2007 年第 4 期

韓曉雲　《明清河北方言語音研究》,華中師範大學博士論文 2015 年

何大安　《〈方音洗冤考〉的是與非》,《長庚人文社會學報》2008 年第 1 期

和立貞　《內丘方言語音研究》,浙江師範大學碩士論文 2013 年

胡明揚　《北京話聲母 w 的音值》,《北京話初探》,商務印書館 1987 年

蔣冀騁　《近代漢語音韻研究》(修訂本),商務印書館 2021 年

李　超　《〈韻學驪珠〉南北音比較》,《漢語史學報》第 15 輯,上海教育出版社 2015 年

──　《兩種清代曲韻書所注南北音之辨》,《語言科學》2021 年第 2 期

李　旭　《河北省中部南部方言語音研究》,山東大學博士論文 2008 年

李　榮　《現代漢語方言大詞典》,江蘇教育出版社 2002 年

(清)劉延禧　《劉氏遺著·中州切韻譜贅論》,《叢書集成初編》,商務印書館 1939 年

麥　耘　《論近代漢語 -m 韻尾消變的時限》,《古漢語研究》,1991 年第 4 期

寧忌浮　《洪武正韻研究》,上海辭書出版社 2003 年

──　《中原音韻表稿》,吉林文史出版社 1985 年

錢乃榮　《當代吳語研究》,上海教育出版社 1992 年

邵榮芬　《中原雅音研究》,山東人民出版社 1981 年

(明)沈寵綏　《度曲須知　弦索辨訛》,《四庫全書存目叢書》,齊魯書社 1995 年

孫宜志　《從張位〈問奇集〉看明代官話的基礎方言》,《杭州師範大學學報》2015 年第 6 期

(日)太田辰夫　《〈燕山叢録〉に見る明代北京語》,《中國語研究》1994 年第 36 期

仝正濤　《清至民國時期環北京地區方志方音研究》,南京師範大學博士論文 2020 年

汪維輝、許峻瑋　《〈燕山叢録·長安里語〉中的晚明北京話》,《語言學論叢》第 58 輯,商務印書館 2018 年

王洪君　《〈中原〉〈洪武〉和當代方言中的見開二》,《方言》2017 年第 2 期

王重民、王慶菽、向達等　《敦煌變文集》,人民文學出版社 1957 年

(明)徐昌祚　《燕山叢録》,《四庫全書存目叢書》,齊魯書社 1995 年

──　《燕山叢録》,首都師範大學出版社 2015 年

(清)徐鑑　《音泲》,首都師範大學出版社 2015 年

許寶華、(日)宮田一郎　《漢語方言大詞典》,中華書局 1999 年

薛鳳生　《方音重疊與普通話文白異讀之形成》,《漢語音韻史十講》,華語教學出版社 1999 年

楊耐思　《近代漢語 -m 的轉化》,《語言學論叢》第 7 輯,商務印書館 1981 年

(明)張位　《問奇集》,《續修四庫全書》,上海古籍出版社 2002 年

趙元任　《現代吳語的研究》,商務印書館 2011 年

周賽華　《〈合併字學篇韻便覽〉研究》,湖北人民出版社 2005 年

宗福邦、陳世鐃、于亭　《古音匯纂》,商務印書館 2019 年

文獻語言學（17）:228～239,2024

《日清字音鑒》音系研究①

李　沫

（北京語言大學文學院,北京,100083）

提　要:《日清字音鑒》是 1895 年出版的供日本人學習北京官話的教材。本文根據教材中羅馬字注音材料歸納整理出《日清字音鑒》的語音系統,着重分析其知莊章組聲母合而爲一、不分尖團、果攝處於分化演變階段等語音特點,並與同時期記音材料比較,初步窺見清末民初北京官話的面貌。

關鍵詞:清末民初;日清字音鑒;北京官話;語音系統

有清一代,中外文化交流頻繁。這一時期出現大量海外漢學家,編寫了一批教外國人漢語語音、詞彙、語法的教科書和語言學專著。清代後期,域外漢語教材學習的重心是北京官話,系列北京官話教科書應運而生,《日清字音鑒》是其中之一。本文根據《日清字音鑒》中的羅馬字注音材料,在窮盡統計單字音的基礎上,整理出其音系,分析其語音特點,爲研究清末民初北京官話面貌提供參考依據。

一、《日清字音鑒》概述

（一）作者及編寫目的

《日清字音鑒》由伊澤修二、大矢透共同編著,張滋昉閲,明治二十八（1895）年六月由東京大日本圖書株式會社發行。據正文前《緒言》説:"本書闡明了日中兩國使用的字音關係,志在研究東亞的語言學……希望能促進兩國思想交流。" "四聲的區別是由張滋昉（朝鮮）一個個校訂的,應該比較準確。"受《語言自邇集》影響,伊澤修二采用威妥瑪式拼音和日語假名共同爲漢字注音。

這部書的編寫是出於純學術上的研究目的。伊澤修二被一些中日學者稱爲 "日中言語文化交流的先驅者"。六角恒廣指出:伊澤修二編輯《日清字音鑒》是 "從日本漢字

① 本文爲國家社科基金重大招標項目 "元明清民國時期官話語音語料庫平臺建設與研究（17ZDA304）"
　與北京市社科基金重點項目 "明清民國三代北京地區方志中方音研究（16YYA004）" 階段性成果。

音與北京語音的比較出發,在用假名標記北京語音上想了一些新辦法,四聲符號也作了新的設計。"張滋昉是著名的北京官話研究專家,由他來審定,是最合適不過的了。張滋昉的把關,促成《日清字音鑒》的很好完成,並成爲日本學生學習標準北京官話的必備工具書①。

(二)編寫體例及形式

《日清字音鑒》正文之前有《緒言》。正文共八十九頁,爲全書主幹,收錄單字四千多個。《緒言》包括"音韻"與"四聲"兩部分。正文是漢字字音的圖表,第一橫行按日語假名各行第一個字母順序排列,依次按各行第二個字母、第三個字母等排列。第二、第三、第四、第五橫行分別安排四聲,即上平、下平、上聲、去聲。同音字與音近字一目瞭然。

二、《日清字音鑒》反映的清末北京官話音系

清代是近代音與現代音交接的重要階段。儘管對於清代北京官話何時正式登上歷史舞臺仍有爭議,可以確定的是,清末民初是北京音取得標準語地位的重要時期。張衛東(2002 年)認爲,北京音在 1850 年前後成爲漢語官話正音,並對《語言自邇集》(1867 年)所記載的北京音系進行了系列研究。威妥瑪明確表示,《語言自邇集》所教的是通行於中國首都及各大都會官場上的漢語口語,指的就是官話,其標準音是北京音。高曉虹、劉淑學(2006 年)認爲《語言自邇集》反映的北京音是口語與書面語並用的語音系統。

早於《語言自邇集》的《李氏音鑒》於 1805 年前後完稿,李汝珍編寫,以 18 世紀中後期的北京音爲基礎兼列當時海州音與北京音相異的部分。葉寶奎(2001 年)將《李氏音鑒》中的"南音"成分剝離出去,得出當時的北京音系。與《日清字音鑒》同時期的《南京官話》是 1907 年德國人何美齡爲外籍海關人員編寫的漢語教材,其語音系統反映了晚清南京官話的面貌。徐朝東、陳琦(2018 年)歸納了《南京官話》的聲韻調系統。

學界有觀點認爲,官話音與基礎方言口語音是同源異流的關係。《李氏音鑒》儘管不能代表清代後期的官話音系,但其代表的北京口語音與《日清字音鑒》所記載的北京官話性質更爲相近。因此本文根據伊澤修二、大矢透在正文部分對於單字音的記錄和關於音值的描寫,將《日清字音鑒》的聲母、韻母用國際音標轉寫,在歸納出《日清字音鑒》聲韻調系統的基礎上,與《語言自邇集》《李氏音鑒》記錄的北京音系和《南京官話》反映的南京官話音系比較,進而討論北京官話的語音特點。

---

① 李無未《中國學者與日本明治時期的中國語教科書》,《國際漢語教學動態與研究》2003 年第 3 期。

（一）聲母系統

　　《日清字音鉴》的聲母共 23 個。將《日清字音鉴》聲母與《語言自邇集》《李氏音鉴》《南京官話》聲母列表比較如下（表格中一律略去書名號，下同）：

表 1

序號	日清字音鉴	語言自邇集	李氏音鉴	南京官話
1	p[p]	p[p]	[p] 博便	p[p]
2	p'[p']	p'[p']	[p'] 盤飄	p'[p']
3	m[m]	m[m]	[m] 滿眠	m[m]
4	f[f]	f[f]	[f] 粉	f[f]
5	t[t]	t[t]	[t] 對蝶	t[t]
6	t'[t']	t'[t']	[t'] 陶天	t'[t']
7	n[n]	n[n]	[n] 嫩鳥	
8	l[l]	l[l]	[l] 巒漣	l[l] (n[n])
9	tz/ts[ts]	tz/ts[ts]	[ts] 醉	tz/ts[ts]
10	tz'/ts'[ts']	tz'/ts'[ts']	[ts'] 翠	tz'/ts'[ts']
11	ss/s[s]	ss/s[s]	[s] 松	ss/s[s]
12	ch[tʂ]	ch[tʂ]	[tʂ] 中	ch[tʂ]
13	ch'[tʂ']	ch'[tʂ']	[tʂ'] 春	ch'[tʂ']
14	sh[ʂ]	sh[ʂ]	[ʂ] 水	sh[ʂ]
15	j[ʐ]	j[ʐ]	[ʐ] 然	j[ʐ]
16	ch[tɕ]	ch[tɕ]	[tɕ] 驚酒	ch[tɕ]
17	ch'[tɕ']	ch'[tɕ']	[tɕ'] 溪清	ch'[tɕ']
18	hs[ɕ]	hs[ɕ]	[ɕ] 旋仙	hs[ɕ]
19	k[k]	k[k]	[k] 個	k[k]
20	k'[k']	k'[k']	[k']	k'[k']
21	h[x]	h[x]	[x] 紅	h[x]
22	y[i]	y[i]	Ø 鷗	Ø
23	w[w]	w[w]	Ø 堯	
24		ng[ŋ]		

《日清字音鑒》的聲母與《李氏音鑒》基本一致,差別在於 w、y 是否列爲聲母;與《語言自邇集》的聲母基本一致,差別在於《語言自邇集》將 ng 列爲聲母。據張衛東(1998年)後鼻音聲母 ng,實際上是開口韻零聲母的自由變體,正如《語言自邇集》的《音節表》標題下的小注所說:"下列音節:a, ai, an, ang, ao, ê, ên, êng, o, ou,常常被發成 nga, ngai,等等。"與《南京官話》聲母系統的差別在於南京音 n、l 不分。《日清字音鑒》的聲母系統與現代北京音已經完全相同。

[tʂ]、[tʂ'] 與 [tɕ]、[tɕ'] 在《日清字音鑒》中記音符號相同,表示不同的音;[ts] 有 tz、ts 兩種記音方法, [ts'] 有 tz'、ts' 兩種記音方法, [s] 有 ss、s 兩種記音方法。所以實際上輔音聲母標記符號總計 24 個,表示 23 個音。

《日清字音鑒》聲母主要特點有:

(1)用兩套聲母表示精組聲母,即用 tz、tz'、ss 和 ts、ts'、s 表示 z[ts]、c[ts']、s[s]。通過對《日清字音鑒》相關單字以及記音符號的分析,發現 z[ts] 在與齊齒呼相拼時記爲 tz,其餘記爲 ts;c[ts'] 在與齊齒呼相拼時記爲 tz',其餘記爲 ts'。普通話讀 s[s] 的音,在齊齒呼前記爲 ss,其餘的記爲 s。

(2)照組聲母記爲 ch、ch'、sh。因爲日語和英語裏面都沒有 zh[tʂ]、ch[tʂ']、sh[ʂ]、r[ʐ],威妥瑪采用近似音的原則來記録語音,《日清字音鑒》同樣采用威妥瑪的方法來記音。

(3)《日清字音鑒》將現代舌面音聲母 j[tɕ]、q[tɕ']、x[ɕ] 記爲 ch、ch'、hs。其中,ch、ch' 與照組聲母共用,hs 是仿效威妥瑪的記音方法。

(二)韻母系統

《日清字音鑒》有韻母 42 個。《日清字音鑒》韻母與《語言自邇集》《李氏音鑒》《南京官話》韻母比較見表 2、表 3。

表 2

開口呼				合口呼			
日清字音鑒	語言自邇集	李氏音鑒	南京官話	日清字音鑒	語言自邇集	李氏音鑒	南京官話
ǔ[ɿ], ih[ʅ]	ǔ[ɿ], ih[ʅ]	[ɿ] 資思 [ʅ] 知日	ǔ[ɿ], ih[ʅ]	u[u]	u[u]	[u] 烏木	u[u]
a[a]	a[a]	[a] 沙八	[a]	ua[ua]	ua[ua]	[ua] 瓜刷	ua[ua]
o[o]	o[o]	[o] 歌撥	[o]	uo[uo]	uo[uo]	[uo] 窩脱	
ê[ɤ]	ê[ɤ]		ê[ə]				
eh[e]		[ɛ] 遮熱					

續表

開口呼				合口呼			
日清字音鑒	語言自邇集	李氏音鑒	南京官話	日清字音鑒	語言自邇集	李氏音鑒	南京官話
ai[ai]	ai[ai]	[ai] 哀白	[ai]	uai[uai]	uai[uai]	[uai] 歪乖	uai[uai]
ei[ei]	ei/êh[ei]	[ei] 悲黑	[əi]	ui[uei] uei[uei]	ui[uei] uei[uei]	[uei] 威雷	ui[ui]
ao[au]	ao[au]	[ɑu] 刀郝	[au]				
êu[ou]	ou[ou]	[əu] 歐肉	[ou]				
êrh[ɚ]	êrh[ɚ]	[ɚ] 兒二	êrh[ɚ]				
an[an]	an[an]	[an] 安般	an, ang[aŋ]	uan[uan]	uan[uan]	[uan] 端晚	uan, uang[uaŋ]
ên[ən] en[en]	ên[ən]	[ən] 恩分	ên, eng[əŋ]	un[uən]	un/uên[uən]	[un] 溫頓	un[un]
ang[aŋ]	ang[aŋ]	[ɑŋ] 昂幫		uang[uaŋ]	uang[uaŋ]	[uɑŋ] 王莊	
êng[əŋ]	êng[əŋ]	[əŋ] 彭哼					
				ung[uŋ]	ung[uŋ]	[uŋ] 翁董	ung[uŋ]
		ih[ʅʔ]	u[uʔ]				
		a[aʔ]	ua[uaʔ]				
		o[oʔ]/ uo[uoʔ]					
		ê[əʔ]					
		ai[ai]	uai[uaiʔ]				

表 3

齊齒呼				撮口呼			
日清字音鑒	語言自邇集	李氏音鑒	南京官話	日清字音鑒	語言自邇集	李氏音鑒	南京官話
i[i]	i[i]	[i] 醫畢	i[i]	ü[y]	ü[y]	[y] 居律	ü[y]
ia[ia]	ia[ia]	[ia] 鴉夾	ia[ia]				
io[io]	io[io]		io[io]	üo[yo]	üo[yo]	[yo] 瘸學	

續表

齊齒呼				攝口呼			
日清字音鑒	語言自邇集	李氏音鑒	南京官話	日清字音鑒	語言自邇集	李氏音鑒	南京官話
		[iɛ] 爺別				[yɛ] 月絶	
	iai[iai]	[iai] 崖皆	iai[iai]				
iao[iau]	iao[iau]	[iɑu] 腰削	iao[iao]				
iu[iou]	iu[iou]	[iəu] 尤六	iou[iəu]				
ieh[ie]	ieh[ie]		ieh[iɛ] /[e]	üeh[ye]	üeh[ye]		üeh[ye]
ien[ian]	ien[ian]	[iɛn] 天前	ien[iɛn] / [en]	üan[yan]	üan/üen [yan]	[yɛn] 遠全	üe[yen]
in[in]	in[in]	[in] 因貧	in,ing[in]	ün[yn]	ün[yn]	[yn] 雲窘	ün[yn]
iang[iaŋ]	iang[iaŋ]	[iɑŋ] 秧娘	iang[iaŋ]				
ing[iŋ]	ing[iŋ]	[iŋ] 英平					
iung[ioŋ]	iung[ioŋ]		iung[ioŋ]			[yŋ] 雍窮	
			i[iʔ]				ü[yʔ]
			ia[iaʔ]				
			io[ioʔ]				
			ieh[iɛʔ] / [eʔ]				üe[yeʔ]

　　與《語言自邇集》相比,《日清字音鑒》的韻母少了 iai,多了 eh。與《李氏音鑒》相比,《日清字音鑒》的韻母少了 iai,多了 eh、io。

　　《李氏音鑒》中 [iai] 尚未變作 [ie]。據葉寶奎(2001 年),《李氏音鑒》中已有 [ie] 韻,來自麻韻開口三等和部分入聲韻,但蟹攝開口二等皆佳兩韻(喉牙音)仍是 iai。《日清字音鑒》中已經完全演變爲 [ie]。

　　《日清字音鑒》保留 io 韻母,僅有兩字:虐、略,都是宕攝開口三等入聲字。現在已經併入 [ye] 韻母。這可能是入聲不完全消失的表現。

　　至於韻母 eh,《日清字音鑒》中僅有聲母 y 與之相拼,因爲《日清字音鑒》把 y 看作聲母,所以 eh 和 ieh 可歸爲一類。

對比《南京官話》韻母可見,20 世紀初的南京官話保留 iai 韻母,有入聲韻,o 韻母没有與之相配的合口呼和撮口呼,an、ang 等前後鼻音相混。

《日清字音鑒》與今天北京話 39 個韻母比較,多了 üo[yo]、io[io]、eh[e] 三個韻母。

《日清字音鑒》韻母主要特點有:

(1)ǔ 表示的音是 [ɿ]。通過對《日清字音鑒》單字記音符號的分析發現,ǔ 只出現在 [ts]、[ts']、[s] 後面。

(2)ih 表示的音是 [ʅ],《日清字音鑒》裏 ih 只出現在 [tʂ]、[tʂ']、[ʂ]、[ʐ] 後面。

(3)存在 ui/uei 音位變體。具體標記方法爲在見組([k]、[k'])聲母後標 uei,例如"kuei 歸鬼, k'uei 窺饋";零聲母標記爲 wei,例如"wei 微維";其他聲母後標記爲 ui。當時的標記方法體現了聲母對韻母發音的影響。對照今天普通話發音理論,在某些聲母及聲調的條件下,韻母 uei 中的元音因素弱化,讀音接近 ui。

(三)聲調系統

《日清字音鑒》的聲調與今天聲調體系大致相同,分爲第一聲、第二聲、第三聲、第四聲。但是存在文白兩讀和誤讀的字。

三、《日清字音鑒》音系的主要特徵

《日清字音鑒》的音系主要有以下特徵:

(1)《日清字音鑒》的知莊章三組聲母多數合而爲一,少數存在文白異讀。熊正輝(1990 年)根據知莊章三組字讀 [ts] 組和 [tʂ] 組的情況,將官話區分 [ts]、[tʂ] 的方言歸納爲濟南、昌徐、南京型,並認爲北京話介於濟南型和南京型之間。《日清字音鑒》的知莊章組聲母,讀 [ts] 組和 [tʂ] 組情況如下:知二梗攝入聲文讀、莊二梗攝入聲文讀、莊三部分韻讀 [ts] 組。知組(除知二梗攝入聲文讀)、莊二(除梗攝入聲文讀)、莊三部分韻、章組讀 [tʂ] 組聲母。對於莊組三等字,《日清字音鑒》中存在曾攝開口職韻的文白異讀。如:色、側。白讀音的韻母爲 [ai],聲母讀 [tʂ] 組;文讀音的韻母爲 [ɤ],聲母讀 [ts] 組。莊組三等字遇攝有 [ts]、[tʂ] 組兩讀,如:蔬、疏。莊組二等字咸攝有 [ts]、[tʂ] 組兩讀,如"讒"。章組字在《日清字音鑒》中有 [ts]、[tʂ] 組兩讀,如:束、述。

將《日清字音鑒》中上述單字在《京音字彙》《國音常用字彙》①、現代北京話中的讀

---

① 《京音字彙》和《國音常用字彙》是民國時期的北京話字典。《京音字彙》出版於 1912 年,作者王璞,是一部以民國初期老北京話爲描寫對象的同音字典。《國音常用字彙》出版於 1932 年,教育部國語統一籌備委員會編寫,以北京語音爲標準音。

音比較如下 [①]:

表 4

	日清字音鑒	京音字彙	國音常用字彙	現代北京話
色	ṣai¹/sɤ⁴	sɤ⁴/ṣai³	sɤ⁴/ṣai³	sɤ⁴/ṣai³
側	tṣai¹/ts'ɤ⁴	ts'ɤ⁴/tsɤ⁴	ts'ɤ⁴/tsɤ⁴	ts'ɤ⁴
蔬	su¹	su¹	ṣu¹/su¹	ṣu¹
疏	su¹	su¹/ṣu³/ṣu¹	ṣu¹/su¹	ṣu¹
讒	ts'an²	tṣ'an²	tṣ'an²	tṣ'an²
束	ṣu⁴/su⁴	ṣu⁴	ṣu⁴	ṣu⁴
述	ṣu⁴/su⁴	ṣu⁴/su⁴	ṣu⁴	ṣu⁴

"色"在《國音常用字彙》中 [ṣai³] 後標記爲"語音"。《國音常用字彙》中的"語音"是指"有一義而讀書之音與口語之音有別者,則兩者兼列,讀書之音注'讀音',口語之音注'語音'"。可見,shai³[ṣai³] 是當時北京口語音,較常用,因此保留下來。

"側"在《國音常用字彙》中 ze⁴[tsɤ⁴] 後注"又讀",説明"ze⁴[tsɤ⁴]"也是當時習用音;北京話讀 ce⁴[ts'ɤ⁴];現代漢語普通話有三種讀音 ce⁴[ts'ɤ⁴]/ze⁴[tsɤ⁴]/zhai¹[tṣai¹], ze⁴[tsɤ⁴] 同"仄",zhai¹[tṣai¹] 出現在方言中。

"蔬"在《國音常用字彙》中平舌音爲又讀音。"疏"在《京音字彙》中翹舌音爲又讀音,在《國音常用字彙》中平舌音爲又讀音。《京音字彙》中注"又讀",是北京當時的常用音,而且多數都有中古音的依據,多存於書面。《國音常用字彙》對注"又讀"的解釋是"有一義異讀者,皆頗習用,未便舉一費一,則兩音兼列,以其一注'又讀'(此類字,以北平的音與其他官話區域的音有差異者占多數)。又有義同音異而在各詞中各須依其習慣的讀法者,也只注'又讀'"。可見 [su¹] 的讀音在《京音字彙》時期,是北京的常用音,在《國音常用字彙》中注爲"又讀",依舊爲習用讀音,同時注讀音 shu¹[ṣu¹]。在北京話和現代漢語普通話中,去掉 [su¹] 的讀音,僅保留 [ṣu¹]。

"讒",《語言自邇集》中標注爲兩種讀音 ch'an²[tṣ'an²]/ts'an²[ts'an²],《日清字音鑒》只標注一種讀音平舌的 ts'an²[ts'an²],《國音常用字彙》選取翹舌 ch'an²[tṣ'an²] 爲其讀音;北京話和現代漢語普通話讀爲翹舌 [tṣ'an²]。從《京音字彙》到《國音常用字彙》,經過了一次多音字的删減歸併,現代漢語普通話再次加以精簡。普通話的審音原則是"從俗、從

---

① 本文所用北京音依據《漢語方音字彙》(2003年),《漢語方音字彙》中没有的字依照陳章太等《普通話基礎方言基本詞彙集》(1996年)、侯精一等《北京話音檔》(1998年)查找讀音。

衆”,破除了以讀書音爲正音的觀念,大量删除舊的讀書音,這也是今天的現代漢語普通話中《京音字彙》多音字被大量壓縮的主要原因。

"束" 和 "述" 在《語言自邇集》和《日清字音鑒》中都記録兩個讀音,分别是平舌和翹舌讀音 shu⁴[ʂu⁴]/su⁴[su⁴],到了《國音常用字彙》保留翹舌讀音 shu⁴[ʂu⁴]。束,據《漢語方音字彙》記載,今天北京話讀平舌音;述,今天北京話讀爲翹舌音 [ʂu⁴]。

（2）以母字異讀。"容",《語言自邇集》和《日清字音鑒》記音一致,都是 yung²[yŋ²]/jong²[ʐuŋ²];《京音字彙》記爲 rong²[ʐuŋ²]/yong²[yŋ²]/yu²[y²],説明 yong²[yŋ²] 是北京當時的常用音;《國音常用字彙》取 rong²[ʐuŋ²] 一種讀音;今天北京話也保留 [ʐuŋ²] 的讀音。在《語言自邇集》的例句中 "容易" 和 "從從容容" 注音爲 jung[ʐuŋ²],可見實際讀音已經以 [ʐuŋ²] 爲主。

（3）基本不分尖團。精組洪音讀 [ts] 組,見曉組洪音讀 [k] 組,細音都讀 [tɕ] 組。《日清字音鑒》中僅存兩例聲母異讀字:隔、虹。

表 5

	日清字音鑒	京音字彙	國音常用字彙	現代北京話
隔	tɕie²	tɕie²/kɤ²	kɤ²	kɤ²
虹	kaŋ⁴	xuŋ²/kaŋ⁴/tɕiaŋ⁴	xuŋ²/kaŋ⁴/tɕiaŋ⁴	xuŋ²/tɕiaŋ⁴

隔,在《語言自邇集》中談論篇之二十二例句 "就在他們隔壁兒小鋪兒裹借了個筆硯" 注釋 "隔壁 ko²[kɤ²]pi⁴[pi⁴];在這個上下文環境裹,通常讀作 chieh²[tɕie²]pi³[pi³]"。可見 "隔" 字有舌根、舌面兩讀現象。《日清字音鑒》只記一種讀音 chieh²[tɕie²];《京音字彙》中有兩個讀音 ge²[kɤ²]/jie²[tɕie²], jie²[tɕie²] 是俗音。俗音是在王璞特别注明的 "俗" 的口語音,王璞在編寫《京音字彙》時抱着兼收並蓄的態度收集每一個字在北京的讀法,"俗音" 即中産以上讀書人的口語音。《國音常用字彙》只保留 ge²[kɤ²];北京音和現代漢語普通話讀爲 ge²[kɤ²]。

虹,《國音常用字彙》記音爲 gang⁴[kaŋ⁴]（語音）/hong²[huŋ²]/jiang[tɕiaŋ⁴]（語音又讀）,gang⁴[kaŋ⁴] 後注 "語音",是當時口語音 jiang[tɕiaŋ⁴] 後注 "語音又讀",也是口語音;北京音和現代漢語普通話讀爲 hong²[xuŋ²]/jiang⁴[tɕiaŋ⁴]。

據劉洋（2016 年）,今天膠遼官話的牟平方言仍保留尖團,見曉組一、二等字中存在今普通話讀洪音而牟平方言改讀細音的情况。《哈爾濱方言詞典》收録的仍分尖團音的單字中,包括 "隔" 和 "虹",這顯示出早期山東、河北一帶移民語音在東北官話的遺留痕跡,而東北官話又在一定程度上影響到北京官話。

（4）《日清字音鑒》中果攝正處於分化階段。果攝開口一等字都讀 [o] 韻母,如 "哥"

和 "河",果攝合口一等字讀 [o] 或 [uo]。與《日清字音鑒》相去不遠的《官話萃珍》中 ①,果攝已經產生 ge、ke、he 音節,果攝一部分開口字與拙攝開口字合併爲同一組韻母 [ɤ]。部分果攝開口字如 "多"、果攝合口字如 "惰" 增生 u 介音,併入 uo 韻母。

《日清字音鑒》記録的這一 o、uo、e 混讀現象表現出這一時期正處於 o、uo、e 的演變分化階段。《日清字音鑒》中見組聲母已產生 kuo、kʰuo、huo 音節,但未產生今北京話的 ge、ke、he 音節。今讀 e 韻母的 "哥革個刻" 等仍標記爲 o 韻母。但是果攝開口 "哥" 等字已經與拙攝開口 "革刻" 等合併爲同一組韻母。端組還未出現今普通話的 duo、tuo、nuo、luo 音節,今 uo 韻母字在《日清字音鑒》中都標記爲 o,即 to、tʻo、no、lo。tʻ、l 後出現 ê 韻母,例如 "特、樂" 等。其餘聲母未出現 ê 韻母。照組的照、穿、審母均出現 uo 韻母,均有 ê 韻母的音節。精組沒有今北京話中 zuo、cuo、suo 音節,這些音在《日清字音鑒》中記爲 tso、tsʻo、so。精組聲母已經產生 tsê、tsʻê、sê 音節。零聲母已單列 wo 音節。"阿俄餓" 等字記爲 o。

表 6

		日清字音鑒	官話萃珍	現代北京話
果攝開口	哥	ko	kɤ	kɤ
	可	kʻo	kʻɤ	kʻɤ
	河	xo	xɤ	xɤ
	多	to	to	tuo
	拖	tʻo	tʻo	tʻuo
	挪	no	no	nuo
	左	tso	tso	tsuo
果攝合口	過	kuo	kuo	kuo
	科	kʻo	kʻɤ	kʻɤ
	火	xuo	xuo	xuo
	和	xo	xɤ	xɤ
	惰	to	to	tuo
	唾	tʻo	tʻo	tʻuo
	懦	no	no	nuo

① 《官話萃珍》是美國傳教士富善的著作之一,出版於 1898 年,全書的漢字條目按照威妥瑪音節表順序排列,書中記録清末民初時期北京人經常使用的字、詞、句等。

　　值得注意的是,威妥瑪(第 28 頁)曾説明當時北京話中 o、e 韻母的情況:"韻母 e 跟 o 有些相混是難以避免的。我曾用滿語努力引導自己。但發現,儘管本地老師曾希望區分這兩個韻母,卻未能成功:許多次既可以説 e(或是 nge)、che、je、ke、me、te 又可以説 o、cho、jo、ko、lo、mo、to,而且都符合表音法。同樣的情況對送氣音 ch'、k'、t' 也適用。要説出哪一組是正確的表音法幾乎是不可能的。我認爲,在送氣音後面,一般來説,o 類韻更流行些。雖然以 e 結尾的音節難免從 e 變爲 o,但許多以 o 結尾的音節卻從不變成 e。人們還發現,一些本地人傾向於發 e 而另一些人傾向於發 o。"

　　《日清字音鑒》中, yo 完全變成 ye。戈韻合口三等字如"靴、瘸"和部分入聲字如"月、藥"都已經讀 ye。《李氏音鑒》中的 yo 尚未完全變作 ye,大部分仍讀 yo。

四、結　論

　　雖然《日清字音鑒》的音系已經與現代北京話十分相似,但是細節上顯示出了清末北京官話的語音特徵和語音變化。

　　共時上,歸納出《日清字音鑒》反映的語音系統,聲母 23 個,韻母 42 個,没有入聲。聲韻調系統基本反映出現代北京話的語音特點。通過與同時期南京官話的對比,總結出北京官話區分泥來母;[iai] 已經演變爲 [ie];没有入聲韻;o 韻母有與之相配的合口呼和撮口呼;an、ang 等前後鼻音不相混等音韻特點。

　　歷時上,《日清字音鑒》顯示出了清末北京官話語音變化:

　　1. 知莊章組聲母合而爲一。少數文白異讀、新舊兩讀字反映出變革時期的語音變化。"詞彙擴散"理論(沈鍾偉 1995 年)認爲,語音變化是通過詞彙上的逐漸擴散實現的,音變所涉及的詞可能會出現已變、未變、已變和未變共存(一詞有新舊兩讀)三種狀態。《日清字音鑒》中新舊兩讀的字正處於變化的過渡階段。

　　2. 不分尖團,少數字存在混讀現象,一定程度上顯示出東北官話對北京官話的影響。

　　3. 果攝正處於分化階段。果攝開口一等字都讀 [o] 韻母,合口一等字讀 [o] 或 [uo]。從《語言自邇集》到《日清字音鑒》《官話萃珍》等北京官話教材,可以窺見 o、uo、e 韻母的演變分化路徑。雖然威妥瑪提到難以區分 o 和 e,日本的北京官話教科書一定程度上受其影響,傾向於用 o 標注。但是在之後的《官話萃珍》中,果攝已經産生 ge、ke、he 音節,果攝一部分開口字與拙攝開口字合併爲同一組韻母 [ɤ],部分果攝開口字和果攝合口字增生 u 介音,併入 uo 韻母。在今天北京話中,除幫組仍保留 o 韻母外,其餘都分化演變爲 [ɤ] 和 [uo]。

參考文獻

陳章太等　《普通話基礎方言基本詞彙集》,語文出版社 1996 年

高曉虹、劉淑學　《〈語言自邇集〉中的入聲字讀音》,《語言教學與研究》,2006 年第 6 期

侯精一等　《北京話音檔》,上海教育出版社 1998 年

李無未　《中國學者與日本明治時期的中國語教科書》,《國際漢語教學動態與研究》2003 年第 3 期

劉　洋　《現代漢語官話方言尖團音問題研究》,西北師範大學碩士學位論文 2016 年

沈鐘偉　《詞彙擴散理論》,《漢語研究在海外》,北京語言學院出版社 1995 年

王　璞　《京音字彙》,民國書局 1912 年

徐朝東、陳琦　《〈南京官話〉音系初探》,《合肥師範學院學報》2018 年第 5 期

葉寶奎　《明清官話音系》,廈門大學出版社 2001 年

張衛東　《威妥瑪氏〈語言自邇集〉所記的北京音系》,《北京大學學報》(哲學社會科學版)1998 年第
　　4 期

———　《從〈語言自邇集〉異讀字音表看百年來北京音的演變》,《廣東外語外貿大學學報》2002 年第
　　4 期

(英)威妥瑪著,張衛東譯　《語言自邇集》,北京大學出版社 2002 年

(美)富善著,(日)石山福治校訂　《官話萃珍》,東京文求堂藏本 1915 年

北大中文系語言學教研室　《漢語方音字彙》(第二版重排本),語文出版社 2003 年

國語統一籌備委員會　《國音常用字彙》,商務印書館 1932 年

文獻語言學(17):240～252,2024

錢坫《詩音表》語音性質獻疑^①

王相帥

（北京語言大學文學院,北京,100083）

提　要:乾嘉年間錢坫的《詩音表》是清代研究上古聲母的重要著作,學界已對其古聲母研究成就有較多探討。本文從探討錢坫撰述《詩音表》的思路入手,分建立語音關係框架、選擇語音基礎、字組歸併入表三個層面來分析《詩音表》的語音性質。錢坫依據當時語音理念分爲十一張表,選擇熟悉的吳語爲語音基礎,構建各類聲母相諧關係,進行字組歸併,在歸併過程中進行古音考證,從而呈現出上古聲母系統。"雙聲"表顯示的聲母系統實際是吳語聲母系統在上古的鏡像投射。

關鍵詞:《詩音表》;上古聲母;吳語;《詩經》;語音觀念

　　清代乾嘉年間錢坫撰《詩音表》,探討《詩經》語詞的聲母相諧現象,是清代較早研究上古聲母的音韻學著作。陳新雄《古音學發微》、李葆嘉《清代古聲紐學》、嚴立仁《錢坫〈詩音表〉研究》、叢培凱《錢坫〈詩音表〉"雙聲"説初探》等著述對錢坫的古聲母觀點及語音觀念有較多探討,肯定了錢坫在上古聲母研究中的貢獻。略顯不足的是對《詩音表》成書和撰述思路闡述的還不多,而這影響到對《詩音表》語音性質的認定,更關涉到對其上古聲母結論的理解。筆者不揣淺陋,試對已有研究稍作補苴,以深化對錢坫《詩音表》的認識。

　　《詩音表》全書由十一張表構成,每張表包含不同種類聲母的相諧關係,各表的每行都有兩個聲母前後相諧,相應地填有符合聲母相諧條件的《詩經》字組。錢坫依據什麼建構起這些表格? 他想通過這些表格呈現什麼内容? 要解決這些問題,我們認爲可以分三個層面解構《詩音表》來尋求答案:一是十一張表格的關係框架是如何建立起來的;二是關係框架中的具體聲母是如何確定的;三是字組是怎麼填入表格的。搞清楚了這些,錢坫創作《詩音表》的主觀動機和研究結論就會愈加清晰。

---

① 本成果受北京語言大學校級科研項目(中央高校基本科研業務專項資金)資助,項目批准號20YBB25。匿名審稿專家提出了寶貴意見,在此謹致謝忱!

一、《詩音表》語音關係框架的形成

《詩音表》十一張表的語音關係框架基於錢坫的語音理論構建而成：

第一表爲"雙聲"表。錢坫對"雙聲"有以下描述："雙聲者何？ 兒聲也。凡古人之兩字相續者，非有所本，古人皆以意造，或以其形，或以其事，或以其聲，皆肖之耳。故兒者，意也，取其意之近似也。又曰然，然之言如也，亦近似之辭也。凡古人言然、如、若，皆兒聲。"其意大概以爲"雙聲"出自天然，以連綿詞爲典型，前後聲母有天然的關聯。詳考"雙聲"表字組前後聲母異同，以及與其他語音概念比對，"雙聲"當爲表述前後聲母一致的用語。

錢坫説"聲之始發爲出，從爲送，終爲收。五聲各有出，各有送，各有收"，是按發音的方法分別各發音部位的聲母爲三類，第二至第四表即從出、送、收三個角度考察不同發音部位聲母之間的相通關係，所收字組前後兩字發音方法相同，但發音部位不同，共分出聲、送聲、收聲三表。

錢坫以喉音爲"通聲"，"侯（按：即"喉"，下同）何以謂通聲？ 侯者生聲之母，諧聲爲子，母以統子也……何以通之？ 與出、送、收皆協，故通之"。故第五至第七表爲喉音聲母影、曉、喻三母與出、送、收三聲聲母之間的相通關係。

第八表爲"影喻同聲"，是喉音内部影、喻兩聲母的相通關係。

所謂"本類聲"，即"宫、商、角、徵、羽各自爲其類也"。錢坫製第九表爲"本類通聲"，是同發音部位聲母之間的相通關係。

錢坫對來母的認識比較獨特。他説："來者，聲之歸宿，凡人生而有聲，侯音即具，而歸宿必於來……天籟者，侯音也；地籟者，來音也；人籟者，通四音言之也。天生之，地成之，故發於侯而歸宿於來；人通之，故四音變以化。"所以有喉音與其他部位聲母相諧，也應有來母與其他聲母相諧。第十、十一表即是來母與其他聲母的相通關係。

上述"雙聲""出、送、收三聲""通聲""本類聲""來音"等表述是錢坫語音理論的核心内容。使用這些用語來指稱語音單位和語音關係，反映出錢坫對傳統音韻學語音分析的重要繼承。

如從發音方法角度區分聲母的"出、送、收"三類，錢大昕《十駕齋養新録》卷五"字母"條説"聲音有出、送、收三等，出聲一而已，送聲有清濁之歧，收聲又有内外之歧"；洪榜《四聲韻和表》有"發聲、送氣、外收聲、内收聲"之分；稍早有江永《音學辨微》提出"發聲、送氣、收聲"；明代方以智《切韻聲原》分"初發聲、送氣聲、忍收聲"，並指出《皇極經世·聲音唱和圖》《大般涅槃經·文字品》以及金尼閣《西儒耳目資》等書中已經有此分法。這些用語或劃分粗細不同，或名稱有數字之異，但其所指基本一致。可見，錢坫此種劃分淵源有自，是對前人學説的直接承用。

再如“本類聲”，錢坫説“宫、商、角、徵、羽各自爲其類也”。我國古代有用音樂上的宫、商、角、徵、羽五音來分析語音現象的傳統。沈括《夢溪筆談》説：“切韻家唇、齒、牙、舌、喉爲宫、商、角、徵、羽。”司馬光《切韻指掌圖》“辨五音例”説：“欲知宫，舌居中，喉音；欲知商，開口張，齒頭、正齒；欲知角，舌縮卻，牙音；欲知徵，舌柱齒，舌頭、舌上；欲知羽，撮口聚，唇重、唇輕。”鄭樵《通志·七音略》説：“唇、舌、牙、齒、喉、半舌、半齒配羽、徵、角、商、宫、半徵、半商。”此類表述不勝枚舉。錢坫此説顯然也是受傳統説法影響。

再如“通聲”，“通聲者何？侯音也。侯何以謂通聲？侯者生聲之母，諧聲爲子，母以統子也”。此類説法又見錢大昕《潛研堂文集》卷十五：“凡聲皆始於喉，達於舌，經於齒，出於唇，天下之口相似，古今之口亦相似也。”亦見江永《音學辨微》“辨疑似”：“影母自喉中出，嬰兒初生嗁號皆以此位之聲，歌曲各字能引長之，皆影喻二位之音，此人之元聲元音也。”錢坫關於“喉音”的看法也受二人影響。

除了以上觀念，其他如以傳統三十六字母分析語音，以金、木、水、火、土五行學説附會五音等，均説明錢坫掌握、熟悉傳統音韻學的語音理論和分析方法。這些理論和方法，在古代學者心目中是普遍適用的“普通語音學”理論和方法，錢坫以此爲據，也是要運用“普適性”的語音分析方法來分析《詩經》字組，呈現聲母相諧關係。

因此錢坫預設了十一張表，表頭列舉前後聲母類別，將符合條件的字組填入表格。各表中均有或多或少的空欄，並無字組填入，也從側面説明這些聲母相諧關係有的僅是理論上可能存在，實際上沒有。

可見，《詩音表》呈現各種語音關係的諸多表格，是錢坫理論先行，構建出各種可能存在的語音關係類型，然後將《詩經》字組依類填入，不是對《詩經》字組聲母關係進行歸納才得出的。

二、《詩音表》中的聲母系統

《詩音表》歷來被看作是研究上古聲母的著作，這與《詩音表》“雙聲第一”表（下文簡稱“雙聲”表）所呈現的聲母體系有很大關係。下面我們通過分析“雙聲”表的字組實際讀音情況，進一步揭示本表所列聲母的內涵。

基於錢坫在序言中的描述及與後續其他各表聲母相諧關係的比較，“雙聲”表中均爲《詩經》中的同聲字組，因而論者皆以爲本表前羅列的聲母代表錢坫的上古聲母觀點。我們認爲，不能這樣簡單地認定，實際情形要更複雜些。

錢坫在"雙聲"表中按照牙、舌、唇、齒、喉、來的聲母順序擺放宋代的三十六字母,如下表所示:

見	溪	群	疑	端	透	定	泥	幫	滂	並	明	照	穿	床	審	邪	曉	喻	影	來
				知	徹	澄	娘	非	敷	奉	微	精	清	從	心	禪			匣	
																日				

表中知組、精組(邪母與禪母位置互換,禪母爲小字)、日母、匣母均爲小字,一般認爲歸入相應列的大字聲母;非組聲母以大字呈現,不與幫組合併。

但從《詩音表》的内容來看,表頭的聲母歸併,與實際字組擺放存在矛盾。具體有以下幾個方面的問題:

(一)舌音知組的擺放位置

在本表中,舌音"端知透徹定澄泥娘"組聲母下的字組("泥娘"類下無字組),基本都是中古(以《廣韻》爲準)屬於"端透定"三聲母的,只有"定澄"類下"柔羣"中的"柔"爲日母是例外。

而讀"知徹澄娘"的字組都放到了齒音"照精穿清床從審心邪禪日"組聲母下。所以從字組的擺放位置來看,齒音聲母實際應爲"照精知穿清徹床從澄審心邪禪娘日"的歸併方式。並且,與"雙聲"表不同的是,錢坫在後續各表中,知組聲母始終與照組、精組聲母合爲一類,形成"照精知""穿清徹""床從澄""邪禪娘日"的組合方式,這也與"雙聲"表字組的實際擺放位置一致,可見錢坫實際是將知組聲母與齒音歸爲一類的。

(二)齒音"邪禪"與"娘日"二母的歸併

"日"母在三十六字母中是半齒音,在本表中錢坫把"日"歸入"邪禪"類,但他在《詩音表》中並沒有提供"日"母應與"邪禪"歸爲一類的理論説明或材料支撐。在本表"邪禪日"類下,只有"荏染"一個"日日"同聲母相諧,"日"母自身相諧,自然不能證明與其他聲母的關係;還有一個"戎疾",是"日從"二母相諧,錢坫没有注釋説明這個字組爲何放到"邪禪日"類中,當然也就不能説明"日"母爲何歸入"邪禪"。錢坫何以將"日"母歸入"邪禪"?我們注意到,在本表"定澄"類"柔羣"下錢坫有注語云:"今人讀'柔'爲澄音。""柔"字在《廣韻》讀"日"母,耳由切,他説"今人"讀"柔"字聲母爲"澄"母。"戎疾"之"戎"在《廣韻》也爲"日"母,依錢坫此注語,似也應讀爲"澄"母。與此相類的,在本表"定澄"類"唐棣"下錢坫説:"《小雅》'唐'作'常',今人讀'常'爲澄音。""常"《廣韻》市羊切,禪母字,錢坫"邪禪日"爲一類,這也與本表中"澄"母字普遍與齒音聲母相諧的事實相符。以此看來,錢坫可能是受"今人"讀法影響而歸類。趙元任《現代吴語的研究》説:"日母在古音是鼻音加摩擦音,吴語文言中取它的摩擦成分,拿它當床禪看待,白話取它的鼻音成分,拿它當泥娘看待。但床禪母在吳音本有破裂摩擦跟純摩擦的兩種發音方法。所以日母也是的,例如江陰'人'zeng,'仍'dzeng。""日母大致白話讀 gn(泥母齊齒跟娘母讀法),文言讀摩擦或破裂摩擦音(澄床禪母讀法)。"趙元任所説吳語"日"母讀法,與錢坫對"日"母字讀澄母又歸"邪禪日"的做法近似,也可證明錢坫是受吳語影響對"日"母字進行歸置。

再看"娘"母,據上文第一點所述,錢坫表面上將"娘"母歸入"泥"母,但根據"知徹澄"三母歸入齒音的一致性及後續各表均以"邪禪娘日"的形式出現,錢坫實際是將"娘"母歸入了"邪禪日"類。在"邪禪日"類下的字組中,並没有涉及"娘"母的字組,可見錢坫對"娘"母的措置,也像"日"母一樣,並没有實際字組材料支撑,更多的是考慮到語音的系統性及實際讀法,同部位的"知徹澄"都歸入齒音了,"娘"母也不應例外;且以趙元任上述的話證之,在吳語中"日"母、"娘"母及齒音"禪"等聲母關係密切,對錢坫的歸類也有所影響。

上述兩點討論了本表舌上音"知徹澄娘"及半齒音"日"母都歸於齒音。舌上音一直到宋代,都與齒音涇渭分明,二者逐漸合流是元代以後的事。宋人三十六字母在明清學者乃至離錢坫很近的江永、錢大昕等人的著述中都多有論述,錢坫不可能不知道三十六字母中它們的分别,但他爲何違背宋代舌上音與齒音不同的顯見常識,而將它們合併?我們認爲,唯一合理的解釋是錢坫以他所熟悉的吳語爲依據進行合併。錢大昕《十駕齋養新録》卷五"舌音類隔之説不可信"下説:"古無舌頭、舌上之分。知、徹、澄三母以今音讀之,與照、穿、床無别也,求之古音則與端、透、定無異。"錢大昕在這裏一面説舌上音"知徹澄"在近代與齒音"照穿床"近,一面又説從古音來看是"知徹澄"與"端透定"近,將它們的古今遠近關係説得清楚明白。但錢坫的做法卻與前一種説法一致,將中古屬於"知徹澄娘"的字組,都歸入了齒音中。所以,錢坫以上兩處對聲母的安排,是受了吳語方言的影響進行了歸併。

(三)齒音照組與精組的歸併

在三十六字母中,齒頭音"精清從心邪"、正齒音"照穿床審禪"分别甚明,以今天的研究進展來看,"照二"組聲母在上古與精組聲母相近,"照三"組聲母在上古與端組聲母相近,但本表舌音"端知透徹定澄泥娘"組聲母下没有照三組字,在齒音"照精穿清床從審心邪禪日"組下既有照三組字,又有舌上音知組字,這種歸類恰好反映出這幾組聲母在吳語中的合流情況。

趙元任對中古知、照、精三組聲母在現代吳語中的變化有如下描述:"知徹澄母在古音是純粹破裂音,照穿床跟精清從是破裂摩擦音,審心邪是摩擦音。在清音方面,吳語跟今國語一樣,就是知徹變爲破裂摩擦音,照穿精清與古音同是破裂摩擦音,審心同是摩擦音。可是那些濁音就一處一個樣子了。有的一律念成摩擦音,有的破裂摩擦和摩擦兩種。"雖然三組聲母的變化情況複雜,但在吳語中的分布特徵具有很強的一致性。到了《嘉定方言研究》中,則乾脆是"精組、知組、莊組、章組四組聲母今讀音沒有區別"了。錢坫的聲母歸併與吳語情況如此契合,恐怕不是偶然。

(四)脣音"非敷奉微"的有無

　　錢坫在書中對聲母作大小字的分別,是有寓意的。從"雙聲"以下各表對聲母相諧關係的展示來看,小字聲母是不存在的聲母,大字聲母才是實際存在的。大字聲母有牙音"見溪群疑"、舌音"端透定泥"、脣音"幫非滂敷並奉明微"、齒音"照穿床審邪"、喉音"曉喻影"、"來"母,在本書中均能夠單獨與其他聲母相諧。小字聲母舌音"知徹澄"依附於"照穿床",齒音"精清從心"依附於"照穿床審","禪娘日"依附於"邪"母,喉音"匣"母依附於"喻"母,從不單獨與其他聲母進行組合。大小字聲母差別明顯,排列井然。

　　但是脣音"非敷奉微"的相諧情況卻前後矛盾。"非敷奉微"四母在書中均以大字出現,按照大小字的分別,應爲實際存在的聲母,但在各表描述不同聲母間的相諧關係時,幫組聲母與非組聲母時分時合,前後不一。如第二"出聲"表中,當其他聲母在前時,"幫非"拆開,有"見、幫""見、非""端、幫""端、非""照精知、幫""照精知、非""曉、幫""曉、非"等相諧方式;當脣音聲母在前時,又"幫非"合併,有"幫非、見""幫非、端""幫非、照精知""幫非、曉"這樣的相諧方式。在第三"送聲"表中,"滂敷""並奉"在與牙、舌、齒聲母組合中不管在前還是在後,均是一起出現與其他聲母相諧;在跟喉音"影"母組合時,無論前後,均拆開分別與影母相諧。在第四"收聲"表中,"明微"在與牙、舌、齒聲母組合中,排列在後時是一起出現,排列在前時是"明微"分別與其他聲母相諧。在第五"影、喻通出聲"、第六"曉、喻通送聲"、第七"曉、影通收聲"三表中,脣音兩組聲母在與喉音聲母相諧時,均是分開單列。在第九"本類通聲"表中,脣音聲母本類內部相諧時,都是以"幫非、滂敷、並奉、明微"爲單位相諧。在第十"來首聲"、第十一"來歸聲"兩表中,來母與"幫、滂、並、明、非、敷、奉、微"分別相諧。

　　不僅是各表的聲母相諧顯得沒有章法,在"雙聲"表脣音每類聲母下所收字組的中古聲母也表現出不一致的情形,下面是脣音各類聲母下的字組分布(每列聲母相諧次序不分先後):

　　幫非:

聲母	幫幫	非非	幫非	其他
字組	蔽芾	奮飛;發弗	髴沸;髴發;琫玭;韠琫;方苞	葑菲(非敷);芯芬(奉敷)

滂敷：

聲母	滂滂	敷敷	滂敷	其他
字組			翩翻;芣蜂	誇毗(敷奉);反復(非奉)

並奉：

聲母	並並	奉奉	並奉	其他
字組	彭傍		伐敗;匍匐;炮燔	

明微：

聲母	明明	微微	明微	其他
字組	靐霖;蠻髦;麻麥;蠻貊	黽勉;萬舞;武敏	面目;綿蠻;明晦	父母(奉明)

　　從唇音所收字組的聲母相諧情況來看，各個聲母獨自相諧的情況並不多見；每類聲母中都有輕重唇聲母相諧；也有不同類聲母的跨類相諧，主要是"非、敷、奉"三母之間。

　　輕重唇相混，有些是連綿詞古音如此，如"髣沸、髣發"等；有些也可能是受清代語音觀念影響，如江永《音學辨微》"辨疑似"說："輕唇、重唇音每相轉，'不' 之爲 '弗'，幫、非轉也；'勃' 之爲 '艴'，滂、敷轉也；'馮依' 之 '馮' 爲姓氏之 '馮'，'風帆' 之 '帆' 今呼如 '蓬'，並、奉轉也；'無' 之爲 '没'，《春秋》'筑郿' 亦作 '筑微'，釋氏 '南無' 之 '無' 音 '模'，即《穆天子傳》之 '膜拜'，皆明、微轉也。"錢坫輕重唇音合在一起討論，也似與江永此觀點有關。

　　"非、敷、奉"三母之間相諧的情況，可能表現出錢坫的區分困難。據江永《音學辨微》"辨疑似"說："'非、敷' 至難辨者也，'非' 發聲宜微開唇縫輕呼之，'敷' 送氣重呼之，使其音爲 '奉' 之清，則二母辨矣。其辨在唇縫輕重之異，毫釐之間，若不細審，則二母混爲一矣。"關於 "敷" 母，趙元任(第 60 頁)說"'敷' 母今音讀成不送氣的摩擦音，所以歸全清"，因此 "非、敷" 二母合併爲 [f]，《嘉定方言研究》中輕唇音聲母就有 [f][v] 兩個，[f] 與奉母 [v] 均爲唇齒擦音。據上述材料，可以看出在乾嘉時許多地方輕唇音聲母已有混淆，當時很多人已不能分辨 "非、敷" 之别，錢坫可能也是如此。

　　在其他各表中，也能見到錢坫 "非、敷、奉" 三母相混的表現：

　　第二 "出聲" 表 "見、非" 類下有 "顧複"，《廣韻》"複" 扶富切，並母三等，即三十六字母中的 "奉" 母。錢坫這是以 "奉" 母字爲 "非" 母字。又本表 "端、非" 類下有 "顛覆、帶發"，《廣韻》"覆" 敷救切，滂母三等，即三十六字母中的 "敷" 母；"發" 方伐切，幫母三等，即三十六字母中的 "非" 母。錢坫這是以 "敷" 母字 "覆" 爲 "非" 母，與真 "非" 母字 "發"

同類。又本表"幫非、照_{精知}"類下有"燔炙",《廣韻》"燔"附袁切,並母三等,即三十六字母的"奉"母,錢坫在"燔炙"下注云"燔讀如翻翻",即讀如"翻"孚袁切,"滂"母三等,亦即"敷"母,這是以"非、敷"爲一類。第十一"來歸聲"表"奉來"類下有"燔烈","燔"字又被歸於"奉"母。從"燔"字的歸屬來看,錢坫有時歸於"非",有時讀如"敷",有時又歸入"奉"。又本表"照_{精知}、非"類下有"鱒魴",《廣韻》"魴"符方切,並母三等,即"奉"母,這是以"奉"母字爲"非"母字。

第三"送聲"表"滂敷、審"類下有"發秀",錢坫云:"若'發'讀爲'妭',則是重唇,如今人讀,爲輕唇。"《廣韻》"妭"蒲撥切,並母;"發"方伐切,幫母三等,即三十六字母的"非"母。錢坫在這裏比較"發"字古今讀音,古讀爲重唇"並"母,今讀爲輕唇"非"母,但從語音對應上看"滂"並不與"非"對應,我們認爲錢坫這裏指的"輕唇"可能即是"非、敷"合併後的 [f] 音,這個 [f] 可與"幫、滂"對應,這樣看來錢坫對比"發"字古今讀音才稍顯嚴密。又本表"影、敷"類下有"錡釜",《廣韻》"釜"扶雨切,並母三等,即三十六字母的"奉"母,錢坫這是以"奉"母字爲"敷"母字。

另外,第九"本類通聲"表中,"幫非、滂敷""幫非、並奉""滂敷、幫非""滂敷、並奉""並奉、幫非""並奉、滂敷"六類組合中沒有輕唇音字組收入,相比之下,"幫非、明微"類下還有"膚敏"和"封靡"兩個輕唇音字組收入。這也可説明錢坫對三十六字母體系中的輕唇音不能做到準確辨識。

總地來説,錢坫對唇音八個聲母的排列和字組位置的安放,是因爲錢坫不能準確辨析輕唇音聲母的區別,才姑且沿襲三十六字母之舊,強分爲四類。

(五)"喻匣"的歸併

在《詩音表》各表中,都是"匣"母小字依附於"喻"母,沒有單獨與其他聲母進行組合的情況,説明錢坫認爲没有"匣"母,當歸入"喻"母。"匣"歸於"喻",錢坫爲什麽這麽做? "雙聲"表"喻_匣"類下共有 39 個字組,"匣匣"相諧的字組有 6 個,"喻喻" 6 個,"匣喻" 12 個,"影喻" 7 個,"疑喻" 4 個,"匣疑" 2 個,"影影" 2 個,"微微" 1 個。考慮到錢坫並未窮盡列舉《詩經》字組,收錄字組數量也未必有意而爲,所以並不具有能證明"匣喻"同類的效力,但也能看出"匣喻"組合數量確實較多,比"喻匣"各自組合的情況還要多一些。在"匣喻"相諧的 12 個字組中:

"匣、喻三"組合	"匣、喻四"組合
芸黄;畔援;皇王	行役;閑泄;泂游;牖户;嚴翼;回遹;維侯;聿懷;弋獲

上古"匣"母與"喻"母的關係,在陳澧《切韻考》以反切系聯法研究《廣韻》之後開始漸有眉目,曾運乾發現"喻三歸匣、喻四歸定",對上古匣喻的關係作了劃分,之後許多

學者結合中古反切考察中古喻母的來源,認識愈加深入。從目前對上古匣喻二母關係的研究進展來看,中古喻母字的一部分(喻三)在上古與匣母相近,錢坫收録的字組對這類現象有所反映;中古喻母字的另一部分(喻四)在上古與定母相近,這一點錢坫並未涉及。從上表我們可以看到錢坫證明匣喻二母相近的字組大多爲匣和喻四組合,這與我們今天的上古音研究成果是相矛盾的。換句話説,其實匣母在上古與喻四並不近,錢坫將它們歸爲一類,要麽是"雙聲"字組的選擇有問題,要麽是錢坫的語音標準有問題。我們認爲是後者。錢坫將匣母與喻四的組合收入"喻匣"類,主要是受實際語音影響。江永《音學辨微》辨疑似説:"匣母最濁,須重呼,吴音呼'胡、户、黄、禾'等字皆以喻母者,水土使然也。"正是説明了錢坫匣喻歸併,是基於實際的語音基礎——吴音。趙元任(第 62 頁)説:"匣母本是所謂叫'淺喉音',就是舌根的擦音,在吴語大部分讀成'深喉音',就是真喉音的 [ɦ],雖然仍是一種摩擦音,但因爲這種喉部的摩擦凡是次濁母都有的,因而匣母、喻母跟疑母的一部合併了。"上文提到本類字組中有 4 個"疑喻"字組、2 個"匣疑"字組相諧,正印證了趙元任這種觀察。《嘉定方言研究》對於"匣"母字與"喻"母字,均以 [ɦ] 表示。均可證在吴語中"匣喻"已合併。

通過以上幾點的探討,可以發現錢坫在"雙聲"表所列聲母其實是他對吴語聲母系統的概括呈現,並不能簡單認爲是其上古聲母研究結論的羅列。

三、《詩音表》的字組歸類

錢坫既從發音原理的角度區分各類聲母,又依據時音確定具體聲母數量,由此構成十一個表格,由聲母兩兩組合構成各種聲母相諧關係,以此來描寫《詩經》字組的聲母關係。在設置好表格參數的基礎上,錢坫將《詩經》字組填入各表。

錢坫在對字組進行歸類時,明顯表現出了根據古音進行歸類的觀念。錢坫進行歸類的依據大多體現在書中注釋中。大致有如下幾端:

1. 依據聲符讀音

錢坫在將某字組歸入某類聲母下時,有時是依據聲符讀音進行歸類,其聲符讀音自然代表古音。如"雙聲"表"見"類"洸潰"下錢坫注云:"潰以貴爲聲。"

按:《廣韻》"洸"古黄切,見母;"潰"胡對切,匣母。二字並非雙聲,但錢坫指出"潰"字當依其聲符"貴"(《廣韻》居胃切,見母)的讀音,則成爲雙聲關係。錢坫改依聲符讀音,即是指出"潰"字古音。

再如"雙聲"表"明、微"類"明晦"下錢坫注云:"'晦'從'每'聲。"

按:《廣韻》"每"武罪切,明母三等武類,與三十六字母中的微母對應。所以"晦"雖在《廣韻》爲曉母荒内切,他也將其收入"明、微"類。

2. 依據漢人注釋

錢玷有時根據漢代人的注釋材料指出其古音。如"雙聲"表"見"類"瑕害"下錢玷注云:"鄭箋'瑕猶過也','瑕'讀爲'過'則'害'當音'割',若'瑕'讀爲'霞',則'害'如今讀作喻音矣。但古文'假'讀爲'格','叚'即'假借'字,知見音爲多此讀,從之是也。"

按:《廣韻》"瑕"胡加切,匣母;"害"胡蓋切,匣母;"過"古禾切,見母;"割"古達切,見母。錢玷認爲"瑕害"在中古雖然不是見母字,但根據鄭玄訓釋及"假、叚"讀爲"格",可以證明"瑕害"在上古均讀見母。

3. 經籍舊音

錢玷有時根據文獻舊音確定字的讀音。如"雙聲"表"群"類"忮求"下錢玷注云:"'忮'韋昭讀。"

按:錢玷注語有漏字。《雄雉》篇"不忮不求,何用不臧"句後陸德明《經典釋文》注音有"韋昭音洎"語,錢玷當本此。《廣韻》"求"巨鳩切,群母;"忮"支義切,照三;"洎"具冀切,群母。是錢玷認爲"忮"當讀如群母,與"求"聲母相同,爲雙聲關係。

再如"雙聲"表"喻匣"類"畔援"下錢玷云:"《釋文》'畔'胡唤切,'援'音'袁'。"

按:《廣韻》"畔"薄半切,並母;"援"雨元切,匣母。錢玷引《釋文》胡唤切,證明"畔"爲匣母字,與"援"爲雙聲。

4. 以同聲符字讀音爲證

錢玷常用同聲符字的讀音來證明兩字的雙聲關係。如"雙聲"表"見"類"嘉客"下錢玷注云:"客音同格。"

按:《廣韻》"嘉"古牙切,見母;"客"苦格切,溪母;"格"古落切,見母。錢玷認爲"客"當讀如見母,與"嘉"聲母相同,爲雙聲關係。

再如"雙聲"表"見"類"饑饉"下錢玷注云:"饉音如謹。"

按:《廣韻》"饑"居依切,見母;"饉"渠遴切,群母;"謹"居隱切,見母。錢玷認爲"饉"當讀如見母,與"饑"聲母相同,爲雙聲關係。

5. 文獻異文

錢玷有時依據文獻中的異文確定字的讀音。如"雙聲"表"滂、敷"類"萍蜂"下錢玷注云:"'萍'《爾雅》作'蛢',《説文解字》有'蟙蜂',蟲也,亦即此字。"

按:《廣韻》"萍"薄經切,並母;"蛢、蟙"普丁切,滂母。這裏是錢玷以異文來説明"萍"字讀音當與"蜂"近,讀滂母爲是。

"出聲"表"見、照_{精知}"類"家室"下錢玷注云:"'室'讀同'窒'。《論語》'惡果敢而窒者’,鄭康成曰‘《魯論》室作室’,案:‘室、室’同音,故《論》互通。”

按:《廣韻》“室”式質切,審三;“室”陟栗切,知母。錢坫根據文獻異文認爲“室”古讀其“照精知”類聲母,故將字組“室家”放在這類裏。如果依據“室”讀審三的讀音歸類,將無法歸類,因爲《詩音表》並没有設置“見、審心”這一聲母相諧關係。

6. 文字異體

錢坫有時依據文字異體關係確定字的讀音,進行歸類。如“雙聲”表“審心”類“淒瀟”下錢坫云:“古‘棲’與‘西’同字,故‘淒’亦有‘西’音。”按:《廣韻》“淒”七稽切,清母;“棲、西”先稽切,心母。因爲“淒、棲”同從“妻”聲的原因,錢坫認爲古音同。錢坫以“棲”與“西”同字爲據認爲“淒”也讀同“西”,可能“棲”字錢坫已不讀心母,所以才有此曲説。錢坫既認爲“淒”讀心母,則與“瀟”構成雙聲。

再如“出聲”表“幫非、照精知”類“凝脂”下錢坫云:“‘凝’即‘仌’字,‘膚如凝脂’與《莊子》‘肌膚若冰雪’正同。其始因‘仌’借‘冰’,後遂因‘冰’爲‘凝’耳。‘凝’,‘冰’之俗字;‘冰’,‘仌’之借字。”

按:錢坫指出“凝脂”之“凝”因文字借用、異體換用等原因喪失本音,當還原本字讀音,並據以歸入“幫非”類。

7. 古書假借

錢坫常引古書中的假借現象證明字的讀音。如“雙聲”表“端知”類“弔質”下錢坫注云:“‘質’音同‘的’。”

按:《賓之初筵》“發彼有的”毛傳:“的,質也。”錢坫以爲二字假借音同。《廣韻》“質”陟利切,知母;“的”都歷切,端母。錢坫認爲“質”當讀如端母,與“弔”聲母相同,爲雙聲關係。

再如“出聲”表“照精知、幫”類“臧否”下錢坫云:“‘否’讀如‘鄙’,《論語》‘予所否者’,即‘予所鄙者’,《鹽鐵論》‘窮夫否婦’,即‘鄙婦’。”

按:《廣韻》“否”方久切,幫母三等,中古以後演變爲非母;“鄙”方美切,幫母。在“出聲”表中“幫、非”分別與其他聲母相諧,所以錢坫引用文獻假借證明這裏的“否”當讀幫母,不讀“非”母,入“照精知、幫”,不入“照精知、非”。

8. 指出古有某音

錢坫有時直接用某字古有某音、某音某、某讀如某等方式指出字的讀音。如“雙聲”表“群”類“驕桀”下錢坫注云:“古‘驕’有‘橋’音。”

按:《廣韻》“驕”舉喬切,見母;“橋”巨嬌切,群母;“桀”渠列切,群母。錢坫認爲“驕”當讀如群母,與“桀”聲母相同,爲雙聲關係。

再如“雙聲”表“滂、敷”類“夸毗”下錢坫注云:“古‘夸’有‘華’音,故‘華’字或從

'夸'作'荂','華'之古音'敷'。"所以"夸"雖在《廣韻》爲溪母苦瓜切,他也將其收入"滂、敷"類。

再如"出聲"表"照_{精知}、見"類"調飢"下錢坫云:"'調'音'周',《説文解字》作'輖',云'輖,重也'。"

按:《廣韻》:"調"徒聊切,定母;"周"及"輖"職流切,照三。錢坫在這裏認爲"調"當音照三,所以歸入"照_{精知}"類。如果按照定母的讀法,《詩音表》沒有"定、見"這樣的聲母相諧關係,無法歸類。

再如"出聲"表"照_{精知}、幫"類"叔伯"下錢坫云:"'叔'讀如'椒椒',今桐城人語猶然。"

按:《廣韻》"叔"式竹切,審三;"椒"即消切,精母。錢坫在這裏認爲"叔"當讀精母。如果按照審三的讀法,《詩音表》沒有"審心、幫"這樣的聲母相諧關係,無法歸類。

以上是錢坫對字組進行歸類常用的幾種辦法,能夠看出錢坫使用的材料基本都屬於上古音的時間範圍,因此錢坫對字組的歸類,實際上是通過考證字的古音,進行的上古聲母歸類。

不過,錢坫的考證存在一些明顯的錯誤,比如"調飢",錢坫認爲"調"的古音是照三母,他以聲符推斷古音,方法上沒有問題,但以"周"音變後的音爲古音,則是錯誤的。錢坫對古音的確定也可能與其語音關係框架的設置和字組的選擇有關,一方面設定的語音關係僅是聲母相同、發音方法相同或發音部位相同,像"定、見"這種發音部位不同、發音方法也不同的就無法安置;另一方面字組選擇不精,將"調飢"這樣不存在語音相諧關係的兩字誤認爲有關聯,就容易出現爲了相諧而強行給字定音的情形。

另外,錢坫對字組的歸併也明顯受時音的影響,出現不少錯誤。比如"雙聲"表中很多知組字不歸端組而歸照_精組,輕唇音歸類雜亂,"喻匣"類中混入影、疑、微等聲母的字,上文已論及,此不贅述。

四、《詩音表》的著作性質

經過以上三部分的討論,我們認爲錢坫爲了矯正《詩經》中相傳訛變的讀音,以下述思路展開研究:首先,以傳統音韻學的語音理論和分析方法爲指導,確定相關概念内涵和語音關係屬性,構建十一張描述聲母關係的表格。其次,以傳統三十六字母爲基礎,按照他所熟悉的吳語進行合併,作爲語音基礎,將這些聲母填入關係表格中,形成各類聲母相諧關係表。第三,將認爲有語音相諧關係的《詩經》字組填入表格相應位置,呈現出《詩經》字組的實際語音關係。

　　由此形成的《詩音表》,實際是錢坫以時音爲基礎對《詩經》字組進行語音分析的著作。學界一向看中的"雙聲"表聲母系統,具有雙重性質:一方面是錢坫熟悉的吳語聲母系統;另一方面是字組按古音填入後歸納而成的上古聲母系統,是吳語聲母系統投射到上古的鏡像。

　　無可否認,錢坫的傳統音韻學理念和方法存在局限,但卻是那個時代的主流觀念和學説,他們認爲那些學説具有普適性,不分地域、時間,能夠做到對人類語音的基本概括和描述。同樣地,對於古聲母的研究,在錢坫以前没有系統地開展過,他以自己所熟悉的吳語爲語音基礎,將能夠體現上古聲母關係的《詩經》字組放置到吳語的聲母系統中進行觀察和描寫,雖是無奈之舉,而對於《詩經》中大量的連綿詞,卻具有驗諸口吻這一天然的便利性。錢坫對字組的考證歸併,尤其是"雙聲"表的歸併,將同聲字組歸入到吳語的二十一個聲母中,呈現出上古時期這二十一個聲母的類別來。當然也得承認,錢坫只歸納爲二十一個聲母,主要是受到吳語聲母系統的制約。

　　錢坫《詩音表》的撰述,語音關係的描述僅限於同聲、同部位、同方法及特殊聲母間,對一些特殊聲母相諧現象無法呈現;對字母聲母的判斷受時音影響頗重,出現很多歸類錯誤的現象;字組選擇也過於粗疏,以無關聯爲相諧,等等。這些問題是影響《詩音表》科學性和準確性的主要原因。有鑒於錢坫的這些局限甚至錯誤,我們應着重在理念、方法乃至實踐考證方面吸取經驗教訓,運用現代的科學理念和方法進行檢討,以促進古音研究的長足發展。

參考文獻

陳新雄　《古音學發微》,文史哲出版社 1983 年
叢培凱　《錢坫〈詩音表〉"雙聲"説初探》,《輔大中研所學刊》2005 年第 15 期
江　永　《音學辨微》,商務印書館 1940 年
李葆嘉　《清代古聲紐學》,上海古籍出版社 2012 年
錢大昕　《潛研堂文集》,江蘇古籍出版社 1997 年
湯珍珠、陳忠敏　《嘉定方言研究》,社會科學文獻出版社 1993 年
嚴立仁　《錢坫〈詩音表〉研究》,國立成功大學中國文學研究所碩士論文 2004 年
趙元任　《現代吳語的研究》,商務印書館 2011 年

文獻語言學(17):253～264,2024

許叔重之重當讀平聲考①

徐有聲 1　張興飛 2　徐朝東 3

(1 復旦大學古籍整理研究所,上海,200433;

2 北京大學歷史學系,北京,100871;

3 北京語言大學文學院、北京文獻語言與文化傳承研究基地,北京,100083)

提　要:許慎之字"叔重"之"重"的讀音,向來讀作去聲。通過對先秦兩漢語料的綜合分析,文章認爲"重"字當讀平聲。語音上,東漢人名謠諺四七韻腳字均同調相押,則"五經無雙許叔重"之雙、重當皆讀平聲;故訓中,漢以前未見"重"訓"慎",而"慎"訓"重"之孤例在相關意義的語詞中,陸德明、顏師古均注爲平聲,其語義來源可能是因東漢時常用複合詞"重慎"而沾染的"慎"義,該詞中"重"也讀平聲。"慎重"一詞不見於中古漢語之前的文獻。

關鍵詞:重;重慎;平聲;兩漢謠諺;音義關係

一、漢代人名諺謠的韻腳分析

范曄《後漢書·儒林列傳第七十九下》載:

> 許慎字叔重,汝南召陵人也。性淳篤,少博學經籍,馬融常推敬之,時人爲之語曰:
"五經無雙許叔重。"爲郡功曹,舉孝廉,再遷除洨長。卒於家。

文中謠諺"五經無雙"和"許叔重"的末字,即雙、重同爲東部字,押韻成文。

"雙"一直是平聲字,而"重"在《切韻》時代有平上去三個音韻地位②。雖然上古聲調研究仍有爭議,但自乾嘉學派既已考證古音平上入有別;就算是持古音只有平入二聲的學者,也認爲漢代聲調已有平上之分(如黃侃,轉引自黃易青、王寧、曹述敬第 446 頁),那

---

① 本文爲國家社科基金重大招標項目"元明清民國時期官話語音語料庫平臺建設與研究(17ZDA304)"階段性成果。撰寫過程中,承蒙董志翹、梁慧婧等先生惠賜意見,多有裨益;編輯部及審稿專家亦多給出寶貴建議,在此並致謝忱,文責自負。
② "重"中古爲全濁澄母字,今普通話"濁上變去",故其調類雖有別,但與本文結論無異,本文以"仄聲"統稱之。其聲調的發展,孫玉文(2015 年)已有所考辯,兹不贅言。

"雙、重"是否可能異調通押? 其實不然,"雙、重"同調相押,理由有下:

　　根據羅常培、周祖謨(第 67 頁),兩漢時期的韻文平聲和上入聲通押的情況極少見,入去通押、上去通押也爲數不多。漢代韻文中,"雙"只押平聲韻,如"蹤鋒控**雙**"(班固《西都賦》)、"龍沖功**雙**"(王逸《九思守志》)、"紅鴻龍**雙**"(張衡《西京賦》)、"容**雙**"(張衡《定情賦》)、"同縱庸功**雙**邦"(《圉令趙君碑》);"重"亦復如是^①,如"紅**重**同"(傅毅《七激》)、"享攻功**重**"(馬融《廣成頌》)、"功**重**饗"(張衡《西京賦》)、"容**重**"(張升《白鳩賦》)等。清人趙翼《陔余叢考》"漢人諺語多七字成句,大率以第四字與第七字叶韻,此亦一體也……五經無雙、許叔重,重平聲,與雙通也"也合此説。

　　此外,我們系統地整理了羅、周兩位先生所用材料以及清人杜文瀾《古謡諺》、趙翼《陔余叢考》所收兩漢時期出現的七字人名謡諺,發現在《漢書》《後漢書》《三國志》等文獻收録的 33 條七字人名謡諺中,四、七字韻脚幾乎均是同調相押^②,平聲更無一例與仄聲相押。根據韻脚字的語音關係,可以分成 4 類:

　　1. 同韻同調

　　這類謡諺四、七字韻脚字均屬於同一小韻,共有 18 條,如:

　　(1)冬部 / 東部東韻:解經不**窮**戴侍**中**(《後漢書·戴憑傳》)、避世牆**東**王君**公**(《後漢書·逢萌傳》);

　　(2)陽部 / 耕部庚韻:厥德仁**明**郭喬**卿**(《後漢書·郭賀傳》)、枹鼓不**鳴**董少**平**(《後漢書·董宣傳》);

　　(3)之部止韻:關西孔**子**楊伯**起**(《後漢書·楊震傳》)、仕宦不**止**執虎**子**(《魏書·蘇則傳》)。

　　2. 同部異韻

　　這類謡諺四、七字韻脚字歸屬不同小韻,但同部同調,共 9 條,例如:

　　(1)東部:天下中**庸**鍾有胡**公**東(《後漢書·胡廣傳》)、殿中無**雙**江丁孝**公**東(《後漢書·丁鴻傳》);

---

① 《淮南子·兵略篇》"錞鉞牢**重**,固植而難**恐**,勢利不能誘,死亡不能**動**",重、恐、動叶韻,羅、周兩先生將其歸在去聲韻,案:恐、動中古均為上聲,此説待考。但無論上聲還是去聲,均爲"重"入仄聲的例證。羅、周兩位先生認爲《淮南子》雖然是西漢時期的材料,但其音系極有可能是當時江淮一帶的方言,因此單列其語料分析,不計入整體。

② 韻字歸部的分析,我們采用羅常培、周祖謨《漢魏晉南北朝韻部演變研究(第一分册)》(以下簡稱《研究》)兩漢部分的韻字表,韻表若分"前漢"和"後漢",則依據原書之年代加以取捨;《研究》所未收的字,則參考郭錫良《漢字古音表稿》。

（2）真部:甄中生塵真范史雲文(《後漢書·范冉傳》)、道德彬彬真馮仲文文(《後漢書·馮衍傳》);

（3）脂部:天下模楷駭李元禮薺(《後漢書·黨錮列傳》)。

3.同部多韻

這類謠諺四、七字韻腳字均分布在仄聲,共有 3 句:

（1）不畏强禦語/御陳仲舉語(《後漢書·黨錮列傳》)。

"禦"在後漢有上、去兩調,"舉"則只入上聲韻。在前漢韻部表中,"舉"字還有去聲的用韻情況,這裏的當取"禦"的上聲讀法和"舉"相押。

（2）天下俊秀宥王叔茂厚/候(《魏書·曹爽傳》)。

"秀"爲去聲宥韻字,"茂"則有上、去兩調,但二字均在幽部,也是同調通押。

（3）以官易富宥鄧元茂厚/候(《後漢書·黨錮列傳》)。

"富"字《研究》未收,郭錫良則將其歸入宥韻長入;"茂"字在(2)中已列,當取去聲候韻,宥、候兩韻在《研究》均歸幽部。長入字韻尾逐漸消失,大約在五世紀或者更早的時期完成(王力,第 102 頁),這裏通押的情況説明長入字在東漢時期可能已經開始演變,二者也爲同調相押。

4.異部異韻

這類謠諺四、七韻腳字屬不同韻部的不同小韻,也有 3 句:

（1）問事不休尤賈長頭侯(《後漢書·賈逵傳》)。

"尤"在幽部尤韻,"頭"在魚部侯韻,均爲平聲字,同調相押。《廣韻》中尤侯同用,其主要元音相同;漢代幽魚通押亦數見不鮮。

（2）五經縱橫庚周宣光唐(《後漢書·周舉傳》)。

"橫"爲庚部字,"光"爲陽部字,均是平聲,同調相押。另一方面,庚韻字在前漢時相當一部分仍然歸陽部,到了後漢才盡數歸入耕部(羅常培、周祖謨,第 181 ～ 182 頁、190 ～ 191 頁),庚、唐韻的主要元音也十分接近,爲鄰韻旁轉。

（3）五侯治喪唐樓君卿庚(《漢書·樓護傳》)。

此條分析同(2)。

　　3、4兩類雖爲數不多,但第3類的韻腳字多有上去兩個音韻地位,而第4類的異部相押、陽耕旁轉等現象,可能説明漢代仄聲調與仄聲韻處在一個動態、發展的狀態。

　　再者,兩漢魏晉時期其他謡諺,如格式爲"3+3""4+4"的,也符合本節中對謡諺用韻的分析,即平仄押韻決不相混,如:

　　1."3+3"格式

　　（1）三公鋤司馬如(《晉書·五行志中》)。
　　（2）爰清靜作符命(《漢書·楊雄傳》)。
　　（3）閑何闊逢諸葛(《漢書·諸葛豐傳》)。

　　2."4+4"格式

　　（4）馬氏五常白眉最良(《三國志·蜀書·馬良傳》)。
　　（5）天下無雙江夏黄童(《後漢書·黄香傳》)。
　　（6）欲得不能光禄茂才①(《後漢書·黄琬傳》)。
　　（7）虜來尚可尹來殺我(《後漢書·南蠻傳》)。

　　3.其他

　　（8）欲求封過張伯松(《漢書·王莽傳》)。
　　（9）行行且止,避驄馬御史(《後漢書·桓典傳》)。
　　（10）車如雞棲馬如狗,疾惡如風朱伯厚(《後漢書·陳蕃傳》)。

　　則"重、雙"同調相押自明。

二、"慎、重"本義探源及訓釋考察

　　王力(2005年,第64頁)説:"古人有名有字,名和字有意義上的聯繫。"重讀仄聲,是由常用詞"慎重"中二字密切的語義關係決定的,但兩字在東漢以前的歷時語義關係仍需考察。

---

① "能",章懷太子云:能音乃來反。

（一）慎之本義及其時（漢）訓

1. 慎的本義

《説文解字》:慎,謹也。從心真聲。昚,古文①。段注曰:"慎,謹也,言部曰:謹者,慎也。二篆爲轉注,未有不誠而能謹者,故其字從真。《小雅》:'慎爾優遊''予慎無罪',傳皆曰:'誠也。'"又匕部:"(慎)又'慎爾言也'、《大雅》'考慎其相',箋皆云:'誠也。'慎訓誠者,其字從真。"

段玉裁訓"慎"爲"誠",其實是闡明了二者的音義互通關係。慎、誠聲母相同,韻則爲真耕旁轉。又段氏對"慎"字的分析並不孤立,他在分析從"真"之字時,貫穿右文説的訓詁精髓,從語源學出發研究,相當可取:

> 凡積鎮瞋謓膩填寘闐嗔滇顛瑱䡄慎字,皆以真爲聲,多取充實之意。其顛槙字以頂爲義者,亦充實上升之意也。

章太炎《文始》卷三也指出:"室與寘填相轉,猶《易》'君子曰征忿窒欲',陸氏室作昚。昚,古文慎字,慎訓誠,誠實亦同義。"由此觀之,慎字本義訓誠然也。

2. 慎的時訓

現在考察"慎"在漢代以前文獻中的訓釋情況。

"慎"在文獻訓詁材料中的主要訓釋爲"誠",如:

（1）慎爾優遊,勉爾遁思。毛傳:"慎,誠也。"鄭箋:"誠女優遊,使待時也。"(《小雅·白駒》)

（2）昊天已威,予慎無罪;昊天大幠,予慎無辜。毛傳:"慎,誠也。"鄭箋:"昊天乎!王甚可畏,王甚敖慢,我誠無罪而罪我。"(《小雅·巧言》)

（3）慎爾言也,謂爾不信。鄭箋:"慎,誠也。女誠心而後言。"(《小雅·巷伯》)

（4）展、諶、允、慎、亶,誠也。(《爾雅·釋詁上》)

《大雅·桑柔》:"秉心宣猶,考慎其相。"鄭箋:"……慎,戒②……考誠其輔相之行,然後用之。"可見鄭玄雖訓慎爲"戒",但説解句義時反用"誠",又證此説。

除此之外,在典籍中,慎還可訓"戒"(《吕氏春秋·孟秋紀》高誘注)、"靜"(《爾雅·釋詁上》)、"重"(《吕氏春秋·孟冬紀》高誘注)、"憂"(《方言》卷一)、"思"(同上)"畏"(《淮南子·墜形》高誘注);"慎德,謂矜其善德"(《周禮·地官·大司徒》鄭玄注)、"慎其身

---

① 關於"昚"字,劉樂賢(1993年)已論證它是"慎"本無其字,依聲托事的假借,其説可從。

② 阮刻本《十三經注疏》阮校云:小字本、相臺本"戒"作"誠"。若依此,則更與"誠"訓相合。

者,謹安護之"(《禮記・文王世子》鄭玄注)等。

除高誘在《吕氏春秋・孟冬紀》中將慎訓爲"重"外(這點將在後文討論),其餘意義大抵都是在"誠"義上引申或發展而來的。

(二)重之本義及其時(漢)訓

1. 重的本義

《説文解字》:"重,厚也。從壬東聲。"段注曰:"重,厚也。厚者,旱也。厚斯重矣。引伸之爲鄭重、重迭。古只平聲,無去聲。"

《字源》從字形的角度説解本義[①]:金文"重"像一個人背負着滿滿的包裹之形,故其本義爲厚重、沉重(李學勤,第 728 頁)。

1	2	3	4	5	6	7	8	
西周	西周	西周	春秋	戰國	説文小篆	漢	漢	楷書

1、2《四版校補》第 99 頁。3、4、5、7、8《甲金篆》第 576 頁。6《説文》第 169 頁。

圖 1　"重"字形演變圖(引自《字源》)

徐朝東(2020 年)則從沈兼士右文説之訓詁理念出發,以《廣韻》等傳世文獻中音義材料爲書證,推斷從"重、東"得聲之字語源爲 *dhiung,主要元音在七號 [o] 和八號 [u] 的範圍之内,相當接近,在意義上又都有"厚重"之意,並用漢藏語等材料驗證了兩字的同源説。

王力(1982 年)則認爲"重"的本義是重複,曰:

重 diong: diong 緟褈(同音)

《詩・小雅・無將大車》:"祇自重兮。"箋:"重,猶累也。"《儀禮・少牢饋食禮》:"佐食啟會蓋二,以重設于敦南。"注:"重,累之。"《史記・春申君傳》:"王無重世之德。"索隱:"重世,猶累世也。"《後漢書・吕强傳》:"重金兼紫。"注:"重、兼,言累積也。"《廣韻》:"重,複也。"《楚辭・天問》:"圜則九重,孰營度之?"

《説文》:"緟,增益也。"王筠曰:"緟者重之分别文。"按,以别於輕重的"重",未見行用。朱駿聲曰:"凡重迭重複字,經傳皆以重爲之。"

《玉篇》:"褈,複也。"按,此乃"緟"的或體。

王力與董、徐、段等學者的觀點看似不一致,實際上並不矛盾:王先生從"緟、褈"兩

---

① 此條撰者爲董蓮池。

字出發,站在詞源、語源的角度討論"重"的本義。從"重"諸字的詞義看,"重複"這一意義是繫聯多個分化字的核心,後又在此義上衍生出了"厚重"義。由於該詞義分化的過程很早,在先秦就有了分化後的詞義,所以在古文字及《説文》的分析中都采用了"厚重"作爲"重"字的本義。相反,若以"厚重"爲"重"之本義,就很難解釋其派生字的詞義問題。孫玉文(2015年)以大量文獻書證推斷"重"的原始詞爲平聲,義爲"重迭起來";而早在上古時期,就已由此義發展出"厚,重量大"的上聲義項;而後又發展出"增加、加上"的去聲義項,其説甚是。郭錫良《漢字古音表稿》中,"重"字收兩個音韻地位,一爲東部平聲鍾韻,小注曰:重複;一爲東部上聲腫韻,小注曰:輕重。亦證此説。

2. 重的時訓

由於"重"字到了漢代已有平、仄兩讀,當分以論之。

"重"的平聲義在兩漢以前文獻訓詁材料中的主要訓釋爲"累"。如:

(1)重仁襲義分,謹厚以爲豐。王逸注:"重,累也。"(《楚辭·九章·懷沙》)

(2)無思百憂,只自重分。鄭箋:"重猶累也。"(《小雅·無將大車》)

(3)以重設于敦南。鄭玄注:"重,累之。"(《儀禮·少牢饋食禮》)

"重"的平聲"累"義還見於許多漢賦,如本文第一節所引的四篇漢賦中,"重"均與平聲之字如"紅功容"等押韻,表達的意義則均是以"累(重複)"爲核心的語義。

除此之外,"重"的平聲義還有"再"(《楚辭·離騷》王逸注)、"陪"(《禮記·內則》鄭玄注)、"重,讀複重之重"(《吕氏春秋·開春論》高誘注)等訓釋。這些訓釋大抵都是由"累(重複)"義發展出的。

"重"的仄聲義在兩漢以前文獻訓詁材料中的主要訓釋爲"尊",《吕氏春秋》高誘注3見,《戰國策》高誘注4見,又《尚書大傳》和《禮記》鄭玄注中各有一例,是東漢最爲常見的訓釋。除此之外,"重"的仄聲義還有"厚"(《淮南子·俶真》高誘注)、"大"(《吕氏春秋·仲春紀》高誘注)、"深"(《吕氏春秋·先識覽》高誘注)、"尚"(《禮記·緇衣》鄭玄注)、"寶"(《禮記·少儀》鄭玄注)、"善"(《禮記·覲禮》鄭玄注)等訓釋。這些均不出"厚"義,或在其基礎上發展而成。

綜上,"重"字的平聲和仄聲的時訓涇渭分明。二者蓋均出於平聲"累(重複)"義和仄聲"厚(厚重)"義。"重"字詞義隨讀音分化的年代較早,或在上古時期就已完成。

(三)"慎、重"互訓考辨

由上,"慎、重"本義不通,訓釋多不合,但《故訓匯纂》收"重"訓"慎"三例:

重(zhòng)～,慎也。《文選·司馬相如〈喻巴蜀檄〉》"～煩百姓"吕向注 |《廣韻》

腫韻丨《集韻》腫韻。

《廣韻》《集韻》、《文選·喻巴蜀檄》五臣注均大晚於漢,且《喻巴蜀檄》在《漢書》《史記》中的部分,顏師古、裴駰均注爲“難”,《文選》李善注亦訓爲“難”,顯然顏、裴、李之説更優,故漢以前蓋不見“重”訓爲“慎”。

《故訓匯纂》中“慎”字訓爲“重”有兩例:

　　　（慎）～,重也。《呂氏春秋·節喪》“慈親孝子之所～也”高誘注丨《文選·孔融〈薦禰衡表〉》“陛下篤～取士”劉良注。

孔融《薦禰衡表》亦晚於許慎,五臣注則更晚。且從文意看,“慎”更當訓“誠”,所以東漢以前“慎”訓爲“重”僅見《呂覽》高誘注一例,其文如下:

　　　葬也者,藏也,慈親孝子之所慎也（高誘注:慎,重也）。慎之者,以生人之心慮。以生人之心爲死者慮也,莫如無動,莫如無發。無發無動,莫如無有可利,則此之謂重閉（高誘注:無有可利,若楊王孫裸葬,人不發掘,不見動摇,謂之重閉也）。（《呂氏春秋·孟冬紀》）

由於“重”字没有和“慎”直接相關的訓釋,高誘將“慎”訓爲“重”的音義及“重閉”的結構還需要進一步探究。從文句結構來看,“慈親孝子之所慎也”與下文“慎之者”語義相關,二句共有之“慎”意義相當。而自“慎之者”至“莫如無無有可利”,均是“重閉”一詞的具體解釋。考“重閉”一詞,先秦文獻中已數見,如:

　　　（1）思啟封疆以利社稷者,何國蔑有?唯然,故多大國矣。惟或思或縱也。勇夫**重閉**,況國乎!《釋文》:“**重,直龍反**,又直勇反。”（《左傳·成公八年》）
　　　（2）是月也,命奄尹申宮令,審門閭,謹房室,必**重閉**。鄭玄注:“重閉,外内閉也。”《釋文》:“**重,直龍反**,注同。”（《禮記·月令》）

語音上看,（1）中“重”字《釋文》收兩音,若取上聲“直勇反”,則“重”當爲意動用法,或可釋爲“以閉爲重”,與複合詞“重閉”無關;而陸德明首推平聲“直龍反”,與（2）同,更當依此。《左傳》《禮記》中的“重閉”指的是“關門以防盗賊”,而《呂覽》這段文字裏的“重閉”指的是“節葬以防盗墓”,從語義上看殊途同歸,前者注重外部而後者看重内部,後者正是前者的引申。

結構方面,《漢語大詞典》"重閉" 實際上有兩種結構①。其一,如《禮記·月令》鄭玄注 "重閉" 爲 "外内閉",則此處的 "重閉" 爲偏正結構。其二,《漢書·鼂錯傳》曰:"書之,周之密之,重之閉之。顔注曰:**重音直龍反。**""重、閉、周、密" 四字,意義相近,後三字均有 "隱藏、周密" 之義②,則 "重" 也當訓爲此意。由 "重之閉之" 的結構來看,此處 "重、閉" 是並列的。高誘 "慎,重也" 之中,"慎、重" 無疑也是並列的,且意義相當,而此處的注音 當如顔師古注爲 "直龍反"。**可知無論是何結構,"重" 均讀平聲。**

從意義出發,兩漢時期 "慎" 已經有 "謹慎" 義,但與 "重" 字尚無密切關聯;從訓釋出 發,"重" 訓 "慎" 無例證,"慎" 訓爲 "重" 也很罕見,孤例中 "重" 也當讀平聲。

三、"慎、重" 複合成詞考辨

"慎重" 爲現代漢語常用詞,在漢代是否同樣如是? 又當細辨。

(一)"慎重" 辨

《漢語大詞典》"慎重" 條説:

> 謹慎持重;謹慎認真。《東觀漢記·陰識傳》:"(陰識)對賓客語,不及國家,其慎重 如此。"宋蘇軾《擬進士對御試策》:"慎重則必成,輕發則多敗。"

從該詞條引《東觀漢記》的内容來看,"慎重" 一詞似乎在東漢已見。但《漢語大詞典》引 文有誤,"慎重" 在東漢尚不成詞,此處當作 "重慎",原因有下:

1.《東觀漢記》各輯本此處有異文

《東觀漢記》今已散佚,只能依靠輯佚管窺其内容。《漢語大詞典》此條當引自《四庫 全書》之輯本,然而四庫館臣的輯本底本不善,對比其他類書徵引的内容,如《太平御覽》 卷四百三十、萬卷堂本《北堂書鈔》卷五十四均作 "其重慎如此"。萬卷堂本《北堂書鈔》 底本爲孫星衍所得的陶宗儀傳抄宋本,較爲精善,該本此句下有案語云:

> 今案:聚珍本《東觀漢記》"國" 下有 "家" 字,"重慎" 作 "慎重",姚輯本、俞本亦作 "慎重",餘同。

吳樹平(2008 年)《東觀漢記校注》此句亦作 "重慎",可知四庫本失,此當作 "重慎"。

---

① 《漢語大詞典》分 "重閉" 一詞爲兩個義項,然也;但注 "重閉 1" 之 "重" 爲去聲,則誤。
② 《王力古漢語字典》第 113 頁 "周①"、第 223 頁 "密⑤"、第 1562 頁 "閉②",中華書局 2000 年。

2.《漢紀》中有相似的句子

　　《漢紀·孝成皇帝紀》:"或問温室中樹皆何等木,(孔)光默然不應,更答以他語,其重慎如此。"

這段話概括《漢書》中相應内容而成,亦是評價人物之語。此處作"重慎",可作爲判斷《東觀漢記》異文當作"重慎"的旁證。

　　3."慎重"不見於同期其他文獻

　　《東觀漢記》中另有一處疑爲"慎重"的例子。《太平御覽》卷二一五引《東觀漢記》云:"(樊梵)爲郎二十三歲,未嘗被奏,三署服其慎重。"然而《後漢書》卷三十二、《北堂書鈔》卷三十六並引作"重慎",聚珍本、《北堂書鈔》卷六十並作"三署服其慎也"。此當爲《太平御覽》之誤。除此之外,"慎重"再不見於東漢以前的文獻資料。確實使用了該詞而年代又較早的例子有如:

　　（1）太祖愛其**慎重**,使掌機密。(《魏書·長孫道生傳》)
　　（2）以**慎重**其事,故首尾皆稱"《易》曰"。(《周易正義》卷七)

　　由此可知"慎重"一詞的形成不早於中古。許慎名與字之間的關係與"慎重"一詞無關,其來源何在? 或正是前文所涉的複合詞"重慎"。

　　（二）"重慎"考

　　"重慎"一詞常見於兩漢文獻,以《太平經》10次爲最,如:

　　（1）……是其大愚之劇者也。出,子復**重慎**之。(卷四十六)
　　（2）得戒之後,**重慎**其言,爲惡在下,上所不顧。(卷一百十二)
　　（3）宜復明所知,必爲有報信,心謝懇惻而已。……致**重慎**所言,以善爲談首,書意有信相與,要不負有心善進之人言也。(卷一百十四)

　　又《太平經》中不僅有"重慎",還有不少"復慎",如:

　　（4）會以心自正者少,故使有空缺轉補,是生短也,宜**復慎**之勿解也。(卷一百十)
　　（5）慎之慎之,勿枉行刑,初雖勞意,後被其榮……慎之**復慎**。一身之内,神光自生,内外爲一,動作言順,無失誠信。(卷一一二)
　　（6）是爲可知,**復慎**其後,勿益其咎。(卷一一四)

　　"重慎、復慎"有如此充分的用例,再如例(1)直言"復重慎",例(3)以"宜**復明**所知"

對"致**重慎**所言",可見"復"與"重"結構、意義均相當[1],且《太平經》中"重慎"更爲常見。詞義方面,從(5)"慎之慎之"對"慎之復慎"的搭配,可知無論是"重慎"還是"復慎",其中心語素均爲"慎"。"重"和"復"都是表示"反復、多次"等意義藉以强化"慎"的修飾語,**"重慎"無疑是個偏正結構的複合詞。**

而《太平經》以外的其他例子,也能佐證此説,如《小雅·賓之初筵》:"其未醉止,威儀反反。"毛傳:"反反,言**重慎**也。"又:"其未醉止,威儀抑抑。"毛傳:"抑抑,**慎密**也。""反反、抑抑"位置相應、訓釋相當,據此可繫聯"重慎"與"慎密"。

回顧前文"重、慎、閉、周、密、重閉"等詞,可以構建它們的語義訓釋關聯圖:

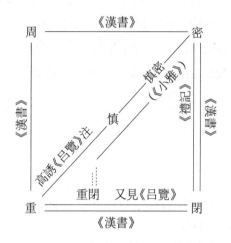

圖2　"重慎"等詞訓釋關係圖

這是一個"閉環訓詁"圖,圖中的每個成分語義皆有關聯。那麽,無論其單用還是以複合詞的形式出現,都可以表達特定的"慎密"相關的語義——就"重"而言,即單用表示"慎"義時,是由於常用詞"重慎"而使其沾染獲得了"慎"義。**而無論"重"是單用還是以複合詞"重慎"的形式出現,"重"在這個環境下讀平聲,殆無疑義。**

《後漢書·儒林列傳第七十九下》載:服虔字子慎,初名重,又名祇,後改爲虔,河南滎陽人也。可見東漢時"重、慎"在儒生名、字之間的使用並非孤例,這些都是從當時的常用詞"重慎"出發的。

四、結　語

總結前文論述可得:

---

① 此蒙董志翹先生指點,在此致謝。

（1）語音上，"五經無雙許叔重" 之 "重、雙" 二字同調押韻，"重" 當讀平聲。

（2）語義上，"慎、重" 在本義並無關聯，漢代以前二者唯一相關的 "慎" 訓 "重" 例，"重" 也音 "直龍反"，這種意義關聯是當時的常用詞 "重慎" 帶來的詞義沾染。

（3）構詞上，東漢不見 "慎重" 而有 "重慎"。且其 "重" 當讀平聲，許君之名 "慎" 與其字 "重" 的關係來源於此，其字 "叔重" 之 "重" 當讀爲平聲。

此外，仍有一些問題值得討論。如兩漢魏晉時期的民歌、謠諺等材料較少爲人注意，但它們蘊含着豐富的音韻信息，也是漢語史研究中需要關注的材料。以我們所搜集近 50 條人名謠諺爲例，陽聲韻所押的幾乎都是平調，唯 "因師獲**印**周仲**進**" 和 "爱清**靜**作符**命**" 兩條押仄調。這一方面説明了兩漢時期陽聲韻聲調的發展和陰聲韻相比仍然非常不平衡，但另一方面，陽聲韻中零星仄聲材料的運用，是否也説明了兩漢時期陽聲韻已經部分開始發生了平仄調的分化？ 這些問題都有待進一步的研究。

參考文獻

(清)杜文瀾　《古謠諺》,中華書局 1958 年

郭錫良　《漢字古音表稿》,《文獻語言學》第 8 輯,中華書局 2018 年

黄易青、王寧、曹述敬　《傳統古音學研究通論》,商務印書館 2015 年

李學勤　《字源》,天津古籍出版社 2013 年

劉樂賢　《釋〈説文〉古文慎字》,《考古與文物》1993 年第 4 期

羅常培、周祖謨　《漢魏晉南北朝韻部研究(第一分册)》,中華書局 2007 年

孫玉文　《漢語變調構詞考辨》,商務印書館 2015 年

王　力　《漢語史稿》,中華書局 1980 年

———　《同源字典》,商務印書館 1982 年

———　《中國古代文化常識》,江蘇教育出版社 2005 年

王　明　《太平經合校》,中華書局 2014 年

吳樹平　《東觀漢記校注》,中華書局 2008 年

徐朝東　《"農""東""龍""童""重" 組同源詞分化之考察》,《漢字漢語研究》2020 年第 3 期

章太炎　《章太炎全集(七)》,上海人民出版社 1982 年

(清)趙翼　《陔余叢考》,中華書局 2019 年

文獻語言學（17）:265～281,2024

明清以降河北中南部冀魯官話精洪知莊章分合及演變①

但　銳

（復旦大學古籍整理研究所,上海,200433）

提　要:本文從現代方言出發,結合韻書、方志等材料,對河北中南部冀魯官話精洪知莊章組分合關係進行探討,發現精洪與知莊章不混、知莊章合流是明清以來河北中南部冀魯官話主要特徵。據移民史,推斷精洪與知莊章相混、知莊章甲≠知莊章乙等特徵是山西、山東移民共同影響下的產物。通過歷時比較,發現河北中南部冀魯官話較爲穩定,數百年來變化不大,但20世紀中期以來語音變化在方言點數量、演變速度上均有較大增長。分析可知,方言接觸、普通話影響是演變發生的主要原因。

關鍵詞:河北中南部;冀魯官話;舌齒音;分合;演變

一、引　言

　　本文所述河北中南部地區包括廊坊、保定、石家莊、滄州、衡水、邢臺、邯鄲七市,及其所轄縣區,該區域方言情況複雜,據《中國語言地圖集》可知,河北中南部方言分屬北京官話、冀魯官話、中原官話、晉語。本文僅對河北中南部冀魯官話相關情況進行討論。

　　河北中南部方言一直都是學界熱門研究對象,聲母相關研究成果頗多,但從整體視角對河北中南部方言聲母做系統性研究的卻不多,其中較爲典型的有:《河北方言概況》（1961年,以下簡稱《概況》）、劉淑學（1986年）、錢曾怡等（1987年）、黃衛靜（2004年）、《河北省志·方言志》（2005年,以下簡稱《方言志》）、李旭（2008年）、王敏（2010年）、韓曉雲（2015年）。除此之外,熊正輝（1990年）、董建交（2007年）、桑宇紅（2008年a/b,2009年）等對包括河北方言在內的廣大官話方言知莊章組分合類型進行了探討。

---

① 本文是國家社會科學基金重大項目"漢語等韻學著作集成、資料庫建設及系列專題研究"（17ZDA302）、江西省青年馬克思主義者理論研究創新工程"《字學正本》音系研究"（19QM47）階段性成果。感謝李軍教授、桑宇紅教授提出的寶貴修改意見。

　　劉淑學、錢曾怡等人的研究多從共時層面利用現代方言對河北中南部方言舌齒音聲母分合進行探討，未曾系統討論分合形成過程及其原因。韓曉雲雖從歷時層面對明清河北方音舌齒音聲母演變做了分析，但所據舊志材料有限，且僅限於知莊章組聲母，不曾涉及精組聲母，無法全面揭示河北方音舌齒音聲母特徵，研究亦未涉及分合形成原因。董建交、桑宇紅對《蒙古字韻》《中原音韻》等材料知莊章組分合類型進行分析，並從漢語史角度探討其在今官話的演變，但研究對象爲北方官話乃至整個官話，無法真正聚焦河北中南部方言知莊章組特殊之處。有鑒於此，河北中南部冀魯官話精ᵢ知莊章組仍有較大研究空間。只有全面分析歸納今河北中南部冀魯官話精ᵢ知莊章類型，弄清其在明清時期分合情況，歸納其歷史形成原因，並分析其數百年來的發展演變，才能進一步推動近代河北方音史研究的深入。

　　華北方言內部語音差異主要在於聲調，聲、韻母的差異較小（耿振生，第 122 頁），這些次方言音值、調值雖存有差異，但音類和調類卻基本一致（龍莊偉，1996 年），所以能反映音類與調類，卻無法準確反映音值和調值的音韻、方志等文獻，很難完全凸顯河北中南部冀魯官話異於其他官話方言的特殊之處。因此，本文將以現代河北中南部冀魯官話精ᵢ知莊章聲母分合情況爲研究切入點，結合明清河北中南部地區音韻文獻、方志方言材料所反映的語音特徵，比較周邊地區相關方言，從共時、歷時兩大角度，對該地區冀魯官話精ᵢ知莊章聲母分合類型、形成過程及其原因進行探討，並在此基礎上，依據現代語音學理論，對明清以來河北中南部冀魯官話精ᵢ知莊章聲母演變進行分析，試圖對演變動因與機制做合理解釋。

二、研究材料介紹

　　本文所用材料主要包括明清音韻文獻、明清舊志方言材料和現代不同時期河北中南部冀魯官話材料。明清音韻文獻以方音特徵濃厚、反映實際口語的《元韻譜》①《五方元音》②

---

① 《元韻譜》是明代文獻，作者喬中和，今河北內丘人。龍莊偉（1996 年）指出《元韻譜》音系基礎就是內丘話，是作者依據時音撰成，其聲、韻母系統均具真實性。汪銀峰（2004 年）在《〈元韻譜〉研究》中從編撰體例和語音系統兩大方面對該書音系基礎進行探討，並通過與現代內丘方音音系的比較，證明《元韻譜》是以明末內丘方言爲語音基礎、反映時音的韻書。

② 《五方元音》是清代文獻，作者樊騰鳳，今河北隆堯人。龍莊偉（1996 年）指出《五方元音》音系是承襲《元韻譜》的，其音系基礎爲堯山話，具有濃鬱的鄉土氣息，反映了 17 世紀上半葉河北南部方言真實語音。李清桓（2004 年）在《〈五方元音〉音系性質新論》中指出《五方元音》音系的表現形式與官話淵源及演變方向是一致的，故該書表現了北方官話特徵，同時韻母系統部分特徵則是當時方音特色的表現。

《拙庵韻悟》①爲主,並參考《字學正本》②時音音系。河北中南部地區舊志方言材料以明清時期爲主,部分方言點也會參考民國時期舊志,舊志中的方言材料往往是當地方言的真實記錄。與音韻材料局限個別點不同,現存的河北中南部地區舊志材料頗多,涉及範圍頗廣,如康熙《靈壽縣志》、光緒《獲鹿縣志》等,可彌補音韻文獻的不足。現代方音材料則以記錄 20 世紀中期河北中南部冀魯官話的《概況》、記錄 21 世紀初期河北中南部冀魯官話的《方言志》,以及近十幾年相關學位論文所附同音字表等材料等主。

三、河北中南部冀魯官話精洪知莊章組聲母的分合

(一)精洪與知莊章組聲母的分合

1. 分合在現代河北中南部冀魯官話中具體情況

《概況》《方言志》均對河北中南部冀魯官話精知莊章組今讀情況進行分類,雖相距幾十年,但二者調查結果差異不大。據此可知,此四組聲母在該地區冀魯官話中具有較强穩定性。本文根據《概況》《方言志》相關記載,以及李旭(2008 年)、王敏(2010 年)、黄衛靜(2004 年)等人論文所附字音對照表等材料,對河北中南部所有相關市縣,共計 84 個方言點精知莊章組聲母今讀類型進行歸納討論。

河北中南部方音中精洪今讀較爲穩定,有 ts、tθ、ʧ 三組,精細今讀相對複雜,有 ts、tθ、tɕ 三組,及 [t tʰ s]、[θ tθʰ θ]、[ts tʰ s]、[s tʰ s]③。除“爹”字外,河北中南部冀魯官話中知莊章組字基本未見聲母今讀 t 組。僅衡水、冀州二地方言中知三章組字今讀 tɕ 組,與精細音同,但二者顎化演變起點不同④。精細今讀 ts、tθ 二組者均見於分尖團的方言,即這些方言中精洪=精細。據此可知河北中南部冀魯官話中知莊章組與精細實無關係,故將與知莊章組比較的對象限定爲精洪。

---

① 《拙庵韻悟》是清代文獻,作者趙紹箕,今河北易縣人。李新魁在《漢語等韻學》(1983 年)中指出《拙庵韻悟》反映了三百年前漢語語音許多重大變化,雖然該書有表現綜合語音骨架的特點,但除去無字可表的音類後,所表現的語音是較爲精細、準確的實際口語標準系統。劉巍(2007 年)在《〈拙庵韻悟〉研究》中也指出通過《拙庵韻悟》音系與現代河北保定方言音系比較,可證明二者間具有一定的相承關係,是以實際語音爲基礎,真實展現了當時語音面貌。

② 《字學正本》是清代文獻,其作者李景爲河北高陽人。但銳在《〈字學正本〉音系研究》(2020 年)中對書中反切、直音等音注材料進行分析,發現《字學正本》有正音、時音兩套音系,並分析後者與現代保定方言音系間的異同點,發現二者有明顯的對應關係。

③ 河北中南部方言精組細音特殊今讀具體情況見王敏(第 28 頁)。

④ 桑宇紅(2008 年)指出衡水等方言中章組止攝開口字併入莊組,不符合中古音發展特徵,且這些方言知莊章組分合類型與《中原音韻》大體一致,可推測知三章聲母舌面化應是《中原音韻》之後的事,即從舌尖後音進一步顎化爲舌面前音。

　　錢曾怡等《山東方言的分區》將知莊章組字分爲兩類:甲類包括全部莊組字、知組開口二等字、章組止攝開口字以及知章兩組遇攝以外的合口字,而乙類包括知組開口三等字、章組止攝以外的開口字,以及知章組遇攝合口字。山東大部分地區方言亦爲冀魯官話,且河北中南部冀魯官話中知莊章組内部若存有對立,對立類型往往與錢先生等所提分類吻合,因此本文也分知莊章組爲甲乙兩類。

　　（1）精洪與知莊章不混

　　1–1 型:精洪 [tθ] ≠ 知莊章甲 [tʂ] ≠ 知莊章乙 [tɕ],包括深州東南小部分地區、衡水部分地區、甯晉東南部分地區、冀州部分地區、新河、隆堯小部分地區、南宮西北部分地區、巨鹿、廣宗、威縣。

　　1–2 型:精洪 [ts] ≠ 知莊章甲 [tʂ] ≠ 知莊章乙 [tɕ],包括平鄉。

　　1–3 型:精洪 [ts] ≠ 知莊章甲 = 知莊章乙 [tʂ],包括淶水、易縣、永清、高碑店、定興、霸州大部分地區、容城、徐水、滿城、順平、文安大部分地區、唐縣、阜平、保定、清苑、曲陽、高陽、望都、大城大部分地區、行唐、蠡縣、定州、博野、肅甯、安國、新樂、安平、獻縣、深澤、正定、無極、石家莊、槁城、武强、晉州、深州部分地區、辛集、欒城、趙縣、高邑、臨城、隆堯大部分地區、内丘、任縣、清河、臨西、曲周、館陶、廣平部分地區。

　　1–4 型:精洪 [tθ] ≠ 知莊章甲 = 知莊章乙 [tʂ],包括河間、饒陽、甯晉部分地區、柏鄉、南宮部分地區、邢臺市、邢臺縣、邱縣。

　　（2）精洪僅與知莊章甲相混

　　2–1 型:精洪 = 知莊章甲 [ts] ≠ 知莊章乙 [tʂ],包括霸州部分地區、雄縣、文安部分地區、安新、任丘、大城個别地區、青縣、黄驊、滄州、滄縣、海興、孟村、泊頭、南皮、鹽山、阜城、東光、武邑、衡水部分地區、景縣、吳橋、冀州部分地區、棗强、故城。

　　2–2 型:精洪 = 知莊章甲 [ts] ≠ 知莊章乙 [tɕ],包括衡水部分地區、冀州部分地區。

　　（3）精洪與知莊章全混

　　3–1 型:精洪 = 知莊章甲 = 知莊章乙 [tʂ],包括廣平部分地區。

　　3–2 型:精洪 = 知莊章甲 = 知莊章乙 [ts],包括淶源、井陘。

　　*0–0 型是指某市縣方言内部因地域不同而類型存有不同,以衡水爲例,衡水部分鄉鎮方言屬於 1–1 型,其他鄉鎮方言則爲 2–1、2–2 型。0–0 型方言具有明顯的過渡地帶方言特徵,且基本可將 1 型、2 型分隔開來,對本文研究十分重要,詳見第四章,特單列。

　　1–1 型有 4 點,1–2 型有 1 點,1–3 型有 46 點,1–4 型有 6 點,占比 67.86%[①],而 0–0 型中深州、甯晉、隆堯、南宮四地方言内部雖因地區不同而存有對立,但對立的類型卻均

---

① 這些方言點内部均屬於同一類型,與 0–0 型方言内部因地區不同而存有對立截然不同。

爲精$_{洪}$與知莊章不混型,衡水、霸州等地方言内部對立的類型中也均有部分屬精$_{洪}$與知莊章不混型,若將這 10 點算上,比例將高達 79.76%。很顯然,精$_{洪}$與知莊章不混型占絶對優勢。

2–1 型有 19 點,3–2 型有 2 點,數量並不多,且與精$_{洪}$與知莊章不混型集中在河北中南部内部不同,精$_{洪}$僅與知莊章$_{甲}$相混型、精$_{洪}$與知莊章全混型則基本分布在省界附近:2–1 型與 2–2 型主要分布在河北中南部的東部狹長地帶;3–1 型主要分布在河北南部個别地區;3–2 型則集中分布在河北中南部的西部部分地區。

2. 分合在明清河北中南部方言中具體情況

喬中和在《元韻譜》中將精組聲母稱之爲"下齒",將知莊章組聲母稱之爲"上齒",二者截然相對。該書韻圖中精組聲母"損、存、鑽、三、倉、臧",與知莊章組聲母"誰、揣、中、沙、産、臻"決然不混①,如寸≠蠢、贊≠蘸、騷≠梢。《五方元音》中精組聲母"剪、鵲、系"亦與知莊章組聲母"竹、蟲、石"不混,如尊≠諄、僧≠生、租≠朱。趙紹箕在《拙庵韻悟》中將精組聲母代表字定爲"租、粗、蘇、⃝蘇",分别稱之爲伯牙、仲牙、叔牙、季牙,而將知莊章組聲母代表字定爲"朱、初、舒、如",分别稱之爲伯齒、仲齒、叔齒、季齒,二者涇渭分明。如粗≠初、倉≠昌、諏≠周。《字學正本》中反映時音的 86 條直音、反切中,精、莊二組互注例僅 11 條,精、知二組互注例才 1 條。進一步分析可知,涉及莊、精二母互注的"簪–祖含""簪–暫"或可視爲精母自注例;涉及清、初二母互注的"鏦–楚江"或可視爲初母自注例;涉及心、生二母互注的"索–山責""索–色"或可視爲生母自注例;亦涉及心、生二母互注的"繆–宵"或可視爲心母自注例;涉及知、心二母互注的"夊–雖"或可視爲生、心二母互注例②。若將其扣除,比例將不足 6%,由此可知《字學正本》時音音系中精組聲母仍有别于知莊章組聲母。

明清河北中南部地區舊志中也有大量反映精組有别於知莊章組的材料:道光《内丘縣志》、道光《直隸定州志》、光緒《獲鹿縣志》、民國三十年《高邑縣志》、民國《廣宗縣志》、民國《晉縣志料》、民國《邱縣志》中精$_{洪}$與知莊章截然不混。

光緒《重修新樂縣志》中涉及知莊章組的音注有 8 條,但只有 2 條與精組(精$_{細}$)互注;民國《威縣志》中涉及知莊章組的音注有 7 條,但只有 1 條與精組(精$_{細}$)互注;民國《霸縣志》中涉及知莊章組的音注有 4 條,但僅有 1 條與精組(精$_{洪}$)互注。"崽音宰"與普通話同,應是明朝遷都北京所帶來的南京話成分的體現。"醮音站"應是訛誤所致,民國《威縣志》中還存有"憟音醮",若此二條音釋均無誤,便會產生以下矛盾:用"站"給"醮"

---

① 《元韻譜》聲母因韻母有柔律、柔吕、剛律、剛吕之别而有四套代表字,因本文僅比較精$_{洪}$與知莊章,所以只列出柔律、剛律相拼的聲母代表字。

② 見但鋭《〈字學正本〉音系研究》第 248、251 ~ 252 頁,南昌大學碩士學位論文 2020 年。

注音説明"醮"較爲生僻,那爲何還用生僻字給"憏"注音?爲何不全部都用"站"注音?根據原文"以物沾水爲醮,音站",加之"醮"字並無此義項,筆者認爲"醮"實爲"蘸"字之誤寫,因此"蘸音站"應是莊二、知二互注例。"泉全讀近南音川"並非反映知莊章組與精組間的關係,因爲部分南方方言中"川"字聲母讀作 [tɕʰ]①,用"南音川"給"泉全"二字釋音,應是強調當時精組聲母已顎化。顯然光緒《重修新樂縣志》等舊志中精洪與知莊章亦不相混。

爲更清晰展示上述舊志具體情況,特將相關材料羅列如下:

精洪與知莊章組不混音注例			
音注材料	舊志	音注材料	舊志
色生二讀作灑生二	内、定、鹿、晉、樂	熒莊三音壯莊三	威
雜從讀作咱精一	定、鹿、樂	茶澄二呼作扯昌二	内
摘知讀作債莊二	定、樂	石禪呼作矢書頭	内
翟澄二宅澄二讀作齋莊二	鹿、樂	吵初二,初初二爪切	邑
廈生三讀作紗生二上聲	樂	酌章讀作哲知三	鹿
軸澄三粥章讀作豬知三	樂	作精讀作鑿從一	晉
索心一讀作掃心一	樂	所生二讀作朔生二	鹿
史生三讀作石禪三	樂	族從讀作租精一	鹿
族從一卒精三讀近南音左精一	樂	妯澄三讀作周章三	鹿
十禪三實船三石禪三拾禪三讀作時禪三	鹿	式書三讀作世書三	鹿
饡精一音纘精一	宗、威	乍崇三音乍崇三	威
煠徹三/崇三音聞崇二	威	炸知二音乍崇二	威
少書三,施書三要切	霸	趔心一讀錯清一	霸
斯心一俗作撕心一	霸	折禪三音舌船三	霸
敠初二音串昌三	威	炸知二音乍崇二	邱
蜀禪三熟禪三屬禪三贖船三述船三秫船三菽書三讀俱近南音儒	樂		

---

① 長沙話"川豆子、川資"等詞中"川"讀作 [tɕʰyɛ̃],武漢湖泗話"四川、川菜"等詞中"川"亦讀作 [tɕʰyɛ̃]。

續表

精洪與知莊章組不混音注例			
音注材料	舊志	音注材料	舊志
苫書三讀作苫清四	樂	醮精三音站知二	威
泉從三全從讀近南音川昌三	樂	崰生二音宰精一	霸

由此可見,精洪與知莊章不混是明清以來河北中南部冀魯官話主要特徵,一直未曾改變。

清代山東淄博、濱州、壽光等地文獻《萬韻書》《等韻便讀》《日母俗字》,及民國《壽光縣志》中精洪均保持獨立,這些地區今方言無一例外均爲冀魯官話。與河北中南部毗鄰的山東西北部冀魯官話方言中,除無棣、聊城等 8 點外,剩餘 45 點方言均爲精洪≠知莊章。這並非偶然,可進一步證明精洪與知莊章不混是包括河北中南部在内的華北平原冀魯官話普遍特徵[①]。

萬曆《廣平縣志》中相關音注雖僅 1 例:常禪三音曰剎初二、曰舍書三、曰咱精二,但與現代廣平方言精洪知莊章相混吻合。民國《獻縣志》明確記載:“摘知二責莊二,讀作哉精一”“叔書三淑禪三菽書三,讀作蘇心一,惟伯叔讀如收書三”,不僅如此,《獻縣志》還將縣境分成子牙流域、滹沱流域,指出舌上音、正齒音在子牙流域讀本音,在滹沱流域轉爲齒頭音,如忠、衷、盅等讀作東切;獅、施、時等讀息兹切;查、叉、差等讀此加切……民國《青縣志》中涉及知莊章組的音注僅 5 條,但與精組互注的便有 3 條:“涷心一音酬禪三”“松心一讀如生生一”“廁初三讀如子精三”,跟上表不同,這三例所涉及不再局限於心、邪等擦音聲母,還包括塞擦音精母,與之互注者也不再局限於生二,還包括生二、禪三、初三。民國《井陘縣志料》指出部分ㄓㄔ ㄕ三聲母字(tʂ 組)在井陘方言中讀作ㄗ ㄘ ㄙ者(ts 組),如朱讀租、宙讀奏、昌讀藏、初讀粗、山讀三、書讀蘇……民國《鹽山新志》中有與《青縣志》相同的“涷心一音酬禪三”。據此可知明清這些地區方言中精洪已與知莊章相混。

顯然明清時期河北中南部邊緣地區精洪與知莊章的關係便已異於内部核心區域,且這種對立一直保持至今。

(二)知莊章組聲母的分合

1.分合在現代河北中南部冀魯官話中具體情況

按知莊章甲、乙音值相同與否,可將其分成知莊章甲≠知莊章乙的 A 類、知莊章甲＝知莊章乙的 B 類。A 型可細分成三類:A1 型包括 1–1 與 1–2 型,即知莊章甲[tʂ]≠知莊章乙

[①] 河北北部除康保、張北、青龍、撫寧等 14 點外,其他方言點精洪均不同知莊章,這進一步證明該特徵的普遍性。

[tɕ]、A2 型包括 2–1 型,即知莊章甲 [ts] ≠ 知莊章乙 [tʂ]、A3 型包括 2–2 型,即知莊章甲 [ts] ≠ 知莊章乙 [tɕ]。B 型亦可細分成三類:B1 型包括 1–3、1–4 與 3–1 型,即知莊章甲 = 知莊章乙 [tʂ]、B2 型括 3–2 型,即知莊章甲 = 知莊章乙 [ts]。

　　*C 型亦指某市縣方言内部因地域不同而類型存有不同,以隆堯爲例,隆堯部分鄉鎮方言屬於 A1 型,其他鄉鎮方言則爲 B1 型。C 型方言具有明顯的過渡地帶方言特徵,且基本可將 A 型、B 型分隔開來,對本文研究十分重要,詳見第四章,特單列。

　　顯然知莊章組聲母混而不分在河北中南部方言中占比更大:B 型内部無對立者共計54 點,占比 64.29%,C 型中廣平方言内部雖因地區不同而存有對立,但對立的類型卻均爲知莊章甲 = 知莊章乙型,霸州、深州、隆堯等地方言内部對立的類型中也均有部分屬於知莊章甲 = 知莊章乙型,若將這 8 點算上,比例將高達 73.81%。

　　B2 型在音值上與 B1 型存有差異,需進一步分析:B2 型僅包括淶源、井陘方言,知莊章組今讀 [tʂ tʂʰ ʂ] 看似很難解釋,其實不然。蔡録昌等(2004 年)指出井陘方言兒化現象十分特殊,即精組、知系聲母與兒化韻相拼時,聲母讀作 [tʂ tʂʰ ʂ],韓曉雲(2015 年)認爲井陘方言兒化現象包含兩類演變方式:1. 精組今讀 [tʂ tʂʰ ʂ] 是受兒化韻尾逆同化作用影響所致,即在兒化韻尾影響下,聲母發音部位由舌尖前演變爲舌尖後,帶有了同兒化一樣的捲舌色彩;2. 知莊章組今讀 [tʂ tʂʰ ʂ] 應是古音存留,即井陘方言知莊章組讀同精組的時間應晚於兒化的產生,知莊章組舊讀 [tʂ tʂʰ ʂ] 被完整保留在兒化中。綜上所述,B2 型雖音值上異於 B1 型,但二者本質應相同。

　　A1 型有 5 點,A2 型有 19 點,數量亦不多,且與上文 2、3 型主要分布於河北中南部的東、西、南面省界不同,A 型方言基本分布在河北中南部東邊。

　　2. 分合在明清河北中南部方言中具體情況

　　《元韻譜》知莊章可拼柔律(開)、剛律(合)、柔吕(齊)、剛吕(撮)四呼,雖大體趨勢是知二莊拼洪音、知三章拼細音,但並不意味二者決然對立:1. 駢佸、奔佸、卜佸圖中,部分知三章字同知二莊字歸柔律、剛律,其他知三章字則歸柔吕、剛吕。如果説駢佸、奔括圖中,知二莊與知三章讀洪音還存有開合對立,那麼卜佸圖中知二莊與知三章已無區別;2. 幫佸圖中,部分知二莊字同知三章字歸剛吕,其他知二莊字則歸爲剛律;3. 博佸圖中,部分知二莊字同知三章字歸柔吕,其他知二莊字則歸爲柔律、剛吕,且部分知三章字同知二莊字歸爲柔律;4. 北佸圖中,部分知三章字同知二莊字歸爲柔律、剛律,部分知三章字則歸爲柔吕;5. 八佸圖中,未見知三章字,知二莊字分歸柔律、剛律、柔吕。由此可知,《元韻譜》中除孛佸、捸佸、百佸、般佸、褒佸圖外,其他圖中知二莊、知三章並無絕對的洪細對立,這説明《元韻譜》知莊章三組混而不分已占主流。

　　跟《元韻譜》用四套代表字不同,《五方元音》僅用"竹、蟲、石"一套代表字表示中古知莊章組，如"詀$_{知}$、斬$_{莊}$、枕$_{章}$"均爲竹母字，"疢$_{徹}$、蔘$_{初}$、舛$_{昌}$"均爲蟲母字，"山$_{生}$、善$_{禪}$"均爲船母字。《五方元音》"竹、蟲、石"三母拼"天、人、龍、牛、癸、地"六韻時，雖存有知$_{二}$莊、知$_{三}$章對立，但拼"羊、虎、蛇、駝、馬、豺"六韻時，二者卻無對立，如初$_{初三}$、除$_{澄三}$、褚$_{徹三}$、處$_{昌三}$均爲虎韻蟲母字。李清桓(2004年)、桑宇紅(2008年)均認爲《五方元音》知$_{二}$莊、知$_{三}$章對立是韻母不同導致，而非聲母的不同。竹母龍韻"貞、爭"對立，"貞"字與"冰、丁、青"等細音字同處一欄，而"爭"字與"登、能、僧"等洪音字同處一欄，前者韻母有[i]介音，後者則無，可見李、桑二人結論無誤。

《拙庵韻悟》"朱、初、舒"等聲母亦源自中古知莊章組，如"中$_{知}$、莊$_{莊}$、朱$_{章}$"均爲朱母字，"寵$_{徹}$、喘$_{初}$、闖$_{昌}$"均爲初母字，"霜$_{生}$、夊$_{禪}$"均爲舒母字。《拙庵韻悟》齒音聲母在商音、角音、羽音圖中均無字，僅在宮音、徵音圖中有大量字，宮音圖爲合口呼，徵音圖爲韻腹或韻頭是[ŋ]、[ȵ]的開口呼，可見《拙庵韻悟》中知莊章組只拼洪音，且內部並無開合對立，如初$_{初三合}$、春$_{昌三合}$、寵$_{徹三合}$、鈔$_{初二開}$、超$_{徹三開}$、崢$_{崇二開}$、闡$_{昌三開}$都爲仲齒聲母。

《字學正本》中反映時音的85條直音、反切中知莊章組自互注例有41條，涉及知$_{三}$章$_{三}$互注、知$_{三}$章$_{二}$互注、知$_{三}$莊$_{二}$互注、章$_{三}$澄$_{三}$互注、初$_{二}$徹$_{三}$互注、昌$_{三}$徹$_{三}$互注、徹$_{三}$澄$_{三}$互注、初$_{二}$昌$_{三}$互注、昌$_{三}$崇$_{二}$互注、昌$_{三}$船$_{三}$互注、昌$_{三}$澄$_{三}$互注、崇$_{二}$澄$_{三}$互注、崇$_{二}$船$_{三}$互注、船$_{三}$禪$_{三}$互注、船$_{三}$書$_{三}$互注，生$_{二}$書$_{三}$互注(但銳2020年)。顯然明清音韻文獻中河北中南部方言知莊章組基本混而不分。

據上表可知，康熙《廣平縣志》只有"常$_{禪三}$音曰刹$_{初二}$、曰舍$_{書三}$"，涉及莊$_{二}$章$_{二}$互注，未見知組聲母，民國《威縣志》相關互注例涉及徹$_{三}$崇$_{二}$互注、崇$_{二}$崇$_{二}$互注、知$_{二}$莊$_{二}$互注、知$_{二}$崇$_{二}$互注，未見章組聲母，但明清北方話中知章二組聲母往往同步演變，因此威縣、廣平方言知莊章組聲母當已相混。道光《內丘縣志》相關互注例雖僅涉澄$_{二}$昌$_{三}$互注，但與《元韻譜》完全吻合。民國《獻縣志》中有"摘$_{知}$責$_{莊}$讀作哉""屬$_{禪三}$熟$_{禪三}$述$_{船三}$屬$_{禪三}$皆讀雙$_{生}$無切""斲$_{知}$倬$_{知}$涿$_{知}$卓$_{知}$諑$_{知}$皆讀竹$_{知三}$沃切""室$_{書三}$識$_{章三}$失$_{書三}$皆讀作史$_{生三}$"，民國《青縣志》中有"涷$_{心一}$音酬$_{禪三}$""松$_{心一}$讀如生$_{生二}$"①"柵$_{初二}$欄音轉如乍$_{崇二}$拉""爆仗$_{澄三}$音轉讀入炮長$_{知三/澄三}$"，民國《井陘縣志料》中有"租$_{精一}$讀朱$_{章三}$""則$_{精一}$讀著$_{知三}$""早$_{精一}$讀爪$_{莊二}$""才$_{從一}$讀柴$_{崇二}$""粗$_{從一}$讀初$_{初三}$""藏$_{從一}$讀昌$_{昌三}$"，很明顯獻縣、青縣、井陘方言中知莊章組聲母已無別。道光《直隸定州志》、光緒《獲鹿縣志》、光緒《重修新樂縣志》、民國《邱縣志》中除生$_{二}$生$_{二}$互注外，其他互注例均呈現知莊章二三等對立，這種對立應跟上述同時期音韻文獻一樣，是韻母洪細差異導致，可大膽推測這些舊志中知莊章組聲母也均已合流。

---

① 同是心母一等字，卻分別用禪母三等字、生母二等字注音，這説明禪$_{三}$、生$_{二}$已無別。

音韻文獻、方志材料所反映的語音特徵完全一致,加之今知莊章甲、乙有別的青縣方言在民國亦爲知莊章組全然相混型,可推測知莊章組全然相混是明清以來包括部分今 A 型方言在内的河北中南部冀魯官話的基本特徵。

四、河北中南部冀魯官話精洪知莊章組聲母分合成因探討

（一）過渡地帶方言分析

與海興、鹽山等地毗鄰的山東境内平原、陵城區、臨邑、樂陵、慶雲、商河、無棣、寧津等 8 地方言也屬於精洪 = 知莊章甲[ts] ≠ 知莊章乙[tɕ]①,與海興等所屬的 2–1 型完全一致,且這 8 地方言亦被精洪與知莊章不混型方言點包圍。與井陘、淶源接壤的山西絕大多數地區方言精洪與知莊章甲,甚至與全部知莊章相混:精洪與知莊章全混型有 36 點,精洪與知莊章甲相混型有 58 點,精洪與知莊章不混型僅 7 點②。更爲關鍵的是,與河北中南部地區接壤的山西方言均屬前兩類,無一例外,其中與淶源縣相鄰的靈丘縣方言亦爲精洪 = 知莊章甲 = 知莊章乙[ts]。與河北中南部地區接壤的山東、山西兩省均存有精洪與知莊章相混型方言,這並非偶然,0–0 型方言點便是最好的證明。

霸州、文安、大城三地方言内部因地區不同而存有 2–1 型與 1–3 型對立,衡水、冀州兩地方言内部對立更複雜,存有 2–1 型、2–2 型與 1–1 型對立,此五點的東邊方言均是 2–1 型③,而西邊方言都是 1 型。很顯然這五點是山東、河北境内 2 型方言與河北境内 1 型方言過渡地帶。上文所述的民國《獻縣志》亦可證明該過渡地帶是確實存在的④,子牙流域靠近河北中南部内部核心區,讀音便屬 1 型,而靠近邊緣區的滹沱流域讀音則爲 2 型。

廣平方言内部亦因地區不同而存有 1–3 型與 3–1 型對立,該點的南邊魏縣方言爲 3–1 型,其北邊方言則均爲 1 型,顯然是河南、河北境内 3 型方言與河北境内 1 型方言過渡地帶。

無獨有偶,與河北中南部東邊的 A 型方言相鄰的山東省西北部冀魯官話中,亦有部分方言點知莊章甲 ≠ 知莊章乙:1. 平原、陵城區、臨邑、樂陵、慶雲、商河、無棣、寧津八地方

① 無棣縣方言知莊章乙在《山東方言研究》中今讀[tɕ],而在王小梅(2017 年)調查中卻今讀[tʂ],這應是語音演變發展所致。
② 材料來自《山西通志》第四十七卷《民俗方言志》第 357 ～ 358 頁。
③ 霸州、文安、大城三點西邊的雄縣、安新、任丘方言亦爲 2–1 型。
④ 民國《獻縣志》:"自縣北至商家林,循子牙河迤邐東北行,抵河間界,是爲子牙流域,語音大略相同。"滹沱流域"自縣南至富莊驛,循滹沱河迤邐東北行,抵滄縣界,是爲滹沱流域,語音大略亦相同"。

言知莊章甲[ts] ≠ 知莊章乙[tɕ];2. 濰坊、壽光、莒南、沂源四地方言知莊章甲[tʂ] ≠ 知莊章乙[tʂ2];3. 昌樂、沂南兩地方言知莊章甲[tʂ] ≠ 知莊章乙[tʃ];4. 日照、莒縣、蒙陰三地方言知莊章甲[tʂ] ≠ 知莊章乙[ts][1],這亦非偶然,C 型方言點便是最好的證明。

霸州、文安、大城三地方言內部因地區不同而存有 A2 型與 B1 型對立,此三點的東邊方言爲 A2 型,而西邊方言則都是 B1 型,很顯然這三點是山東、河北境內 A 型方言與河北境內 B 型方言過渡地帶。衡水、冀州二地方言內部因地區不同而存有 A1、A2、A3 型的對立,此二點的東邊方言爲 A2 型,北邊的深州方言內部對立的類型中部分屬 A1 型,而南邊方言也多爲 A1 型[2],很顯然這二點是山東、河北境內不同 A 型方言過渡地帶。

（二）分合與移民有關

據明清音韻文獻、舊志方言材料所反映的音類分合情況,以及河北中南部地區占絕對優勢的 1 型、B 型方言,結合過渡地帶方言,以及山東、山西、河南相關方言情況,可知河北中南部方言精㵲與知莊章組相混、知莊章甲 ≠ 知莊章乙應是外因所致。

近代以來,河北移民主要集中在明代[3],據曹樹基（第 232 頁）可知,洪武時期河北河間府外來移民主要來自山西,人數約爲 5 萬[4];河北大名、廣平兩府在洪武二十二年有山西移民 6.2 萬人,而洪武二十五年則有山西移民合計 6.6 萬人。永樂時期河間府移民主要來自山西、山東,以山西爲主,南皮等七縣中由這些移民建成的自然村高達 308 個,較洪武時期暴增 30 倍;真定府主要移民同樣來自山西、山東,亦以山西爲主,行唐等八縣中由這些移民建成的自然村高達 176 個,較洪武時期增長 10 倍;廣平、大名兩府的移民也以山西籍爲主。除此之外,保定、順德兩府在洪武、永樂時期也有來自山西的移民。顯然明代河北中南部地區移民主要源自山西與山東[5]。

---

[1] 材料來自錢曾怡等（2001 年,第 118 頁）。按書中所述,廊坊型的知莊章乙讀音與知莊章甲略有差異,特標明 tʂ2,但外地人不覺有別,且僅見於老派讀音,年輕人中二者已無區別。

[2] 新河、巨鹿、平鄉、廣宗、威縣五地方言爲 A1 型,而南宮、隆堯、甯晉三地方言內部對立的類型中部分屬 A1 型。

[3] 從辛亥革命到解放戰爭,尤其是抗日戰爭時期,河北境內移民頻繁,但絕多數是河北居民向外遷徙,這對河北中南部方言分合成因探討作用不大,暫不探討。

[4] 曹樹基（第 232 頁）指出還有來自山東約 3 萬的移民於洪武時代遷入河間府,但亦指明這可能是由於永樂移民遷入後,洪武移民從衆所致。此話無誤,楊馨遠等（2001 年）中據《明太宗實錄》相關記載,認爲永樂之後,才移山東之民到河北。侯仁岩（2017 年）也認爲山東移民成規模地遷入河北是在永樂年間。

[5] 洪武時期河北北平、永平二府移民主要來自"山後"居民,但永樂時期移民卻主要來自山西、山東:北京城以及順天府移民中山西、山東民籍占比較大,建文四年遷入者合計 13.5 萬,永樂二年至三年,又遷 10 萬山西居民到北京州縣;永平府民籍移民共 4 萬,多來自山東。雖然這些地區並非本文研究對象,但由此可知山西、山東兩省確實有大量移民徙入河北。

這些移民遷入地不僅覆蓋所有今河北中南部精洪與知莊章相混、知莊章内部對立方言區，且因是自願移民，永樂山東移民多環渤海而居（楊馨遠等，2001 年），這與今 2–1 型、A2 型方言主要分布區域完全吻合，這絶非偶然。大規模移民往往會導致遷入地方言發生變化，所以有必要探討當時山西、山東方言概況。

山西相關文獻有限，但民國山西《榆次縣志》《沁源縣志》《新絳縣志》中有大量精洪與知莊章相混例，如"誰書舒輸讀梭、錐追讀左、柴讀碎"等，結合今山西方言精洪與知莊章相混者占比高達 93.07%，可推測精洪喪失獨立性或是明清山西方言較爲典型特徵。民國《新絳縣志》記載讀 [tʂ] 者爲中古知三、澄三、禪三、章三母字，讀 [tʂʰ] 者爲中古章三、書三母字，讀 [ʂ] 者爲生三、崇三、禪三母字，未見知二莊組字，很顯然新絳方言中知莊章甲 ≠ 知莊章乙。雖僅此一例，但很關鍵，新絳縣與移民重鎮洪洞縣在明代同屬平陽府，兩地距離較近，且汾水流經兩地將其連接。今洪洞縣及其周邊地區方言今讀基本都是知莊章甲 ≠ 知莊章乙，加之今山西 61.39% 地區的方言知莊章甲 ≠ 知莊章乙，可推測知莊章内部存有對立或是明清山西移民主要遷出地方言典型特徵。

雖然清代部分山東文獻精組保持獨立，但同時代山東萊州韻書《增補十五音》中精洪 = 知莊章甲，道光《重修膠州志》《東平州志》以及民國《牟平縣志》《萊陽縣志》《膠澳志》《臨朐續志》中均存有精洪與知莊章互注例。清代山東韻書《等韻便讀》《韻助略集》《七音譜》中均有知莊章甲 ≠ 知莊章乙的對立。《七音譜》中還清楚記載濟南以西，泰安、兗州等以北區域知莊章混而不分，而西至淄水以東，東至黃海，北抵青州、壽光，南抵莒州、日照的廣闊區域則重、輕齶音分而不混。這説明明清山東部分地區方言精洪喪失獨立性、知莊章内部存有對立。

那麼在山西、山東移民影響下，河北中南部與他省交接處出現 2、3 型以及 A 型方言是可能的。不在本文研究範圍内的河北北部蔚縣、陽原、懷安等九地方言屬於精洪 = 知莊章甲 = 知莊章乙 [ts]，這些地區多與今山西省毗鄰，蔚縣在明代屬山西大同府，陽原、懷安、萬全三地則屬河北宣府鎮，而宣府鎮在永樂年間亦有大量山西籍移民遷入，這進一步證明導致上述現象的外因很可能就是山西、山東移民。

該推論若要成立，還需解釋爲何河北中南部核心地區冀魯官話未受移民影響。

《等韻便讀》《臨朐續志》等文獻涉及地區在明代分屬濟南、萊州、青州、登州四府，而今山東平原、煙臺等 22 地方言爲精洪 = 知莊章甲 [ts]，曲阜、泗水等 14 地方言爲精洪 = 知莊章甲 = 知莊章乙 [ts]，陵城區、牟平、膠州等 49 地方言知莊章甲 ≠ 知莊章乙，這些地區在明代分屬山東濟南、萊州、青州、登州、兗州五府，二者基本吻合。據《中國移民史》可知，明代山東登州等六府也有大量山西移民遷入，移民人數不亞於遷入河北者。山東移民直到永樂年間才遷入河北，那麼隨之傳入的很可能就是受洪武時期山西移民影響頗深的"新"

山東方言。

　　在山西、山東移民共同强勢影響下①，永樂之後河間府及真定府部分地區（2–1 型、A2 型方言分布區）方言中精組逐漸喪失獨立性、知莊章組內部出現對立是可能的。鑒於河北中南部西邊、南邊僅有少數接壤地區方言精洪與知莊章相混，並無知莊章甲≠知莊章乙，而河北中南部東邊卻有較多方言存有這兩類現象，筆者認爲這種雙來源移民的强勢影響應大於本土方言的穩定性。這也意味着山西單來源移民無法影響河北方言典型特徵，加上北京等權威方言的影響，使得河北中南部核心地區方言一直保持精洪與知莊章不混、知莊章合流。

　　當然，京杭大運河及上文所述的子牙河作爲移民主要通道，在明代大移民之後，仍發揮着巨大的漕運功能，在保障河北、山東百姓流通的同時，進一步鞏固甚至加强了河北中南部東邊地區方言因移民而産生的系列演變。

五、明清以來河北中南部冀魯官話精洪知莊章組聲母的演變

（一）明清到 20 世紀中期

　　爲確保結論準確，該階段演變分析對象僅限有音韻文獻、舊志記錄的方言點。

　　與《概況》對比，可知內丘、井陘、鹽山等 14 地方言極爲穩定，未見明顯變化。變化較大者僅獻縣、青縣、廣平三地方言。萬曆廣平方言、民國獻縣滹沱流域方言中精洪與知莊章相混，但《概況》中精洪卻完全獨立；民國青縣方言中知莊章混而不分，《概況》中雖未指明，卻將青縣方言與黃驊、鹽山等地方言歸爲同一類，結合《方言志》等材料，可推測青縣方言在 20 世紀中期以前便已屬知莊章甲≠知莊章乙。

　　廣平縣舊志記載與《概況》有別應是調查具體地點不同所致，上文已述廣平方言內部有 3–1 型與 1–3 型對立，而 1–3 型正好就是精洪獨立。獻縣舊志記載與《概況》有別則有兩種可能：1. 民國獻縣子牙流域方言舌上音、正齒音仍讀本音，即精洪與知莊章不混，所以《概況》調查具體地點若爲子牙流域，那精洪完全獨立便是必然結果；2. 是語言演變的體現，即在河北中南部大量 1–3 型方言以及普通話的影響下，獻縣大多地區方言精洪已獨立。青縣舊志記載與《概況》有別也應是語言演變的體現，即在河北中南部東邊大量 A2 型方言影響下，青縣方言由知莊章組混而不分演變爲知莊章甲≠知莊章乙。

---

① 永樂二年山東即墨縣、山西洪洞縣移民遷居東光縣境內，共建村 295 個，而整個永樂年間由山西洪洞縣遷居東光縣建村計 36 個，由山東即墨遷來建村則有 276 個；永樂二年詔命山東即墨與山西洪洞兩縣向吳橋移民；明初由山西洪洞縣和山東即墨縣遷入南皮者共立村 106 個。

（二）20 世紀中期至今

1. 從《概況》到《方言志》

安新、隆堯方言在《概況》中屬精洪獨立、知莊章合流,但在《方言志》中卻屬精洪、知莊章部分相混;吴橋方言在《概況》中屬精洪與知莊章部分相混,但在《方言志》中卻屬精洪獨立、知莊章合流;衡水方言在《概況》中屬精洪與知莊章全混,但在《方言志》中卻屬於精洪獨立、知莊章合流;武邑、冀州、棗强三地方言在《概況》中屬精洪與知莊章全混,但在《方言志》中卻屬精洪與知莊章部分相混。

結合青縣的演變,以及霸州、文安、大城所反映的過渡性,安新方言在《概況》《方言志》中有别也可能是河北中南部東邊大量 2 型方言影響下的結果。《方言志》指出隆堯方言知莊章組因韻攝及等呼的不同分化爲 [tʂ] 組與 [ts] 組,但武青國(2012 年)調查的隆堯方言知莊章組合流讀 [tʂ] 組,只有少數莊組聲母字今讀 [ts] 組,讀 [ts] 組者多爲非常用字,如"參~差、滓、俟"等,跟韻攝及等呼無關,王敏(2010 年)亦認爲隆堯方言知莊章組混而不分。錢曾怡等(1987 年)調查中吴橋方言屬精洪獨立、知莊章合流,而王敏(2010 年)調查中吴橋方言卻屬精洪 = 知莊章甲[ts] ≠ 知莊章乙[tʂ],前者與《概況》時間相近,後者與《方言志》時間相近,但内部均有矛盾。衡水、武邑、冀州、棗强四地相連,總面積不小,《概況》中此四地方言均爲精洪 = 知莊章甲 = 知莊章乙[ts] 應非訛誤,但今四地方言分合所涉諸多類型均與之不符。這些點均需進一步探究。

2. 從《方言志》至今

經比較,變化較大者僅以下五地方言,且演變均集中在知莊章組。

衡水方言内部存有知莊章甲[tʂ] ≠ 知莊章乙[tɕ]、知莊章甲[ts] ≠ 知莊章乙[tɕ] 的對立,王亞妮(2015 年)發現衡水桃城區趙圈鎮方言屬前者,而鄧莊鎮方言則屬後者。她對比了老中青年層知莊章組聲母今讀情況,發現趙圈鎮中青年層知莊章乙出現 [tʂ][tɕ] 兩讀,青年層兩讀比例更大,部分字青年層僅有 [tʂ] 組讀法,而鄧莊鎮中青年層部分知莊章乙字並未演變成 [ts],而是讀作 [tʂ],部分知莊章甲字在中青年層出現 [ts][tʂ] 兩讀,青年層部分字僅存 [tʂ] 組讀法,顯然衡水桃城區方言知莊章組正由 [ts][tɕ] 或 [tʂ][tɕ] 向 [tʂ] 演變之中。

南宫部分地區方言存有知莊章甲[tʂ] ≠ 知莊章乙[tɕ] 的對立,王明風(2019 年)指出今南宫方言知莊章組合流的鄉鎮逐漸增多,原讀作 [tɕ] 組的字今讀多讀爲 [tʂ] 組,僅在某些特定詞語中才保留 [tɕ] 組的讀法,如"供銷社"的"社"字、"治病"的"治"字。仍屬知莊章甲 ≠ 知莊章乙的陳村、城關方言中"職、失、恥"等字也已讀作 [tʂ] 組。

廣宗方言屬知莊章甲[tʂ] ≠ 知莊章乙[tɕ],但谷淑改(2019 年)指出廣宗方言中今讀 [tʂ] 組除包括知莊章甲外,還涉及部分知莊章乙,且廣宗城南方言中知莊章已混而不分,均

讀作 [tʂ] 組，縣城方言也有部分使用者已無法區分 [tʂ][tɕ] 組。

永年部分地區方言存有知莊章甲 [ts] ≠ 知莊章乙 [tʂ] 的對立，段曉琰（2012 年）發現永年小龍馬方言中年層知莊章甲出現 [ts][tʂ] 異讀，而青年方言中往往只有 [tʂ] 組讀法，裴坡莊中年層方言中知莊章甲未見文白異讀，但不少字今讀 [tʂ] 組，青年層基本僅有 [tʂ] 組讀法，顯然永年方言知莊章組正由 [ts][tʂ] 向 [tʂ] 演變。

平鄉方言知莊章甲 [tʂ] ≠ 知莊章乙 [tɕ]，但王怡蕾（2019 年）發現平鄉方言 24 個知莊章組聲母字存有文白異讀，白讀均爲 [tɕ] 組，文讀則是 [tʂ] 組，如"舍"字今讀 [ʂɤ⁵⁵]文 [ɕiɛ⁵⁵]白，"知"字今讀 [tʂʅ³⁵]文 [tɕi³⁵]白。

綜上所述，河北中南部冀魯官話較爲穩定，明清至今數百年間變化明顯的方言點不多。21 世紀以前變化較大的多爲過渡地帶方言點，如青縣、獻縣、安新、廣平，而 21 世紀之後，發生明顯變化的方言點逐漸涉及河北中南部核心地區，如廣宗、平鄉等。不難發現，20 世紀中期以來，尤其是近十多年，河北中南部冀魯官話發生變化的地區數量較前一階段明顯增加，演變速度也明顯加快。

方言接觸是上述演變發生的重要原因，正如上文所述，獻縣方言的演變可能是受 1–3 型方言以及普通話影響所致，而青縣、安新方言的演變可能是受 A2 型、2–1 型方言影響所致。衡水、南宮、廣宗、永年、平鄉方言由知莊章甲 ≠ 知莊章乙逐漸向知莊章混而不分演變，也可能是受河北中南部地區衆多 B 型方言以及普通話影響所致。

按漢語語音發展規律，知莊章組若由二分朝合一演變，往往是知₃章併入知₂莊，但永年方言卻發生與之截然相反的演變，即知莊章甲逐漸讀同知莊章乙，顯然是外因所致。衡水鄧莊鎮方言中不僅知莊章乙没有讀同知莊章甲，甚至部分知莊章甲、乙出現音系本没有的新讀 [tʂ]，亦爲外因所致。臨西、邱縣等地方言存有文白異讀，如"色"字今讀 [sɤ²¹³]文 [ʂai²⁴]白、"深"字今讀 [ʂən²⁴]文 [tʂən²⁴]白、"輸"字今讀 [ʂu²⁴]文 [ʐu²⁴]白、"殊"字今讀 [ʂu⁵⁵]文 [tʂʰu³⁴]白，這些文讀與普通話更爲接近。結合南宮等地方言知莊章組演變，可知普通話強勢影響對河北中南部冀魯官話演變所起作用不容小覷。

六、結 語

從現代方言出發，結合韻書、方志等材料，本文將河北中南部冀魯官話精洪與知莊章組聲母分合歸爲 2 類 3 型，發現精洪與知莊章不混是明清以來河北中南部冀魯官話主要特徵，而邊緣地區方言精洪知莊章的關係早在明清時期便已異於內部核心區域。同時本文將知莊章組聲母分合歸爲 2 大類，發現知莊章全然相混是明清以來大部分河北中南部冀魯官話基本特徵。根據移民史，本文認爲今河北中南部冀魯官話精洪知莊章組聲母具體分合,尤其是 2–1 型與 A2 型,是山西、山東移民共同强勢影響下的産物。通過梳理明清以來精^洪知莊章組聲母在河北中南部冀魯官話的演變,本文發現河北中南部冀魯官話較爲穩定,數百年間變化明顯的方言點不多,但 20 世紀中期以來,尤其是近十多年,河北中南部冀魯官話語音變化在方言點數量、演變速度上均有較大增長。經分析,發現方言接觸、普通話影響是演變發生的主要原因。

參考文獻

蔡録昌、李春萍 《井陘方言的語音體系》,《邯鄲師專學報》2004 年第 2 期

曹樹基 《中國移民史》,福建人民出版社 1997 年

曹小雲、曹嫄 《歷代方志方言文獻集成》,中華書局 2021 年

董建交 《近代知莊章組字的演變類型及其在今官話中的反映》,《語言研究集刊》2007 年

但　鋭 《〈字學正本〉音系研究》,南昌大學碩士學位論文 2020 年

段曉琰 《永年方言語音研究》,河北師範大學碩士學位論文 2012 年

耿振生 《明清等韻學通論》,語文出版社 1992 年

河北北京師範學院、中國科學院河北省分院語文研究所 《河北方言概況》,河北人民出版社 1961 年

河北省地方志編纂委員會 《河北省志·方言志》,方志出版社 2005 年

谷淑改 《廣宗方言語音研究》,北京外國語大學碩士學位論文 2019 年

侯精一、温端政 《山西方言調查報告》,山西高校聯合出版社 1993 年

侯仁岩 《明初(1368—1424 年)北直隸地區移民研究》,西北大學碩士學位論文 2017 年

郝天曉 《〈正音捃言〉研究》,吉林大學碩士學位論文 2005 年

韓曉雲 《明清河北方言語音研究》,華中師範大學博士學位論文 2015 年

黄衛靜 《河北方言的尖團音問題》,河北師範大學碩士學位論文 2004 年

賈蘋坤 《中古知莊章在明清北方官話系韻書中的讀音研究》,河北師範大學碩士學位論文 2011 年

李清桓 《〈五方元音〉音系研究》,武漢大學博士學位論文 2003 年

──── 《〈五方元音〉六韻、三母下兩套小韻對立新論》,《語言研究》2004 年第 2 期

李　旭 《河北省中南部方言語音研究》,山東大學博士學位論文 2008 年

劉　巍 《〈拙庵韻悟〉音系研究》,吉林大學碩士學位論文 2006 年

龍莊偉 《〈五方元音〉與〈元韻譜〉──論〈五方元音〉音系的性質》,《河北師院學報》1996 年第 3 期

錢曾怡、高文達、張志靜 《山東方言的分區》,《方言》1985 年第 4 期

錢曾怡、曹志贇、羅福騰 《河北省東南部三十九縣市方言概況》,《方言》1987 年第 3 期

錢曾怡、張樹錚、羅福騰 《山東方言研究》,齊魯書社 2001 年

桑宇紅 《中古知莊章三組聲母在現代北方方言中的讀音類型》,《燕趙學術》2008 年 a

──── 《知、照組聲母合一與知二莊、知三章對立兼論〈中原音韻〉知莊章聲母的分合》,《語文研究》2008 年第 3 期 b

──── 《〈中原音韻〉知莊章聲母研究中的幾個問題》,《語言研究》2009 年第 3 期

山西省史志研究院　《山西通志·民俗方言志》,中華書局 1997 年

汪銀峰　《〈元韻譜〉研究》,吉林大學碩士學位論文 2003 年

——　《明末以來内丘堯山語音的演變研究——以〈元韻譜〉〈五方元音〉爲依據》,吉林大學博士學位論文 2007 年

王　敏　《中古知莊章三組聲母在河北方言中的讀音》,河北師範大學碩士學位論文 2010 年

王小梅　《山東濱州方言語音研究》,山東大學碩士學位論文 2017 年

王明風　《河北南宫方言聲母研究》,陝西師範大學碩士學位論文 2019 年

王怡蕾　《河北平鄉方言語音研究》,河北師範大學碩士學位論文 2019 年

王亞妮　《河北衡水桃城區方言語音特點研究》,河北師範大學碩士學位論文 2015 年

武青國　《隆堯方言語音研究》,河北師範大學碩士學位論文 2011 年

熊正輝　《官話區方言分 ts、tʂ 的類型》,《方言》1990 年第 1 期

楊馨遠、楊永倫、李會寧　《明初晉魯浙蘇等省移民河北考述》,《中州今古》2001 年第 6 期

Titles、Abstracts and Key Words (17th)

Li Xiaojun **The Semantic Evolution of the Verbs with the Meaning of Return from the Difference of Semantic Features**

Abstracts: This paper used the theories of frame semantics and structuralist semantics to explore the semantic evolution of verbs with the meaning of return. Although the verbs "gui (歸)" "huan (還)" "hui (回)" and "fan (反 / 返)" all had the meaning of return, the following syntactic and semantic functions were quite different, these were due to their differences in semantic features. In general, the verb "gui (歸)" had the characteristics of dependence and aggregation, the verb "huan (還)" had the characteristics of recovery, the verb "hui (回)" had the characteristics of pedantic and reverse, and the verb "fan (反 / 返)" had the characteristics of reverse. The differences worked on the Syntactic structures, and then leaded to the different semantic evolution paths. Semantic features might change, for example, when "hui (回)" represented the meaning of return, the characteristics of pedantic was weakened, and the displacement result is highlighted instead of the displacement track.
Key Words: verb with the meaning of return; semantic evolution; semantic feature

Li Jianping **Corpus Problems in the Study of Chinese Quantifiers in Wei-Jin and Southern and Northern Dynasties**

Abstract: The authenticity and accuracy of the corpus is the basis of the study of history of Chinese Language, while the complexity of the period and region in which it was written is the difficulty in the study of history of Chinese Language, especially in the corpus of the Wei-Jin and Southern and Northern Dynasties. In the study of the special topic of the special books and the dynastic history of Wei-Jin and Southern and Northern Dynasties, the scientificity of the research findings is affected to a certain extent by the combing and selection of document editions, the screening of transcriptions of anonymous books and classical books, the decision and utilization of the period of the suspected forgeries, the analysis and processing of the different articles, the understanding of the meaning of the text and biased error of sentence reading, the analysis of the plates and the period of the excavated documents, and the translation of the Buddhist nouns. The sorting and analysis of the relevant corpus can help the in-depth study of the history of Chinese language development in the Wei-Jin and Southern and Northern Dynasties Dynasties.

Key Words: Wei Jin and Six Dynasties; corpus; anonymous; different articles; suspected forgeries; excavated documents

Zhang Huan   **Semantic Analysis of the Condition Sentence of Non-truth Conditional Sentence in Ancient Chinese**

Abstract: Ancient Chinese lacks the tense sign, and uses more complex and diversified non-factual factors to note non-factual semantics, thus contributing to the diversity of semantics. First, the categorization of nonfactual conditional sentences should be classified from the perspective of temporal semantics, and then subdivided from the perspective of pragmatics. Second, time semantics can be divided into three categories: past, present and arbitrary time. Pragmatic perspective can be further divided into three categories: background knowledge violation, common sense (logic) and general (without clear pragmatic features), in which the temporal violation conditional is the most special and the general category is the most frequent. Thirdly, the temporal meaning of disjunctive conditional sentences in ancient Chinese is relatively obvious. Distinctive tone features; A variety of subjective attitudes and emotions and other semantic characteristics.
Key Words: Ancient Chinese; non-compliance; conditional sentence; semantic; time

Dong Zhiqiao   **The Management of Literature and Dictionary Compilation and Revision**

Abstract: The compilation and revision of dictionaries mainly rely on various literature. If all kinds of literature are not handled properly (including collection, identification, selection, sorting, reading, refining, and application), the quality of dictionaries will be seriously affected, and even obvious mistakes will be caused. This paper gives some examples to discuss the problems related to manage the literature in the revision of *Chinese Dictionary* (Second Edition).
Keyword: literature; management; dictionary; compilation; revision

Deng Fulu   **Notes on the Difficult and Compulsory Explanations in *Jiyun***

Abstract: *Jiyun* has a lot of difficult and unclear meaning, *Chinese Dictionary* as the literature basis set up as the meaning, but also without explanation, so it is difficult to understand. According to their causes, this paper briefly classifies them and makes an investigation and distinction.
Key Words: *Jiyun*; difficult and compulsory training; examination and discrimination

Wang Zhiqun   **Restudy on the Relationship Between *Dialect* and *Erya***

Abstract: The study of the relationship between the two books of *Erya* and *Dialect* originated from the *Dialect* imitating *Erya*. Later, many studies recognized that *Dialect* imitated *Erya*

in style and was original in content. There are also some opinions that the Yagu of *Dialect* came from *Erya*. As a matter of fact, the number of the same contents in *Dialect* Yagu and *Erya* is very limited; The discordant items between *Dialect* Yagu and *Dialect* itself reflect the inherent characteristics of *Dialect* compilation. The compilation purpose of Yang Xiong's interpretation of "ancient and elegant different languages" determines the unique content of the compilation of all "different languages" in *Dialect*, and created an original style suitable to the content, that is, the entry structure mainly describing the distribution of dialects, and using the terms "Huo", "Yi" and "You" to explain the alternative words of the same place, the alternative words of different places, and the same word of different places. In terms of the two books of "Dialect" and "Erya", we can jump out of imitation theory, and do a comparative study of related vocabulary.

Key Words: *Dialect*; *Erya*; relationship; yagu

Yang Lin   The Importance Significance of System View in Exegesis

Abstract: This paper, taking the exegesis of a series of words in *Jinpingmei Cihua* as an example, demonstrates the application of the systematic view in the exegetical study from the perspectives of sound, form and meaning.Different subjects have different research objects. The research object itself, the background of the research object, and the things related to the research object constitute a specific information system, this information system is your research vision. The more you master and understand the information in this system, the wider your research vision will be. It is logical that you will be easier to see the internal links between phenomena, so as to discover the rules and solve difficult problems. If the eyes are only limited to the research object itself, it is to explore in isolation, often "do not know the true face of Mount Lushan", and the truth is rare. This paper gives examples from three aspects of sound, form and meaning to see how to solve the problem of exegesis from the perspective of system.

Key Words: system view; colloquial word; *Jinpingmei Cihua*

Bian Renhai   A New Explanation about "Xuanjian (選練) "

Abstract: It is wrong to interpret "Xuanjian (選練)" as "XuanbaXunlian (選拔訓練)" in some books, and the latter means "selecting and training". "Xuanjian (選練)" should be interpreted as "Xuanjian (選揀)" which means "select" or "choose", and the "Jian (練)" is the borrowed word of "Jian (揀)".

Key Words: "Xuanjian (選練)" ; "Xuanjian (選揀)" ; exegesis

Yu Zhihan   A Study on the Philological and Linguistic Value of *Shiwen Lunyu Yinyi* (《釋文論語音義》) Collected by Pengzuo Library in Japan

Abstract: As the rarely extant independent existing copy of *Lunyu Yinyi* (《論語音義》), *Shiwen Lunyu Yinyi* (《釋文論語音義》) collected by Pengzuo Library in Japan has important philological and linguistic value. The article compares it with other versions of *Lunyu Yinyi* in *Jingdian Shiwen* (《經典釋文》), including the version of modified in the Yuan Dynasty, the versions of the Tongzhitang and Baojingtang in the Qing Dynasty, as well as relevant classics, such as the version of Shudazi *Lunyu Zhushu* (《論語注疏》) printed in the Song Dynasty and *Lunyu Jijie* (《論語集解》) which contain the version of Liushi Tianxiang Shuyuan printed in the Song Dynasty and the version of Xujun copy printed in the Yuan Dynasty, and from three aspects of the exegetical objects, phonetic characters and explanatory characters to describe and analyze the differences of the version in Pengzuo library. On this basis, this article discusses its value of the collating to other versions of *Lunyu Yinyi* in *Jingdian Shiwen* and the role of reflecting the actual use of characters and the phonetic evolution in the Song-Yuan Dynasties.

Key Words: *Shiwen Lunyu Yinyi*; philological features; proofreading value; linguistic value

Xin Ruilong　**A Study on Volume IV of *Xu Gao Seng Zhuan* of Variant Texts of the Ancient Writings of the Jingang Temple, the Seventh Temple and the Xingsheng Temple in Japan**

Abstract: *Xu Gao Seng Zhuan* is a Buddhist biographical work written by Daoxuan, the founder of Nanshan law school in the Tang Dynasty, following Liang Huijiao's biography of eminent monks. There are many existing versions of the book. According to its preservation form, Scripture content and circulation area, it can be mainly divided into two categories: China, North Korea published Sutra collection system and Japan ancient Sutra writing system. Among the ancient Japanese scriptures continued biography of eminent monks, the Jingang Temple version, the seventh temple version and the Xingsheng Temple version are widely spread, widely used, of great value and well preserved. Based on the biography of *Xu Gao Seng Zhuan* edited by Mr. Guo Shaolin, with full reference to the scriptures and characters of the engraved versions of the biography of the continued eminent monk, focusing on the sound and meaning of the Buddhist scriptures written by Tang Huilin and Ke Hong of the Five Dynasties for the biography of the continued eminent monk, and comprehensively using the knowledge of philology, exegetics and Philology, this paper tries to compare the biography of the continued eminent monk Volume IV of the Jingang Temple version, the seven temple version and the Xingsheng Temple version The situation of different texts is investigated.

Key Words: ancient Japanese scriptures; *Xu Gao Seng Zhuan*; sound and meaning of Buddhist scriptures; foreign language; variant text

Xu Junwei; Xu Duoyi　**A Study on Variant Text of *Sanchao Beimeng Huibian***

Abstract: This paper is about the variants of *Sanchao Beimeng Huibian*. The best selection of *Huibian* so far is *Jindai Hanyu Yufa Ziliao Huibian* edited by Liu Jian and Jiang Shaoyu. This anthology corrects some mistakes in Xu Handu's copy, but there are still some problems. This paper compares Xu Handu's printed edition with the Ming edition and the old manuscript collected by Kyoto University in Japan, and takes copula " 是 / 係 ", kinship terms " 媳婦 / 兒媳婦 " as examples to analyze the important value of the variants of *Huibian* to the study of the history of Chinese language.

Key Words: *Sanchao Beimeng Huibian*; edition; variants; the history of Chinese language

Wang Dong; Jiang Jicheng   Analysis of South and North Tones in *Changan Liyu* by Xu Changzuo

Abatract: This paper holds that the *Changan Liyu* actually includes two kinds: North sound and Wu sound. The North tone reflects Beijing dialect, and the characteristics of Wu sound are related to the relocation of the capital of Yan king and the immigrants in Wu language area. South tone is a reading phonology with complex levels. The main framework is the phonology of *Hong Wu*, mixed with traditional rhymes such as *Libu Yunlue* and a little tense.
Key Words: Ming Dynasty; Xu Changzuo; *Changan Liyu*; South tone; North tone

Li Mo   Study on Phonetic System of *The Pronounciation of the Characters During the Qing Dynasty*

Abstract: *The Pronounciation of the Characters During the Qing Dynasty* was published in 1895 for Japanese to learn Beijing Mandarin. This paper summarizes the phonetic system of *The Pronounciation of the Characters During the Qing Dynasty* based on the roman phonetic materials in the textbook, mainly analyzes on the phonetic characteristics of Zhi, Zhuang and Zhang group of its combination of the initial consonants, sharp and rounded sounds mix up, and the differentiation and evolution of Guo rhyme group. Besides, comparing with the phonetic materials of the same period. The results provide materials for Beijing Mandarin in the late Qing Dynasty and the early Republic of China.
Key Words: the late Qing Dynasty and the early Republic of China; *The Pronounciation of the Characters During the Qing Dynasty*; Beijing Mandarin; phonetic system

Wang Xiangshuai   Study on the Phonetic Nature of Qiandian's *Shiyinbiao*

Abstract: *Shiyinbiao* of Qiandian, who lived during the Qianlong-Jiaqing period of the Qing dynasty, is an important work on the study of ancient consonants. There has been much discussion about its achievements in the academic field. By exploring Qian Jian's approach to writing the *Shiyinbiao*, this article focuses on the phonetic properties of the *Shiyinbiao* through three aspects: establishment of the phonetic relationship framework, selection of phonetic foundations and table filling of character groups. Qiandian built eleven tables based on the phonetic concept at that time, and chose Wu language with which he was familiar as the phonetic foundation, constructing various consonant harmonic relationships, merging characters into different groups. Through that approach, Qiandian conducted his ancient phonetic research and presented the ancient consonant system. The initial consonant system displayed in the "Shuangsheng" table is actually a mirror projection of the Wu language's

ancient initial consonant system.
Key Words: *Shiyinbiao*; ancient initial consonants; Wu dialect; *Shijing*; concepts on phonology

Xu Yousheng; Zhang Xingfei; Xu Chaodong　**The Textual Research on Why the Character 重 in the Courtesy Name of Xu Shen（許慎）Should Be Pronounced in Ping Tone（平聲）**

Abstract: The courtesy name of Xǔ Shèn–Shūchóng（叔重）'s Chóng（重）is usually pronounced as Zhòng. However, this paper aims to prove that Chóng（重）in Xu's name should be pronounced in Ping Tone. Phonetically speaking, the character Chóng（重）should be in the same tone with Shuāng（雙）, according to the rhyming saying in Han Dynasty. In the historic interpretations before Han Dynasty, the meanings of the character 重 and those of 慎 are not related too much, as the merely related one is supposed to be in the Ping Tone, probably rooted from the compound word Chóngshèn（重慎）. The disyllabic word Shènzhòng（慎重）did not appear in the literature materials until the Middle Chinese.
Key Words: Xǔ Shūchóng（許叔重）; Ping Tone; Chóngshèn（重慎）; rhyming sayings in Han Dynasty; the relationship between sounds and meanings

Dan Rui　**The Classification and Evolution of Initial Groups Jing, Zhi, Zhuang, Zhang of Ji-Lu Mandarin in Central and Southern Hebei Province Since Ming and Qing Dynasties**

Abstract: This paper discovers the independent existence of initial groups Jing while the convergence of initial groups Zhi、Zhuang、Zhang is the main feature of Ji-Lu mandarin based on discussing the classification of initial groups Jing、Zhi、Zhuang、Zhang of Ji-Lu Mandarin in central and southern Hebei province with modern dialects, rhyme books and chronicles. The convergence of initial groups Jing、Zhi、Zhuang、Zhang and the internal opposition of groups Zhi、Zhuang、Zhang are the result of the combined influence of Shanxi and Shandong immigrants according to the history of immigration. Through diachronic comparison, it is found that Ji-Lu mandarin in the central and southern Hebei province is relatively stable, with little change over the past several hundred years. However, since the middle of the 20th century, the phonetic change has increased greatly in terms of the number of dialect points and the evolution speed, which main reason are dialect contact and influence of mandarin.
Key Words: the central and southern Hebei province; Ji-Lu Mandarin;linguo-dental; classification; evolution

稿　約

　　《文獻語言學》爲北京語言大學北京文獻語言與文化傳承研究基地、文獻語言學研究所主辦的學術刊物,每年兩輯。本刊自 2015 年正式創刊,由中華書局出版,現爲中文社科科學引文索引(CSSCI)收録集刊和人大複印資料來源刊物,並已收入中國知網。本刊宗旨是:立足事實分析語文現象,依據文獻研究漢語歷史,貫通古今探索演變規律,融會中外構建學科理論,凝聚隊伍成就學術流派。

　　本刊注重出土文獻、傳世文獻包括海外漢籍的挖掘與利用,刊發原創性研究作品,主要包括文獻語言學理論與方法、漢字與漢字史、訓詁與詞彙史、音韻與語音史、語法與語法史、方俗語與方言史、語文與語言學史等研究領域的最新成果,也刊登學術熱點與重點的研究綜述、有重要影響的學術著作的書評、重要論題的純學術爭鳴或商榷性文章,還願意刊布具有重要學術價值的文獻語言學研究資料。本刊强調扶持年輕學者,歡迎專家推薦青年才俊的優秀稿件。

　　來稿長短以論題需要爲依據,不作字數上的硬性限制,但要求論點明確,材料可靠,探討深入,邏輯嚴謹,表述準確,語言簡練,格式上符合本刊《稿例》要求。

　　本刊編輯部郵箱收到稿件會自動回復,此回復兼作收稿日期確認;稿件勿寄私人,以免誤事。來稿一經采用,即付稿酬,並寄樣刊二册。未用稿件,恕不退稿,三個月内未接到用稿通知,作者可自行處理。

稿　例

一、題目、作者、内容提要、關鍵詞、題注

　　來稿的中文題目原則上在 20 字以内,需要中英文内容提要和關鍵詞,關鍵詞一般 3 至 6 個,以分號隔開。題目字體與字號爲宋體二號;中文提要、關鍵詞爲楷體五號。英文題目爲小四號(加粗居中)、英文提要及關鍵字爲五號(居中), Times New Roman 字體,英文信息排在全文之後。作者信息另附。

　　來稿所關涉的課題及需要向有關人員表示致謝等,應以題注的形式標在稿件正文首頁下方,同時注明課題的批准編號。

二、正文格式

　　正文中標題編排格式爲:二級標題用 "一" (居中、宋體四號) 或 "一、……" (首行縮進兩格);三級標題用 "(一)" (宋體五號加粗);四級標題用 "1.…… (宋體五號)"。正文中例句排列采用(1)(2)(3) ……的形式(起三回一)。正文中涉及公元世紀、年代、年、月、日、時刻和計數等,均使用阿拉伯數字。

　　正文文字請用宋體五號;獨立引文用仿宋五號(起四回二)。

三、注釋

　　行文中的注釋一律使用脚注,注釋應是對正文的附加解釋或者補充説明,每頁連續編號,脚注符號用①②……,如果參考文獻中已經有完備信息的,可采用文中簡注,注釋内容置於( )内。

　　脚注用宋體小五。中國年號、古籍卷數請用中文數字。其他如公曆年數、期刊卷期號、頁碼等,均請用阿拉伯數字。

四、參考文獻以作者姓名音序排列,具體格式示例如下:

（1）古籍

（漢）應劭著,王利器校注《風俗通義》,中華書局 1981

（2）現代論著、論文集論文

楊伯峻《古漢語虛詞》,中華書局 2000 年

（日）橋本萬太郎著,余志鴻譯《語言地理類型學》,世界圖書出版公司 2008 年

陳寅恪《陳垣敦煌劫餘録序》,《金明館叢稿二編》,三聯書店 2009 年

（3）期刊論文、學位論文

李新魁《論近代漢語共同語言的標準音》,《語文研究》1983 年第 1 期

周彥文《千頃堂書目研究》,東吳大學中文研究所博士論文 1985 年

（4）英文參考文獻（置於中文參考文獻之後）

Hanan, Patrick "The Missionary Novels of Nineteenth-Century China." *Harvard Journal of Asiatic Studies* Vol. 60, No.2, 2000

五、注意事項

（1）來稿若不屬本刊範疇,或經查證一稿多投,將直接作退稿處理。

（2）本刊用繁體字排印,來稿請用繁體字（新字形）。須要采用古文字、異體字等,請予以説明。冷僻字、特殊符號、圖表、圖片（分辨率 600 以上）均請另紙開列,以最清晰的格式提交。

（3）來稿引文務請核對原文,確保準確無誤。

（4）來稿請寄:北京海淀區學院路 15 號,北京語言大學文學院《文獻語言學》編輯部（郵編:100083）。電子本（doc 和 pdf 格式各一份）請提交至自動投稿系統:https://wxyx.cbpt.cnki.net（推薦優先選擇）,或發送至:wxyyx15@blcu.edu.cn,勿寄私人。